"十三五"国家重点出版物出版规划项目
卓越工程能力培养与工程教育专业认证系列规划教材
（电气工程及其自动化、自动化专业）

机器人技术基础

胡兴柳　司海飞　滕　芳　编著

```
本书配有以下教学资源：
☆ 电子课件
☆ 习题答案
☆ 实验指导书和参考程序
```

机械工业出版社

本书理论结合实践，论述严谨、图文并茂，是一部比较全面和系统的机器人学基础书籍。全书共 8 章，结合了国内外机器人学教学内容，以及机器人技术项目研究和教学经历对教材结构进行了重新梳理和规划，主要内容包括绪论、机器人机械结构、机器人基础理论、机器人运动学、机器人动力学、机器人轨迹规划、机器人控制、机器人编程语言与离线编程等。各章均附有本章小结、思考题与习题。本书为了便于教学，还提供可修改的电子教案。

本书可作为高等院校机器人工程、自动化、机械电子工程等相关本科专业的机器人学基础、机器人技术基础等课程的教材，也可作为专科或者研究生相关专业的教学参考用书，对从事机器人和自动化装备等应用研发工作的工程技术人员有学习参考价值。

本书配有免费电子课件、实验指导书和参考程序、习题答案，欢迎选用本书作教材的老师加微信 13910750469 索取，或登录 www.cmpedu.com 注册下载。

图书在版编目（CIP）数据

机器人技术基础/胡兴柳，司海飞，滕芳编著. —北京：机械工业出版社，2021.6（2025.1重印）

"十三五"国家重点出版物出版规划项目　卓越工程能力培养与工程教育专业认证系列规划教材. 电气工程及其自动化、自动化专业

ISBN 978-7-111-67682-9

Ⅰ.①机… Ⅱ.①胡…②司…③滕… Ⅲ.①机器人技术-高等学校-教材 Ⅳ.①TP24

中国版本图书馆 CIP 数据核字（2021）第 039201 号

机械工业出版社（北京市百万庄大街 22 号　邮政编码 100037）
策划编辑：吉　玲　责任编辑：吉　玲　王　荣
责任校对：李　婷　责任印制：单爱军
保定市中画美凯印刷有限公司印刷
2025 年 1 月第 1 版第 9 次印刷
184mm×260mm・15 印张・379 千字
标准书号：ISBN 978-7-111-67682-9
定价：45.00 元

电话服务　　　　　　　　　网络服务
客服电话：010-88361066　　机　工　官　网：www.cmpbook.com
　　　　　010-88379833　　机　工　官　博：weibo.com/cmp1952
　　　　　010-68326294　　金　书　网：www.golden-book.com
封底无防伪标均为盗版　　　机工教育服务网：www.cmpedu.com

前言

随着机器人应用的不断拓展和机器人技术的高速发展,近年来,机器人和机器人技术正在发生着深刻变化。国务院颁布《中国制造2025》,将"高档数控机床和机器人"作为大力推动的重点领域之一,提出机器人产业的发展要"围绕汽车、机械、电子、危险品制造、国防军工、化工、轻工等工业机器人应用,以及医疗健康、家庭服务、教育娱乐等服务机器人应用的需求,积极研发新产品,促进机器人标准化、模块化发展,扩大市场应用。突破机器人本体,减速器、伺服电机、控制器、传感器与驱动器等关键零部件及系统集成设计制造技术等技术瓶颈",并在重点领域技术创新路线图中明确了未来一段时间,我国机器人产业的发展重点主要为两个方向:一是开发工业机器人本体和关键零部件系列化产品,推动工业机器人产业化及应用,满足我国制造业转型升级的迫切需求;二是突破智能机器人关键技术,开发一批智能机器人,积极应对新一轮科技革命和产业变革的挑战。

在这种情况下,就迫切需要将机器人应用和机器人技术的最新成果介绍给读者,特别是介绍给机器人工程专业或者自动化、机械电子工程等机器人相关专业的学生,以满足培养机器人专业人才的需求。现有适合本科教学的机器人学基础、机器人技术基础教材多侧重于讲解机器人和机器人技术的基础理论和分析方法,在机器人的具体应用方面较少提及;而现有适合高职高专教学的机器人技术基础教材多侧重于介绍机器人工业应用,对机器人基础原理和分析方法的介绍较少。这些教材都不能很好地适应现在众多的以应用型本科人才培养为办学定位的高校。为了解决以上两大类问题,我们结合多年的一线教学感受和机器人领域的研究心得,撰写了本书。

为了使读者能够更好地了解机器人和机器人技术的发展,我们对机器人的发展历史进行了系统梳理,按年代顺序进行了大事件的整理呈现,使读者一目了然。全书对各类所引信息,如时间、人物、名称、公式、代码等进行了认真考证和纠错,力求做到准确无误、不以讹传讹。机器人技术本身是一个交叉学科的技术,包罗万象、发展很快。由于新的成果不断涌现,因此在撰写这些新的内容时,我们感到兴奋的同时,又感觉难以掌握该写到什么程度。但本书特别注重理论结合实践,对理论部分进行了细致的梳理整合,力求通俗易懂,不含混晦涩,对一些在工业界应用较少的知识点进行了简化,只简单提及;为增加本书的实践性,我们对本书中的应用案例、部分章节的习题,以及课程综合实践环节花了很多时间精心设计,如在第1章、第2章的思考题与习题中设计了调查报告环节和机器人结构设计环节;在第8章给出了典型机器人编程语言的编程案例,并在思考题与习题中设计了编程操作类实践题。这些实践内容的设计和选取,都力求使读者学有所得,学有所能。

本书由胡兴柳、司海飞、滕芳编著,金陵科技学院胡兴柳教授对全书进行了审定,金陵科技学院司海飞教授和上海工程技术大学滕芳副教授负责统稿。本书在成稿前在金陵科技学院机器人工程专业、自动化专业进行了试用，张伊萌、李钰隽、甘英杰、朱奕恬、徐瑶、冯丽曼、赵海富、张吴燚等同学参与了本书的整理工作，在此向这些同学表示感谢！

特别鸣谢金陵科技学院、上海工程技术大学的领导和同事们的大力支持与鼓励！

本书编著得到了江苏省自然科学基金面上项目（项目编号：BK20171114）、教育部产学合作协同育人项目（项目编号：201901252004）的支持。在此向江苏省科技厅、教育部高等教育司、无锡信捷电气股份有限公司表示感谢！

由于机器人技术发展迅速，加之我们水平有限，书中难免存在遗漏和不妥之处，敬请读者谅解和指正，不胜感激。

作　者

目 录

前言
第1章 绪论 1
1.1 概述 1
1.1.1 机器人的发展历程 2
1.1.2 机器人的定义 8
1.1.3 机器人的分类 9
1.2 机器人的技术参数 14
1.2.1 机器人的自由度 15
1.2.2 机器人的其他性能指标 16
1.3 机器人的应用 18
1.3.1 机器人的应用领域 18
1.3.2 机器人的应用实例 19
1.4 机器人技术的发展 21
1.4.1 世界机器人技术发展现状 21
1.4.2 我国机器人技术发展现状 23
1.4.3 机器人技术发展的特点和趋势 24
1.5 本书概要 28
本章小结 29
思考题与习题 29

第2章 机器人机械结构 31
2.1 机器人的结构 31
2.1.1 机器人的结构组成及介绍 31
2.1.2 机器人的机构 34
2.1.3 机器人的制造材料 35
2.2 机器人驱动结构 36
2.2.1 机器人的驱动方式 36
2.2.2 驱动器的类型和特点 38
2.3 机器人传动结构 40
2.3.1 直线传动机构 40
2.3.2 旋转传动机构 41
2.4 机器人执行机构 43
2.4.1 基座 43
2.4.2 腰部 50
2.4.3 臂部 52
2.4.4 腕部 54
2.4.5 手部 56
2.5 典型机器人的构型 59
2.5.1 串联机器人的构型 59
2.5.2 并联机器人的构型 60
本章小结 62
思考题与习题 62

第3章 机器人基础理论 63
3.1 位姿和坐标系描述 63
3.1.1 位置描述 63
3.1.2 姿态描述 64
3.1.3 坐标系的表示 66
3.1.4 刚体的位姿描述 67
3.2 直角坐标变换的表示 67
3.2.1 平移变换的表示 67
3.2.2 旋转变换的表示 68
3.2.3 复合变换的表示 68
3.3 齐次坐标和齐次变换 69
3.3.1 点、矢量和坐标系的齐次坐标表示 69
3.3.2 齐次变换矩阵 71
3.3.3 齐次变换的相对性 74
3.3.4 变换矩阵的逆矩阵 76
3.3.5 绕任意轴的旋转变换矩阵 78
3.4 刚体变换方程 81
3.4.1 物体变换的描述 81
3.4.2 变换方程的表示 82
本章小结 85
思考题与习题 85

第4章 机器人运动学 88
4.1 连杆的描述 88
4.1.1 连杆坐标系 88

4.1.2　连杆参数 ································· 90
　　4.1.3　D-H 参数分析 ························· 91
　　4.1.4　连杆变换 ································· 93
4.2　机器人正运动学 ································· 94
　　4.2.1　正运动学方程分析 ····················· 94
　　4.2.2　机器人正运动学方程 ·················· 95
4.3　机器人逆运动学 ································· 98
　　4.3.1　逆运动学方程的可解性和
　　　　　多解性 ··································· 99
　　4.3.2　逆运动学代数解法 ····················· 99
4.4　机器人雅可比矩阵 ···························· 105
　　4.4.1　雅可比矩阵的定义 ··················· 105
　　4.4.2　雅可比矩阵的建立 ··················· 110
本章小结 ·· 115
思考题与习题 ··· 115

第 5 章　机器人动力学 ···················· 118

5.1　刚体运动的描述 ································ 118
　　5.1.1　刚体的线速度 ·························· 118
　　5.1.2　刚体的角速度 ·························· 119
　　5.1.3　刚体的线加速度 ······················· 120
　　5.1.4　刚体的角加速度 ······················· 121
5.2　刚体转动的惯性 ································ 121
　　5.2.1　刚体的转动惯量 ······················· 121
　　5.2.2　惯性张量 ································· 123
　　5.2.3　牛顿-欧拉方程 ························· 126
5.3　拉格朗日力学 ··································· 127
　　5.3.1　刚体定轴转动的动能定理 ·········· 127
　　5.3.2　刚体的动能与位能 ··················· 128
　　5.3.3　拉格朗日函数 ·························· 130
5.4　机器人动力学方程 ···························· 130
　　5.4.1　机器人动力学研究概况 ············· 131
　　5.4.2　拉格朗日动力学方程 ················ 131
　　5.4.3　两个空间的动力学模型 ············· 135
本章小结 ·· 138
思考题与习题 ··· 138

第 6 章　机器人轨迹规划 ··············· 140

6.1　路径描述及轨迹生成 ························· 140
　　6.1.1　路径描述 ································· 141
　　6.1.2　轨迹的生成方式 ······················· 141
　　6.1.3　轨迹规划涉及的相关问题 ·········· 142
6.2　关节空间及笛卡儿空间 ····················· 143
　　6.2.1　关节空间 ································· 143
　　6.2.2　笛卡儿空间 ······························ 143
　　6.2.3　两种空间轨迹规划的特点 ·········· 143

6.3　关节空间的轨迹规划 ························· 144
　　6.3.1　三次多项式插值 ······················· 145
　　6.3.2　过路径点的三次多项式插值 ······· 146
　　6.3.3　高阶多项式插值 ······················· 149
　　6.3.4　用抛物线过渡的线性插值 ·········· 150
6.4　笛卡儿坐标空间的轨迹规划 ··············· 152
　　6.4.1　笛卡儿坐标空间轨迹实现 ·········· 152
　　6.4.2　空间直线插补 ·························· 153
　　6.4.3　圆弧插补 ································· 156
本章小结 ·· 158
思考题与习题 ··· 158

第 7 章　机器人控制 ························ 160

7.1　机器人控制的组成 ···························· 160
　　7.1.1　机器人控制的基本结构 ············· 160
　　7.1.2　机器人控制的构架方式 ············· 161
7.2　控制器类型与控制层级 ····················· 164
　　7.2.1　控制器类型 ······························ 164
　　7.2.2　主要控制层级 ·························· 165
7.3　伺服系统 ··· 166
　　7.3.1　伺服电动机 ······························ 166
　　7.3.2　伺服驱动器 ······························ 167
7.4　机器人传感器 ··································· 168
　　7.4.1　机器人传感器的特点及要求 ······· 168
　　7.4.2　机器人内传感器 ······················· 172
　　7.4.3　机器人外传感器 ······················· 176
7.5　机器人控制实例 ································ 179
　　7.5.1　机器人的位置控制 ··················· 179
　　7.5.2　机器人的力控制 ······················· 185
　　7.5.3　机器人的智能控制 ··················· 189
本章小结 ·· 194
思考题与习题 ··· 194

第 8 章　机器人编程语言与离线编程 ··· 195

8.1　机器人语言的结构及要求 ·················· 195
　　8.1.1　机器人语言的结构 ··················· 195
　　8.1.2　机器人语言的编程要求 ············· 196
8.2　机器人编程语言的类型 ····················· 197
　　8.2.1　面向点位控制的编程语言 ·········· 197
　　8.2.2　面向运动的编程语言 ················ 198
　　8.2.3　面向对象的结构化编程语言 ······· 198
　　8.2.4　面向任务的编程语言 ················ 199
8.3　常用的机器人编程语言 ····················· 200
　　8.3.1　机器人编程语言的发展 ············· 200
　　8.3.2　机器人五大流行开发编程语言 ··· 201
　　8.3.3　VAL 语言 ································· 205

  8.3.4 AL 语言 …………………… *212*
  8.3.5 RAPID 语言 ………………… *215*
 8.4 机器人离线编程系统 ……………… *217*
  8.4.1 机器人离线编程系统的特点及
     要求 ………………………… *218*
  8.4.2 机器人离线编程系统的构成 …… *219*

  8.4.3 机器人离线编程系统的发展 …… *223*
  8.4.4 几款主流的机器人离线编程
     软件 ………………………… *224*
 本章小结 ………………………………… *228*
 思考题与习题 …………………………… *229*
参考文献 ……………………………………… *230*

第 1 章 绪 论

> **导读**
>
> 本章将从机器人的发展历程出发，介绍机器人的发展、对机器人的定义以及机器人的分类，讨论自由度等机器人的主要技术参数，从系统和机构两方面阐述机器人的组成；继而通过工业机器人、服务机器人、特种机器人等实例，介绍机器人的应用领域；本章还将对后续章节的主要内容进行简要介绍。纵观国际国内机器人技术的发展，我们很容易发现，随着机器人、人工智能、网络通信技术的发展，机器人已经在各行各业进行应用，甚至走入了千家万户，一个"机器人时代"正在来临。
>
> **本章知识点**
> - 机器人的发展历程、定义、分类
> - 机器人的技术参数
> - 机器人的组成
> - 机器人的应用
> - 机器人技术的发展

1.1 概述

说起机器人，或许大家就会想到科幻小说、影视作品中的机器人都是有鼻子、有眼睛、有手、有脚，类似于人类的一种机器。事实上，这些类人机器人只是机器人的一种。如果你走进智能工厂目睹机器人的风采，也许会让你失望。现代机器人，特别是工业机器人，并不像各种影视作品或小说中描绘的那样精致与完美。有些不仅没有鼻子、眼睛，甚至躯体也不像人类，它们看起来只是机器，甚至像怪物。但是，这些外形五花八门的机器的确可以称之为机器人，因为它们完全符合机器人的定义。

机器人的诞生和机器人技术的产生及发展，是 20 世纪自动控制领域最具标志性的成就，是 20 世纪人类科学技术进步的重大成果。机器人和机器人技术融合了控制、机械、电子、计算机、人工智能、传感、通信、材料等多学科知识，涉及当今许多前沿技术领域。

当今世界，一个国家的机器人技术发展水平，已成为该国综合科技实力和水平的重要标志。人类的文明发展、科技进步已和机器人以及机器人技术的研究、应用产生了紧密联系。

随着机器人应用领域的不断扩大,机器人已从传统的制造业进入人类工作和生活的方方面面。如今机器人和机器人技术正在为世界各国的工业、农业、服务业发展做出巨大的贡献,对人类未来的日常生活、生产组织、社会发展等起到越来越重要的作用。

机器人根据功能、原理、结构等分类方法有多种类型,尽管从原理上讲,类人机器人也是机器人,并具有与工业机器人相近的设计与控制原理,但由于本书篇幅所限,无法面面俱到。本书后续将主要围绕工业机器人的研究展开。研究机器人所必需的一些基础知识,机器人力学(包括运动学和动力学)的分析方法,以及驱动器、传感器、视觉系统等用于机器人的基础部件和应用软件等,都围绕工业机器人展开,不再特别说明。

1.1.1 机器人的发展历程

1920年,捷克作家卡雷尔·恰佩克(Karel Capek)发表了科幻剧本《罗萨姆的万能机器人》(Rossums' Universal Robots),剧本中的机器人名叫罗伯特(Robot),罗伯特(Robot)这个词的本义是苦力,是剧作家笔下的一个具有人的外表、特征和功能的机器,即人类的仆人,是一种人造人。它们一直受着主人的"奴役",后来奋起反抗,终于获得了"自由"。剧本体现了人类长期以来的一种愿望,即创造出一种像人一样的机器或人造人,以便能够代替人去进行各种工作。这个剧本引起了人们对机器人的关注。后来,Robot就成了机器人的代名词。

尽管直到20世纪70年代,"机器人"才作为专有名词加以引用,但制造机器人一直是机器人技术研究者的梦想,也代表了人类重塑自身、了解自身的一种强烈愿望。自古以来,就有不少科学家和能工巧匠制造出了具有人类特点或具有模仿动物特征的机器人雏形。所以,机器人的概念在人类的想象中至少已经存在三千多年了。

据《列子·汤问》记载,我国西周时期有巧匠偃师,用皮革、树脂和木头制造出能歌善舞的伶人,献给周穆王,这是我国记载最早的具备机器人概念的文字资料。此外,春秋后期,我国著名的木匠鲁班在机械方面也是一位发明家,据《墨经》记载,他曾制造过一只木鸟,能在空中飞行"三日而不下"。东汉时代,著名科学家张衡不仅发明了地动仪、计里鼓车,而且发明了指南车,如图1-1所示。

图1-1 指南车图

这些发明都是具有机器人构想的装置。计里鼓车每行进一里,车上的木人击鼓一次,每行十里,击钟一次;具有复杂轮系装置的指南车,车上木人运动起始指向南方,该车无论左转右转、上坡下坡,指向始终不变,可谓精巧绝伦。三国时期,蜀国丞相诸葛亮成功地制造了"木牛流马",用其运送粮草,并用其中的机关"牛舌头"巧胜司马懿,被后人传为佳话。"木牛流马"虽已失传,但其明显具有机器人的功能和结构。这些案例,淋漓尽致地体现了我国劳动人民的聪明才智。

在国外,也有一些国家较早进行了具有机器人概念的装置研制。公元前3世纪,古希腊发明家戴达罗斯用青铜为克里特岛国王迈诺斯塑造了一个守卫宝岛的青铜卫士塔罗斯。公元前2世纪,亚历山大时代的古希腊人发明了最原始的机器人——自动机。它是以水、空气和蒸汽压力为动力的会动的雕像，它可以自己开门，还可以借助蒸汽唱歌。

1662年，日本的竹田近江利用钟表技术发明了自动机器玩偶，并在大阪的道顿堀演出；18世纪末，日本人若井源大卫门和源信在此基础上进行了改进，制造出了端茶玩偶。

1738年，法国天才技师杰克·戴·瓦克逊发明了一只机器鸭，它会嘎嘎叫，会游泳和喝水，还会进食和排泄。瓦克逊的本意是想把生物的功能机械化，以进行医学上的分析。

1768~1774年间，瑞士钟表匠德罗斯父子三人合作制造出3个像真人大小的机器人——写字偶人、绘图偶人和弹风琴偶人，如图1-2所示。它们是靠弹簧驱动、由凸轮控制的自动机器，至今还被瑞士作为国宝保存在纳切尔市艺术和历史博物馆内。

1893年，加拿大摩尔设计的能行走的机器人"安德罗丁"，是以蒸汽为动力的。

这些机器人工艺珍品，标志着人类在机器人从梦想到现实这一漫长道路上，前进了一大步。

图1-2　18世纪瑞士的3个机器偶人

继20世纪20年代卡雷尔·恰佩克之后，机器人成为很多科幻电影、科幻小说的主人公，如20世纪30年代末纽约世界交易会上放映的德国电影《大都市》中的步行机器人Eleitro和机器狗Spardo。

1942年，美国科幻小说家阿西莫夫提出"机器人三守则"：

1）机器人必须不危害人类，也不允许它眼看人类受害而袖手旁观。

2）机器人必须绝对服从于人类，除非这种服从有害于人类。

3）机器人必须保护自身不受伤害，除非为了保护人类或者是人类命令它做出牺牲。

这3条守则，虽然只是科幻小说里的创造，但后来成为学术界默认的机器人研发原则，给机器人社会赋以新的伦理性，并使机器人概念通俗化，更易于为人类社会所接受。至今，它仍是对机器人研究人员、设计制造厂家和用户来说，十分有意义的指导方针。

现代机器人的研究始于20世纪中期，其技术背景是计算机和自动化的发展，以及原子能的开发利用。自1946年第一台数字电子计算机问世以来，计算机取得了惊人的进步，向高速度、大容量、低价格的方向发展。大批量生产的迫切需求推动了自动化技术的进展，其结果之一便是数控机床的诞生。与数控机床相关的控制、机械零件的研究又为机器人的开发奠定了基础。

1950年，英国数学家艾伦·麦席森·图灵（Alan Mathison Turing）在他的著名文章《计算机器和智能》（Computing Machinery and Intelligence）的开头，提议考虑"机器能思考吗？"的问题（I propose to consider the question,"Can machines think?"）。文中，图灵提出了对机器智能的测试方法，后来被称为"图灵测试"。图灵的工作以及1956年7~8月约翰·麦卡锡组织的达特茅斯研讨会，为机器人、人工智能研究领域创造了一个必要的框架。

20世纪50年代以后，美国橡树岭国家实验室开始研究能搬运核原料的遥控操纵机械手，如图1-3所示。这是一种主从型控制系统，系统中加入了力反馈，可以使操作者获知施加力的大小，主、从机械手之间有防护墙隔开，操作者可通过观察窗或闭路电视对从机械手操作进行有效的监视，主、从机械手系统的出现为机器人的产生以及近代机器人的设计与制造做了铺垫。

1954年，美国的发明家乔治·戴沃尔（George C. Devol）最早提出了工业机器人的概念。他设想了一种可控制的机械手，依据这一想法设计制作了世界上第一台可编电子程序的工业机器人实验装置，发表了《适用于重复作业的通用性工业机器人》一文，并向美国政府提出"可编程的用于移动物体的设备"（Programmed Article Transfer）的专利申请，要求生产一种用于工业生产的"重复性作用的机器人"。戴沃尔将数控机床的伺服轴与遥控操纵器的连杆机构连接在一起，预先设定的机械手动作经编程输入后，系统就可以离开人的辅助而独立运行。这种机器人还可以接受示教，从而完成各种简单的重复动作。示教过程中，机械手可依次通过工作任务的各个位置，这些位置序列全部记录在存储器内。在任务的执行过程中，机器人的各个关节在伺服驱动下依次再现上述位置，这种机器人的主要技术功能被称为可编程和示教-再现功能。

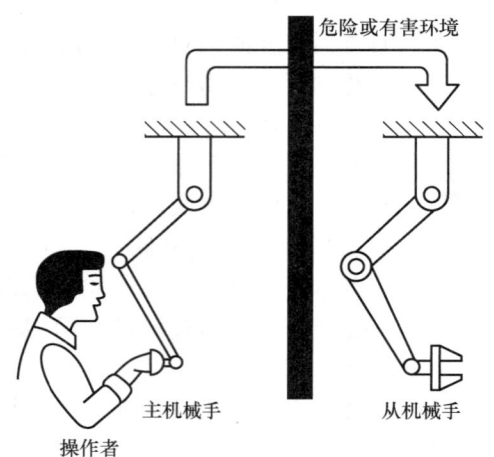

图1-3　主从型遥控操纵机械手

1956年，戴沃尔与工程师恩格尔伯格（Joseph F. Engelberger）决定合作创立一家生产机器人的公司。1958年，他们共同创立的Unimation公司正式运作，这也是世界上第一家机器人生产公司，公司将戴沃尔的发明投入应用，生产取代人力劳动的机器人。

1959年，Unimation公司研制出了世界上第一台工业机器人，取名Unimate，意为"万能自动"或者"通用自动化"，如图1-4所示。第一台工业机器人的诞生，开创了机器人发展的新纪元，也彻底改变了制造业。

1961年，美国通用公司将第一代机械手臂Unimate应用在新泽西州的工厂流水线，在装配线上与热压铸机合作，从模具中取下滚烫的压铸件，焊接到汽车的车身。随后，克莱斯勒公司和福特公司也迅速跟进，不过，当时的工会对此却一直持抵触态度。随后的几年，机械手臂又被设计于更多领域的应用，代替焊接、喷绘、黏合等有害工种。在日本等劳动力紧缺的国家，对美国联合控制公司生产的自动和远距离遥控机器人的使用非常多，主要用于工业和服务业等。

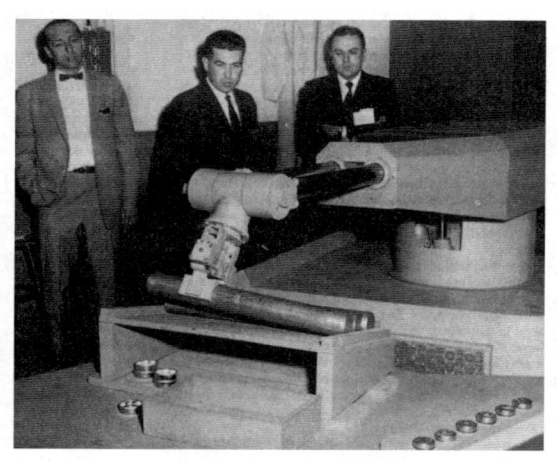

图1-4　世界上第一台工业机器人Unimate

1965年，约翰霍普金斯大学应用物理实验室研制出野兽（Beast）机器人。Beast没有使用计算机，其控制电路由几十个控制模拟电压的晶体管组成，能通过声呐系统、光电管等装置，根据环境校正自己的位置。Beast是一个移动机器人，有初步的智能和独立生存的能力。它在实验室的白色大厅里漫步时会寻找插座。找到插座后，它会插入和充电。

1966 年，斯坦福研究所人工智能中心（现称 SRI 国际）开发出第一个真正可移动和感知的机器人——沙基（Shakey）机器人。Shakey 有轮子，以笨拙、缓慢、摇摇晃晃著称。Shakey 配备了摄像头和碰撞传感器，可以在复杂的环境中导航。Shakey 被认为是机器人革命的开始，它结合了机器人学、计算机视觉和自然语言处理的研究，这是第一个将逻辑推理和物理行为相结合的项目。

1969 年，维克多·舍曼发明了斯坦福臂，这是一种机器人臂，被认为是第一批完全由计算机控制的机器人之一，这是一个巨大的突破。它是 6 轴关节机器人。虽然主要用于教育目的，但"计算机控制"标志着工业机器人的重大突破。

1970 年，日本早稻田大学建造了第一个拟人机器人 Wabot-1。它由肢体控制系统、视觉系统和会话系统组成，可以自行导航和自由移动，它甚至可以测量物体之间的距离。它的手具有触觉传感器，这意味着它能抓住和运输物体。它的智力与 18 个月大的人类相当，标志着人形机器人技术的重大突破。

1973 年，德国库卡（KUKA）公司发布了 Famulus，这是第一个具有 6 个机电驱动轴的工业机器人。

1974 年，美国辛辛那提米拉克龙（Cincinnati Milacron）公司开发出第一台由小型计算机控制的工业机器人，命名为 T3，即"The Tomorrow Tool"。这是世界上第一次机器人和小型计算机的携手合作。从那之后，机器人逐渐向着多传感器、智能控制方向发展，由于计算机的加入，使得机器人可以完成更为精密并且快速地计算，机器人的发展进入智能化时代。

1976 年，机器人海盗 1 号（Viking 1）和海盗 2 号（Viking 2）登陆火星。这两个机器人都是由放射性同位素热电发电机提供动力的，该发电机利用衰变钚释放的热量发电。它们是我们今天所知道的火星探测漫游者的先驱。

1989 年，由麻省理工学院的研究人员制造的六足机器人 Genghis，被认为是现代历史上最重要的机器人之一。由于其体积小，材料便宜，Genghis 被认为缩短了生产时间和未来空间机器人设计的成本。它有 12 个伺服电动机和 22 个传感器，可以穿越多岩石的地形。

1997 年，IBM 公司开发的"深蓝"计算机经过 6 场比赛，成为世界上首个击败世界国际象棋冠军卡斯帕罗夫的机器。

1998 年，戴夫·汉普顿和卡莱布·钟发明了第一个家用或宠物机器人 Furby。Furby 是类似于仓鼠或猫头鹰一样的动物，在一段时间成为热销的玩具，并持续销售到 2000 年。

2000 年，本田公司推出一款人工智能的仿人机器人——阿西莫（ASIMO）机器人，它是一个大约 4.25ft（1ft＝304.8mm）高，能够像人一样快速行走的机器人。后来进行了升级，使机器人可以在餐厅为顾客送托盘，与人手牵着手一起行走，识别物体，解释手势，辨别声音。同年，麻省理工学院的辛西娅·布雷泽尔发明了一种能够识别和模拟情绪的机器人 Kismet。

2005 年，日本大阪大学在爱知世博会上推出一款人形机器人安卓（Android），安卓是一种旨在模仿人类外观和行为的机器人，尤其特指具有和人类相似肌体的种类。这款机器人以一名日本女主持人为原型进行设计，它的气动执行器允许它有多达 47 个关节点或者身体的部件，使动作看起来自然。我国在人形机器人方面有 2016 年中国科学技术大学推出的人形机器人"佳佳"。

2005 年，波士顿动力公司、福斯特-米勒（Foster Miller）公司、NASA 喷气推进实验室、哈佛大学合作研发一款动力平衡四足机器人——波士顿动力狗（Boston Dynamics BigDog），简称大狗（BigDog）。它被设计成一种军用负重机器人，其身体上有 50 个传感器。BigDog 不使用轮子,而是使用四条腿进行运动,从而使它可以在难以通行的复杂地形移动穿越。BigDog 被认为是世界上最雄心勃勃的腿式机器人,它可以携带 150kg 负重,以 6.4km/h 的速度,与士兵一起,在 35°的斜坡上穿越崎岖的地形。

2011 年,IBM 公司的沃森(Watson)计算机系统,能够回答以自然语言提出的问题,在美国最受欢迎的智力竞猜电视节目《危险边缘》中,击败该节目历史上两位最成功的选手,夺得 100 万美元大奖,成为《危险边缘》节目新的王者。"沃森"计算机存储了海量的数据,而且拥有一套逻辑推理程序,可以推理出它认为最正确的答案。

2014 年,在图灵逝世 60 周年纪念日这一天,英国皇家学会举行的"2014 图灵测试"大会上,模拟 13 岁乌克兰男孩的聊天程序尤金·古斯特曼(Eugene Goostman)首次通过了图灵测试。英国皇家学会的测试规则是,在一系列时长为 5min 的键盘对话中,某台计算机被误认为是人类的比例超过 30%,那么这台计算机就被认为通过了图灵测试(其中,30%是图灵对 2000 年时机器思考能力的一个预测)。尤金的成绩是在总计 150 场对话中,骗过了 30 个评委里的 10 个,即尤金被误认为是人类的比例达到了 33%。

2015 年,在加州大学伯克利分校的一个实验室里,人形机器人布雷特(Brett)教会自己做儿童拼图游戏,如把钉子塞进不同形状的洞里。Brett 机器人利用基于神经网络深度学习算法,以试错方式进行主动学习。例如,对于组装玩具,机器人会不停尝试,直至它清楚组装的原理。理论上,这种机器人不需要再依赖人工更新,而是给足够时间让它学习就可以了。

2016 年,波士顿动力公司发布 SpotMini 机器人。它是一种小型的四条腿机器人,它重达 25kg(如果加一条机械臂,总重为 30kg)。这款全电动机器人相当灵活,即使踩到香蕉皮摔倒了,或在人类踢或拉它时,它也能够自己迅速爬起来。SpotMini 机器人除了能像普通动物一样活动之外,装上长长的机械臂,可以为主人端茶倒水。

同年,在韩国首尔进行的计算机与人类之间的围棋比赛,谷歌 DeepMind 的 AlphaGo 以总比分 4∶1,战胜世界顶级围棋棋手李世石。后来又推出一种机器学习算法 AlphaZero,它可以自学国际象棋和中国围棋等,AlphaZero 通过与自己对弈并根据经验更新神经网络,从而发现了国际象棋或中国围棋的原理,并迅速成为史上最好的棋手,目前,在已经挑战的项目中,项项都击败了世界冠军。

2017 年,美国新创公司 Mayfield Robotics 推出外观设计简洁、模样呆萌可爱的智能家用机器人 Kuri,在居家生活中扮演智能助手与好伙伴的角色。Kuri 为语音控制智能机器人助手,内建四组麦克风设备与声音侦测技术,能精确辨识声音来源并回应指令。Kuri 能以 Wi-Fi 无线网络或蓝牙连接操控家中电器设备,并通过内建音响播放音乐或发出音效与人互动。

也是在这一年,汉森机器人(Hanson Robotics)公司制造的机器人索菲亚(Sophia)获得沙特阿拉伯王国的公民身份,成为第一个获得国家公民身份的机器人。在"2017 可持续发展责任商业论坛"上,联合国开发计划署宣布将"首届创新大赛冠军"颁发给两岁半的索菲亚,它也是有史以来第一个非人类冠军。索菲亚的人工智能是基于云的,它可以进行深入学习,可以识别和复制各种各样的人类面部表情。

2018 年,特斯拉汽车制造工厂号称拥有全球最智能的全自动化生产车间,共有冲压生产线、车身中心、烤漆中心和组装中心四大制造环节。在车间内根本看不到人的身影,从原材料加工到成品组装,整个生产流程都由机器人完成。机器人由计算机系统控制,按照设定好的程序运作。机器人与机器人之间流水化运营、无缝对接。

OpenAI 公司推出一款名叫 Dactyl 的幻影灵巧手（Shadow Dexterous Hand）机器人，这是一只五指共有 24 个自由度的机器人手。研究人员使用强化模型的系统，通过反复试验来让机器人能够精确抓住和操纵物体，自己教自己用手指翻转玩魔方。

2019 年，麻省理工学院新推出猎豹（Cheetah）机器人，弹性十足，脚部轻盈，可与体操运动员媲美。它还可以在不平坦的地形上小跑，速度大约是普通人步行速度的两倍。它的体重只有 20 磅（lb，1lb＝0.4536kg），当它被推倒或被踢到地上时，它的手肘能快速摆动，很快恢复到正常姿态。最令人印象深刻的是，它能够从站姿进行 360°的后空翻。

2020 年，美国科学家利用从青蛙胚胎中提取的活细胞，创造出了第一个毫米（mm）级活体可编程机器人，名为 Xenobots。简单来说，该活体机器人是一种由 100%青蛙细胞所创造出的新生命个体——非金属非机械结构、非单细胞生物体，是一种新的活体可编程生物。该机器人拥有两条"短腿"，并能依靠自主力量朝目标移动。最为关键的一点，由于它们是活体机器人，即便被损坏或撕裂，也能自行复制和修复。据悉，本项研究由佛蒙特大学（UVM）计算机科学系教授约书亚·邦加（Joshua Bongard）团队主导，在 UVM 的超级计算机上设计，然后再由美国塔夫茨大学的生物学家组装和测试，是一次跨"计算机＋生物"领域的合作。

我国的机器人研究起步较晚，于 20 世纪 70 年代末 80 年代初开始。1986 年，国家"七五"科技攻关计划，将工业机器人技术列为攻关课题。同年年底开始实施的国家 863 计划，在自动化领域成立了专家委员会，其下设立了计算机/现代集成制造系统（CIMS）和智能机器人两个主题，自此，我国机器人技术的研究、开发和应用，从自发、分散、低水平重复的起步状态进入了有组织、有计划的规划发展阶段。

从"十五"（2001—2005）开始，中国的机器人技术发展方向有了重要调整，机器人技术主题的研究包括基础制造装备与技术、成套关键装备与技术、战略必争装备与竞争前核心技术等内容；从单纯的机器人技术研发向机器人技术与自动化工业装备研制扩展。围绕"国家战略必争装备与竞争前核心技术"，重点研发了深海载人潜器、高精尖数控加工装备、危险作业机器人、反恐防爆机器人、仿人仿生机器人等；围绕"提高综合国力，企业竞争力的基础制造装备与成套关键装备制造技术"，重点研究了中档数控设备、自动化生产线、工程机械、盾构、医疗机器人等先进工艺设备、关键基础部件。

在"十一五"（2006—2010）期间，我国重点开展了机器人先进工艺、机构与驱动、感知与信息融合、智能控制与人机交互等共性关键技术的研究，取得了一批创新性研究成果，建立了智能机器人研发体系。重点研发了仿生机器人、危险救灾机器人、医疗机器人以及公共安全等智能系统集成平台，带动了关键技术发展，重点发展了工业机器人自动化成套技术设备，应用于集成电路、船舶、汽车、轻纺、家电、食品等重点工程或行业，打破了国外公司在大规模自动化制造系统中的垄断，促进了机器人技术的产业化发展。

2011 年以来，我国工业机器人市场快速增长，涌现出一大批像新松（沈阳）、大疆（深圳）、埃夫特（芜湖）、埃斯顿（南京）、优必选（深圳）这类一线机器人企业以及很多机器人产业园区，机器人产业链逐步形成。

2015 年，国务院颁布的《中国制造 2025》中明确指出，工业机器人符合我国未来制造业的发展方向，围绕汽车、机械、电子、危险品制造、国防军工、化工、轻工业等工业机器人应用需要，积极研发新产品，促进机器人标准化、模块化发展，扩大市场应用。突破机器人本体、减速器、伺服电机、控制器、传感器与驱动器等关键零部件及系统集成设计制造等技术瓶颈。

目前，我国在机器人核心技术掌握、相关产品质量、性能、可靠性等方面与国外产品的差距正逐步缩小。

当今世界，机器人技术正逐渐向着具有行走能力、多种感觉能力以及对作业环境的较强自适应能力的方向发展。已有公司成功地将神经网络装配在芯片上，其分析速度比普通计算机快千万倍，可更快、更好地完成语言识别、图像处理等工作。

目前，对全球机器人技术发展最有影响的国家是美国、日本。美国在机器人技术的综合研究水平上仍处于领先地位，而日本生产的机器人在数量、种类方面则居世界首位。近年来，我国机器人技术研究和产业发展非常迅猛，已连续多年成为全球最大的工业机器人应用市场。机器人技术的发展推动了机器人学的建立，许多国家成立了机器人协会，美国、日本、英国、瑞典等国家设立了机器人学学位，我国从2016年开始开设"机器人工程"本科专业。

1.1.2 机器人的定义

在科技界，科学家会给每一个科技术语一个明确的定义。为了规定机器人技术、开发机器人新的工作能力和比较不同国家或公司的机器人成果，就需要对机器人这一术语有某些共同的理解，于是，科学家们试图采用不同的方法来定义机器人这个术语。但机器人技术一直在不断发展中，要给机器人下个合适的和为人们普遍同意的定义还是比较困难的，它的定义还因公众对机器人的想象以及科学幻想小说、影视作品中对机器人形状的描绘而变得更为困难。直到现在，依然是仁者见仁智者见智，没有一个统一的意见。

国际上，关于机器人的定义主要有如下几种：

（1）英国《简明牛津词典》的定义

机器人是"貌似人的自动机，具有智力的和顺从于人的但不具人格的机器"。

（2）美国机器人协会（RIA）的定义

机器人是"一种用于移动各种材料、零件、工具或专用装置的，通过可编程序动作来执行种种任务的，并具有编程能力的多功能机械手（manipulator）"。

（3）美国国家标准局（NBS）的定义

机器人是"一种能够进行编程并在自动控制下执行某些操作和移动作业任务的机械装置"。

（4）日本工业机器人协会（JIRA）的定义

工业机器人是"一种装备有记忆装置和末端执行器（end effector）的，能够转动并通过自动完成各种移动来代替人类劳动的通用机器"。

（5）国际标准化组织（ISO）的定义

国际标准化组织采纳了美国机器人协会给机器人下的定义，"机器人是一种自动的、位置可控的、具有编程能力的多功能机械手，这种机械手具有多个轴，能够借助于可编程序操作来处理各种材料、零件、工具和专用装置，以执行种种任务"。

（6）我国关于机器人的定义

随着机器人技术的发展，我国也面临讨论和制订关于机器人技术各项标准的问题，其中包括对机器人的定义。我国科学家对机器人的定义是："机器人是一种自动化的机器，所不同的是这种机器具备一些与人或生物相似的智能能力，如感知能力、规划能力、动作能力和协同能力，是一种具有高级灵活性的自动化机器"。蒋新松院士曾建议把机器人定义为"一种拟人功能的机械电子装置"。

尽管国际上对机器人还没有统一的定义，而且不同国家的定义之间有的差别还较大，但随着机器人技术的发展和越来越广泛的应用，目前，国际上对机器人的概念已经逐渐趋近一致。一般来说，人们都可以接受这种说法，即机器人是靠自身动力和控制能力来实现各种功能的一种机器。

纵观机器人几十年来的发展，其定义也在不断发展延伸，近年来，随着传感器、人工智能等技术进步，机器人正朝着与信息技术相融合的趋势发展。由此诞生的"自律化""数据终端化""网络化"等世界领先技术的机器人正在全世界范围内，不断地获取数据、获得应用，形成数据驱动型的创新。机器人在这一过程中，在制造、服务领域带动产生新附加值的同时，还将成为在各种信息传达、娱乐和日常通信领域带来极大变革的关键设备。

机器人概念也将发生变化。以往，机器人主要是指具备传感器、智能控制系统、驱动系统等三个要素的机械。然而，随着数字化的进展、云计算等网络平台的充实，以及人工智能技术的进步，一些机器人即便没有驱动系统，也能通过独立的智能控制系统驱动，来联网访问现实世界的各种物体或人类。未来，随着物联网世界的进化，机器人仅仅通过智能控制系统，就能够应用于社会的各个场景之中。如此一来，兼具三个所有要素的机械才能称为机器人的定义，将有可能发生改变，下一代机器人将会涵盖更广泛的概念。以往并未定义成机器人的物体也将机器人化。例如，无人驾驶汽车、智能家电、智能手机、智能住宅等也将成为机器人之一。

1.1.3 机器人的分类

机器人的分类方法很多。应用于不同领域的机器人可按照不同的功能、原理、用途、规模、结构、坐标、驱动方式等分成很多类型，目前国内外尚无统一的分类标准。参考国内外有关资料，本书对机器人分类如下。

1. 按开发内容和应用场景分

按照开发内容和应用场景的不同，机器人可分为工业机器人、服务机器人、特种机器人三大类。

（1）工业机器人

工业机器人是指应用于生产过程与环境的机器人，主要包括人机协作机器人和工业移动机器人，是在工业生产中使用的机器人的总称。工业机器人主要用于完成工业生产中的某些作业，依据具体应用目的的不同，又常常以其主要用途命名，如焊接机器人、装配机器人、喷涂机器人等。

焊接机器人是到目前为止在工业现场应用最多的工业机器人，包括点焊和弧焊机器人，用于实现自动化焊接作业。装配机器人比较多地用于电子部件或电器的装配。喷涂机器人代替人进行各种喷涂作业。搬运、上料、下料及码垛机器人的功能都是根据工况要求的速度和精度，将物品从一处运到另一处。还有很多其他用途的机器人，如将金属溶液浇到压铸机中的浇注机器人等。应该说，并不是只有机器人可以完成这些工作，很多工作也可以通过专门的机器来完成，但工业机器人的优点在于它可以通过更改程序，方便、迅速地改变工作内容或方式，以满足生产要求的变化，例如改变焊缝轨迹及喷涂位置、变更装配部件或位置等。

随着对工业生产线越来越高的柔性要求,对各种工业机器人的需求也越来越广泛。

(2) 服务机器人

服务机器人(service robot)是指除工业机器人之外的、用于非制造业并服务于人类的各种机器人。服务机器人主要包括家用服务机器人、医疗服务机器人和公共服务机器人等。其中,公共服务机器人指在农业、金融、物流、教育等除医学领域外的公共场合为人类提供一般服务的机器人。

服务机器人通常是可移动的,在多数情况下可由一个移动平台和其他部分构成,在平台上装有一只或多只手臂,代替或协助人完成为人类提供服务或安全保障的各种工作,如清洁、护理、娱乐或执勤等。

(3) 特种机器人

特种机器人(special robot)是指替人类从事高危环境或特殊工况的机器人。特种机器人主要包括军事应用机器人、极限作业机器人和应急救援机器人等,如水下机器人、太空探索机器人、排爆机器人、蔬果采摘机器人。水下机器人又称水下无人深潜器,代替人在水下危险的环境中作业。人类借助潜水器具探秘海洋已有很长的历史,但是,由于深潜危险很大,而且成本费用极高,所以人类一直积极寻求可以代替人类进行危险作业的技术装置,于是,水下机器人便成了十分受关注的发展方向。

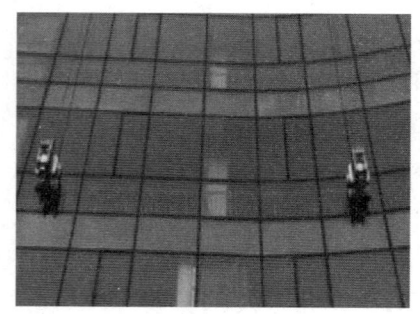

图1-5 墙壁清洗机器人

还有一些特种作业机器人,如墙壁清洗机器人(见图1-5)、爬缆索机器人(见图1-6)、管内移动机器人(见图1-7)等。这些机器人都是根据某种特殊目的设计的特种作业机器人,为帮助人类完成一些高强度、高危险或无法完成的工作提供了很大方便。

图1-6 爬缆索机器人

图1-7 管内移动机器人

除此以外,还有智能机器人(intelligent robot)的提法,它是指具有多种由内、外部传感器组成的感觉系统,不仅可以感知内部关节的运行速度、力的大小等参数,还可以通过外部传感器(如视觉传感器、触觉传感器等),对外部环境信息进行感知、提取、处理并做出适当的决策,在结构或半结构化环境中自主完成某项任务。目前,智能机器人尚处于研究和发展阶段。智能机器人的发展方向大致有两种,一种是类人型智能机器人,这是人类梦想的机器人;另一种外形并不像人,但具有机器智能。

2. 按机器人的发展程度分

按照从低级到高级的发展程度，机器人可分为第一代机器人、第二代机器人和第三代机器人。

（1）第一代机器人

第一代机器人主要指只能以示教再现方式工作的工业机器人，称为示教-再现型机器人。示教内容为机器人操作结构的空间轨迹、作业条件、作业顺序等。

所谓示教，是指由人先通过与机器人相连的工具或程序预设机器人运动的轨迹、停留点位、停留时间等，即教机器人，然后机器人依照教给的行为、顺序和速度重复运动，即所谓的再现。比较普遍的示教方式是通过示教器，即控制面板完成的，操作人员利用控制面板上的开关或键盘控制机器人一步一步地运动，机器人自动记录下每一步，然后重复。目前在工业现场应用的机器人大多采用这一方式。但是，随着技术的发展，协作型机器人已成为一个新的发展方向，协作型机器人的示教可以由操作人员手把手地进行。例如，操作人员抓住机器人上的喷枪将喷涂时要走的位置走一遍，机器人会记住这一连串路径和动作，工作时自动重复这些运动，从而完成给定位置的喷涂工作。

（2）第二代机器人

第二代机器人主要指带有一些可感知环境的装置，通过反馈控制，使机器人能在一定程度上适应变化的环境。这样的技术现在正越来越多地应用在机器人上。

例如焊缝跟踪技术，在机器人焊接的过程中，一般通过示教方式给出机器人的运动曲线，机器人携带焊枪走这条曲线进行焊接。这就要求工件的一致性好，也就是说工件被焊接的位置必须十分准确，否则机器人行走的曲线和工件上的实际焊缝位置将产生偏差。焊缝跟踪技术是在机器人上加一个传感器，通过传感器感知焊缝的位置，再通过反馈控制，机器人自动跟踪焊缝，从而对示教的位置进行修正。即使实际焊缝相对于原始设定的位置有变化，机器人仍然可以很好地完成焊接工作。

（3）第三代机器人

第三代机器人主要指智能机器人，它具有多种感知功能，可进行复杂的逻辑推理、判断及决策，可在作业环境中独立行动，它具有发现问题且能自主地解决问题的能力。

这类机器人一般装有多种传感器，使机器人可以知道其自身的状态，例如在什么位置、自身的系统是否有故障等，而且可以通过装在机器人身上或者工作环境中的传感器感知外部的状态，例如发现道路的危险地段、测出与协作机器的相对位置与距离以及相互作用的力等。机器人能够根据得到的这些信息进行逻辑推理、判断、决策，在变化的内部状态与外部环境中自主决定自身的行为。这类机器人被赋予更多的智能，具有高度的适应性和自治能力，这正是人类希望机器人能达到的目标。经过科学家多年来不懈的研究，已经出现了很多各具特点的试验装置和大量的新理论、新方法。但是直至目前，在已应用的机器人中，机器人的自适应技术仍十分有限，智能机器人是机器人今后发展的方向。

3. 按机构特性分

从机构学的角度可以将机器人分为串联机器人和并联机器人两大类。

（1）串联机器人

串联机器人是一种开式运动链机器人，它是由一系列连杆通过转动关节或移动关节串联形成的，如图 1-8 所示。串联机器人采用驱动器驱动各个关节的运动从而带动连杆的相对运动，使末端执行装置（如焊枪）达到合适的位姿。其串联式结构是一个开放的运动链，其所有运动杆并没有形成一个封闭的结构链。

串联机器人研究得较为成熟，具有结构简单、成本低、控制简单大等优点，已成功应用于很多领域，如各种机床、装配车间等。串联机器人的工作空间大，运动分析比较容易，可以避免驱动轴之间的耦合效应。但其机构各轴必须要独立控制，并且需要搭配编码器和传感器来提高机构运动时的精准度。

（2）并联机器人

并联机器人是由一个或几个闭环组成的关节点坐标相互关联的机器人，如图 1-9 所示。并联机器人采用了一种闭环机构，一般由上下运动平台和两条或者两条以上运动支链构成。运动平台和运动支链之间构成一个或多个闭环机构，通过改变各个支链的运动状态，使整个机构具有多个可以操作的自由度。

图 1-8　串联机器人

图 1-9　并联机器人

并联机器人的研究与串联机器人相比起步较晚，并联机器人和传统工业用串联机器人在应用上构成互补关系，它是一个封闭的运动链。并联机器人不易产生动态误差，无误差积累，精度较高。另外，并联机器人结构紧凑稳定，输出轴大部分承受轴向力，机器刚性高，承载能力大。在高速、大承载能力的场合，与串联机器人相比具有明显优势。已有很多成功应用的案例，比如运动模拟器、delta 机器人等。但是，并联机器人在位置求解上正解比较困难，而反解比较容易。

4. 按机器人的控制方式分

按照控制方式可把机器人分为非伺服机器人和伺服控制机器人两大类。

（1）非伺服机器人

非伺服机器人（non-servo robots）工作能力比较有限，它们往往涉及那些叫作"终点""抓放"或"开关"式机器人，尤其是有限顺序机器人。这种机器人按照预先编好的程序顺序进行工作，使用终端限位开关、制动器、插销板和定序器来控制机器人的运动；插销板用来预先规定机器人的工作顺序，而且往往是可调的。定序器是一种定序开关或步进装置，它能够按照预定的正确顺序接通驱动装置的能源。驱动装置接通能源后，就带动机器人的手臂、腕部和抓手等装置运动。当它们移动到由终端限位开关所规定的位置时，限位开关切换工作状态，送给定序器一个"工作任务（或规定运动）业已完成"的信号，并使终端制动器动作，切断驱动能源，使机器人停止运动。

（2）伺服控制机器人

伺服控制机器人（servo-controlled robots）比非伺服机器人有更强的工作能力，价格较贵，而且在某些情况下不如简单的机器人可靠。伺服系统的被控制量（即输出）可以是机器人端部执行装置(或工具)的位置、速度、加速度和力等。通过反馈传感器取得的反馈信号与来自给定装置(如给定电位器)的综合信号，用比较器加以比较后，得到误差信号，经过放大后用以激发机器人的驱动装置，进而带动末端执行装置以一定规律运动，到达规定的位置或速度等。

5. 按机器人控制器的信息输入方式分

在采用这种分类法进行分类时，不同国家略有不同，但各国一般有各自统一的标准。这里主要介绍日本工业机器人协会(JIRA)、美国机器人协会(RIA)和法国工业机器人协会(AFRI)所采用的分类法。

(1) JIRA 分类法

日本工业机器人协会把机器人分为 6 类。

第 1 类：手动机械手，是一种由操作人员直接进行操作的具有几个自由度的加工装置。

第 2 类：定序机器人，是按照预定的顺序、条件和位置，逐步地重复执行给定的作业任务的机械手，其预定信息(如工作步骤等)难以修改。

第 3 类：变序机器人，它与第 2 类一样，但其工作次序等信息易于修改。

第 4 类：复演式机器人，这种机器人能够按照记忆装置存储的信息来复现原先由人示教的动作。这些示教动作能够被自动地重复执行。

第 5 类：程控机器人，操作人员并不是对这种机器人进行手动示教，而是向机器人提供运动程序，使它执行给定的任务。其控制方式与数控机床一样。

第 6 类：智能机器人，它能够采用传感信息来独立检测其工作环境或工作条件的变化，并借助其自我决策能力，成功地进行相应的工作，而不管其执行任务的环境条件发生了什么变化。

(2) RIA 分类法

美国机器人协会把机器人分为 4 类。他们不把 JIRA 分类法中的前两类机器看作机器人，只将后 4 类机器看作机器人，并与 JIRA 分类法中的后 4 类一样。

(3) AFRI 分类法

法国工业机器人协会把机器人分为 4 种型号，与 JIRA 分类法的关系如下。

A 型：第 1 类，手控或遥控加工设备。

B 型：包括第 2 类和第 3 类，具有预编工作周期的自动加工设备。

C 型：含第 4 类和第 5 类，程序可编程伺服机器人，具有点位或连续路径轨迹，称为第一代机器人。

D 型：第 6 类，能获取一定的环境数据，称为第二代机器人。

6. 按机器人的智能程度分

1) 一般机器人，不具有智能，只具有一般编程能力和操作功能。

2) 智能机器人，具有不同程度的智能，又可分为：

① 传感型机器人，具有利用传感信息(包括视觉、听觉、触觉、接近觉、力觉和红外、超声及激光等)进行传感信息处理，实现控制与操作。

② 交互型机器人，机器人通过计算机系统与操作员或程序员进行人机对话，实现对机器人的控制与操作。

③ 自主型机器人，在设计制作之后，机器人无需人的干预，能够在各种环境下自动完成各项拟人任务。

7. 按机器人移动性分

1）固定式机器人，这种机器人一般固定在某个底座上，整台机器人（或机械手）不能移动，只能移动各个关节。

2）移动机器人，这种机器人一般可沿某个方向或任意方向移动。这种机器人又可分为轮式机器人、履带式机器人和步行机器人，其中后者又有单足、双足、四足、六足和八足等行走机器人之分。

8. 按机器人的性能指标分

按照负载能力和作业空间等性能指标，可将机器人分为5大类。

1）超大型机器人。超大型机器人的负载能力为500N以上。
2）大型机器人。大型机器人的负载能力为300~500N，作业空间为$10m^2$以上。
3）中型机器人。中型机器人的负载能力为50~300N，作业空间为$1~10m^2$。
4）小型机器人。小型机器人的负载能力为10~50N，作业空间为$0.1~1m^2$。
5）超小型机器人。超小型机器人的负载能力为10N以下，作业空间为$0.1m^2$以下。

9. 按驱动方式分

机器人按照驱动方式可分为4大类。

（1）气力驱动式机器人

气力驱动式机器人主要是以压缩空气来驱动执行机构的机器人。气力驱动方式的优点是空气来源方便，动作迅速，结构简单，造价低；缺点是空气具有可压缩性，致使工作速度的稳定性较差。因气源压力一般只有60MPa左右，故此类机器人适用在抓举力要求较小的场合。

（2）液力驱动式机器人

液力驱动式机器人主要是以推动液体来驱动执行机构的机器人。相对于气力驱动，液力驱动的机器人具有大得多的抓举能力，抓举质量可高达上百千克。液力驱动式机器人结构紧凑，传动平稳且动作灵敏，但对密封的要求较高，且不宜在高温或低温的场合工作，要求的制造精度较高，成本较高。

（3）电力驱动式机器人

电力驱动式机器人主要是以电力来驱动执行机构的机器人。它是利用各种电动机产生的力或力矩，直接或经过减速机构驱动机器人，以获得所需的位移、速度、加速度。电力驱动具有无环境污染、易于控制、运动精度高、成本低、驱动效率高等优点。目前，越来越多的机器人采用电力驱动式，这不仅是因为电动机品种众多可供选择，更因为可以运用多种灵活的控制方法。电力驱动可分为步进电动机驱动、直流伺服电动机驱动、无刷伺服电动机驱动等。

（4）新型驱动式机器人

新型驱动式机器人主要是以新型驱动器来驱动的机器人。伴随着机器人技术的发展，近年来，出现了利用新的工作原理制造的新型驱动器，如磁致伸缩驱动、静电驱动器、压电驱动器、形状记忆合金驱动器、人工肌肉及光驱动器等，可以安装在一些特殊应用场合的机器人上，如吸附式爬壁机器人、软体机器人等。

1.2 机器人的技术参数

由于机器人的结构、用途和用户要求的不同，机器人的技术参数也不同。一般来说，机器人的技术参数主要包括自由度、分辨率、精度、工作范围、工作速度、承载能力、驱动方式和控制方式等。

1.2.1 机器人的自由度

自由度是机器人的一个重要技术指标,它表示了机器人动作灵活的尺度,是由机器人的结构决定的,并直接影响到机器人的机动性。机器人的自由度越多,越接近人手的动作机能,其通用性越好,但是自由度越多,结构也越复杂。

1. 刚体的自由度

刚体(rigid body)是指在运动中和受到力的作用后,形状和大小不变,而且内部各点的相对位置不变的物体。需要指出的是,绝对刚体实际上是不存在的,只是一种理想模型,因为任何物体在受力作用后,都或多或少地变形,如果变形的程度相对于物体本身几何尺寸来说极为微小,在研究物体运动时,变形就可以忽略不计。刚体在空间的位置,必须根据刚体中任一点的空间位置和刚体绕该点转动时的位置(见刚体一般运动)来确定,所以刚体在空间有 6 个自由度。

为了确定点在空间的位置,需要指定 3 个坐标,就像沿直角坐标轴的 x、y 和 z 的 3 个坐标。反过来,只要有这 3 个坐标便可确定该点的位置。

要确定一个刚体(一个三维物体,而不是一个点)在空间的位置,首先需要在该刚体上选择一个点并指定该点的位置,因此需要 3 个数据来确定该点的位置。为了完全定位空间的刚体,除了确定刚体上所选点的位置外,还须确定该刚体的姿态,这就意味着需要 6 个数据才能完全确定刚体的位置和姿态。刚体上任何一点都与坐标轴的正交集合有关,我们把物体能够对坐标系进行独立运动的数目称为自由度(degree of freedom,DOF)。刚体所能进行的运动,如图 1-10 所示,有:

沿着坐标轴 Ox、Oy 和 Oz 的 3 个平移运动 T1、T2 和 T3;

绕着坐标轴 Ox、Oy 和 Oz 的 3 个旋转运动 R1、R2 和 R3。

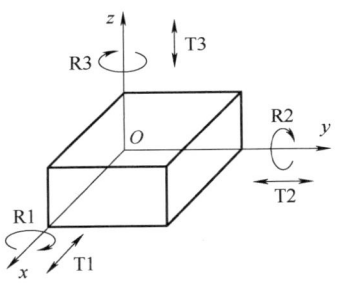

图 1-10 刚体的 6 个自由度

这意味着刚体能够运用 3 个平移和 3 个旋转,相对于坐标系进行定向和运动。通常一个简单刚体有 6 个自由度。当两个刚体间确立起某种关系时,每个刚体就对另一个刚体失去一些自由度,这种关系也可以用两刚体间由于建立连接关系而不能进行的移动或转动来表示。

2. 机器人的自由度

人们期望机器人能够以准确的方位把它的端部执行装置或与它连接的工具移动到给定点。如果机器人的用途是未知的,那么它应当具有 6 个自由度,需要有 6 个自由度才能将物体放置到空间的期望位姿。

不过,如果工具本身具有某种特别结构,那么就可能不需要 6 个自由度。许多工业机器人的自由度都少于 6 个。实际上,自由度为 3 个、4 个和 5 个的机器人非常普遍。例如,要把一个球放到空间某个给定位置,有 3 个自由度就足够了。又如将电子元器件插入电路板,把电路板放在一个给定的一作业台面上,此时,电路板相对于机器人基座的高度(z 坐标)是已知的。因而,只需要沿 x 轴和 y 轴方向上的两个自由度就可以确定元器件插入电路板的位置。再如，要对某个旋转钻头进行定位与定向，就需要 5 个自由度，这个钻头可表示为某个绕着它的主轴旋转的圆柱体。

大多数机器人从总体上看是个开链机构，但是其中可能包含局部闭环机构，闭环结构可以提高刚性，但是，会限制关节的活动范围，工作空间会缩小。在计算机器人所具有的独立坐标轴运动的数目时，一般不包括末端执行器（如夹具手爪）的开合自由度，因为这个自由度只对夹具的操作起作用。

1.2.2 机器人的其他性能指标

1. 分辨率

分辨率是指机器人各运动轴能够实现的最小移动距离或最小转动角度。在机器人的性能指标中，分辨率常常容易和精度、重复定位精度相混淆。机器人的分辨率由系统设计检测参数决定，并受到位置反馈检测单元性能的影响。

分辨率分为编程分辨率与控制分辨率，统称为系统分辨率。

编程分辨率是指程序中可以设定的最小距离单位，又称基准分辨率。例如，当电动机旋转 0.1°，机器人腕点即手臂尖端点移动的直线距离为 0.01 mm 时，其基准分辨率为 0.01 mm。

控制分辨率是位置反馈回路能够检测到的最小位移量。例如，若每周（转）1000 个脉冲的增量式编码盘与电动机同轴安装，则电动机每旋转 0.36°（360°，1000 r/min），编码盘就发出一个脉冲，0.36° 以下的角度变化无法检测，该系统的控制分辨率为 0.36°。显然，当编程分辨率与控制分辨率相等时，系统性能达到最高。

2. 精度

精度是指机器人手部实际到达位置与目标位置之间的差异，主要包括位姿精度和轨迹精度。机器人的精度主要依存于机械误差、控制算法误差与分辨率系统误差。机械误差主要产生于传动误差、关节间隙与连杆机构的挠性。传动误差是由轮齿误差、螺距误差等所引起的；关节间隙是由关节处的轴承间隙、谐波齿隙等引起的；连杆机构的挠性随机器人形位、负载的变化而变化。

控制算法误差主要指算法能否得到直接解和算法在计算机内的运算字长所造成的 bit（比特）误差。对于控制系统的设计者，因为 16 位以上 CPU 进行浮点运算时精度可达到 82 位以上，所以 bit 误差与机构误差相比基本可以忽略不计。

分辨率系统误差可取 1/2 基准分辨率。其理由是基准分辨率以下的变位既无法编程又无法检测，故误差的平均值可取 1/2 基准分辨率。机器人的精度可认为是 1/2 基准分辨率与机械误差之和，即

$$机器人的精度 = 1/2 基准分辨率 + 机械误差$$

若能够做到使机构的综合误差达到 1/2 基准分辨率，则精度等于分辨率。但是，就目前的水平而言，除纳米领域的机构以外，工业机器人还无法达到这个水平。

3. 重复定位精度

重复定位精度是指如果动作重复多次，机器人到达同样位置的精确程度。即如果机器人重复执行某位置给定指令，它每次走过的距离并不相同，而是在一平均值附近变化，变化的幅度代表重复定位精度。实际应用中常以重复测试结果的标准偏差值的 3 倍来表示，它是衡量一列误差值的密集度。

任何一台机器人即使在相同环境、相同条件、相同命令之下执行相同动作，每一次动作的位置也不可能完全一致。如图 1-11 所示，若重复定位精度为±0.2mm，则指所有的动作位置停止点均在中心的左右 0.2mm 以内。在测试机器人的重复定位精度时，不同速度、不同方位下，反复试验的次数越多，重复定位精度的评价就越准确。

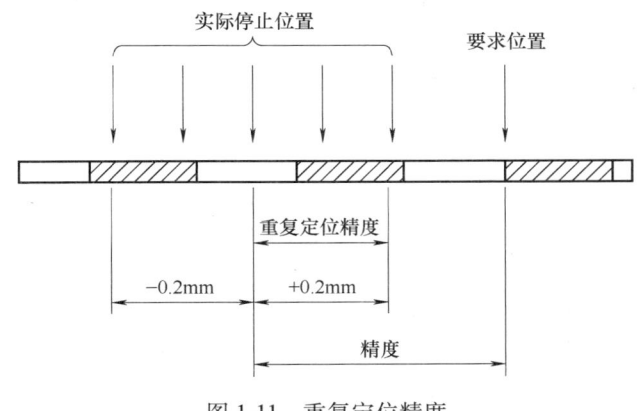

图 1-11　重复定位精度

因重复定位精度不受工作载荷变化的影响，所以通常用重复定位精度这一指标作为衡量示教-再现方式工业机器人水平的重要指标。在机器人标定重复定位精度时，一般会同时给出测试次数、测试过程所加的负载和机械臂的姿态。

4. 工作范围

工作范围是指机器人机械臂末端或手腕中心所能到达的所有点的集合，也叫作工作区域。由于末端执行器的形状和尺寸是多种多样的，为真实反映机器人的特征参数，故工作范围是指不安装末端执行器时的工作区域。工作空间的性状和大小反映了机器人工作能力的大小，取决于机器人的自由度数和各运动关节的类型与配置。机器人在进行某一个作业的时候，可能会因为存在末端执行器不能到达的作业死区而不能完成任务。

5. 工作速度

工作速度是指机器人在工作载荷条件下、匀速运动过程中，机械接口中心或工具中心点在单位时间内所移动的距离或转动的角度。最大工作速度，有的厂家指的是机器人主要自由度上最大的稳定速度，有的厂家定义为手臂末端最大的合成速度，通常都在技术参数中加以说明。

显而易见，工作速度越高，工作效率越高，但在实际应用中仅考虑最大工作速度是不够的，这是因为运动循环包括加速启动、等速运行和减速制动 3 个过程。如果最大工作速度高但允许的极限加速度小，则加减速的时间就会长一些。所以，在考虑机器人的运动特性时，除了要注意最大工作速度外，还应注意其最大允许的加速度。

6. 承载能力

承载能力是指机器人在工作范围内的任何位姿上所能承受的最大质量，通常可以用质量、力矩、惯性矩来表示。承载能力不仅取决于负载的质量，而且还与机器人运行的速度和加速度的大小和方向有关。一般低速运行时，承载能力大，为安全起见，承载能力这一技术指标是指高速运行时的承载能力。通常，承载能力不仅指负载质量，而且包括机器人末端执行器的质量。

1.3 机器人的应用

机器人可代替或协助人类完成各种工作,特别是在一些人类无法到达或者危险的、有毒有害的工作中,机器人都在大显身手。机器人除了广泛应用于制造业外,还应用于资源勘探开发、救灾排险、医疗服务、家庭娱乐、军事和航天等其他领域。机器人已成为工业及非产业界的重要生产和服务性设备,也是先进制造技术领域不可缺少的自动化设备。

1.3.1 机器人的应用领域

机器人的应用领域十分广泛。不过,这些领域也并非截然分开的,它们之间有时也存在相当大的重叠。这些应用范围包括工业制造、军事、海空探索、农业生产等。此外,机器人正逐渐在医院、家庭和一些服务行业获得应用。

1. 工业领域

工业领域是机器人最早应用的领域,也是多年来机器人应用最多的领域。进入 21 世纪,工业机器人被广泛应用于汽车工业、金属模具行业、化工工业、塑料行业、通用机械工业、建筑业以及其他重型工业和轻工业部门。

汽车工业是机器人应用最广泛的领域之一。焊接是汽车生产线上十分重要的工艺流程和加工手段,采用高性能焊接机器人成套设备,既能降低工人劳动强度,减少企业成本,又能有效改善生产工艺水平,提高焊接质量,从而极大提高产品质量和产能。

金属模具行业的加工过程,通常与高强度劳动、噪声污染、金属粉尘等联系在一起,处于恶劣的环境之中,企业的劳动力成本越来越高。机器人与机床集成相结合,不仅能够大大降低企业的用人成本,还能提高产品的成型速度和安全性,提升加工精度,具有很大的产业发展空间。

化工工业是机器人的主要应用领域,面对现代化工制成品高精度、高纯度的要求,生产环境更加洁净,这也直接影响着产品的合格率,因此,洁净机器人将会得到进一步的利用,市场空间广阔。

塑料行业的产品生产需要各个环节紧密的协作,机器人不仅适用于在洁净环境下进行生产,还能自行完成高强度作业。即使在高强度的生产环境下,也能够及时提高产品生产的经济效益,工业机器人以其高速、快捷、灵活的特点,确保企业在今后的市场竞争中具有决定性的竞争优势。

2. 军事领域

同任何其他先进技术一样,机器人技术也可用于军事目的。这种用于军事目的的机器人即为军用机器人。军用机器人有地面的、水下(海洋)的和空间的。其中,以地面军用机器人的开发最为成熟,应用也较为普遍。

地面军用机器人分为两类:一类是智能机器人,包括自主和半自主车辆;另一类是遥控机器人,即各种用途的遥控无人驾驶车辆。智能机器人依靠车辆本身的智能自主导航,躲避障碍物,在无人干预下自主行驶或作战。遥控机器人由人进行遥控,以完成各种任务。

水下军用机器人即无人潜水器。它是一个水下高技术仪器设备的集成体,除集成有水下机器人载体的推进、控制、动力电源、导航等仪器、设备外，还需根据应用目的的不同，配备声、光、电等不同类型的探测仪器。它可适用于长时间、大范围的侦察、维修、攻击和排险等军事任务，还进行搜索、定位、援救和回收工作，也可以用来发现、分类、排除水下残物及系留的水雷。

空间军用机器人是一种轻型遥控机器人，可在行星的大气环境中导航及飞行。它能在一个不断变化的三维环境中运动并自主导航，能够实时确定空间的位置及状态，对它的垂直运动进行控制，并要为它的星际飞行预测及规划路径。此外，可以把无人机看作空间机器人。也就是说，无人机和其他空间机器人，都可能成为空间军用机器人。

3. 生活服务领域

随着传感器和控制技术、驱动技术及材料技术的进步，在服务行业实现运输、操作及加工自动化已具备了必要的条件，服务机器人开辟了机器人应用的新领域。专家们预测，未来服务机器人的数量将会超过工业机器人。

目前世界各国正努力开发应用于各种领域的服务机器人，建筑机器人、公共事业及环保机器人、物体及平面清洗用机器人、在难以接近的地方进行维护检查用机器人、保安部门及内部送信用移动机器人等服务机器人不断出现。

家政服务机器人的主要职能是为人类提供和完成服务，如清洁、运送、监视、检查和探测等类型的工作，主要包括扫地机器人、养老助残机器人及家庭作业机器人等涉及家用领域的机器人，以及用于社会和寓教于乐为目的的机器人。

娱乐休闲机器人能够完成各类的表演形式，例如跳舞、唱歌、演奏乐器，以及踢足球、相扑、举重等体育项目，此外还有宠物机器人、聊天机器人等各种具有娱乐性质的机器人。

4. 医疗领域

医疗机器人的发展应用给人们生活带来的便利可谓是最为巨大的。医疗机器人经历了几十年的发展，到目前为止已经有了较为细致的分支和应用。医疗机器人可以分为4个类别，即康复机器人、手术机器人、仿生义肢机器人和行为辅助机器人。从目前市场结构看，手术机器人占全球医疗机器人的最大市场份额。另一方面，康复机器人成为发展速度最快的子领域。

康复机器人的研发是目前国内医疗机器人企业的研发主流。我国是世界上残疾人康复辅助器具需求最大的潜在市场。智能康复机器人如智能义肢、智能康复训练设备、智能化护理设备等产品的出现，不仅为残疾人在康复、生活、学习等方面带来更多的好处，也展现了智能化技术在辅助器具应用上发展前景，为辅助器具创新提供了新的空间。

1.3.2 机器人的应用实例

1. 6自由度工业机器人的应用

6自由度工业机器人是典型的工业机器人产品，其动作灵活性高，工作空间范围大，可以很灵活地绕过障碍物，并且结构紧凑，占地面积也比较小，关节上相对运动部件容易密封防尘，广泛应用在机床上下料、取件、弧焊、喷漆等行业。图1-12所示为6自由度工业机器人焊接应用现场。

2. 排险防暴机器人的应用

排险防暴机器人是一种具有抓取、销毁爆炸物等功能的遥控移动式作业机器人。这种机器人有较强的地面适应能力，可应用于核工业、军事、燃化、铁路、公安等部门，可代替人在危险、恶劣、有害环境中进行观察、检查、搬运、清扫、操作、维修、安装等作业。图1-13所示为排险防暴机器人的工作现场。

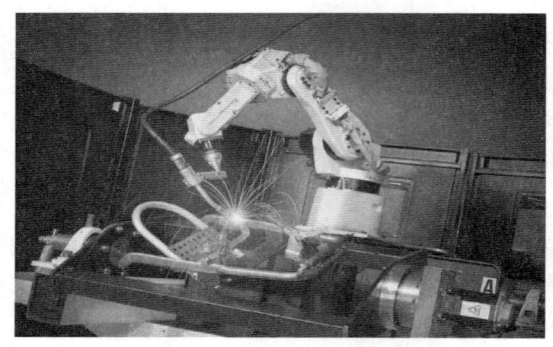 

图1-12　6自由度工业机器人焊接应用现场　　　　图1-13　排险防暴机器人的工作现场

3. DELTA机器人的应用

DELTA机器人属于高速、轻载的并联机器人。一般通过示教编程或视觉系统捕捉目标物体，是一种具备了传感器、物镜和电子光学系统的机器人，由多个并联的伺服轴确定抓具中心的空间位置，实现目标物体的运输、加工等操作。它可以快速进行货物分拣，如图1-14所示，主要应用于食品、药品和电子产品等加工、装配。DELTA机器人以其重量轻、体积小、运动速度快、定位精确高等特点，正在市场上被广泛应用。

4. SCARA机器人的应用

SCARA(selective compliance assembly robot arm，选择顺应性装配机械手臂)是一种应用于装配作业的机器人。SCARA机器人的结构轻便、响应快，运动速度可达10m/s，比一般关节式机器人快数倍。它最适用于平面定位，垂直方向进行装配的作业，如图1-15所示。此外，SCARA系统具有顺从性和具有良好的刚度，此特性特别适合于装配工作，例如将一个圆头针插入一个圆孔，故SCARA系统被大量用于装配印制电路板和电子零部件。SCARA机器人的另一个特点是其串接的两杆结构，类似人的手臂，可以伸进有限空间中作业然后收回，适合于搬动和取放物件，如集成电路板等。

 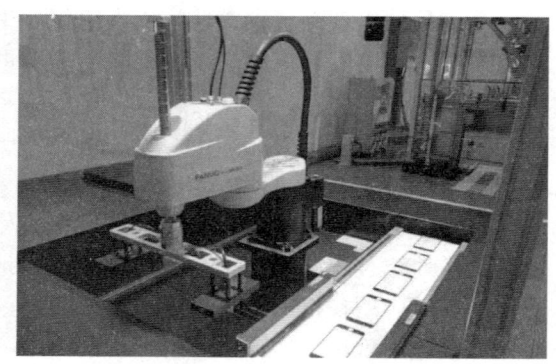

图1-14　DELTA机器人分拣应用现场　　　　图1-15　SCARA机器人装配应用现场

5. 无人驾驶飞机的应用

无人驾驶飞机简称无人机，是利用无线电遥控设备和自备的程序控制装置操纵的不载人飞机。机上无驾驶舱，但安装有自动驾驶仪、程序控制装置等设备。地面、舰艇上或母机遥控站人员通过雷达等设备，对其进行跟踪、定位、遥控、遥测和数字传输。可在无线电遥控下像普通飞机一样起飞或用助推火箭发射升空，也可由母机带到空中投放飞行。回收时，可用与普通飞机着陆过程一样的方式自动着陆，也可通过遥控用降落伞或拦网回收。无人机可反复使用多次，广泛用于空中侦察、监视、通信、反潜、电子干扰、运输、救灾等。图1-16a、b所示为无人机工作现场。

a) 无人机空中监视　　　　　　　　b) 无人机喷洒农药

图1-16　无人机工作现场

1.4　机器人技术的发展

机器人被誉为"制造业皇冠顶端的明珠"，是衡量一个国家创新能力和产业竞争力的重要标志，已成为全球新一轮科技和产业革命的重要切入点。近年来，机器人技术除了在工业生产领域不断应用发展之外，还不断向海陆空领域和人类的日常生活发展渗透，如应急救援机器人，无人驾驶汽车，无人驾驶船舶、潜航器，无人驾驶飞机，极限作业机器人等，在家庭、教育、陪护和医疗等行业应用的服务机器人也越来越多。

1.4.1　世界机器人技术发展现状

国际机器人联盟（IFR）报告显示，近年来全球机器人市场的平均增长率超过12%，中国、日本、美国、韩国和德国等主要国家对工业自动化改造的需求激活了工业机器人市场，也使全球工业机器人使用密度大幅提升，工业机器人在全球制造业领域工业机器人使用密度超过85台/万人。此外，以深度学习模型的提出为标志，人工智能迎来第三次高速发展，依托人工智能技术的智能公共服务机器人应用场景和服务模式正不断拓展，带动服务机器人市场规模高速增长。

全球机器人基础与前沿技术正在迅猛发展，涉及工程材料、机械控制、传感器、自动化、计算机、生命科学等各个方面，大量学科在相互交融促进中快速发展。

1. 工业机器人：小型化、轻型化、柔性化发展提速

工业机器人更小、更轻、更灵活。当前，工业机器人的应用场景愈加广泛，苛刻的生产环境对机器人的体积、重量、灵活度等提出了更高的要求。与此同时，随着研发水平不断提升、工艺设计不断创新，以及新材料相继投入使用，工业机器人正向着小型化、轻型化、柔性化的方向发展，类人精细化操作能力不断增强。例如，日本 SMC 致力于为机器人研制高品质的末端执行器，研发的新型气缸体积缩小了 40% 以上，质量最高减轻了 69%，耗气量最高减少了 29%。日本爱普生（Epson）公司首款新型折叠手臂 6 轴机器人 N2，可在现有同级别机械臂 60% 的工位空间内完成灵活操作；折叠手臂 6 轴机器人 N6 采用内部走线设计，其折叠手臂可自然进入高层设备、机器、架子等狭窄空间；紧凑型 SCARA 机器人 T3 将控制器内置，避免了在设置和维护过程中进行复杂的布线，大大提高了成本效率并保持较低的总运行成本。德国费斯托（Festo）公司的新型全气动驱动机械臂，将刚性的"抓取"转变为柔性的"围取"，能完成灵活抓取不同大小部件的任务。

2. 服务机器人：认知智能取得一定进展，产业化进程持续加速

认知智能支撑服务机器人实现创新突破。人工智能技术是服务机器人在下一阶段获得实质性发展的重要引擎，正在从感知智能向认知智能加速迈进，并已经在深度学习、抗干扰感知识别、听觉视觉语义理解与认知推理、自然语言理解、情感识别与聊天等方面取得了明显的进步。例如，英特尔（Intel）公司开展自适应机器人的交互研究，实现低成本、多种服务、良好易用的机器人交互。由德国宇航中心、空中客车公司和 IBM 公司合作开发的球形智能机器人 CIMON 于 2018 年 7 月抵达国际空间站，可与宇航员交谈，具备向宇航员和相关人员提供技术帮助、警示系统故障等功能。

智能服务机器人进一步向各应用场景渗透。随着人工智能技术的进步，智能服务机器人产品类型愈加丰富，自主性不断提升，由市场率先落地的扫地机器人、送餐机器人向情感机器人、陪护机器人、教育机器人、康复机器人、超市机器人等方向延伸，服务领域和服务对象不断拓展。特别是在医疗服务机器人领域，临床应用日益活跃，产品体系逐渐丰富。例如，新加坡 AiTreat 公司的按摩机器人艾玛（Emma）内置传感器可测量肌腱和肌肉的硬度，通过人工智能和基于云计算的方法计算出最佳按摩方式，模仿人类的手掌和拇指来进行按摩和理疗。韩国三星（Samsung）公司推出健康管理服务机器人 Samsung Bot Care，能快速获取血压、心率等健康数据，为用户提供睡眠质量监控、紧急呼叫服务、减压音乐治疗、药物摄入量跟踪以及体育锻炼指导等智能服务，帮助用户管理日常身体健康。

3. 特种机器人：结合感知技术与仿生等新型材料，智能性和适应性不断增强

技术进步促进智能水平大幅提升。特种机器人应用领域不断拓展，如果所处的环境变得复杂与极端，那么传统的编程式、遥控式机器人由于存在程序固定、响应时间长等问题，难以在环境快速改变时做出有效的应对。随着传感技术、仿生与生物模型技术、生机电信息处理与识别技术不断进步，特种机器人已逐步实现"感知—决策—行为—反馈"的闭环工作流程，在某些特定场景下，具备了初步的自主能力。与此同时，包括液态金属控制技术和基于肌电信号的控制技术在内的前沿科技将推动新型材料在机器人领域的使用和普及，仿生新材料与刚柔耦合结构也进一步打破了传统的机械模式，提升了特种机器人的环境适应性。例如，德国费斯托公司研制的仿生狐蝠可通过集成机载电子板与外置的运动追踪系统的相互配合，实现在特定空间内进行半自主飞行，可用于军事侦察和通信领域。

特种机器人已具备一定水平的自主智能，通过综合运用视觉、压力等传感器，深度融合软硬系统，以及不断优化控制算法，替代人类在更多复杂环境中从事作业。特种机器人已能完成定位、导航、避障、跟踪、场景感知识别、行为预测等任务。例如，欧盟 UNEXMI 项目团队开发出地图绘制机器人 UX-1 Robotic Explorer，配备数字摄像头、旋转激光线投影仪、多光谱相机、伽马辐射探测器等多种探测感知设备，可以自动在水下漫游并绘制3D地图。美国加利福尼亚大学伯克利分校研发的漂移板双足机器人Cassie Cal，配备全新的传感器、控制系统、路径规划系统和视觉系统，可以精确估算行驶速度并有效规避障碍物，实现在粗糙不平坦的地形上自主进行滑行、转弯和上下坡。随着特种机器人的智能性和对环境的适应性不断增强，其在军事、防暴、消防、采掘、建筑、交通运输、安防监测、空间探索、防爆、管道建设等众多领域都具有十分广阔的应用前景。

1.4.2 我国机器人技术发展现状

我国机器人技术研究起步较晚，但进步较快。2011年以来，我国机器人市场进入高速增长期，工业机器人连续多年成为全球第一大应用市场，服务机器人需求潜力巨大，核心零部件国产化进程不断加快，部分技术已可形成规模化产品，并在某些领域具有明显优势。

根据国际机器人联盟（IFR）提供的数据，2016—2020年，我国机器人市场的平均增长率达20.5%，而同期全球机器人市场的平均增长率约为12.3%。近年来，我国生产制造智能化改造升级，工业机器人需求旺盛，我国工业机器人市场约占全球市场份额的1/3，是全球第一大工业机器人应用市场。预计到2030年，我国机器人保有量将达到1400万台。根据《中国制造2025》制造强国战略，到2025年，我国将形成完善的机器人产业体系，机器人研发、制造及系统集成能力力争达到世界先进水平。自主品牌工业机器人国内市场占有率达到70%以上，国产关键零部件国内市场占有率达到70%，产品主要技术指标达到国外同类水平，平均无故障时间达到国际先进水平。

随着人口老龄化趋势加快，以及医疗、教育需求的持续旺盛，我国服务机器人存在巨大市场潜力和发展空间。2019年，我国服务机器人市场规模同比增长约33.1%，高于全球服务机器人市场增速。其中，家用服务机器人和公共服务机器人相比医疗服务机器人市场增速相对领先。特种机器人市场保持较快发展，各种类型产品不断出现，在应对地震、洪涝灾害和极端天气，以及矿难、火灾、安防等公共安全事件中，对特种机器人有着突出的需求。2019年，我国特种机器人市场增速达到17.7%，高于全球平均水平。

1）工业机器人：我国工业机器人技术研发仍以突破机器人关键核心技术为首要目标，已攻克关键核心零部件领域的部分难题，初步实现了部分关键核心零部件的国产化。

近年来，我国将突破机器人关键核心技术作为科技发展重要战略，截至2019年，国内已攻克了减速机、伺服控制、伺服电动机等关键核心零部件领域的部分难题，核心零部件国产化的趋势逐渐显现。与此同时，国产工业机器人在市场总销量中的比例稳步提高。国产控制器等核心零部件在国产工业机器人中的使用也进一步增加，智能控制和应用系统的自主研发水平持续提高，制造工艺的自主设计能力不断提升。例如，宝鸡秦川集团生产的RV减速机，已形成10多种规格60多种速比的产品系列，年产突破万台；深圳大族激光公司开发的谐波减速器已可实现客户定制化生产，并且精度与Nebtesco等国际品牌相当；秦川集团关节减速器实现批量化生产及销售，产品成功销往近200家国内外机器人生产企业；苏州绿的谐波公司减速器完成了20000h的精度寿命测试，超过了国际机器人精度寿命要求的6000h。

同时，随着近年来国家对环保和民生问题的高度重视，作为实现自动化、绿色化生产的重要工具，机器人在塑料、橡胶等高污染行业，以及与民生相关的环保、食品、饮料和制药等行业的应用范围不断扩大，应用规模显著提升，对进一步降低环境污染，保障食品药品安全发挥了重大作用。例如，沈阳新松集团将虚拟/增强现实技术应用于国内首台7自由度协作机器人，实现了快速配置、牵引示教、视觉引导、碰撞检测等功能，显著降低了应用门槛；中国运载火箭技术研究院以能自动清除太空垃圾的空间机械臂为原型，推出了国内首个面向环卫垃圾分拣领域的机器人，分拣率达93%，工作效率是传统人工分拣垃圾的8倍。

2）服务机器人：我国服务机器人的智能水平快速提升，创新产品大量涌现，智能化相关技术与国际领先水平基本并跑。

我国在人工智能领域技术创新不断加快，我国专利申请数量与美国处于同等数量级，特别是计算机视觉和智能语音等应用层专利数量快速增长，催生出一批创新创业型企业。例如，优必选公司发布的悟空机器人，可实现拍照、打电话、视频监控、儿童编程、讲绘本、识别人脸、语音操控、定位导航、设备互联等功能，同时，悟空机器人融合了人工智能技术，可以做到年龄估算、物体识别，对人体姿态监测后，还能对姿态进行3D重建，做到模仿人类的动作。与此同时，我国在多模态人机交互技术、仿生材料与结构、模块化自重构技术等方面也取得了一定进展，进一步提升了我国在智能机器人领域的技术水平。

随着机器人技术水平进一步提升，市场对服务机器人的需求快速扩大，应用场景不断拓展，我国已在医疗、烹饪、物流等机器人的应用领域开展了广泛的研究。例如，大艾机器人的下肢外骨骼康复机器人艾康、艾动通过国家食品药品监督管理总局（CFDA）认证，可用于因脊髓损伤导致的下肢运动功能障碍患者的步行康复训练，标志着国内下肢外骨骼机器人已经从研发阶段转化为产业化量产阶段。盒马鲜生推出机器人餐厅2.0版，可实现机器人送餐、收餐、完成智能化地避障、菜品检测等，通过数字化系统实现对每一道菜的每一个加工环节的监控。京东启用机器人智能配送站，站内采用京东3.5代配送机器人，具有自主导航行驶、智能避障避堵、红绿灯识别、人脸识别取货能力。

3）特种机器人：研究实力基本能够达到国际先进水平，部分关键核心技术取得突破，特种无人机、水下机器人等产品研制取得新进展。

我国政府高度重视特种机器人技术研究与开发，并通过863计划、特殊服役环境下作业机器人关键技术主题项目及深海关键技术与装备等重点专项予以引导和支持。在反恐排爆及深海探索领域部分关键核心技术已取得突破，例如多传感器信息融合技术、高精度定位导航与避障技术、汽车底盘危险物品快速识别技术已初步应用于反恐排爆机器人。与此同时，我国先后攻克了钛合金载人舱球壳制造、大深度浮力材料制备、深海推进器等多项核心技术，使我国在深海核心装备国产化方面取得了显著进步。

目前，在特种机器人领域，我国已初步形成了特种无人机、水下机器人、搜救/排爆机器人等系列产品，并在一些领域形成优势。例如，2016年8月，我国自主研制的"海斗"号无人潜水器最大潜深达10767m，创造了我国无人潜水器的最大下潜及作业深度纪录。2020年11月，载人深潜"奋斗者"号在西太平洋马里亚纳海沟实现最大潜深10909m，创下我国载人深潜新的深度纪录。

1.4.3 机器人技术发展的特点和趋势

1. 机器人技术发展的特点

近年来，机器人技术在全球获得了较为迅猛的发展。回顾机器人技术的发展历程，机器人技术发展呈现如下特点：

(1) 传感型智能机器人发展较快

作为传感型机器人基础的机器人传感技术有了新的发展,各种新型传感器不断出现。多传感器集成与融合技术在智能机器人上获得应用。在多传感集成和融合技术研究方面,人工神经网络的应用特别引人注目,成为一个研究热点。

(2) 开发新型智能技术

智能机器人有许多诱人的研究新课题,对新型智能技术的概念和应用研究正酝酿着新的突破。临场感技术能够测量和估计人对预测目标的拟人运动和生物学状态,显示现场信息,用于设计和控制拟人机构的运动。虚拟现实(virtual reality,VR)技术是新近研究的智能技术,它是一种对事件的现实性从时间和空间上进行分解后重新组合的技术。这一技术包括三维计算机图形学技术、多功能传感器的交互接口技术以及高清晰度的显示技术。形状记忆合金(shape memory alloy,SMA)被誉为"智能材料",可用来执行驱动动作,完成传感和驱动功能。可逆形状记忆合金(reversible shape memory alloy,RSMA)也在微型机器上得到应用。

多智能机器人系统(muti-agent robot system,MARS)是近年来开始探索的又一项智能技术,它是在单体智能机器发展到需要协调作业的条件下产生的。多个机器人主体具有共同的目标,完成相互关联的动作或作业。MARS 的作业目标一致,信息资源共享,各个局部(分散)运动的主体在全局前提下感知、行动、受控和协调,是群控机器人系统的发展。

在诸多新型智能技术中,基于人工神经网络的识别、检测、控制和规划方法的开发和应用占有重要的地位。基于专家系统的机器人规划获得新的发展,除了用于任务规划、装配规划、搬运规划和路径规划外,又被用于自动抓取规划。

(3) 采用模块化设计技术

智能机器人和高级工业机器人的结构要力求简单紧凑,其高性能部件甚至全部机构的设计已向模块化方向发展;其驱动采用交流伺服电动机,向小型化和高输出方向发展;其控制装置向小型化和智能化发展,采用高速 CPU 和芯片、多处理器和多功能操作系统,提高机器人的实时和快速响应能力。机器人软件的模块化则简化了编程,发展了离线编程技术,提高了机器人控制系统的适应性。例如,日本日产公司的智能型车身焊接和装配系统,由于其软件采用模块化设计技术,因而功能很强。该系统能显著地减少更换工具的时间,提高焊接精度和装配生产率。

(4) 机器人工程系统呈上升趋势

在生产工程系统中应用机器人,使自动化发展为综合柔性自动化,实现生产过程的智能化和机器人化。近年来,机器人生产工程系统获得不断发展。汽车工业、工程机械、建筑、电子和电机工业以及家电行业在开发新产品时,引入高级机器人技术,采用柔性自动化和智能化设备,改造原有生产手段,使机器人及其生产系统的发展呈上升趋势。

(5) 微型机器人的研究有所突破

有人称微型机器和微型机器人为 21 世纪的尖端技术之一。目前我国已经开发出手指大小的微型移动机器人,可用于进入小型管道进行检查作业。预计可生产出微型医疗机器人,可让它们直接进入人体器官,进行各种疾病的诊断和治疗,而不伤害人的健康。

微型驱动器是开发微型机器人的基础和关键技术之一。它将对精密机械加工、现代光学仪器、超大规模集成电路、现代生物工程、遗传工程和医学工程产生重要影响。在大中型机器人微型机器人系列之间,还有小型机器人。小型化也是机器人发展的一个趋势。小型机器人移动灵活方便,速度快,精度高,适于进入大中型工件进行直接作业。比微型机器人还要小的超微型机器人，应用纳米技术，将用于医疗和军事侦察目的。

（6）应用领域向非制造业和服务业扩展

为了开拓机器人新市场，除了提高机器人的性能和功能，以及研制智能机器人外，向非制造业扩展也是一个重要方向。开发适应于非结构环境下工作的机器人将是机器人发展的一个长远方向。这些非制造业包括航天、海洋、军事、建筑、医疗护理、服务、农林、采矿、电力、煤气、供水、下水道工程、建筑物维护、社会福利、家庭自动化、办公自动化和灾害救护等。智能机器人在非制造业部门具有与制造业部门一样广阔和诱人的应用前景，必将造福于人类。

（7）行走机器人研究引起重视

近年来，对移动机器人的研究受到重视，移动机器人能够移动到固定式机器人无法到达的预定目标，完成设定的操作任务。行走机器人是移动机器人的一种，它能够按照预先给出的任务指令，根据已知的地图信息做出全局路径规划，并在行进过程中，不断感知周围局部环境信息，自主地做出决策，引导自身绕开障碍物，安全行驶到达指定目标，并执行要求的动作与操作。行走机器人包括步行机器人（2足、4足、6足和8足）和爬行机器人等。例如，在经历了液压驱动后空翻、倒地自行爬起、基于视觉和激光感知的物体识别和规避障碍能力的大幅提升，2019年波士顿动力的人形机器人Atlas又掌握了跑步上台阶、行走独木桥等能力，驱动系统和动态运动控制系统不断增强，行动能力越来越逼近人类。

（8）开发敏捷制造生产系统

工业机器人必须改变过去那种"部件发展方式"，而优先考虑"系统发展方式"。随着工业机器人应用范围的不断扩大，机器人早已从当初的柔性上下料装置，发展成为可编程的高度柔性加工单元。随着高刚性及微驱动问题的解决，机器人作为高精度、高柔性的敏捷性加工设备的时代，迟早将会到来。不论机器人在生产线中起什么样的作用，它总是作为系统中的一员而存在，应该从组成敏捷生产系统的观点出发，考虑工业机器人的发展。

从系统观点出发，首先要考虑如何能和其他设备方便地实现连接及通信。机器人和本地数据库之间的通信从发展方向看是场地总线，而分布式数据库之间则采用以太网。从系统观点来看，设计和开发机器人必须考虑和其他设备互联和协调工作的能力。

机器人编程方式是一个大问题。目前仍在广泛应用的示教编程方式，在机器人发展的历史上起过不可磨灭的作用。如今，机器人作为一个群体在生产线上工作，例如汽车车身组装线，有的多达上百台机器人。当投产一个新产品时，若仍采用示教方式编程，则占用时间过长，严重影响生产效率。生产进入敏捷制造后，因为产品变化非常频繁，因此这一问题就显得更加突出，应该说到了非解决不可的时候了。

要解决这个问题，可从三方面着手：一是改进结构，改善加工精度；二是在开发新一代控制器时，有必要重新研究误差补偿问题，研究实用化方法；三是引入传感器来补偿机械精度。这一问题的解决，可使机器人的编程与机床的数控设备一样，完全可以实现离线编程，再加上易于大规模安全修改的软件，就可实现"敏捷制造生产线"。

2. 机器人技术发展趋势

近年来，全球机器人产业的蓬勃发展，产业规模与市场空间不断扩大，各国都高度重视机器人技术创新，机器人技术发展总体呈现4大趋势。

（1）协作与柔性化

随着对人类意图理解、人机友好交互等技术进步，机器人从与人保持距离作业向与人自然交互并协同作业的人机协作与柔性机器人技术的方向发展。随着机器人易用性、稳定性以及智能水平的不断提升，机器人的应用领域逐渐由搬运、焊接、装配等操作型任务向加工型任务拓展，人机协作正在成为工业机器人研发的重要方向。传统工业机器人必须远离人类，在保护围栏或者其他屏障之后，以避免人类受到伤害，这极大地限制了工业机器人的应用效果。人机协作与柔性机器人技术将人的认知能力与机器人的效率结合在一起，从而使人可以安全、简便地进行使用。例如，德国库卡公司的协作机器人 LBR iiwa 可以以 10mm/s 或 50mm/s 的速度抵近物体，并在遇到阻碍后立刻停止运动。日本三菱重工推出可与消防员协同工作的消防机器人系统，能适应石化厂、核电站等人类难以进入的火灾现场，提供多种消防救援方案。未来生产的特点是使用安全可靠的机器人，并实现无危险性的人机交互。由人控制并监控生产，而机器人则负责繁重的体力工作，两者发挥各自的专长。

（2）自主与智能化

随着执行与控制、自主学习与智能发育等技术进步，机器人从预编程、示教再现控制、直接控制、遥控操作等被操纵作业模式向自主学习、自主作业方向发展。机器人本体自带各种必要的传感器、控制器，在运行过程中无外界人为信息输入和控制的条件下，可以独立完成一定的任务。例如，美国波士顿动力的 SpotMini 机器狗在建筑工地环境下流畅地上下楼梯、绕过障碍物，并且能够使用机械臂上的摄像头对现场进行检查，有很强的环境适应性，也可用于危险环境下的定位搜索任务。

（3）信息与集成化

随着传感与识别系统、人工智能等技术进步，机器人从单向控制向自己存储、自己应用数据方向发展，实现多维立体的信息交互、代替，像计算机、手机一样成为信息终端。机器人可扩展部分脑力劳动，具有类人大脑和柔性运动机构，不仅能够互通互联，而且能互动。全球制造业格局面临重大调整，智能工厂作为工业智能化发展的重要实践模式，已经引发行业的广泛关注。例如，日本发那科（FANUC）公司设立 Fanuc intelligent edge link and drive（FIELD）平台，能实现自动化系统中的机床、机器人、周边设备及传感器的连接并进行数据分析，提高生产过程中的生产质量、效率、灵活度以及设备的可靠性。日本三菱电机打造的智能工厂 e-F@ctory，强调"人、机器和 IT 协同"，可以根据数量、品种、交货期等指标的变更，灵活调整生产节奏，削减企业总成本以达到推动高端制造和提高企业价值的效果。日本安川电机（YASKAWA）推出 i3-Mechatronics 概念，其中 i3 指的是 integrated（集成）、intelligent（智能）、innovative（革新），安川电机试图通过对自身机器人、电机等自动化零件组合和集成控制，实现更智能的制造解决方案。

（4）协同与网络化

随着多机器人协同、控制、通信等技术进步，机器人从独立个体向协同、互联合作方向发展。新一代信息技术与制造业进一步加速融合，制造业愈加显著地表现出网络化、智能化的前沿发展趋势，机器人的协同、网络化是未来机器人技术发展的重要方向之一。一方面，在一些相对较为复杂的环境条件下，可以实现对计算机的远程网络控制。另一方面，可利用互联网技术，对目标机器人实现联网，并通过网络对其进行有效控制，并实现多机器人协作，促进更快、更好地完成任务。例如，库卡机器人可与基于云技术的库卡 Connect 相连，实现机器人与设备的联网，实时查看和分析工业机器人的运行状态，减少系统停机时间、进行预测性维护等，并通过大数据分析持续提高生产率、质量和灵活性；瑞士 ABB 公司推出 ABB Ability 工业云平台，并与华为展开合作联合研发机器人端到端的数字解决方案，实现机器人远程监控、配置和大数据应用，进一步提升生产效率和节约成本。又如，鹦鹉螺矿业公司委托英国企业 Soil 机器动力公司打造了世界上首批深海挖矿机器人，这些机器人能实现多机器人协同，在接近 0℃ 和超过 150 个大气压下操作，最小的机器人质量达 200t，配有摄像头以及 3D 声呐传感器。机器人三个一组，协同作业。由名为"辅助切割机"和"主切割机"的机器人打开通路，并由名为"收集机"的机器人通过内部的管道吸取海水、泥浆，递送到海面的船只中。

1.5 本书概要

本书主要介绍机器人学的基本原理及机器人技术相关应用，是一本机器人学基础教材。除了讨论机器人一般的原理外，还特别阐述了一些新的方法与技术，并用一定篇幅叙述机器人的应用以及发展趋势等。本书包含下列具体内容：

第 1 章系统介绍机器人技术的起源与发展，讨论机器人的定义、分类，阐明机器人的主要技术参数自由度及其他性能指标，从系统及机构两方面讲述机器人的组成；探讨机器人应用问题，首先分析机器人的应用领域，涉及工业机器人、服务机器人和特种机器人，然后介绍工业机器人、服务机器人、特种机器人等机器人的应用实例；分析国际机器人技术和市场的发展现状及预测、国内机器人的发展现状、机器人技术的发展趋势等，这些内容使读者对机器人和机器人技术有较为全面的初步认知。

第 2 章具体介绍机器人的机械结构，机器人的本体结构的组成、特点及所需材料；讨论驱动结构的构成和驱动器的类型和特点、传动结构的结构构成以及常用的传动机构；介绍执行机构，包括基座、腰关节、肩关节、肘关节和腕关节等，以及手部，如卡爪式夹持器和吸附式取料手等。这些内容的学习使读者对常用机器人机械结构有系统的认识。

第 3 章讨论机器人的基础理论，包括空间任意点的位置和姿态的描述、刚体的位姿描述、平行变换旋转变换及复合变换等，矢量变换的表示、齐次变换矩阵，以及刚体变换方程等。这些基础理论知识为后面研究机器人运动学、动力学、轨迹规划和控制建模等提供了有力的数学工具和基础。

第 4 章首先对连杆进行了描述，包括连杆坐标系、连杆参数及连杆变换等；详细讨论机器人正运动学及逆运动学，正运动学包括位置姿态的正运动学方程及机器人正运动学，机器人逆运动学介绍逆运动学方程的可解性、几何解法及其计算。此外，还讨论机器人的微分运动及其雅可比矩阵。这些内容是研究机器人动力学和控制必不可少的。

第 5 章讨论刚体的速度和加速度、拉格朗日力学、机器人动力学方程及机器人的动态特性等，由拉格朗日力学分析刚体的动能、位能（势能）和拉格朗日函数；讨论机器人运动的动力学方程和 2 连杆机器人动力学方程。机器人动力学问题的研究，对于快速运动的机器人及其控制具有特别重要的意义。

第 6 章讨论机器人的轨迹规划问题，首先讲述路径描述及轨迹生成，并讲述关节空间和笛卡儿空间，然后研究关节空间的轨迹规划、三次多项式轨迹规划、高阶多项式轨迹规划、抛物线过渡的线性段等，最后讨论笛卡儿空间的轨迹规划，介绍路径的实时生成。机器人轨迹规划也是人工智能与机器人技术研究的结合点，是智能机器人研究的一个重要领域。

第 7 章研究机器人控制的相关问题，包括其基本结构及组成方式；然后介绍机器人控制器，控制器的基本结构、工作原理以及控制器的分类，并介绍伺服系统、伺服电动机和伺服驱动器；接着阐述机器人传感器的特点和要求，并介绍几种典型的机器人内、外传感器；最后讨论机器人的控制方式，包括线性控制、非线性控制等，重点介绍位置控制、力控制和智能控制。机器人控制问题是机器人研究的重要方向。

第 8 章介绍机器人程序设计，编程是机器人运动和控制的结合点，也是实现人与机器人通信的主要方法。首先研究机器人编程的结构和要求，接着讨论机器人语言系统的类型，然后介绍几种典型的机器人开发语言和重要的专用机器人编程语言，着重讨论 VAL、AL 和 RAPID 语言，最后讨论机器人离线编程的特点、构成和发展，简要介绍几种常见的机器人离线编程语言。这些内容的学习使读者对人机交互、机器人控制、机器人应用等方面的理解更加深入，为从事机器人开发和应用打下良好的基础。

此外，各章均附有思考题与习题，可供教师选用，作为课内作业或课外练习思考题，以检验学生对各章内容的掌握程度，并加深对所学概念、技术和方法的理解。

本书作为机器人和相关专业的大学本科生教材，也可作为专科生或研究生教材。当用作专科生教材时，教师可以删减一些理论性较强的知识点，增加一些应用案例，以适应专科院校人才培养的需要，提升学生的实践能力。当用作研究生教材时，教师可以补充一些反映最新研究进展的学术论文和专题研究资料，以培养研究生的独立工作能力和创新能力，并对机器人专题内容有更深入的认知。

本 章 小 结

作为本书的开篇，本章首先讨论机器人的由来、定义和发展。人类对机器人的幻想与追求已有超过 3000 年的历史，而从 1961 年第一台工业机器人工业应用至今才 60 多年的时间。然而短短 60 年间，机器人从无到有，到如今，已形成一股机器人潮流，并为经济社会发展和人类生活做出重要贡献。

机器人在不断发展中，至今，人们对机器人尚无统一的定义。本章介绍了国际上关于机器人的几种主要定义，并归纳出这些定义的共同点。

机器人的分类方法很多，我们分别按照机器人的开发内容与应用、发展程度、几何结构、控制方式、智能程度，以及机器人的移动性等讨论了机器人的分类问题。

在讨论机器人发展的同时，介绍了机器人的主要技术参数自由度。机器人的其他性能指标还包括分辨率、精度、重复定位精度、工作范围、工作速度以及承载能力等。

机器人技术有着十分广阔的应用领域和前景，本章一一列出了应用领域，并举出相关应用实例。

本章最后讨论了机器人技术的发展，生产、生活和特种应用都需要具有各种机器人的参与，特别是近年来人工智能技术的发展、新型传感技术的发展，机器人正朝着人机协作与柔性化、自主与智能化、信息与集成化、协同与网络化方向发展。

机器人技术和机器人产业的迅猛发展，预示着一个充满前景的未来。

思考题与习题

1-1 什么叫作"机器人三守则"？它的重要意义是什么？
1-2 试述你心目中的机器人是什么样的。
1-3 试述你对机器人定义的理解。
1-4 有哪几种机器人的分类方法？是否还有其他的分类方法？

1-5 什么是机器人的自由度？试举出一两种你知道的机器人的自由度，并说明为什么需要这个数目。

1-6 试用一两句话分别定义下列术语：分辨率、精度、重复定位精度、工作范围、工作速度、承载能力。

1-7 机器人系统包括哪些部分？机器人的机构又由哪几部分组成？

1-8 机器人可应用在哪些领域？并举出一两个实例。

1-9 国际机器人的发展现状和前景如何？

1-10 试述我国机器人的发展现状，并与国际现状进行比较。

1-11 试分析未来二十年机器人和机器人技术的发展趋势。

1-12 就目前正在使用的某一类型的机器人（如 6 自由度工业机器人、人形会展服务机器人、Delta 机器人、水下无人潜航器等）进行调查，完成一份调查报告。内容包括该类机器人的发展历史，目前国际国内的总体使用情况，列出该类机器人在被调查单位的使用情况（涉密单位可隐去单位名称），梳理调查中发现该类机器人存在的问题。你觉得这些问题哪些不能解决，为什么？哪些能解决，怎么解决？最后列出你觉得该类型机器人的发展方向。（注：可 2~3 人一组，要求所有内容和数据真实可靠，援引的数据要标明出处，原材料附在调查报告后一并提交。）

第 2 章

机器人机械结构

导读

本章先从机器人的结构组成开始,对机器人机械结构进行总体介绍,再分层次具体介绍机器人各结构的工作方式和特点,如驱动装置、传动装置、执行机构等方面,包括机器人的基座形式、臂部组成、腕部机构的转动方式、驱动方式,手部机构的特点与夹持方式,传动机构、移动机构的特点,讲述轮式、履带式和足式等移动机构。最后介绍工业生产中常用的典型串联和并联机器人的构型与特点。读者能从本章学习中了解到机器人的组成以及各机构和装置的构成与特点。

本章知识点

- 机器人的结构
- 机器人的驱动结构
- 机器人传动结构
- 机器人执行机构
- 典型机器人的构型

2.1 机器人的结构

在第 1 章中,我们曾经提及,机器人是靠自身动力和控制能力来实现各种功能的一种机器。之所以把这种机器称为"人",是因为其具有人的某些特征,或者说,这种机器是模仿人的各种肢体动作、思维方式和控制决策。一般来讲,机器人的组成可分为硬件和软件两大部分。本章主要从硬件组成及构型的角度来分析机器人的结构。

2.1.1 机器人的结构组成及介绍

尽管不同类型的机器人其机械、电气和控制结构也不相同,但通常情况下,一个机器人系统都可细分为以下 5 个部分,即传感部分、控制部分、驱动部分、传动部分和执行部分,如图 2-1 所示。

1. 传感部分

传感部分主要指机器人的感知系统或传感系统,是机器人的重要组成部分。感知系统在

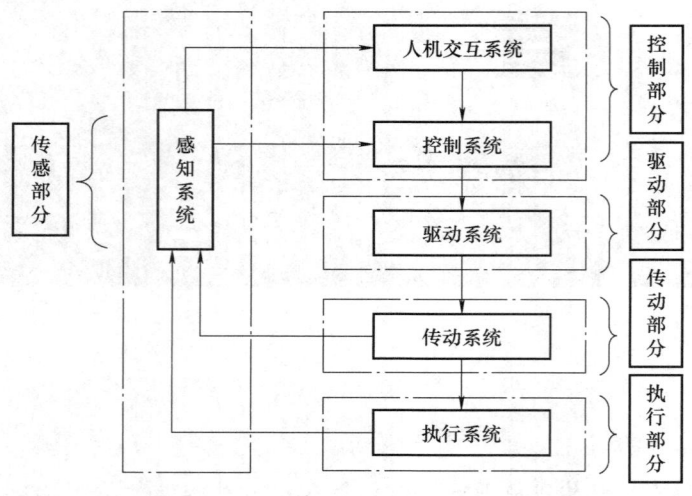

图 2-1　一般机器人系统的结构组成

机器人中的作用类似于人体的感官系统，是收集机器人内部状态信息和外部环境状态信息，为机器人进行下一步动作提供信息依据的各种装置的集合，主要由各种传感和监测器件构成。

机器人用传感器按其采集信息的位置，一般可分为内部和外部两类传感器。内部传感器是完成机器人运动控制所必需的传感器，如位置、速度传感器等，用于采集机器人内部信息，是构成机器人不可缺少的基本元件。外部传感器检测机器人所处环境、外部物体状态或机器人与外部物体的关系。常用的外部传感器有力觉传感器、触觉传感器、接近觉传感器、视觉传感器等。传统的工业机器人仅采用内部传感器，对机器人运动、位置及姿态进行精确控制。使用外部传感器后，使得机器人对外部环境具有一定程度的适应能力，从而使机器人表现出一定程度的智能。

机器人用传感器按其采集信息的内容，又可分为光线类传感器、触觉开关类传感器、超声探测器、温湿度检测类传感器、电源检测类传感器等。各类传感器按一定规律实现信号检测并将被测量（物理、化学或生物等方面的信息）转换为电压或电流的形式，从而实现机器对被测量的感知。

2. 控制部分

控制部分主要指人机交互系统和控制系统。

（1）人机交互系统

人机交互系统是使操作人员参与机器人控制并与机器人进行联系的装置。例如计算机的标准终端、指令控制台、信息显示板及危险信号报警器等。归纳起来，人机交互系统可分为两类装置：指令给定装置和信息显示装置。

（2）控制系统

机器人的控制系统是机器人的核心组成部分，主要由处理器和控制器构成，相当于人体的大脑和小脑。控制系统的任务是根据机器人的作业指令程序及从传感器反馈回来的信号控制机器人的执行机构，使其完成规定的运动和功能。

处理器有时也称运算器,是机器人的大脑,用来计算机器人关节的运动,确定每个关节应移动多少和多远才能达到预定的速度和位置,并且监督控制器与传感器协调动作。处理器通常就是一台专用计算机。它也需要拥有操作系统、程序和像监视器那样的外部设备等。

控制器是从处理器获取数据,执行控制程序,控制驱动器的动作,并从传感器反馈信息判断机器人的工作状态,协调机器人的运动。所以,机器人控制器与人的小脑十分相似,虽然小脑的功能没有大脑功能强大,但它却控制着人的运动。

例如,要机器人从工件箱中取出一个零件,假设它的第一个关节角度必须为23°,如果第一关节尚未达到这一角度,控制器就会发出一个信号到驱动器,即输送电流到电动机,使驱动器运动,然后通过关节上的反馈传感器(如电位器或编码器等)测量关节的角度或角度变化,当关节达到预定角度时,停止发送控制信号。对于更复杂的机器人,机器人的运动速度和力也由控制器来控制。

3. 驱动部分

驱动部分主要指驱动系统,它是使机器人运行起来而给机器人各个关节安装的装置。驱动装置的作用是提供机器人各部位、各关节动作的原动力,对控制器送来驱动信号进行运算放大控制并驱动执行机构。驱动装置在机器人中的作用类似于人体中拉扯各个关节的肌肉。驱动器受控制器的控制,控制器将控制信号传送给驱动器,驱动器再控制机器人关节和连杆的运动。它输入的是电信号,输出的是线、角位移量。驱动器通常有电动、液压、气动装置以及把它们结合起来应用的综合系统。驱动主要元器件有晶体管、晶闸管、场效应晶体管、固态继电器等。

4. 传动部分

传动部分主要指传动系统,它是将动力源和执行机构连接起来的关键部分,机器人的驱动源通过传动装置来驱动关节的移动或转动,从而实现机身、臂部和手腕的运动。机器人传动系统相当于人体中将肌肉和骨骼连接起来的肌腱。常用的传动机构有谐波传动、螺旋传动、链传动、带传动以及各种齿轮传动等,本章2.3节会简要介绍这几种传动机构。在工业机器人中通常会把传动机构与执行机构连成一体。

5. 执行部分

执行部分主要指执行系统,是机器人系统中重要组成部分,它是机器人赖以完成工作任务的实体,负责将接收到的信息实际执行,是机器人最终完成动作的部件,通常由一系列连杆、关节或其他形式的运动副组成。

具体到工业机器人中,执行系统一般包括机器人本体和末端执行器。它在机器人中与人身结构基本上相对应,主要由基座(固定或移动)、腰部、臂部、腕部、手部(执行器)构成。机器人的基座是整个机器人的支撑部件,它相当于人的两条腿,要具备足够的稳定性和刚度,腰部、臂部、腕部分别对应着人的腰部、臂部、腕部。末端执行器又称机器人的手部,是连接在机器人最后一个关节上的部件,执行给定的任务,如焊接、喷漆、涂胶以及零件装卸、抓取物体等,对应于人手和握持的工具。末端执行器的动作由机器人控制器直接控制,或将机器人控制器的信号传至末端执行器自身的控制装置(如PLC)上。

末端执行器多由集成商根据具体工作任务进行定制。机器人制造商一般不设计或出售末端执行器,多数情况下,他们只提供一个简单的抓持器。

2.1.2 机器人的机构

一个在三维空间工作的机器人一般是具有多个自由度和三维开环链式的机构。

多自由度意味着机器人由许多个关节构成,且它们可以在自身容许的范围内自由运动。相比多自由度,在单自由度系统中,当该自由度变量设定为特定值时,机器人机构就完全确定了,所有其他变量也就随之而定。如图 2-2 所示的单自由度 4 杆机构,当曲柄转角设定为确定角度时,则连接杆与摇杆的角度也就确定了。但是在一个多自由度机构中,必须独立设定所有的输入变量才能知道其余的参数,机器人一般就是这样的多自由度机构,必须知道每一关节变量才能确定机器人手臂末端的位置。

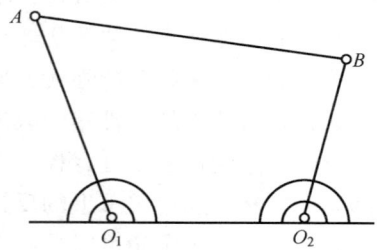

图 2-2 具有单自由度闭链的 4 杆机构

如果机器人需要在空间运动,那就需要具有三维的结构。虽然也有二维多自由度的机器人,但这种情况比较少见。

串联机器人是开链机构,它与闭链机构不同(例如一个 4 杆机构),即使设定所有的关节变量,也不能确保机器人手臂的末端准确地处于给定的位置。这是因为如果关节或连杆有丝毫的偏差,该关节之后的所有连杆的位置都会偏移且没有反馈。例如,在如图 2-3 所示的 4 杆机构中,如果由于载荷 F 的原因而导致连杆 AB 偏移,连杆 BO_2 也随之运动,因此可以检测到该偏移。而在开链系统(例如机器人)中,由于没有反馈,之后的所有构件都会发生偏移。于是在开链系统中,必须不断测量所有关节和连杆的参数,或者监控系统的末端,否则就不能完全知道机器的运动位置。通过比较如下的两个连杆机构的矢量方程,可以表示出这种差别,该矢量方程表示了不同连杆之间的关系。

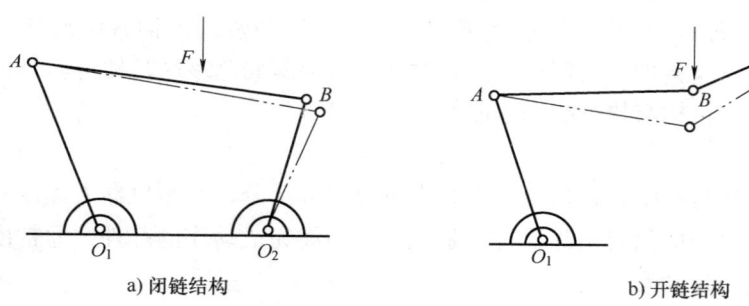

a) 闭链结构   b) 开链结构

图 2-3 机器人机构图

对 4 杆机构:
$$O_1A + AB = O_1O_2 + O_2B \tag{2-1}$$

对串联机器人:
$$O_1A + AB + BC = O_1C \tag{2-2}$$

由此可见,如果连杆 AB 偏移,连杆 O_2B 也会相应地移动。式(2-1)的两边随连杆的变化而改变。而另一方面,如果串联机器人的连杆 AB 偏移,所有的后续连杆也就会移动,除非 O_1C 有其他方法测量,否则这种变化是未知的。为了弥补开链机器人的这一缺陷,机器人手臂末端的位置可由类似摄像机的装置来进行不断测量,于是机器人需借助外部手段(比如轴助手臂或激光束)来构成闭链系统。或者按照通常做法,也可通过增加机器人连杆和关节的强度来减少偏移。采用这种方法将导致机器人质量大、体积大、动作慢，而且它的额定负载与实际负载相比非常小。

要解决上述开链结构的不足，有一个替代方案，可以采用基于闭链的并联机构，也称为并联机器人或并联机械手，但其代价是大大降低了运动范围和工作空间。

2.1.3 机器人的制造材料

在生活或工业生产中，我们经常会看到样式繁多的机器人，它们在特定的场合承担不同的功能，但是这些机器人都是用什么材料设计的呢？材料的不同，一般会影响到机器人的安全性、耐用性甚至是美观性，设计人员在选择使用何种材料时，往往会综合多种因素，比如制造设计以及成本、是否易于清洁好维修等。

机器人本体材料选择的基本要求主要有如下几个方面：

1) 强度高：减少材料使用，从而减小质量。

机器人臂是直接受力的构件，高强度材料不仅能满足机器人臂的强度条件，而且可以减少臂杆的截面尺寸，减小质量。

2) 弹性模量大：材料变形小。

如果学习材料力学的知识就知道，构件刚度（或变形量）与材料的弹性模量 E 有关。弹性模量越大，变形量越小，刚度越大。不同材料弹性模量的差异比较大，而同一种材料的改性对弹性模量却没有太多影响。

3) 密度小：减小所使用材料本身的质量。

机器人手臂构件中产生的变形很大程度上是由惯性力引起的，与构件的质量有关。也就是说，为了提高构件刚度选用弹性模量 E 大而密度 ρ 也大的材料是不合理的。因此，提出了选用高弹性模量、低密度材料的要求，即弹性模量 E 与材料密度 ρ 的比值大。

4) 阻尼大：抑制振动，减小稳定时间。

机器人臂经过运动后，要求能平稳地停下来。可是在终止运动的瞬间构件会产生惯性力和惯性力矩，构件自身又具有弹性，因而会产生残余振动。从提高定位精度和传动平稳性来考虑，希望能采用大阻尼材料或采取增加构件阻尼的措施来吸收能量。

5) 经济性：性价比高。

材料价格是机器人成本价格的重要组成部分。有些新材料如硼纤维增强铝合金、石墨纤维增强镁合金等用来作为机器人臂的材料是很理想的，但价格昂贵。

总而言之，从减小质量和抑制振动两方面考虑，机器人运动部分的材料质量应小，对材料的刚度有一定的要求。在某些应用领域，机器人材料又应具备柔软和外表美观等特点。正确选用结构材料不仅可降低机器的成本价格，更重要的是可适应机器人的高速、高载荷以及高精度的要求，满足其静力学及动力学特性。

在考虑以上几方面的要求下，本节主要列举了一些在机器人制作过程中较为常用的材料。

(1) 碳素结构钢和合金结构钢

强度好，弹性模量 E 较大，适用于机器人臂部以及基座的制造，普遍应用于对结构强度有较高要求的机器人制造。

(2) 铝、铝合金及其他轻合金材料

质量小，弹性模量 E 不大，但材料密度 ρ 小，所以 E/ρ 之比仍可与钢材相比。这种材料较多地适用于对机器人质量有要求的环境。例如在户外执行工作任务的机器人，采用这种较轻的材料可以减少机器人本身的能源损耗。

（3）纤维增强合金

E/ρ 非常高，但价格昂贵，如硼纤维增强铝合金、石墨纤维增强镁合金等。这种材料适用于对结构件的弹性模量以及材料密度有非常高要求的机器人制造过程中，如航空科研领域或军事领域等。

（4）纤维增强复合材料

E/ρ 高，虽然存在易老化、蠕变、高温热膨胀、金属件连接困难等问题，但其质量小，刚度大，阻尼值大。特别是阻尼值大，传统金属材料不可能具有这么大的阻尼，所以在高速机器人上越来越多地应用这类复合材料。

（5）陶瓷

陶瓷材料具有良好的品质，适用于在小型高精度机器人上使用，但是脆性大，不易加工。

（6）橡胶

橡胶材料适用于服务行业的机器人。具有橡胶体的机器人通常比由较硬材料制成的机器人更安全，夹具在拾取和放置任务中能完美地完成任务，且不易损坏产品，但橡胶材料无法承受高温。

（7）压电高聚物

压电高聚物是制作机器人传感器的理想材料。它具有耐磨、质量小、灵敏度高、声学阻抗低、容易固定在复杂的表面、频带宽等特点。

2.2 机器人驱动结构

机器人的驱动装置是指按照控制系统发出的指令信号，借助于动力元件使机器人进行运动，并将来自电、液压和气压等各种能源的能量转换成直线运动、旋转运动等方式的机械能装置。

在机器人的驱动结构中，机器人驱动各关节的方式有两种，一种是直接驱动，另一种则是通过同步带、链条、轮系、谐波齿轮等机械传动机构进行的间接驱动。

机器人使用的驱动装置的形式可以是液压驱动、气动驱动、电气驱动，也可以是把它们结合起来应用的综合系统。

本节接下来的内容将介绍机器人的两种驱动方式和3种常用的驱动形式。

2.2.1 机器人的驱动方式

按照驱动装置与被驱动物体之间的连接情况，机器人的驱动结构可分为两种：直接驱动和间接驱动。

1. 直接驱动

所谓直接驱动就是将驱动器的输出轴和机器人手臂的关节轴直接相连，使得驱动源所提供的驱动能量直接作用于所需要控制的关节臂上，图2-4是其典型结构，在基座上安装两个液压缸，每个液压缸都直接驱动相应的臂。

直接驱动方式的驱动器和关节之间的机械系统较少，因而能够减少摩擦等非线性因素的影响，控制性能比较好。然而，为了直接驱动手臂的关节，驱动器的输出转矩必须很大。此外，由于不能忽略动力学对手臂运动的影响，控制系统还必须考虑到手臂的动力学问题。

输出转矩的驱动器有液压装置和力矩电动机等，其中，液压装置在结构和摩擦等方面的非线性因素很强，所以很难体现出直接驱动的优点。因此，在 20 世纪 80 年代开发的力矩电动机采用了非线性的轴承机械系统，这一系统改善了液压装置的不足。

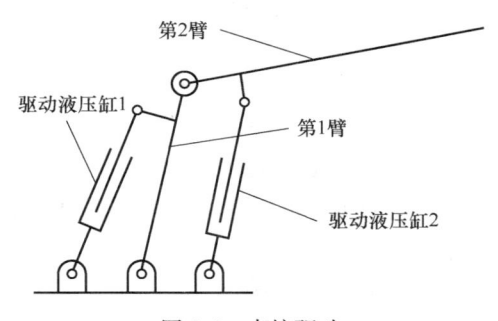

图 2-4　直接驱动

直接驱动技术的核心是设计专门的直接驱动电动机，以获得低速、高力矩输出，从而免除了使用齿轮减速器的必要，同时也可以获得更高的驱动性能。在此基础上，直接驱动机器人获得了发展。直接驱动机器人的优异性能和极大的发展价值激起了工业界的浓厚兴趣。除了实验性和研究性的直接驱动机器人外，Adept 公司、Graco 公司、Wollmann 公司等还向市场推出了多种工业用直接驱动机器人，用在装配、喷涂、切割等工作场合。

2. 间接驱动

间接驱动通常是指驱动源通过同步带、链条、轮系、谐波齿轮等机械传动机构为相应机械臂提供驱动能量的驱动形式。图 2-5 是其结构展示的例子，其中，第 1 臂直接由驱动器驱动，第 2 臂则是通过平行连杆的形式进行间接驱动。

间接驱动包含带减速器的驱动器驱动和远距离驱动两种。

1）带减速器的驱动器驱动：中小型机器人一般采用普通的直流伺服电动机、交流伺服电动机或步进电动机作为机器人的驱动电动机，由于电动机速度较高，输出转矩又大于驱动关节所需要的转矩，所以必须使用带减速器的电动机驱动。

但是，间接驱动也带来了机械传动中不可避免的误差，这种驱动方式容易引起冲击振动，影响机器人系统的可靠性，并增加了关节质量和尺寸。由于机械臂通常采用悬臂

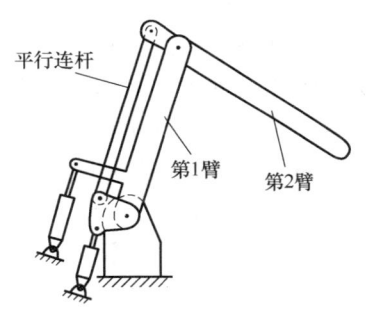

图 2-5　间接驱动

梁结构，因而多自由度机器人关节上安装减速器会使臂部根部关节驱动器的负载增大。

2）远距离驱动：远距离驱动将驱动器与关节分离，目的在于减小关节体积，减小关节质量。一般来说，驱动器的输出转矩都远远小于驱动关节所需要的转矩，因而也需要通过减速器来增大驱动力。

远距离驱动的优点在于能够将多自由度机器人关节驱动所必需的多个驱动器设置在合适的位置。由于机器人臂部都采用悬臂梁结构，因而远距离驱动是减轻位于臂部根部关节驱动器负载的一种有效措施。

3. 直接与间接驱动机器人比较

直接驱动机器人也叫作 DD 机器人（direct drive robot，DDR）。DD 机器人一般指驱动电动机通过机械接口直接与关节连接。DD 机器人的特点是驱动电动机和关节之间没有速度和转矩的转换。

DD 机器人与间接驱动机器人相比，有如下优点：

1) 机械传动精度高。
2) 机械振动小，结构刚度好。
3) 机械传动损耗小。
4) 结构紧凑，可靠性高。
5) 电动机峰值转矩大，电气时间常数小，短时间内能产生很大转矩，响应速度快，调速范围宽。
6) 控制性能较好。

但基于其结构特点，DD 机器人也存在着如下缺点：

1) 载荷变化、耦合转矩及非线性转矩对驱动及控制影响显著，使控制系统设计困难和复杂。
2) 对位置、速度传感元件要求比较高。
3) 需定制开发小型实用的 DD 电动机。
4) 电动机成本高。

2.2.2 驱动器的类型和特点

若按照驱动机器人的能源形式来划分，机器人的驱动器有 3 种驱动形式：液压驱动、气压驱动、电气驱动。

1. 液压驱动

液压驱动的特点是功率大，结构简单，可以省去减速装置，能直接与被驱动的连杆相连，响应快，如图 2-6 所示。液压驱动能构成伺服机构，常用于大型机器人关节的驱动。美国 Unimation 公司生产的 Unimate 型机器人就采用了直线液压缸作为驱动元件。Versatran 机器人也使用直线液压缸作为圆柱坐标式机器人的垂直驱动元件和径向驱动元件。

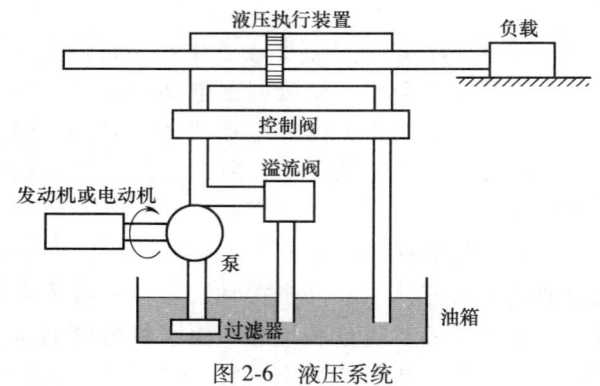

图 2-6 液压系统

主要优点如下：

1) 液压容易达到较高的单位面积压力，体积较小，可以获得较大的推力或转矩。
2) 液压系统介质的可压缩性小，工作平稳可靠，并可得到较高的位置精度。
3) 液压传动中，力、速度和方向比较容易实现自动控制。
4) 液压系统采用油液作介质，具有防锈性和自润滑性能，可以提高机械效率，使用寿命长。

主要缺点如下：

1) 油液的黏度随温度变化而变化，这将影响工作性能。
2) 高温容易引起燃烧、爆炸等危险。
3) 液体的泄漏难以克服，要求液压元件有较高的精度和较好的质量，故造价较高。
4) 需要相应的供油系统，尤其是电液伺服系统要求严格的滤油装置，否则会引起故障。

2. 气压驱动

气压驱动所需的能源和结构都较为简单，但与液压驱动相比，其同体积条件下功率较小，而且速度较难控制，所以多用于精度要求不高的点位控制系统，如图 2-7 所示。

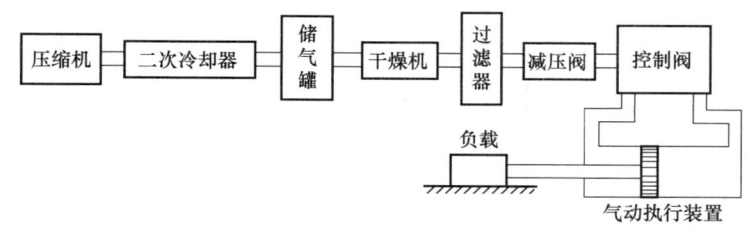

图 2-7 气动系统

主要优点如下：
1）快速性好，因为压缩空气的黏性小。
2）气源方便，一般工厂都有压缩空气站供应压缩空气。
3）废气可直接排入大气，不会造成污染，比液压驱动干净。
4）通过调节气量可实现无级变速。

主要缺点如下：
1）由于空气的可压缩性，气压驱动系统具有缓冲作用，但工作速度稳定性差。
2）由于工作压力低，所以功率质量比小，装置体积大。
3）基于气体的可压缩性，气压驱动很难保证较高的定位精度。
4）使用后的压缩空气向大气排放时，会产生噪声压缩空气含冷凝水，使得气压系统易锈蚀。
5）在低温下由于冷凝水结冰，有可能启动困难。

由于气动机器人具有气源使用方便、不污染环境、动作灵活迅速、工作安全可靠、操作维修简便以及适于在恶劣环境下工作等特点，因此它在冲压加工、注塑及压铸等有毒或高温条件下作业，并在机床上、下料，电子产品输送，中、小型零件的输送和自动装配等方面获得了广泛应用。

3. 电气驱动

电气驱动又称电动机驱动，它是利用各种电动机产生的力矩和力直接或经过机械传动机构去驱动执行机构，以获得机器人的各种运动，如图 2-8 所示。其可分为交、直流电动机驱动，交、直流伺服电动机驱动，步进电动机驱动等。

在实际应用方面，普通交、直流电动机驱动需加减速装置，输出转矩大，但控制性能差，惯性大，适用于中型或重型机器人。伺服电动机和步进电动机输出转矩相对较小，控制性能好，可实现速度和位置的精确控制，适用于中小型机器人。

主要优点如下：
1）电动驱动器的能源简单。
2）速度变化范围大。
3）效率高。
4）速度和位置精度都很高。

主要缺点如下：

1）多与减速装置相连，直接驱动比较困难。
2）电刷易磨损，易形成火花，且成本较高。

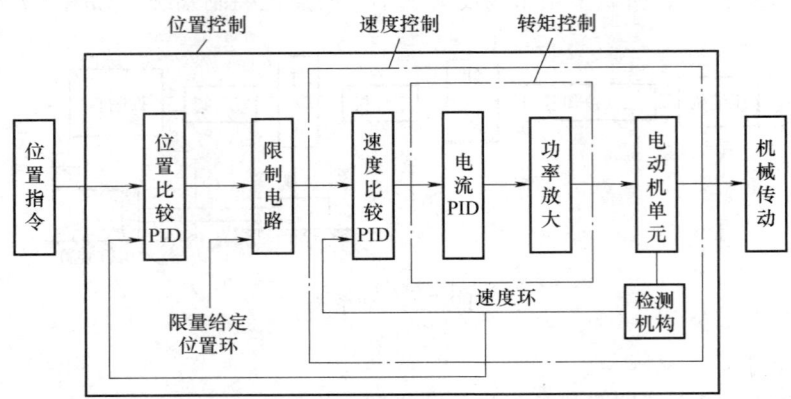

图 2-8 电动系统

2.3 机器人传动结构

传动机构是连接驱动装置和执行机构的部分，它能将驱动装置的运动形式和动力参数转变为执行机构所需的运动形式和运动参数。传动机构有以下 4 个方面的作用：

（1）调速

执行机构往往和驱动器速度不一致，利用传动装置达到改变输出速度的目的。

（2）调转矩

调整驱动器的转矩使其适合执行机构使用。

（3）改变运动形式

驱动器的输出轴一般是等速回转运动，而执行机构要求的运动形式则是多种多样的，如直线运动、螺旋运动等，靠传动机构实现运动形式的改变。

（4）动力和运动的传递与分配

用一台驱动器带动若干个不同速度、不同负载的执行机构。故传动装置可以把旋转运动变换为直线运动、高转速变换为低转速、小转矩变换为大转矩等。

在机器人的传动结构中有两种传动方式：直线传动、旋转传动。本节将进行简单介绍。

2.3.1 直线传动机构

工业机器人常用的直线传动机构可以直接由气缸或液压缸和活塞产生，也可以采用齿轮齿条、滚珠丝杠螺母等传动元件由旋转运动转换得到。这里简单介绍 3 种直线传动机构。

1. 齿轮齿条装置

在这类传动机构中，齿条通常是固定不动的，当齿轮传动时，齿轮轴连同拖板沿齿条方向做直线运动。这样，齿轮的旋转运动就转换成为拖板的直线运动，如图 2-9 所示。拖板是由导杆或导轨支承的，但该装置的缺点是回差较大。

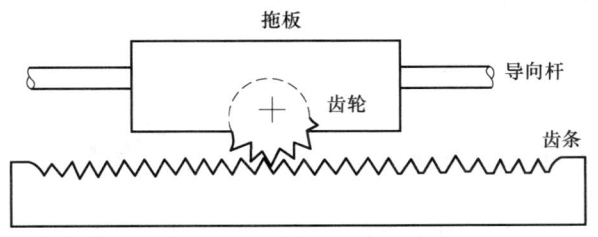

图 2-9 齿轮齿条装置

2. 丝杠传动装置

这种传动装置是由一个旋转的精密丝杠驱动一个螺母沿丝杠做轴向移动。机器人上经常采用滚珠丝杠，主要由于滚珠丝杠的摩擦力很小，且运动响应速度快。由于滚珠丝杠在丝杠螺母的螺旋槽里放置了许多滚珠，传动过程中所受的摩擦力是滚动摩擦，极大地减小摩擦力，因此传动效率高，可以消除低速运动时的爬行现象。在装配时施加一定的预紧力，可消除回差。

滚珠丝杠传动副由螺杆、螺母、滚珠、循环装置组成。图 2-10 所示是滚珠丝杠传动副的结构图。

3. 液（气）压缸

液（气）压缸是将液压泵（空压机）输出的压力能转换为机械能，做直线往复运动的执行元件，如图 2-11 所示。使用液（气）压可以容易地实现直线运动，液（气）压主要由缸筒、缸盖、活塞、活塞杆和密封装置等部件构成，活塞和缸筒采用精密滑动配合，压力油（压缩空气）从液（气）压缸的一端进入，把活塞推向液（气）压缸的另一端，从而实现直线运动。通过调节进入液（气）压缸液压油（压缩空气）的流动方向和流量可以控制液（气）压缸的运动方向和速度。

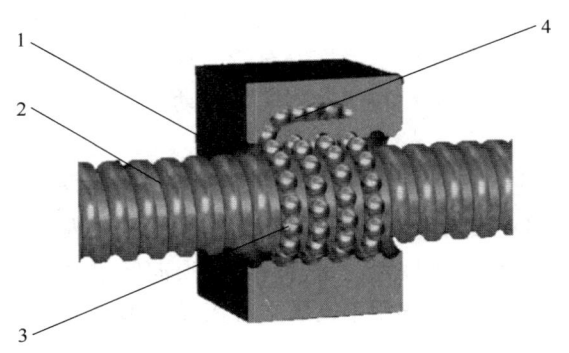

图 2-10 滚珠丝杠传动副结构
1—螺母 2—螺杆 3—滚珠 4—循环装置

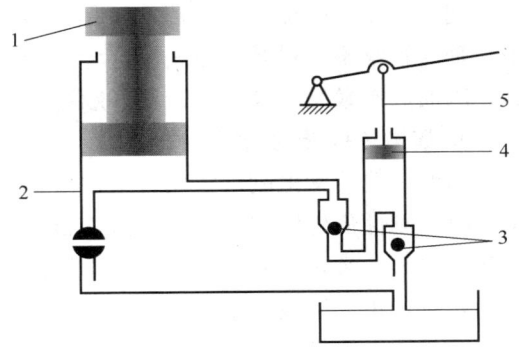

图 2-11 液（气）压缸
1—缸盖 2—缸筒 3—密封装置 4—活塞 5—活塞杆

2.3.2 旋转传动机构

一般电动机都能够直接产生旋转运动，但其输出力矩比所设想的力矩小，转速比设想的转速高，因此需要采用齿轮、带传动装置或其他运动传动机构把较高的转速转换成较低的转速，并获得较大的力矩。

在实际应用中,运动的传递和转换必须高效率地完成,并且不能有损于机器人系统所需要的特性,包括定位精度、重复定位精度和可靠性等,可以通过下列传动机构来实现高效的运动传递和转换。

1. 齿轮传动装置

齿轮是能够相互啮合的有齿的机械零件,齿轮传动机构是以齿轮的齿互相啮合来传递动力的机械传动,如图 2-12 所示。齿轮传动是现代机械中应用最为广泛的传动装置,具有传递动力大、效率高、寿命长、工作平稳、可靠性高、能保持恒定的传动比等优点,但齿轮传动制作和安装精度的要求较高,而且不易实现远距离传动。

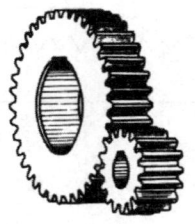

图 2-12 齿轮传动装置

2. 同步带传动装置

在工业机器人中同步带传动主要用来传递平行轴间的运动。同步带和带轮的接触面都制成相应的齿形,靠啮合传递功率,如图 2-13 所示。

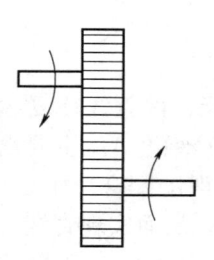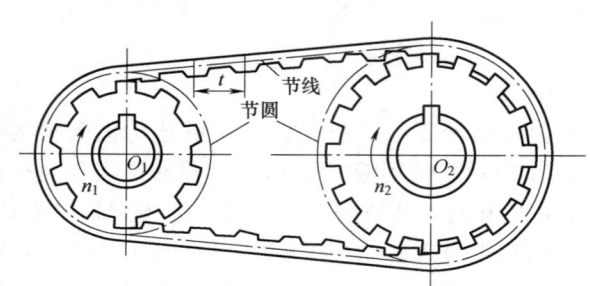

图 2-13 同步带传动装置

同步带传动的优点是:传动时无滑动,传动比准确,传动平稳;速比范围大;初始拉力小;轴与轴承不易过载。但是,这种传动机构的制造及安装要求严格,对带的材料要求也较高,因而成本较高。同步带传动一般适用于电动机和高减速比减速器之间的传动。

3. 谐波齿轮传动

谐波齿轮传动由刚性齿轮、柔性齿轮和谐波发生器 3 个主要零件组成,如图 2-14 所示。工作时,刚性齿轮固定安装,各齿均布于圆周上,具有外齿圈的柔性齿轮沿刚性齿轮的内齿圈转动。柔性齿轮比刚性齿轮少两个齿,所以柔性齿轮沿刚性齿轮每转一圈就反向转过两个齿的相应转角。谐波发生器具有椭圆形轮廓,装在其上的滚珠用于支承柔性齿轮,谐波发生器驱动柔性齿轮旋转并使之发生塑性变形。

转动时,柔性齿轮的椭圆形端部只有少数齿与刚性齿轮啮合,只有这样,柔性齿轮才能相对于刚性齿轮自由地转过一定的角度。通常将刚性齿轮固定,用谐波发生器作为输入端,并将柔性齿轮与输出轴相连。

4. 减速器

减速器在原动机和工作机或执行机构之间起匹配转速和传递转矩的作用,是一种相对精密的机械。使用它的目的是降低转速,增加转矩,一般用于低转速大转矩的传动设备,把电动机、内燃机或其他高速运转的动力通过减速器的输入轴上的齿数少的齿轮啮合输出轴上的

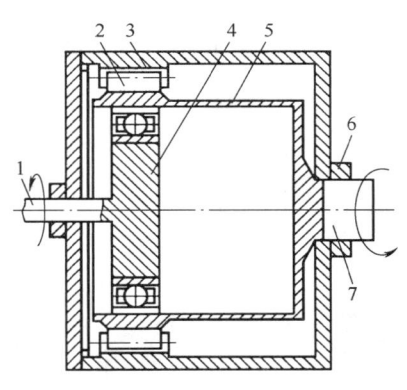 

图 2-14 谐波齿轮传动

1—输入轴 2—柔性外齿圈 3—刚性外齿圈 4—谐波发生器 5—柔性齿轮 6—刚性齿轮 7—输出端

大齿轮来达到减速的目的。

减速器是工业机器人中非常重要的零部件,工业机器人运动的核心部件——"关节"就是由减速器构成的,每个关节都要用到不同的减速器产品。为保证工业机器人在生产中能够可靠地完成工序任务,在重复执行相同的动作时能保证工艺质量,工业机器人需要很高的定位精度和重复定位精度。为提高和确保工业机器人的精度就需要采用减速器。

RV 减速器和谐波减速器是工业机器人最主流的精密减速器。高精度机器人传动多采用 RV 减速器,如图 2-15 所示。RV 减速器在先进机器人传动中已经有逐渐取代谐波减速器的趋势。

图 2-15 RV 减速器实物内部端面

2.4　机器人执行机构

机器人的执行机构是机器人功能的具体表现,也是机器人系统中极为重要的结构。执行机构包括机器人本体和末端执行器,本节以在工业生产中应用较多的机械臂为例展开机器人执行机构的讨论,如图 2-16 所示,执行机构通常包括 5 大结构:基座、腰部、臂部、腕部、手部。下面从基座开始对机器人的执行机构进行详细介绍。

2.4.1　基座

机器人的基座是机器人的基础部分,用来确定和固定机器人的位置,支撑机器人的质量及工作载荷。基座承受机器人的全部质量,要有足够

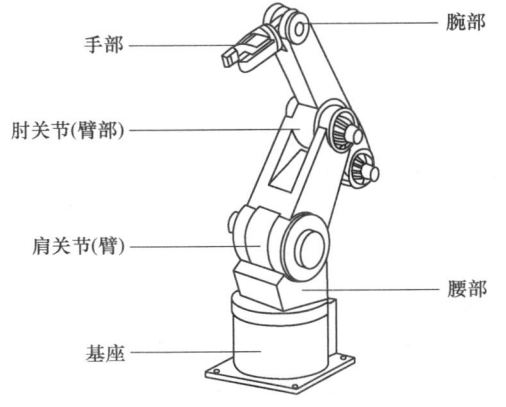

图 2-16 机器人本体和末端执行器示意图

的强度和刚度，一般用铸铁制造。基座要有一定的尺寸以保证机器人的稳定，并满足驱动装置及电缆的安装。机器人的基座分为固定式和可移动式两种。其中，可移动式机器人正在各领域的工作生产中逐渐发挥重要作用。

自 20 世纪 60 年代以来，用来进行机械加工、焊接、喷涂等作业的工业机器人相继问世并且发展出很多企业和多种型号，机器人行业蓬勃发展，这一时期的机器人基本都是基座固定式，如图 2-17 所示。随着经济社会的发展，人们逐渐发现传统的固定在某一位置进行操作的机器人在很多方面已不能完全满足生产生活的需求。于是，在 20 世纪 80 年代后期，各国都相继开展了可移动机器人的研发。可移动机器人

图 2-17　机器人基座固定式的应用场景

的主要目标就是在无人干预的情况下，机器人自身能有目的地移动并执行特定操作，完成特定任务。

可移动机器人按照移动机构（也称行走机构）来划分主要可分为固定轨迹式和无固定轨迹式。无固定轨迹式又细分为轮式、履带式、足式、特殊移动式等。下面一一介绍。

1. 固定轨迹式移动机构

固定轨迹式移动机器人机身底座安装在一个可移动的拖板座上，靠丝杠螺母驱动，整个机器人沿丝杠纵向移动，如图 2-18 所示。工业机器人大多采用固定轨迹式移动机构。这类机器人除了采用直线驱动方式外，也可以采用类似起重机梁行走方式等。这种可移动机器人主要用在作业区域大的场合，如大型设备装配，立体化仓库中的物品搬运、物品堆垛和储运及大面积喷涂等。

2. 无固定轨迹式移动机构

（1）轮式移动机构

图 2-18　固定轨迹式可移动机器人

截至目前，轮式移动机构是移动机器人中最流行的移动运动机构，它可达到很高的效率且用比较简单的机械就可实现。轮式移动机器人是移动机器人中应用最多的一种机器人，在相对平坦的地面上，用轮式移动方式是相当有优势的。车轮的形状或结构形式取决于地面性质和车辆的承载能力。在轨道上运行的多采用钢轮，室外路面行驶的采用充气轮胎，室内平坦地面上的可采用实心轮胎。图 2-19 所示为不同地面上采用的不同车轮形式。图 2-19a 所示的充气球轮适合于沙丘地形；图 2-19b 所示的半球形轮，还有一种超轻金属线编织轮，这两种车轮是为火星车在火星表面移动而开发的，其中超轻金属线编织轮用来减小移动机构的质量，减少飞船升空时的功耗；图 2-19c 所示的传统车轮适合于平坦的坚硬路面；图 2-19d 所示为车轮的一种变形，称为无缘轮，用来爬越阶梯和在水田中行驶。

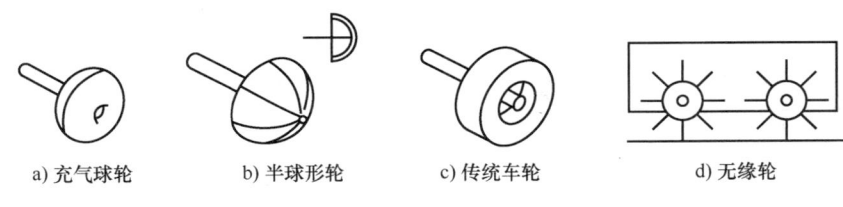

a) 充气球轮　　b) 半球形轮　　c) 传统车轮　　d) 无缘轮

图 2-19　车轮的不同形式

"玉兔"月球车车轮用的是镂空金属带轮，如图 2-20 所示。轮子的辐条采用钛合金，筛网用金属丝编制，在保持高强度和抓地力的同时，减小了轮子的质量，镂空还可以应付"月尘"的困扰。因为在月面环境下，"玉兔"月球车行驶时很容易打滑，月壤细粒会大量扬起飘浮，进而对巡视器等敏感部件产生影响，引起机械结构卡死、密封机构失效、光学系统灵敏度下降等故障。轮子上还有二十几个抓地爪露在外面。

图 2-20　"玉兔"月球车

轮式移动机构依据车轮的多少，可分为一轮、二轮、三轮、四轮以及多轮机构。一轮和二轮移动机构在实现上的主要障碍是稳定性问题。实际应用的车轮式移动机构多为三轮和四轮。

三轮移动机构具有一定的稳定性，代表性的车轮配置方式是一个前轮、两个后轮，如图 2-21 所示。图 2-21a 所示为两后轮独立驱动，前轮仅起支承作用，靠后轮的转速差实现转向；图 2-21b 所示为采用前轮驱动，前轮转向的方式；图 2-21c 所示为利用两后轮差动减速器驱动，前轮转向的方式。

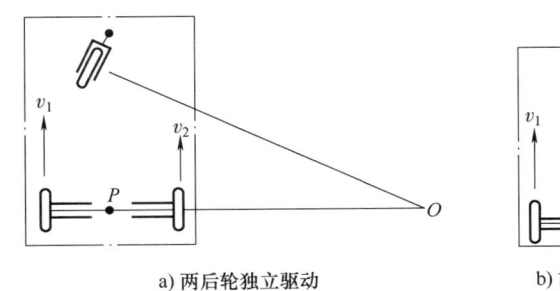
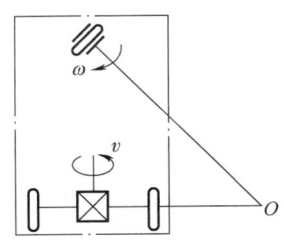

a) 两后轮独立驱动　　b) 前轮驱动，前轮转向　　c) 后轮差动，前轮转向

图 2-21　三轮移动机构车轮配置方式

此外，还有一种三轮移动机构，叫作轮组三轮移动机构。这是美国 Unimation-Stanford 研究小组最早设计的一种三轮机器人，如图 2-22 所示。它的三组轮子呈等边三角形分布在机器人的下部，每组轮子由若干个滚轮组成。这些轮子能够在驱动电动机的带动下自由地转动，使机器人移动。驱动电动机控制系统既可以同时驱动三组轮子，也可以分别驱动其中两组轮子。这样，机器人就能够在任何方向上移动。

轮组三轮移动机构设计得非常灵活，它不但可以在工厂地面上运动，而且能够沿小路行驶。这种移动机构存在的问题是稳定性不够，容易倾倒，而且运动稳定性随着负载轮子的相对位置不同而变化；在轮子与地面的接触点从一个滚轮移到另一个滚轮上时，会出现颠簸。为了改进该机器人的稳定性，重新设计的三轮机器人是使用长度不同的两种滚轮，长滚轮呈锥形，固定在短滚轮的凹槽里，这样可大大减小滚轮之间的间隙，减小了轮子的厚度，提高了机器人的稳定性。此

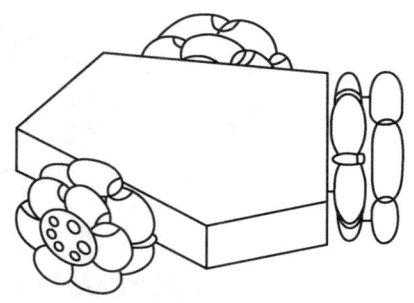

图 2-22　轮组三轮移动机构

外，滚轮上还附加了软橡胶，具有足够的变形能力，可使滚轮的接触点在相互替换时不发生颠簸。

四轮移动机构的应用最为广泛，可采用不同的方式实现驱动和转向，如图 2-23 所示。图 2-23a 所示为后轮分散驱动；图 2-23b 所示为四轮同步转向机构，当前轮转向时，通过四连杆机构使后轮得到相应的偏转，这种转向机械相比仅有前轮转向的车辆可实现更小的转向回转半径。

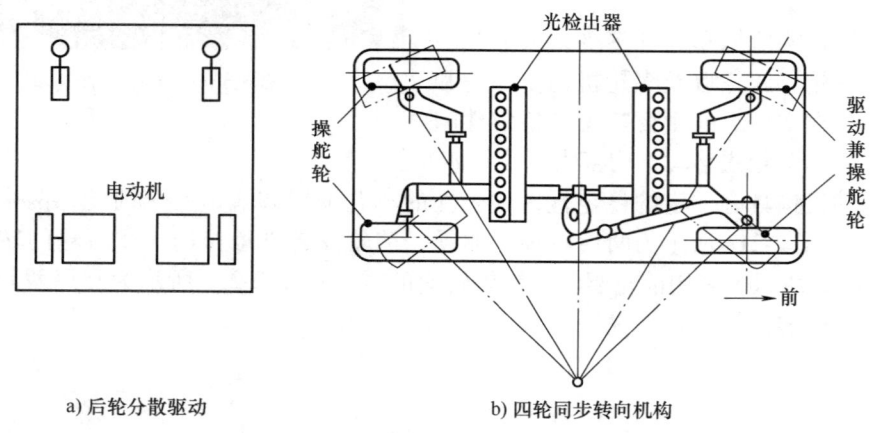

a) 后轮分散驱动　　　　　　　b) 四轮同步转向机构

图 2-23　四轮移动机构

四轮行走机械的运动稳定性有很大提高。但是，要保证 4 个轮子同时和地面接触，必须使用特殊的轮系悬挂系统。它需要 4 个驱动电动机，控制系统也比较复杂，造价也较高。图 2-24 所示为轮位可变型四轮移动机构，机器人可以根据需要让 4 个车轮呈横向、纵向或同心方向行走，可以增加机器人的运动灵活性。

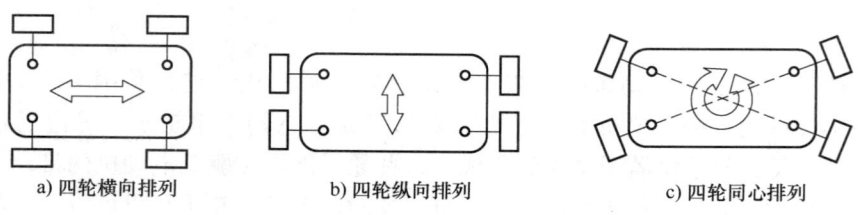

a) 四轮横向排列　　　b) 四轮纵向排列　　　c) 四轮同心排列

图 2-24　轮位可变型四轮移动机构

在最初的实际应用中，轮式移动机构的优点是结构简单、动作灵活、定位准确，缺点是不适合在不平坦的地面上行走。后来又开发了一系列越障轮式机构，如图 2-25 所示。当①~④小车轮自转时，用于正常行走；当⑤、⑥车轮公转时，用于上台阶，⑦是支臂撑起的负载。

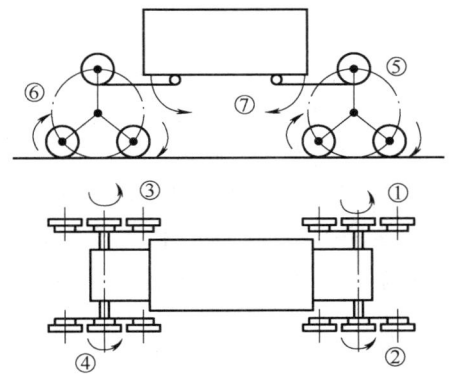

图 2-25 三小轮式越障轮式机构

如图 2-26a 所示，a 小轮和 c 小轮旋转前进，使车轮接触台阶停住；如图 2-26b 所示，a、b 和 c 小轮绕着它们的中心旋转（公转），b 小轮接触到了高一级台阶；如图 2-26c 所示，b 小轮和 a 小轮旋转前进（行走）；如图 2-26d 所示，车轮又一次接触台阶停住。如此往复，便可以一级一级台阶地向上爬。

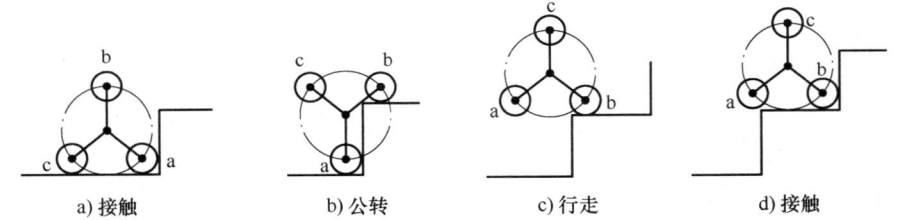

图 2-26 三小轮式越障轮式机构上、下台阶示意图

此外，还有多节越障轮式机构和摇臂越障轮式机构。

多节越障轮式机构是由多个车轮用轴关节或伸缩关节连在一起形成的轮式移动机构。如图 2-27 所示，这种多轮式移动机构非常适合在崎岖不平的道路上行驶，对攀爬台阶也非常有效。

图 2-27 多节车轮式移动机构工作示意图

摇臂越障轮式机构的移动机构更有利于在未知的地况下行走，前文图 2-20 中的"玉兔"月球车是由 6 个独立的摇臂作为每个车轮的支撑，每个车轮可以独立驱动、独立旋转、独立伸缩。"玉兔"月球车可以凭借 6 个轮子实现前进、后退、原地转向、行进间转向、20°爬坡、20cm 越障等。六轮摇臂车轮式移动机构，可使它们同时适应不同高度，保持 6 个轮子同时着地，使"玉兔"月球车成为一个真正的"爬行高手"。

（2）履带式移动机构

履带式移动机构的主要特征是将圆环状的无限轨道带绕在多个车轮上，使车轮不直接与路面接触。利用履带可以缓冲路面的状态，因此可以在各种路面上行走。

履带式移动机构由履带、驱动链轮、支承轮、托带轮和张紧轮（导向轮）组成，如图 2-28 所示，履带布置方式有双履带和多履带两种，可以搭载摄像头、探测器等设备代替人类从事一些危险工作（如排爆、化学探测等），减少不必要的人员伤亡。

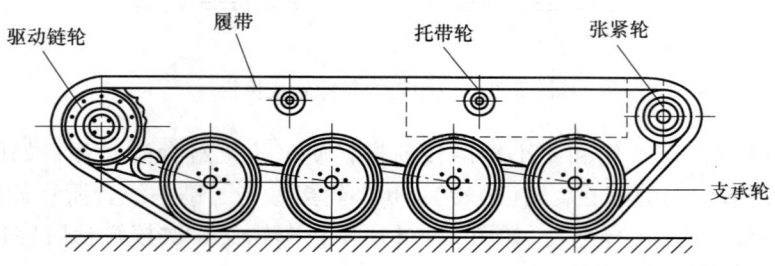

图 2-28　履带式移动机构

优点主要有：支承面积大，接地比压小，适合在松软或泥泞场地进行作业，下陷度小，滚动阻力小。履带支承面上有履齿，不易打滑，牵引附着性能好，可发挥较大的牵引力。越野机动性好，可以在凹凸的地面上行走，可以跨越障碍物，能爬梯度不太高的台阶，爬坡、越沟等性能均优于轮式行走机构。

缺点是效率较低，功耗较大。

履带式移动机构的形状有一字形履带式和梯形履带式。其中，图 2-29a 所示为一字形履带式移动机构，驱动轮及张紧轮兼做支承轮，增大支承地面面积，改善了稳定性，此时驱动轮和导向轮只略微高于地面。图 2-29b 所示为倒梯形履带式移动机构，不做支承轮的驱动轮与张紧轮装得高于地面，链条引入引出时角度达 50°，其好处是适合于穿越障碍，另外因为减少了泥土夹入引起的磨损和失效，可以延长驱动轮和张紧轮的寿命。

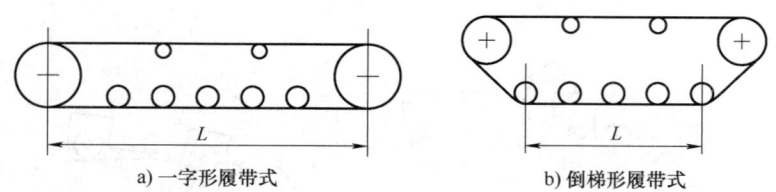

a) 一字形履带式　　　b) 倒梯形履带式

图 2-29　履带式移动机构的形状

（3）足式移动机构

足式移动机构可以实现其如动物般在各种不同的自然环境中自由行走，如图 2-30 所示。虽然履带式移动机构可以在高低不平的地面上运动，但它的适应性不够，行走时晃动太大，在软地面上行驶运动效率低。面对崎岖的路面，轮式和履带式行走工具必须面临最坏的地形上几乎所有的点，相比之下，足式运动方式则优越得多。

图 2-30　足式移动机构

足式移动机构的优点：首先，因为足式运动方式的立足点是离散的点，它可以在可能达到的地面上选择最优的支撑点；其次，足式运动方式具有主动隔振能力，尽管高低不平，机身的运动仍然可以相当平稳；再次，足式行走在不平地面和松软地面上的运动速度较高，能耗较少。

足式移动机构有单足、两足、三足、四足和六足等，如图 2-31 所示，一般情况下，足的数目越多，承载能力越强，但是运动速度越慢。表 2-1 是对不同足数机器人行走能力的评价。

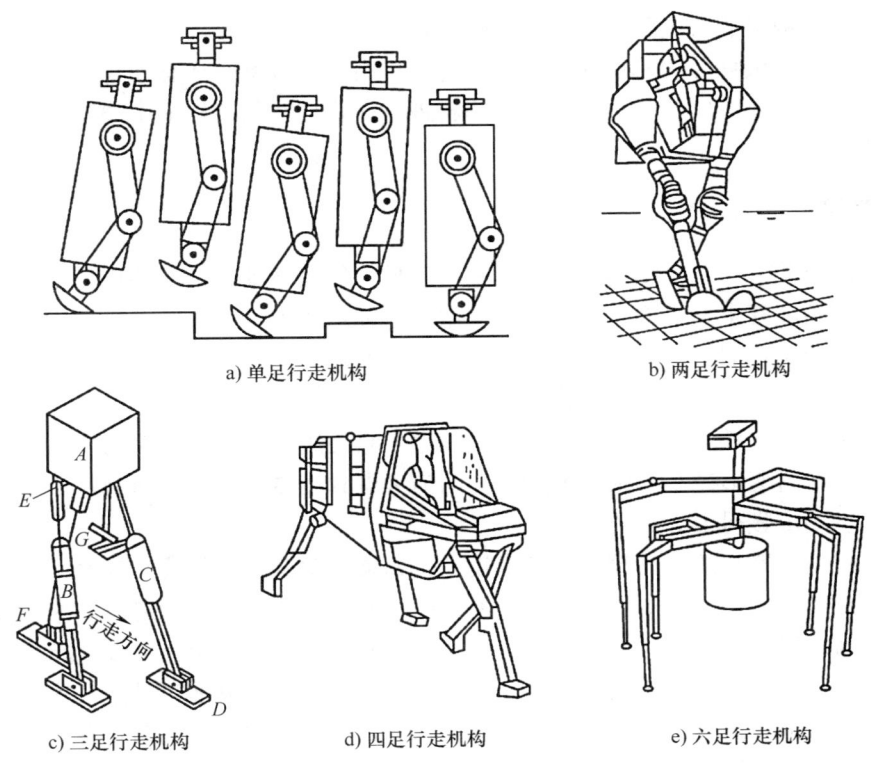

a) 单足行走机构　　　　　　　　　　b) 两足行走机构

c) 三足行走机构　　　　d) 四足行走机构　　　　e) 六足行走机构

图 2-31　单足、两足、三足、四足和六足移动机构

表 2-1　对不同足数机器人行走能力的评价

足数	保持稳定姿态的能力	静态稳定行走的能力	高速静态稳定行走的能力	动态稳定行走的能力	用自由度数衡量的结构简单性
1	无	无	无	有	优秀
2	无	无	无	有	优秀
3	良好	无	无	优秀	良好
4	优秀	良好	有	优秀	良好
5	优秀	优秀	良好	优秀	良好
6	优秀	优秀	优秀	良好	一般
7	优秀	优秀	优秀	良好	一般
8	优秀	优秀	优秀	良好	一般

其中，单足机器人的主要问题在于保持平衡。两足和四足具有良好的适应性和灵活性，最接近人类和动物。两足步行式机器人具有最好的适应性，也最接近人类，故也称为类人双足行走机器人。类人双足移动机构是多自由度的控制系统，是现代控制理论很好的应用对象。这种机构除结构简单外，在保证静、动行走性能及稳定性和高速运动等方面都是最困难的。

（4）特殊移动机构

特殊移动机构机器人主要应用于特殊的场合，如轮足混合移动机构，足式行走机器人在粗糙的地形中可提供良好的机动性，轮足混合可提高行走效率。还有如在水中像鱼一样靠尾部摆动进行移动，在空中像飞鸟一样扇动翅膀进行飞行，在复杂地形中像爬虫一样蠕动前行等移动机构。

2.4.2　腰部

机器人的腰关节与基座相连，腰关节是负载最大的运动轴，对末端执行器运动精度影响最大，故设计精度要求高。腰关节的轴可采用普通轴承的支承结构。在实际生产中，由于腰部和臂部的性能对机器人的负荷能力和运动精度影响较大，故设计时主要注意刚度、平稳性这两个方面。

刚度是指材料在外力作用下抵抗变形的能力。它是用外力和外力作用方向上的变形量之比来度量的，材料变形越小，则刚度越大。因为考虑到机器人的结构问题，所以机器人腰部和臂部的刚度要求显得十分重要。

此外，腰部和臂部的运动较多，质量较大，如果运动速度和负载又较大，那么有可能当运动状态改变时，会产生冲击和振动。这不仅会影响到机器人的精确定位，甚至会使其不能正常工作。为了提高工作平稳性，在设计时需要采取有效的缓冲装置以吸收能量。

在其他类型的工业机器人和服务机器人中，腰部和立柱又被称为机器人的机身，机身往往与基座做成一体。机身与臂部相连，机身支承臂部，臂部又支承腕部和手部，机身运动的平稳性是一个重要的问题。

下面主要介绍几种不同类型的机身，包括直线移动机身、回转与升降机身、回转与俯仰机身等。

1. 直线移动机身

直线移动机身通常设计成横梁式，用于悬挂手臂部件，这类机器人的运动形式大多为移动式。它具有占地面积小，能有效地利用空间，直观等优点。横梁可设计成固定型或移动型，一般横梁安装在厂房原有建筑的柱梁或有关设备上，也可从地面架设。

图 2-32 所示是双臂对称交叉悬挂式横梁直线移动机身。双臂悬挂式结构大多用于为某一机床（如卧式车床、外圆磨床等）上、下料服务，一个臂用于上料，另一个臂用于下料，这种形式可以减少辅助时间，缩短动作循环周期，有利于提高生产率。双臂在横梁上的配置有双臂平行配置、双臂对称交叉配置和双臂一侧交叉配置等。具体配置形式视工件的类型、工件在机床上的位置和夹紧方式、料道与机床间相对位置及运动形式等不同而具体分析。

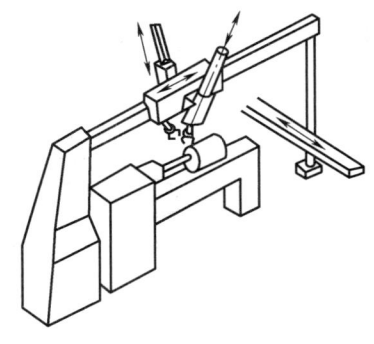

图 2-32　横梁直线移动机身

2. 回转与升降机身

回转与升降机身的回转运动采用摆动液压缸驱动，升降液压缸可以布置在回转液压缸上面，也可以布置在回转液压缸下面，有的采用链条链轮传动来将直线运动变为链轮的回转运动，也有用双杆活塞气缸驱动链条链轮回转的方式，这种驱动方式的回转角度可大于 360°。图 2-33 所示为气动机器人采用单杆活塞气缸驱动链条链轮传动机构实现机身的回转运动。

3. 回转与俯仰机身

机器人机身的俯仰运动一般采用活塞液压（气）缸与连杆机构实现。机身俯仰运动用的活塞缸位于臂部的下方，其活塞杆和臂部用铰链连接，缸体采用尾部耳环或中部销轴等方式与立柱连接，如图 2-34 所示。此外，有时也采用无杆活塞缸驱动齿条齿轮或四连杆机构实现机身的俯仰运动。

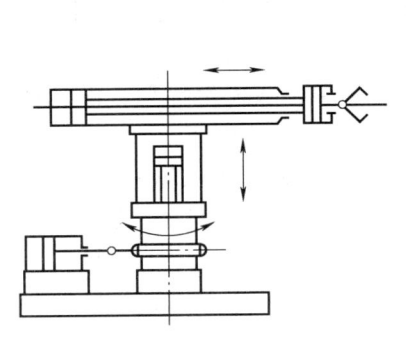

图 2-33　回转与升降机身

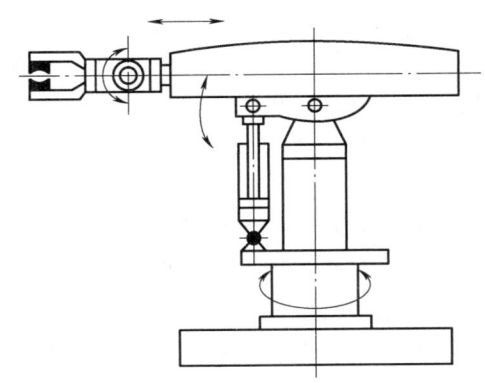

图 2-34　回转与俯仰机身

此外，还有一种类人式多自由度机身。这种机身结构上除了装有驱动臂部的运动装置外，还有驱动腿部运动的装置和腰部关节。类人机器人型机身靠腿部的屈伸运动来实现升降，腰部关节实现左右和前后的俯仰与人身轴线方向的回转运动。

2.4.3 臂部

机器人臂部又称机器人手臂,是机器人执行机构中重要的部件,在6自由度关节机器人中多由大臂和小臂一起构成机器人的臂部。它的作用是支撑腕部和手部,并将被抓取的工件运送到给定的位置上。机器人的臂部主要包括臂杆以及与其运动有关的构件,包括传动机构、驱动装置、导向定位装置、支承连接和位置检测元件等。此外,还有与腕部或手部的运动和连接支承等有关的构件,其结构形式如图2-35所示。

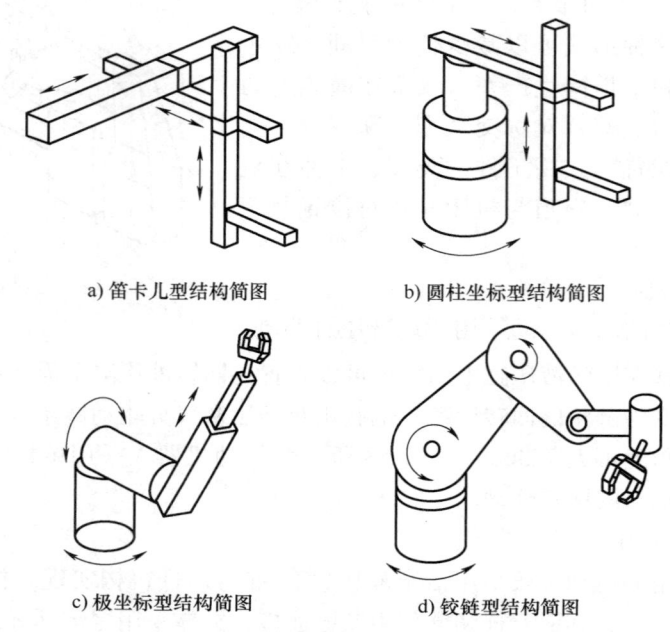

a) 笛卡儿型结构简图　　b) 圆柱坐标型结构简图

c) 极坐标型结构简图　　d) 铰链型结构简图

图 2-35　机器人臂部机械结构形式

1. 机器人的臂部

一般机器人臂部有3个自由度,即臂部的伸缩、左右回转和升降(或俯仰)运动。臂部回转和升降运动是通过机身实现的,机身的横向移动即为臂部的横移。臂部的各种运动通常由驱动机构和各种传动机构来实现。臂部的3个自由度,可以有不同的运动(自由度)组合,通常可以将其设计成如图2-35所示4种形式,即笛卡儿型、圆柱坐标型、极坐标型和铰链型。

机器人有许多不同类型的关节,有平移的、旋转的和球型的。虽然球关节在许多系统中使用很普遍,但是由于拥有多个自由度且难以控制,所以在机器人中球关节除了用于研究外并不常用。大多数机器人关节是平移或旋转型关节。

机器人的构型通常根据它们的坐标系来确定,平移关节用P表示,旋转关节用R表示,球型关节用S表示。机器人构型通常可用一系列的P、R和S来描述。例如,一个机器人有3个滑动关节和3个旋转关节,则用3P3R表示。

(1) 笛卡儿型(又称直角坐标型,3P)

笛卡儿型由3个相互垂直的直线移动机构组成,其工作空间图形为长方体。如图2-35a所示,由3个平移关节来确定末端执行器的位置。由于直线运动易于实现全闭环的位置控制，因此它在各个轴向的移动距离，可在各坐标轴上直接读出，直观性强，易于位置和姿态的编程计算，结构简单，有可能达到很高的位置精度。但是，笛卡儿型机器人的运动空间相对机器人的结构尺寸来讲，是比较小的。因此，为了实现一定的运动空间，笛卡儿型机器人的结构尺寸要比其他类型的机器人的结构尺寸大得多。

(2) 圆柱坐标型(R2P)

圆柱坐标型由两个平移关节和一个旋转关节来确定位置，如图 2-35b 所示，这种运动形式是通过一个转动，两个移动，共 3 个自由度组成的运动系统，圆柱坐标型机器人类似于建筑工地的塔吊，它的工作行程是一个圆柱状的空间，这也是它名称的由来。圆柱坐标型机器人结构简单，直线部分可采用液压驱动，可输出较大的动力。它与笛卡儿型比较，在相同的工作空间条件下，机体所占体积小，而运动范围大。缺点是其臂部可以到达的空间受到限制，不能到达靠近立柱或距地面较近的空间；直线驱动部分难以防尘；后臂工作时，臂部后端容易碰到工作范围内的其他物体。

(3) 极坐标型(又称球坐标型，2RP)

极坐标型用一个平移关节和两个旋转关节来确定部件的位置，如图 2-35c 所示，它由两个转动和一个直线移动所组成，即一个回转、一个俯仰和一个伸缩运动组成。极坐标型机器人的工作行程是一个半球的形状，其中心支架附近的工作范围大，覆盖工作空间较大，它可以做上下俯仰动作并能够抓取地面上或较低位置的工件，具有结构紧凑、工作空间范围大的特点，但结构较复杂，坐标复杂难于控制，且直线驱动装置存在难以密封的问题。

(4) 铰链型(又称关节坐标型或回转坐标型，3R)

铰链型的关节全都是旋转的，酷似人类的手臂。如图 2-35d 所示，这种机器人的臂部与人体上肢类似，其前 3 个关节都是回转关节，这种机器人一般由立柱和大小臂组成，机身与臂部形成肩关节，大臂与小臂间形成肘关节，可使大臂做回转运动和使大臂做俯仰摆动，小臂做俯仰摆动。其特点是拥有更大也更复杂的工作空间，动作灵活，通用性强，能抓取靠近机座的物体。同时，铰链型机器人的结构和研发也较为复杂。

2. 机器人臂部的典型机构

为了能使机器臂在工作中更灵活，机器人臂部的驱动器设置较为独立，这种设置能让机器人臂部完成更多的动作，如伸缩、回旋、俯仰以及升降等，与机身运动类似。

(1) 臂部直线和回转运动机构

机器人臂部的伸缩、横向移动均属于直线运动。实现臂部往复直线运动的机构形式比较多，常用的有活塞液压(气)缸、齿轮齿条机构、丝杠螺母机构以及连杆机构等。因为活塞液压(气)缸的体积小、重量轻，在机器人的臂部结构中得到的应用比较多。

(2) 臂部俯仰运动机构

机器人臂部的俯仰运动一般采取活塞液压(气)缸与连杆机构联用来实现。臂部的俯仰运动用的活塞缸位于臂部的下方，其活塞杆和臂部用铰链连接，缸体采用尾部耳环或中部销轴等方式与立柱连接，如图 2-36 所示。

除此之外，机器人臂部的结构形式必须根据机器人工作的具体情况布置。一般来说，在设计机器人臂部时应注意以下要求：刚度要大，防止臂部在与运动过程中产生大的变形；导向性要好，防止臂部在直线运动中沿运动轴线发生相对转动；尽量减小臂部运动部分的质量。

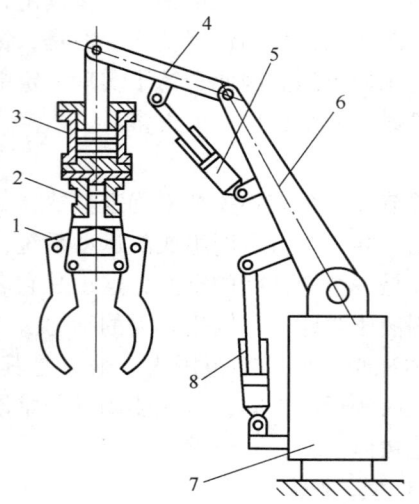

图 2-36 摆动气缸驱动连杆俯仰臂部机构
1—手部 2—夹紧缸 3—升降缸 4—小臂 5、8—摆动气缸 6—大臂 7—立柱

2.4.4 腕部

机器人腕部又称机器人的手腕,是连接手部和臂部的部件,如图 2-37 所示。它的作用是调节或改变工件的方位,因而具有独立的自由度,以使机器人手部满足复杂的动作要求。

腕部能实现对空间 3 个坐标轴 x、y、z 的转动,即具有翻转(roll)、俯仰(pitch)和偏转(yaw)3 个自由度,通常把手腕的翻转用 R 表示,俯仰用 P 表示,偏转用 Y 表示。手腕按自由度数目可分为单自由度手腕、2 自由度手腕和 3 自由度手腕。

1. 单自由度手腕

如图 2-38 所示,图 2-38a 是一种翻转(roll)关节(R 关节),它将臂部纵轴线和手腕关节轴线构成共轴形式。这种 R 关节旋转角度大,可达到 360°以上。图 2-38b、c 是一种偏转、俯仰或折曲(bend)关节(B 关节),关节轴线与前后两个连接件的轴线相垂直。这种 B 关节因为受到结构上的干涉,旋转角度小,大大限制了方向角。图 2-38d 是一种平移动(translation)关节(T 关节)。

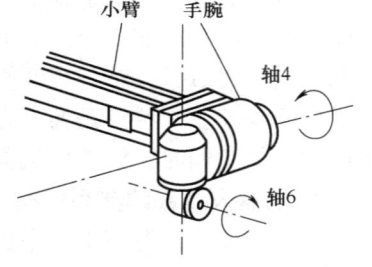

图 2-37 机器人腕部示意图

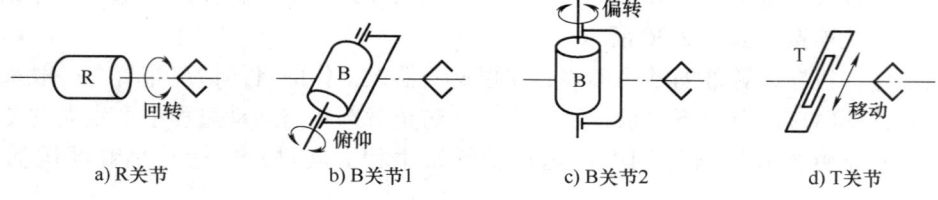

图 2-38 单自由度手腕

2. 2自由度手腕

2自由度手腕可以由一个R关节和一个B关节组成BR手腕,如图2-39a所示,也可以由两个B关节组成BB手腕,如图2-39b所示。但是,不能由两个R关节组成RR手腕,如图2-39c所示,因为两个R关节共线,所以退化了一个自由度,实际只构成了一个单自由度手腕。

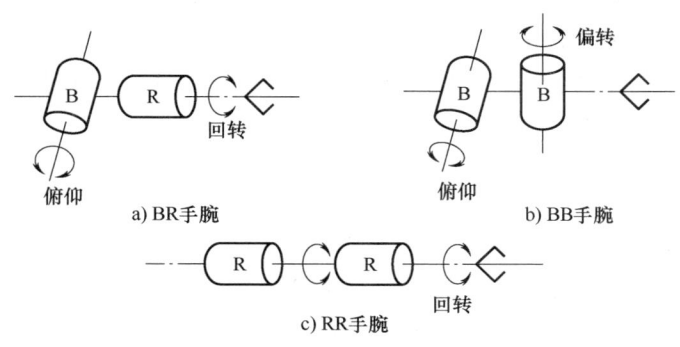

图2-39 2自由度手腕

3. 3自由度手腕

3自由度手腕可以由B关节和R关节组成多种形式。图2-40a所示是通常见到的BBR手腕,使手部具有俯仰、偏转和翻转运动,即RPY运动。图2-40b所示是3个R关节组成的RRR手腕,它可以实现手部的RPY运动,PUMA 262机器人的手腕采用的就是RRR结构形式。图2-40c所示是一个B关节和两个R关节组成的BRR手腕,为了不使自由度退化,使手部产生RPY运动,第一个R关节必须进行如图所示的偏置。图2-40d所示是RBR手腕,安川HP20机器人的手腕采用的就是RBR结构形式。此外,还可以构成BBB手腕,很明显,它已退化为2自由度手腕,只有PY运动,实际上一般不采用这种手腕。

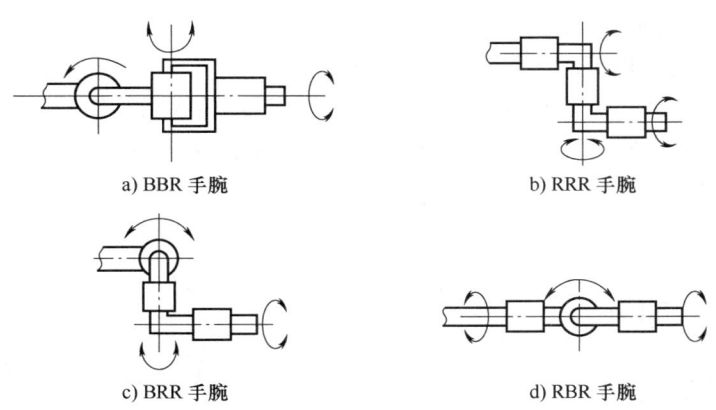

图2-40 3自由度手腕

设计手腕时除应满足启动和传送过程中所需的输出力矩外,还要求手腕结构简单,紧凑轻巧,避免干涉,传动灵活。多数情况下,要求将腕部结构的驱动部分安排在小臂上,使外形整齐,也可以设法使几个电动机的运动传递到同轴旋转的心轴和多层套筒上去,运动传入手腕部后再分别实现各个动作。

4. 柔顺手腕结构

在用机器人进行的精密装配作业中，当被装配零件之间的配合精度相当高，由于被装配零件的不一致性，工件的定位夹具、机器人手爪的定位精度无法满足装配要求时，会导致装配困难，因而出现带检测元件的手腕，即柔性装配技术。

柔顺手腕结构有两种：

一种是从检测、控制的角度出发，采取各种不同的搜索方法，实现边校正边装配；有的手爪还配有检测元件，如视觉传感器、力传感器等，这就是所谓主动柔顺装配。

另一种是从结构的角度出发，在手腕部配置一个柔顺环节，以满足柔顺装配的需要，这种柔顺装配技术称为被动柔顺装配。

2.4.5 手部

机器人的手部是装在机器人手腕上直接抓握工件或执行作业的重要部件。对于整个工业机器人来说，手部是完成作业好坏、作业柔性优劣的关键部件之一。机器人的手部需要有多种结构，手部与手腕处有机械接口，也可能有电、气、液接口。

工业机器人的手部可以像人手那样具有手指，也可以是不具备手指的手；可以是类人的手爪，也可以是进行专业作业的工具，如装在机器人手腕上的喷漆枪、焊接工具等。一般的机器人手部工具的通用性较差，通常是专用装置。

在设计机器人手部的时候应注意以下问题：具有足够的夹持力；保证适当的夹持精度；手指应能顺应被夹持工件的形状，应对被夹持工件形成所要求的约束。手部自身的大小、形状、机构和运动自由度，主要是根据作业对象的大小、形状、位置、姿态、重量、硬度和表面质量等来综合考虑。

下面介绍几种常用的机器人手部。

1. 卡爪式夹持器

卡爪式夹持器一般由手指和驱动装置、传动机构和承接支架组成。通常有两个手指（又叫夹爪），它能通过夹爪的开闭动作实现对物件的夹持。

常用的类型有圆弧开闭式和平行开闭式两种。

圆弧开闭式指的是气缸或液压缸活塞的杆上、下运动使手指产生开、闭运动，如图2-41所示。圆弧开闭式夹持器的开合空间占用较小，但夹持中心会发生变化。游乐园里夹娃娃机的抓手就是一个例子。

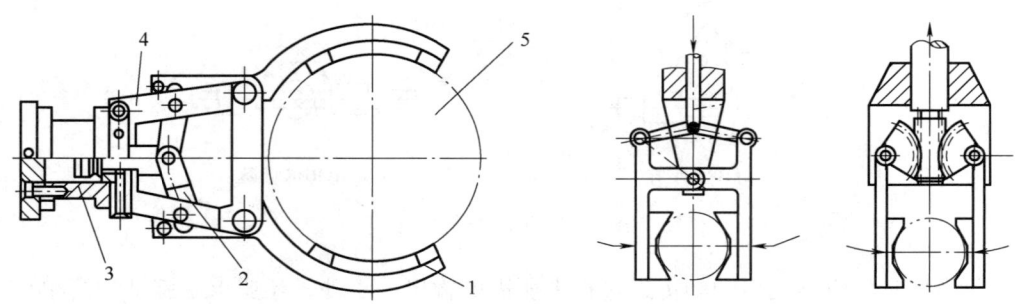

图2-41　圆弧开闭式夹持器
1—手指　2、4—传动机构　3—驱动装置　5—工件

平行开闭式指的是夹持器从相对手指来看完成的是平行开闭运动，如图 2-42 所示。平行开闭式夹持器的开合空间占用较大，但夹持中心不会发生变化。

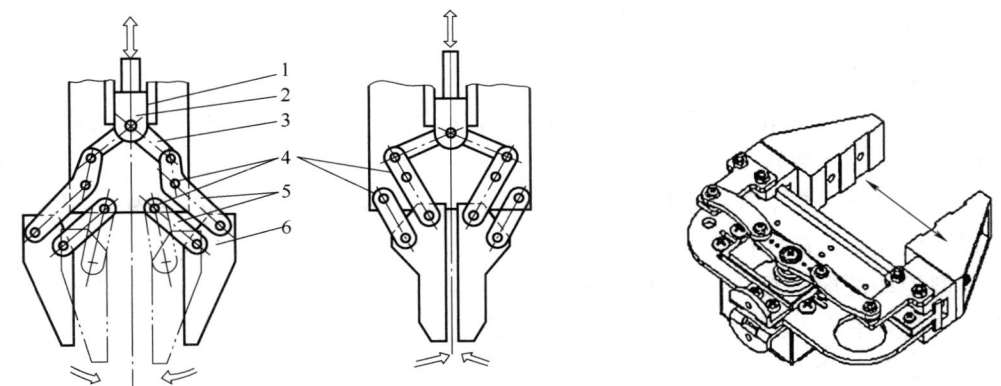

图 2-42　平行开闭式夹持器
1—导轨　2—十字头　3—中间连杆　4—指尖点　5—平行连杆　6—手指

（1）手指

手指是直接与物件接触的构件。手指的张开和闭合实现了松开和夹紧物件。通常机器人的手部只有两个手指，也有 3 个或多个手指。它们的结构形式常取决于被夹持工件的形状和特性。

手指夹持机能的良好，除手指具有适当的开闭范围、足够的握力与相应的精度外，其形状还应顺应被抓取对象物的形状。例如，对象物为圆柱形，则往往采用 V 形手指，简称 V 形指，如图 2-43a 所示；对象物为方形，则大多采用平面形手指，简称平面指，如图 2-43b 所示；用于夹持小型或柔性工件的尖指，如图 2-43c 所示；适用于形状不规则工件的专用特形指，如图 2-43d 所示。

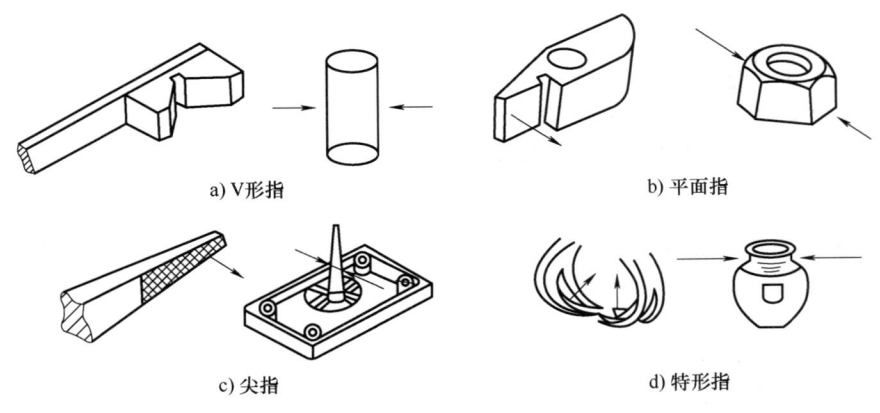

a) V形指　　　　　　　　　　　b) 平面指

c) 尖指　　　　　　　　　　　d) 特形指

图 2-43　卡爪式夹持器手的指端类型

根据工件形状、大小及其被夹持部位材质软硬、表面性质等的不同，手指的指面又可分为光滑指面、齿形指面和柔性指面 3 种形式。

光滑指面平整光滑，用来夹持已加工表面，避免已加工的光滑表面受损伤。

齿形指面刻有齿纹，可增加与被夹持工件间的摩擦力，以确保夹紧可靠，多用来夹持表面粗糙的毛坯和半成品。

柔性指面镶衬了橡胶、泡沫、石棉等物，有增加摩擦力、保护工件表面、隔热等作用，一般用来夹持已加工表面、炽热件，也适于夹持薄壁件和脆性工件。

（2）传动机构

这里的传动机构是指是向手指传递运动和动力，以实现夹紧和松开动作的机构。根据手指开合的特点可分为回转型和平移型。

回转型传动机构其手部的手指是一对杠杆，再同斜楔、滑槽、连杆、齿轮、蜗轮蜗杆或螺杆等机构组成复合杠杆传动机构，以改变传力比、传动比及运动方向等。

平移型传动机构是通过手指的指面做直线往复运动或平面移动实现张开与闭合动作的，常用于夹持具有平行平面的工件，因其结构比较复杂，不如回转型应用广泛。

2. 吸附式取料手

吸附式取料手是目前应用较多的一种执行器，特别是用于搬运机器人。该类执行器可分气吸和磁吸两类。气吸附取料手是利用吸盘内气压与大气压之间的压力差而工作的，如图 2-44 所示，具有结构简单、重量轻、吸附力分布均匀等优点。但这种取料手只能用于被搬运物表面较为光滑的场合。

磁吸附取料手适合用来吸附表面不平整的被搬运物。该吸盘的磁性吸附部分为装有磁粉的口袋。在通电前将口袋压紧在被搬运物表面，然后使电磁线圈通电，这时，口袋中的磁粉就变成了块状物，从而吸附起被搬运物，如图 2-45 所示。

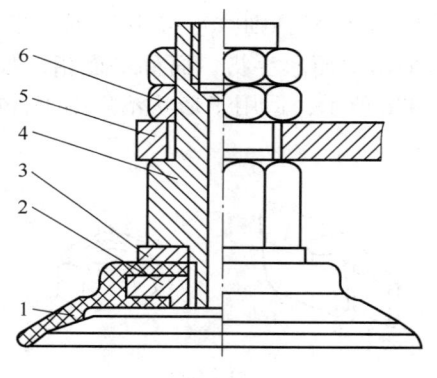
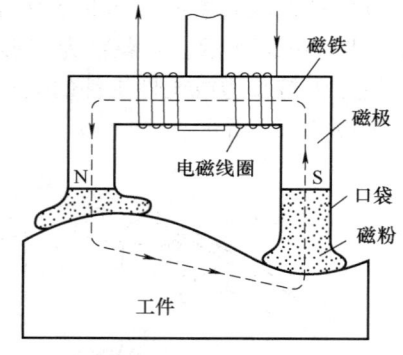

图 2-44　气吸附取料手　　　　　　　图 2-45　磁吸附取料手

1—橡胶吸盘　2—固定环　3—垫片　4—支承杆
5—螺母　6—基板

3. 仿人柔性手与多指灵巧手

仿人柔性手是指模仿人的手指对不同外形的物体实施抓取，并使物体表面受力比较均匀，解决机器人手部夹持特定物体时夹紧力不够、夹持位置不合理等问题。多关节柔性手如图 2-46 所示。

多指灵巧手由多个手指组成，每一个手指有 3 个回转关节，每一个关节自由度都是独立控制的。图 2-47 所示为哈尔滨工业大学和德国宇航中基于 DLRII 灵巧手合作开发的具有多种传感功能的新一代机器人 HIT/DLR 灵巧手，其有 4 个相同结构的模块化手指、13 个自由度,具有位置、温度等多种传感器。

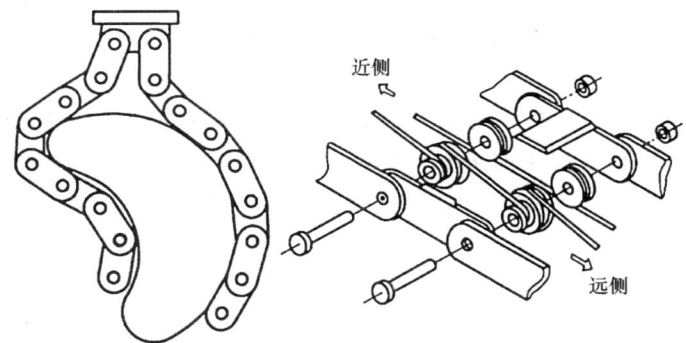

图 2-46 多关节柔性手

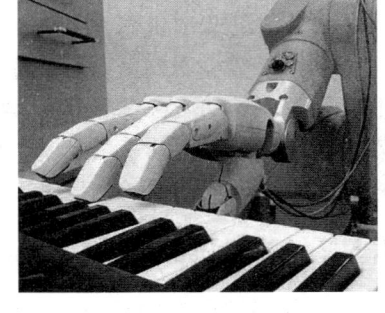

图 2-47 多指灵巧手

随着各个行业中机器人技术的迅猛发展,人们对机器人抓爪的要求越来越高。2020 年 3 月,瑞士苏黎世联邦理工学院的研究人员通过使用声悬浮力,开发出了一种无损伤和无污染的非接触式机器人抓手,用于处理高度易碎的物体或精密零件。

2.5 典型机器人的构型

典型机器人的动作形态是由 3 种不同的单位动作——旋转、回转、伸缩组合而成的,如图 2-48 所示。旋转或回转是指运动机构产生相对转动,两者的不同仅在于转动部件的轴线与转动轴线是否同轴,因而常常把它们笼统地称为转动。伸缩是指运动机构产生直线运动,这在人臂的动作中是不存在的,但机器人中引入了伸缩动作,运动范围就可以得到扩大。

2.5.1 串联机器人的构型

根据单位动作组合方式的不同,机器人的动作形态一般归纳为以下 4 种类型:直角坐标型、圆柱坐标型、极坐标型和多关节型。其与前面 2.4.3 节讨论的机器人臂部的 4 种构型形式,即笛卡儿型、圆柱坐标型、极坐标型和铰链型有相通之处。

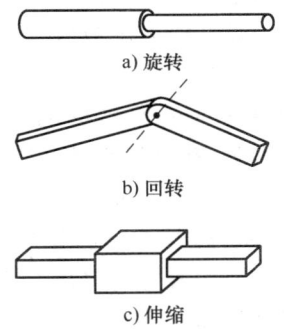

图 2-48 机器人的单位动作

(1) 直角坐标型机器人

直角坐标型机器人的手爪位于一个笛卡儿坐标系内,可以在 3 个相互正交的方向上做直线伸缩运动。有的机器人还利用旋转关节控制手爪的姿态。这类机器人手爪各个方向的运动是独立的,计算比较方便,末端位置和精度也是一定的。

(2) 圆柱坐标型机器人

圆柱坐标机器人主要由垂直柱子、水平手臂(或机械手)和底座构成。水平机械手装在垂直柱子上,能自由伸缩,并可沿垂直柱子上下运动。垂直柱子安装在底座上,并与水平机械手一起(作为一个部件)能在底座上移动。这种机器人的工作包迹形成一段圆柱面。

（3）极坐标型机器人

极坐标型机器人能够做里外伸缩运动、在垂直平面上摆动以及绕底座在水平面上转动，就像坦克的炮塔一样。因此，这种机器人的工作包迹形成球面的一部分。

（4）多关节型机器人

多关节型机器人主要由底座（或躯干）、上臂和前臂构成。上臂和前臂可在通过底座的垂直平面上运动。在前臂和上臂间，机器人有个肘关节；而在上臂和底座之间，有个肩关节。在水平平面上的旋转运动，既可由肩关节进行，也可以绕底座旋转来实现。这种机器人的工作包迹形成球面的大部分。

2.5.2 并联机器人的构型

1. 并联机器人的起源、特点

并联机器人机构属于空间多环结构，由数条并联的动链与基座相连。在这些并联机器人机构中，Stewart 平台机构是最常见也是被国内外学者讨论得最多的机构，如图 2-49 所示。

并联机构从结构上看，是用 6 根支杆将上、下两平台联接而形成的，这 6 根支杆都可以独立地自由伸缩，它分别用球铰和虎克铰与上、下平台联接，这样上平台与下平台就可进行 6 个独立运动，即有 6 个自由度，在三维空间可以做任意方向的移动和绕任何方向、位置的轴线转动。这种机构在 1965 年由 Stewart 提出，原是作为飞行模拟器用于训练飞行员的机舱，由 6 个液压缸支撑和驱动，可以使机舱获得任意的位姿。1978 年，澳大利亚著名机构学教授 Hunt 提出，可以应用 Stewart 平台机构作为机器人机构。开始并未引起关注，直到 20 世纪 80 年代末，特别是 90 年代以后，并联机构才被广泛注意，成为热点。

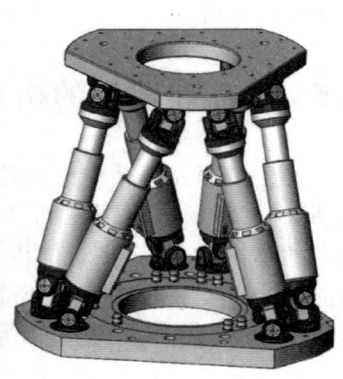

图 2-49　Stewart 平台机构

并联机器人与已经用得很好、很广泛的串联机器人相比，往往使人感到它并不适合用作机器人，它没有那么大的活动空间，它的活动平台远远不如串联机器人手部来的灵活。这种 6-TPS 结构的并联机构的工作空间只是一个厚度不大的蘑菇形空间，位于机构的上方，而表示灵活度的末端件三维转动的活动范围一般只在 60°上下，角度最大也达不到±90°。可是，若用并联机器人的优点对比串联机器人的缺点，也同样令人吃惊。

第一，并联式结构其末端件上平台同时经由 6 根杆支承，与串联的悬臂梁相比，刚度大多了，而且结构稳定。

第二，由于刚度大，并联机器人较串联机器人在相同的自重或体积下有高得多的承载能力。

第三，串联机器人末端的误差是各个关节误差的积累和放大，因而误差大而精度低，并联机器人没有这样的积累和放大关系，误差因为平均而减小，因而精度高。

第四，串联式机器人的驱动电动机及传动系统都放在运动着的大小臂上，增加了系统的惯性，恶化了动力性能，而并联机器人则容易将电动机置于机座上，减少了运动负荷。

第五，在位置求解上，串联机器人正解容易，但反解十分困难，而并联机器人正解困难，反解却非常容易。由于机器人的在线实时计算是要计算反解的，这就对串联机器人十分不利，而并联机器人却容易实现。

从以上分析看来，并联式与串联式确实形成了鲜明的对比。在优缺点上，串联的优点恰是并联的缺点，而并联的优点又恰是串联的缺点；此外正反运动学求解的难易上也有明显的对比关系。有学者将这些情况抽象到更高程度，称为是串联和并联的"对偶"关系（serial-parallel duality），并以对偶观来进一步研究串、并联机构。

2. 并联机器人的应用

由于串联、并联在结构上和性能特点上的对偶关系，串联、并联之间在应用上不是代替作用而是互补关系，且并联机器人有它的特殊应用领域，因此可以说，并联机构的出现，扩大了机器人的应用范围。

在工业上，并联机器人可以在汽车总装线上安装车轮，将并联机器人横向安装于能绕垂直轴线回转的转台上，它从侧面抓住从传送链送来的车轮，转过来以与总装线同步的速度将车轮装到车体上，再将所有螺栓一次拧紧。并联机器人还可以倒装在具有 x、y 两个方向受控的天车上，用作大件装配，可以用在汽车总装线上吊装汽车发动机。

并联机器人也用作飞船对接器的对接机构，飞船的对接可以达到补给物品、人员交流等目的，要求上、下平台中间都有通孔，以作为结合后的通道，这样上、下平台就成为对接机构的对接环，它由 6 个直线式驱动器驱动，其上的导向片可帮助两飞船的对正；对接器还有吸收能量和减振的作用；对接机构可完成主动抓取、对正拉紧、柔性结合、锁住卡紧等工作。航海上也有类似的应用，如潜艇救援中也用并联机构作为两者的对接器。

对于困难的地下工程，如土方挖掘、煤矿开采，也可应用这种强力的并联机构，将并联机构装于履带式或步行式可移动小车上，挖头装于并联机构的上平台上，强有力的并联机构能承受巨大的挖掘力。

并联机器人在工业上还有一个特别突出的重要应用，就是作为 6 自由度数控加工中心。传统的数控机床各自由度是串接相连，悬臂结构，且层叠嵌套，致使传动链长，传动系统复杂，积累误差大而精度低，成本昂贵。至今多数机床只是 4 轴联动，极少 5 轴。而并联式加工中心结构特别简单，传动链极短，刚度大、重量轻，切削效率高，成本低，特别是很容易实现 "6 轴联动"，因而能加工更复杂的三维曲面。

并联机器人的另外一个重要的应用方面，是作为微动机构或微型机构，微动机构发挥了并联机构的特点，工作空间不大但精度和分辨率都非常高。并联微动机构的一个应用例子是用在眼科手术中，为治疗视网膜静脉闭塞，要将抗凝剂直接注射到视网膜脉管血凝处，要用纤细的玻璃管从皮下注射针孔中间穿过，伸到视网膜脉管处，这就可以应用并联机构进行操作。另一种在生物工程上的应用是微细外科手术中的细胞操作。

并联机器人是一类全新结构的机器人，并联机器人机构问题属于空间多自由度多环路机构学理论的新分支，这个分支是随着对并联机器人的研究而发展起来的。由于空间并联机构较复杂和具有很大的特殊性，不建立并联机构自己的理论体系就不可能深刻认识它的特殊机构学问题，所以研究并联机器人机构学理论对掌握和研制新的并联机器人有着特殊重要的意义。此外，并联机器人机构学的重要性还表现在随着机器人高技术发展起来的多机器人协调、特殊要求或危险环境应用的多足步行机、新一代的灵巧的多关节多指手爪，也都有共同的空间多自由度并联机构学问题。

本 章 小 结

本章主要从硬件的角度介绍了机器人的结构组成,即传感部分、控制部分、驱动部分、传动部分和执行部分 5 大部分,介绍了在三维空间工作的机器人一般具有多个自由度和三维开环链式的机构,并介绍机器人本体材料选择要注意的几个方面。

然后,本章分别介绍了机器人的驱动结构、机器人传动结构、机器人执行机构以及典型机器人的构型。

在机器人的驱动结构中,介绍了直接驱动和间接驱动两种驱动方式,并介绍了液压驱动、气压驱动和电气驱动 3 种驱动形式及它们的特点。

在机器人传动结构中,主要介绍直线传动、旋转传动两种传动方式,并各自进行了细分介绍。

在机器人的执行机构中,主要围绕机器人本体和末端执行器,将机器人执行机构分为 5 大结构:基座、腰部、臂部、腕部和手部,并分别对其组成、功能、特点、工作方式做了介绍。在基座部分主要对基座和移动机构做了介绍;在腰部部分主要介绍了直线移动机身、回转与升降机身、回转与俯仰机身等几种不同类型的机身;在臂部部分主要介绍了笛卡儿型、圆柱坐标型、极坐标型和铰链型等 4 种臂部构型方式;在腕部部分主要介绍了单自由度手腕、二自由度手腕和三自由度手腕,手腕的典型结构,柔顺手腕结构;在手部部分主要介绍了几种常用的机器人手部:卡爪式夹持器、吸附式取料手、仿人柔性手与多指灵巧手。

最后介绍了典型串、并联机器人的构型,详细介绍了并联机器人的起源、特点和应用。

经过本章学习后,读者首先应该掌握构成机器人的几大硬件组成部分,以及这些部分的在机器人的工作过程中起着怎样的作用。其次,读者应对本章重点介绍的驱动装置、传动装置和执行机构有清楚的认识,掌握机器人常见的几种移动方式和驱动形式,掌握机器人执行机构,即机器人本体和末端执行器的组成和特点,了解各种串并联工业机器人的构型方式。

思考题与习题

2-1 机器人是由哪几大部分构成的?简述各部分的功能。

2-2 机器人最常用的驱动形式有哪几种?它们的特点是什么?

2-3 直接驱动和间接驱动有什么不同?

2-4 机器人的传动方式有哪几种?各有什么特点?

2-5 机器人的移动机构有哪些类型?各有什么特点?

2-6 常见的工业机器人有哪几种构型?

2-7 机器人的基座、腰部、臂部、腕部和手部各有什么作用?在设计时应注意什么?

2-8 SCARA 机器人的结构和特点是什么?

2-9 试述并联机器人的组成元素以及并联机器人的优缺点。

2-10 调研现有的机器人产品,展开你的想象,设计一款机器人,给出设计理由和准备实现的功能,给出实现该机器人的具体设计制作方案,并列出设计制作预算和所需工具、元器件清单,画出机器人草图(注:可 2~3 人一组,设计方案尽量详细,预算估到百元)。

第 3 章

机器人基础理论

导读

　　机器人的相关操作，就其本义而言，意味着由某种机构在空间移动零件和工具。这就涉及有必要表示零件、工具以及机构本身的位置和姿态等。为了规定和运算表示位置和姿态的数学量，我们就需要规定坐标系，并掌握它们的表达式的常用形式。此外，研究机器人的运动，不仅涉及机器人本身，而且涉及各物体间以及物体与机器人间的关系，因此有必要讨论齐次坐标及其变换等，用来表达这些关系。本章就是讨论这些机器人基础理论，为后续运动学、动力学、轨迹规划、机器人控制以及编程等内容的学习奠定基础。

本章知识点

- 位姿描述
- 矢量变换的表示
- 齐次变换矩阵
- 刚体变换方程

3.1 位姿和坐标系描述

　　要全面地确定一个物体在三维空间中的状态需要有 3 个位置自由度和 3 个姿态自由度。前者用来确定物体在空间中的具体位置，后者则是用来确定物体的指向，即姿态。我们将物体的 6 个自由度的状态称为物体的位姿。本小节中将讨论如何描述物体的位姿（位置与姿态），并讨论将这两种描述统一于一体的坐标系。

3.1.1 位置描述

　　在建立一个三维的空间直角坐标系 $\{A\}$ 之后，空间中任意一点 p 的位置，均可用 3×1 的位置矢量 $^A\boldsymbol{p}$ 来描述。

$$^A\boldsymbol{p} = \begin{bmatrix} p_x \\ p_y \\ p_z \end{bmatrix} \tag{3-1}$$

式中,$^A\boldsymbol{p}$ 为位置矢量,上标 A 代表参考坐标系$\{A\}$,位置矢量必须附加信息,标明是在哪一个坐标系被定义的。图 3-1 中用 3 个互相正交的带有箭头的单位矢量来表示一个坐标系$\{A\}$,其中,p_x、p_y、p_z 是点 p 在坐标系$\{A\}$的 3 个坐标分量。

3.1.2 姿态描述

利用固定于物体的坐标系描述方位(orientation),方位又称为姿态(pose)。图 3-2 表示一刚体 Q 的姿态。为了描述机器人本身各连杆之间、机器人和环境之间的运动关系,通常将其视为刚体。为了描述刚体的姿态,我们将在刚体 Q 上固定一个坐标系$\{B\}$,并且给出此坐标系相对于参考坐标系$\{A\}$的表达。由坐标系$\{B\}$主轴方向的 3 个单位主矢量 $\boldsymbol{x}_B$、$\boldsymbol{y}_B$、$\boldsymbol{z}_B$ 相对于参考坐标系$\{A\}$的方向余弦组成的 3×3 矩阵$^A_B\boldsymbol{R}$,可表示坐标系$\{B\}$相对于坐标系$\{A\}$的姿态。

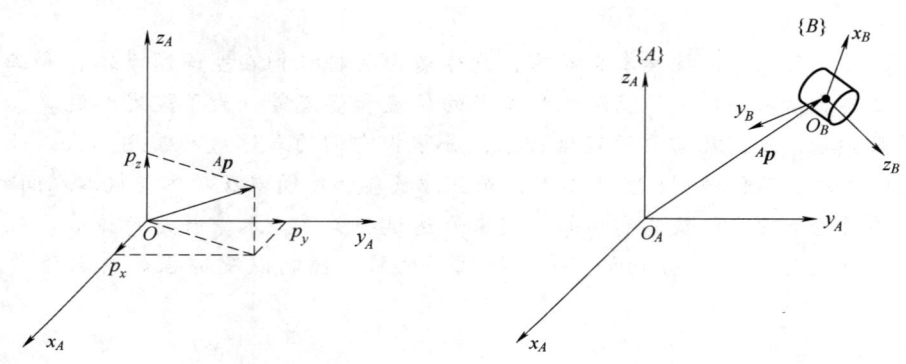

图 3-1 位置表示　　　　　　　图 3-2 姿态表示

旋转矩阵$^A_B\boldsymbol{R}$ 中,$^A\boldsymbol{x}_B$、$^A\boldsymbol{y}_B$、$^A\boldsymbol{z}_B$ 的各个分量是坐标系$\{B\}$的每个单位矢量在其参考坐标系中单位方向上的投影的分量,我们可用一对单位矢量的点积来表示,两个单位矢量的点积可得到二者之间夹角的余弦,因此旋转矩阵的各分量常被称作方向余弦。

将这 3 个单位矢量按照$^A\boldsymbol{x}_B$、$^A\boldsymbol{y}_B$、$^A\boldsymbol{z}_B$ 的顺序排列组成一个 3×3 的矩阵:

$$^A_B\boldsymbol{R}=\begin{bmatrix}^A\boldsymbol{x}_B & ^A\boldsymbol{y}_B & ^A\boldsymbol{z}_B\end{bmatrix}=\begin{bmatrix}\boldsymbol{x}_A\cdot\boldsymbol{x}_B & \boldsymbol{x}_A\cdot\boldsymbol{y}_B & \boldsymbol{x}_A\cdot\boldsymbol{z}_B \\ \boldsymbol{y}_A\cdot\boldsymbol{x}_B & \boldsymbol{y}_A\cdot\boldsymbol{y}_B & \boldsymbol{y}_A\cdot\boldsymbol{z}_B \\ \boldsymbol{z}_A\cdot\boldsymbol{x}_B & \boldsymbol{z}_A\cdot\boldsymbol{y}_B & \boldsymbol{z}_A\cdot\boldsymbol{z}_B\end{bmatrix}=\begin{bmatrix}\cos(\boldsymbol{x}_A\cdot\boldsymbol{x}_B) & \cos(\boldsymbol{x}_A\cdot\boldsymbol{y}_B) & \cos(\boldsymbol{x}_A\cdot\boldsymbol{z}_B) \\ \cos(\boldsymbol{y}_A\cdot\boldsymbol{x}_B) & \cos(\boldsymbol{y}_A\cdot\boldsymbol{y}_B) & \cos(\boldsymbol{y}_A\cdot\boldsymbol{z}_B) \\ \cos(\boldsymbol{z}_A\cdot\boldsymbol{x}_B) & \cos(\boldsymbol{z}_A\cdot\boldsymbol{y}_B) & \cos(\boldsymbol{z}_A\cdot\boldsymbol{z}_B)\end{bmatrix}$$

(3-2)

由于旋转矩阵$^A_B\boldsymbol{R}$ 的 3 个列矢量$^A\boldsymbol{x}_B$、$^A\boldsymbol{y}_B$、$^A\boldsymbol{z}_B$ 均为互相垂直的单位矢量,故满足正交矢量的性质:

$$^A\boldsymbol{x}_B\cdot{}^A\boldsymbol{x}_B={}^A\boldsymbol{y}_B\cdot{}^A\boldsymbol{y}_B={}^A\boldsymbol{z}_B\cdot{}^A\boldsymbol{z}_B=1$$
$$^A\boldsymbol{x}_B\cdot{}^A\boldsymbol{y}_B={}^A\boldsymbol{x}_B\cdot{}^A\boldsymbol{z}_B={}^A\boldsymbol{y}_B\cdot{}^A\boldsymbol{z}_B=0$$

(3-3)

它满足正交条件。

可见旋转矩阵$^A_B\boldsymbol{R}$ 为正交矩阵,旋转矩阵中的 9 个元素最多只有 3 个独立变量,又由

$$^A_B\boldsymbol{R}^{\mathrm{T}}=\begin{bmatrix}^A\boldsymbol{x}_B^{\mathrm{T}} \\ ^A\boldsymbol{y}_B^{\mathrm{T}} \\ ^A\boldsymbol{z}_B^{\mathrm{T}}\end{bmatrix}$$

可得

$$_B^A\boldsymbol{R}^{T}{}_B^A\boldsymbol{R}=\begin{bmatrix}{}^A\boldsymbol{x}_B^T\\{}^A\boldsymbol{y}_B^T\\{}^A\boldsymbol{z}_B^T\end{bmatrix}\begin{bmatrix}{}^A\boldsymbol{x}_B & {}^A\boldsymbol{y}_B & {}^A\boldsymbol{z}_B\end{bmatrix}=\begin{bmatrix}{}^A\boldsymbol{x}_B^T\cdot{}^A\boldsymbol{x}_B & {}^A\boldsymbol{y}_B^T\cdot{}^A\boldsymbol{x}_B & {}^A\boldsymbol{z}_B^T\cdot{}^A\boldsymbol{x}_B\\{}^A\boldsymbol{x}_B^T\cdot{}^A\boldsymbol{y}_B & {}^A\boldsymbol{y}_B^T\cdot{}^A\boldsymbol{y}_B & {}^A\boldsymbol{z}_B^T\cdot{}^A\boldsymbol{y}_B\\{}^A\boldsymbol{x}_B^T\cdot{}^A\boldsymbol{z}_B & {}^A\boldsymbol{y}_B^T\cdot{}^A\boldsymbol{z}_B & {}^A\boldsymbol{z}_B^T\cdot{}^A\boldsymbol{z}_B\end{bmatrix}=\begin{bmatrix}1 & 0 & 0\\0 & 1 & 0\\0 & 0 & 1\end{bmatrix}=\boldsymbol{I}_3$$

$$_B^A\boldsymbol{R}^{-1}={}_B^A\boldsymbol{R}^{T};\ |{}_B^A\boldsymbol{R}|=1 \tag{3-4}$$

由式 (3-4) 可知,旋转矩阵 $_B^A\boldsymbol{R}$ 的逆矩阵等于 $_B^A\boldsymbol{R}$ 的转置矩阵。

空间中任意一点 $A(x,y,z)$ 在空间直角坐标系中的旋转如图 3-3 所示。点 $A(x,y,z)$ 绕 z 轴旋转 θ 角后至 $A'(x',y',z')$,A 与 A' 之间的关系为

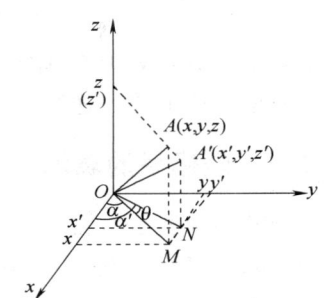

图 3-3 点的旋转变换

$$\begin{cases}x'=x\cos\theta-y\sin\theta\\y'=x\sin\theta+y\cos\theta\\z'=z\end{cases} \tag{3-5}$$

因为 A 点是绕 z 轴旋转的,所以把 A 与 A' 投影到 xOy 平面内,设 $OM=ON=r$,则有

$$\begin{cases}x=r\cos\alpha\\y=r\sin\alpha\end{cases}$$

同时有

$$\begin{cases}x'=r\cos\alpha'\\y'=r\sin\alpha'\end{cases}$$

其中,$\alpha'=\alpha+\theta$,即

$$\begin{cases}x'=r\cos(\alpha+\theta)\\y'=r\sin(\alpha+\theta)\end{cases}$$

所以有

$$\begin{cases}x'=r\cos\alpha\cos\theta-r\sin\alpha\sin\theta\\y'=r\sin\alpha\cos\theta+r\cos\alpha\sin\theta\end{cases}$$

由于 z 坐标不变,因此有

$$\begin{cases}x'=x\cos\theta-y\sin\theta\\y'=x\sin\theta+y\cos\theta\\z'=z\end{cases}$$

用 s 表示 sin,c 表示 cos,写成矩阵形式为

$$\begin{bmatrix}x'\\y'\\z'\end{bmatrix}=\begin{bmatrix}c\theta & -s\theta & 0\\s\theta & c\theta & 0\\0 & 0 & 1\end{bmatrix}\begin{bmatrix}x\\y\\z\end{bmatrix} \tag{3-6}$$

记为 $\begin{bmatrix}x'\\y'\\z'\end{bmatrix}=\text{Rot}(z,\theta)\begin{bmatrix}x\\y\\z\end{bmatrix}$。其中,绕 z 轴旋转算子左乘是相对于固定坐标系,即

$$\text{Rot}(z,\theta)=\begin{bmatrix}c\theta & -s\theta & 0\\s\theta & c\theta & 0\\0 & 0 & 1\end{bmatrix} \tag{3-7}$$

同理可得

$$\text{Rot}(x,\theta) = \begin{bmatrix} 1 & 0 & 0 \\ 0 & c\theta & -s\theta \\ 0 & s\theta & c\theta \end{bmatrix} \quad (3\text{-}8)$$

$$\text{Rot}(y,\theta) = \begin{bmatrix} c\theta & 0 & s\theta \\ 0 & 1 & 0 \\ -s\theta & 0 & c\theta \end{bmatrix} \quad (3\text{-}9)$$

$\text{Rot}(x,\theta)$、$\text{Rot}(y,\theta)$ 分别为点绕 x、y 轴的旋转矩阵。θ 角的正负一般按右手法则确定，即由 z 轴的正方向看，逆时针为正。

3.1.3 坐标系的表示

如图 3-4 所示，假设坐标系 $\{B\}$ 是个手爪坐标系，用 3 个互相正交的带有箭头的单位矢量 $\boldsymbol{n}$、$\boldsymbol{o}$、$\boldsymbol{a}$ 来表示坐标系 $\{B\}$，分别为 x、y、z 坐标轴的单位方向矢量，依次表示法向（normal）矢量、方位（orientation）矢量和接近（approach）矢量。

方位矢量 $\boldsymbol{o}$：两手指的连线的方向（手爪坐标系的 y 轴）。

接近矢量 $\boldsymbol{a}$：手指接近物体的方向（手爪坐标系的 z 轴）。

法向矢量 $\boldsymbol{n}$：根据右手定则确定：$\boldsymbol{n} = \boldsymbol{o} \times \boldsymbol{a}$，垂直手掌面的方向（手爪坐标系的 x 轴）。

这样，坐标系 $\{B\}$ 就可以由 3 个矢量以矩阵的形式表示为

$$F = \begin{bmatrix} \boldsymbol{n} & \boldsymbol{o} & \boldsymbol{a} \end{bmatrix} = \begin{bmatrix} n_x & o_x & a_x \\ n_y & o_y & a_y \\ n_z & o_z & a_z \end{bmatrix} \quad (3\text{-}10)$$

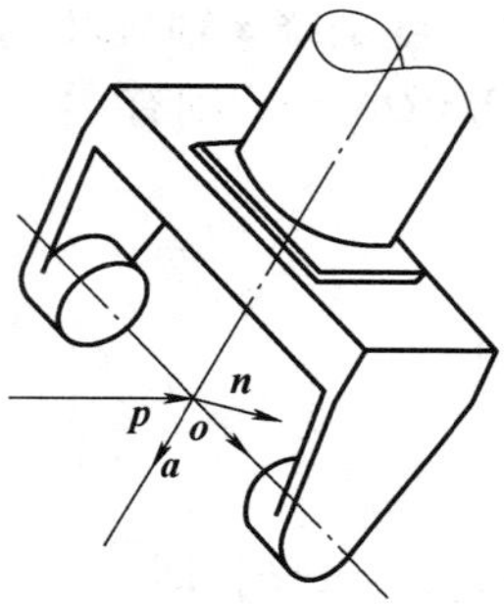

图 3-4 手爪坐标系

其中，

$$\boldsymbol{a} \cdot \boldsymbol{o} = \boldsymbol{o} \cdot \boldsymbol{n} = \boldsymbol{n} \cdot \boldsymbol{a} = 0$$
$$\boldsymbol{n} = \boldsymbol{o} \times \boldsymbol{a}, \quad \boldsymbol{a} \cdot \boldsymbol{a} = \boldsymbol{n} \cdot \boldsymbol{n} = \boldsymbol{o} \cdot \boldsymbol{o} = 1 \quad (3\text{-}11)$$

上面假设坐标系的原点和固定参考坐标系 $\{A\}$ 原点重合，如图 3-5a 所示。如果坐标系 $\{B\}$ 的原点和固定参考坐标系 $\{A\}$ 的原点不重合，如图 3-5b 所示，可以在该坐标系的原点与参考坐标系原点之间做一个矢量，而这个矢量由一个位置分矢量表示。这样，这个坐标系就可以由 3 个表示方向的单位矢量以及第 4 个位置矢量来表示。

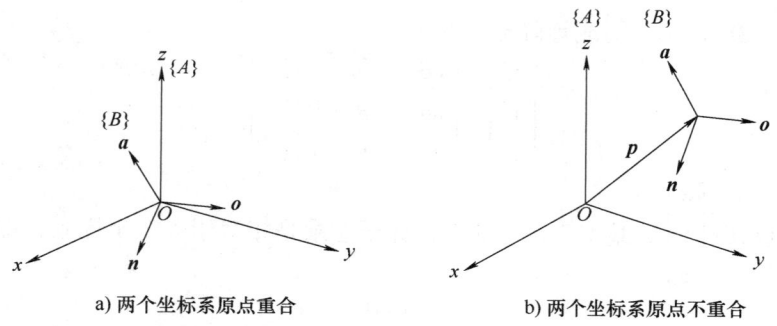

a) 两个坐标系原点重合　　　　b) 两个坐标系原点不重合

图 3-5 两个坐标系空间表示

$$F = \begin{bmatrix} n & o & a & p \end{bmatrix} = \begin{bmatrix} n_x & o_x & a_x & p_x \\ n_y & o_y & a_y & p_y \\ n_z & o_z & a_z & p_z \end{bmatrix} \tag{3-12}$$

坐标系$\{B\}$的原点和固定参考坐标系$\{A\}$的原点重合的情形也可用式(3-12)表示,此时位置矢量为$[0\ 0\ 0]^T$。

具体描述一个坐标系相对于另一个坐标系的关系,必须给出坐标系原点的位置和它的坐标轴方向。如果一个坐标系的原点不在固定参考坐标系的原点(实际上也可包含在原点的情况),那么该坐标系的原点相对于参考坐标系的位置也必须表示出来。该坐标系的原点与参考坐标系原点之间的矢量可用来表示该坐标系的位置,由这个矢量相对于参考坐标系的3个分量来表示姿态。这样,这个坐标系就可以由3个表示方向的单位矢量和1个位置矢量表示。机器人末端位置表示为手爪坐标系原点在基座坐标系中的位置矢量。

3.1.4 刚体的位姿描述

如上所述,可以用位置矢量来描述点的位置,用旋转矩阵来描述物体的方位。要描述如图3-6刚体Q的位姿(位置与姿态),需要将刚体Q与坐标系$\{B\}$固接。一般来说,坐标系$\{B\}$的原点一般选在刚体Q的特征点上(如质心、重心、形心等)。一个刚体在空间的表示可以这样实现:通过在它上面固连一个坐标系,再将该固连的坐标系在空间表示出来。由于这个坐标系一直固连在该刚体上,所以该刚体相对于坐标系的位姿是已知的。因此,只要这个坐标系可以在空间表示出来,那么这个刚体相对于固定坐标系的位姿也就已知了。

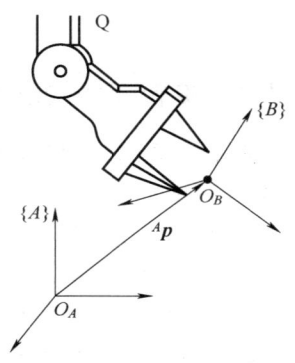

图3-6 操作手位姿

相对于参考坐标系$\{A\}$,坐标系$\{B\}$的原点位置由位置矢量$^A p_{BO}$来描述,坐标轴的方位(姿态)由旋转矩阵$^A_B R$来描述,则刚体Q的位姿可由坐标系$\{B\}$来描述,即

$$\{B\} = \begin{bmatrix} ^A_B R & ^A p_{BO} \end{bmatrix} \tag{3-13}$$

当描述刚体位置时,旋转矩阵$^A_B R = I$,此时为单位矩阵;当描述刚体方位时,位置矢量$^A p_{BO} = 0$。机器人的位姿主要是指机器人手部在空间的位置和姿态,有时也会用到其他各个活动杆件在空间的位置和姿态。

3.2 直角坐标变换的表示

由于空间中任意点P在不同坐标系中的描述不同,所以需要研究从一个坐标系的描述到另一个坐标系的描述之间的变换,通常称为坐标变换。有平移变换、旋转变换及复合变换3种方式。3.2节的内容都是直角坐标变换。

3.2.1 平移变换的表示

当坐标系$\{A\}$与坐标系$\{B\}$姿态相同,且坐标系原点并不重合时,要描述$\{B\}$坐标系中点p相对于坐标系$\{A\}$的位置矢量$^A p$,首先,用位置矢量$^A p_{BO}$描述$\{B\}$中的原点相对于$\{A\}$的位置，此时 $^A p_{B0}$ 为坐标系 $\{B\}$ 中的原点相对于坐标系 $\{A\}$ 的平移矢量，再将 p 在 $\{B\}$ 中位置描述为 $^B p$，如图 3-7 所示，则 $^A p$ 可由二者矢量相加得出，即

$$^A p = {}^B p + {}^A p_{B0} \tag{3-14}$$

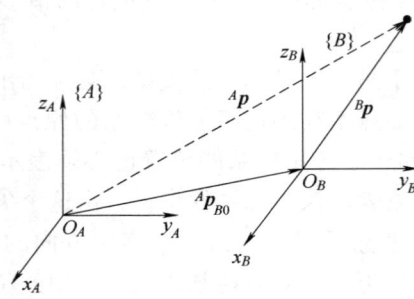

图 3-7 平移变换

3.2.2 旋转变换的表示

当坐标系 $\{A\}$ 与坐标系 $\{B\}$ 原点重合，但两者的方位不同时，如图 3-8 所示。用旋转矩阵 $^A_B R$ 描述坐标系 $\{B\}$ 相对于坐标系 $\{A\}$ 的方位，同一点 p 在两个坐标系 $\{A\}$ 和 $\{B\}$ 的描述 $^A p$、$^B p$ 具有如下变换关系：

$$^A p = {}^A_B R \, {}^B p \tag{3-15}$$

同理可得 $^B_A R$，即用坐标系 $\{B\}$ 为参考系，描述坐标系 $\{A\}$ 相对于坐标系 $\{B\}$ 的方位。

由于 $^A_B R$、$^B_A R$ 均为正交矩阵，且二者为互逆关系，结合正交矩阵性质可得

$$^B_A R = {}^A_B R^{-1} = {}^A_B R^{\mathrm{T}} \tag{3-16}$$

绕 x、y、z 轴的旋转变换称为基本旋转变换，任何旋转变换都可以由有限个基本旋转变换合成得到。如上所述，绕 z 轴旋转 θ 角的旋转矩阵为 $\mathrm{Rot}(z,\theta)$，其逆向变换即为绕 z 轴旋转 $-\theta$ 角，则其旋转变换矩阵就为：$\mathrm{Rot}^{-1}(z,\theta) = \begin{bmatrix} c\theta & s\theta & 0 \\ -s\theta & c\theta & 0 \\ 0 & 0 & 1 \end{bmatrix}$。用式(3-16)可以得到同样的结果。

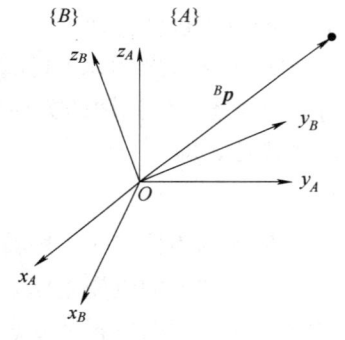

图 3-8 旋转变换

3.2.3 复合变换的表示

平移和旋转构成复合变换。复合变换是由固定参考坐标系或当前运动坐标系的一系列沿轴平移和绕轴旋转基本变换所组成的。任何变换都可以分解为按一定顺序的一组平移和旋转的基本变换。

当坐标系 $\{A\}$ 与坐标系 $\{B\}$ 原点不重合，且姿态也不相同时，用位置矢量 $^A p_{B0}$ 描述坐标系 $\{B\}$ 原点相对于坐标系 $\{A\}$ 的位置，用旋转矩阵 $^A_B R$ 描述坐标系 $\{B\}$ 相对于坐标系 $\{A\}$ 的姿态，规定一个过渡坐标系 $\{C\}$，坐标系 $\{C\}$ 的原点与坐标系 $\{B\}$ 的原点重合，坐标系 $\{C\}$ 的方位和坐标系 $\{A\}$ 的方位相同，如图 3-9 所示。

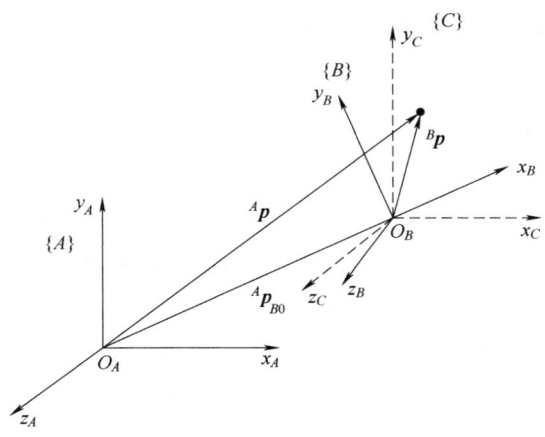

图 3-9 复合变换

可得以下关系：

$$^C p = {}^C_B R {}^B p = {}^A_B R {}^B p$$
$$^A p = {}^C p + {}^A p_{C0} = {}^A_B R {}^B p + {}^A p_{B0} \tag{3-17}$$

此种情况可以视为坐标平移与坐标旋转的结合。

例 3-1 已知坐标系 $\{B\}$ 的初始位姿与坐标系 $\{A\}$ 重合，首先坐标系 $\{B\}$ 相对于坐标系 $\{A\}$ 的 z_A 轴转 30°，再沿坐标系 $\{A\}$ 的 x_A 轴移动 8 单位，并沿坐标系 $\{A\}$ 的 y_A 轴移动 4 单位。求位置矢量 $^A p_{B0}$ 和旋转矩阵 $^A_B R$。假设点 p 在坐标系 $\{B\}$ 的描述为 $^B p = [5 \ 2 \ 0]^T$，求它在坐标系 $\{A\}$ 中的描述 $^A p$。

解：

$$^A_B R = \mathrm{Rot}(z, 30°) = \begin{bmatrix} c30° & -s30° & 0 \\ s30° & c30° & 0 \\ 0 & 0 & 1 \end{bmatrix} = \begin{bmatrix} 0.866 & -0.5 & 0 \\ 0.5 & 0.866 & 0 \\ 0 & 0 & 1 \end{bmatrix}; {}^A p_{B0} = \begin{bmatrix} 8 \\ 4 \\ 0 \end{bmatrix}$$

则 $^A p = {}^A_B R {}^B p + {}^A p_{B0} = \begin{bmatrix} 3.33 \\ 4.232 \\ 0 \end{bmatrix} + \begin{bmatrix} 8 \\ 4 \\ 0 \end{bmatrix} = \begin{bmatrix} 11.33 \\ 8.232 \\ 0 \end{bmatrix}$

3.3 齐次坐标和齐次变换

3.3.1 点、矢量和坐标系的齐次坐标表示

所谓齐次坐标就是将一个原本是 n 维的矢量用一个 $n+1$ 维矢量来表示。齐次坐标提供了用矩阵运算把二维、三维甚至高维空间中的一个点集从一个坐标系变换到另一个坐标系的有效方法。已知一直角坐标系中的某点坐标，则该点在另一直角坐标系中的坐标也可通过齐次坐标变换求得。

如 3.1 节所述，空间中任意一点的位置，均可用矢量来描述。空间中任一点 p 在直角坐

标系中的3个坐标分量用$[x\ y\ z]^T$表示，若有4个不同时为零的数与3个直角坐标分量之间存在以下关系，即三维空间点p的齐次坐标为

$$p = \begin{bmatrix} a \\ b \\ c \\ k \end{bmatrix} \tag{3-18}$$

其中，$a=kx$，$b=ky$，$c=kz$，则称$[a\ b\ c\ k]^T$是三维空间点p的齐次坐标，其中k是比例坐标，它表示直角坐标值与对应的齐次坐标值之间的比例关系。由式(3-18)可以看出，一个矢量的齐次坐标表示是不唯一的，齐次坐标的k取不为零的不同的值都表示的是同一个点，比如齐次坐标(8,4,2,2)、(4,2,1,1)表示的都是三维点(4,2,1)。空间中的任一点都可用齐次坐标表示，空间中的任一点的直角坐标是单值的，但其对应的齐次坐标是多值的。随着k的改变，分量的大小会发生变化，而方向不变。若$k>1$，则矢量的分量变大；若$k<1$，则矢量的分量变小；若$k=1$，各分量大小不变。

习惯上用$k=0$表示矢量的方向，而且方向矢量一般表示成单位矢量的形式，即4×1矩阵$[a\ b\ c\ k]^T$中第4个元素为零，且$a^2+b^2+c^2=1$，则表示某轴（某矢量）的方向。如i、j、k分别是直角坐标系中x、y、z坐标轴的单位矢量，若用齐次坐标来描述x、y、z轴的方向，则$i=[1\ 0\ 0\ 0]^T$，$j=[0\ 1\ 0\ 0]^T$，$k=[0\ 0\ 1\ 0]^T$。

在计算机图学中，k作为通用比例因子，它可取任意正值，但在机器人的运动分析中，总是取$k=1$。机器人研究涉及几何变换，主要包括平移、旋转。以矩阵表达式来计算这些变换时，平移是矩阵相加，旋转则是矩阵相乘。引入齐次坐标的目的主要是合并矩阵运算中的乘法和加法，表示为乘积的形式。

坐标系的齐次表示是由坐标系的3个方向矢量和原点位置齐次坐标组成：

$$T = [\boldsymbol{n}\ \boldsymbol{o}\ \boldsymbol{a}\ \boldsymbol{p}] = \begin{bmatrix} n_x & o_x & a_x & p_x \\ n_y & o_y & a_y & p_y \\ n_z & o_z & a_z & p_z \\ 0 & 0 & 0 & 1 \end{bmatrix} \tag{3-19}$$

$$\boldsymbol{n} = [n_x\ n_y\ n_z\ 0]^T$$
$$\boldsymbol{o} = [o_x\ o_y\ o_z\ 0]^T$$
$$\boldsymbol{a} = [a_x\ a_y\ a_z\ 0]^T$$

例3-2 如图3-10所示，固连于刚体的坐标系$\{B\}$位于O_B点，$x_b=9$，$y_b=4$，$z_b=0$。Z_B轴与画面垂直，坐标系$\{B\}$相对固定坐标系$\{A\}$有一个30°的偏转，试写出表示刚体位姿的坐标系$\{B\}$的4×4矩阵表达式。

解： 刚体位姿的坐标系$\{B\}$的4×4矩阵表达式为

$$T = \begin{bmatrix} n_x & o_x & a_x & p_x \\ n_y & o_y & a_y & p_y \\ n_z & o_z & a_z & p_z \\ 0 & 0 & 0 & 1 \end{bmatrix}$$

计算各个方向的单位矢量：

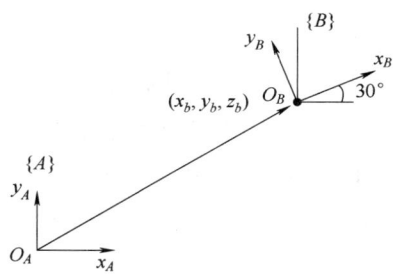

图 3-10 刚体的位姿表示

x_B 的方向矩阵：$\boldsymbol{n} = [\cos30° \quad \cos60° \quad \cos90°]^T$
$= [0.866 \quad 0.5 \quad 0]^T$

y_B 的方向矩阵：$\boldsymbol{o} = [\cos120° \quad \cos30° \quad \cos90°]^T$
$= [-0.5 \quad 0.866 \quad 0]^T$

z_B 的方向矩阵：$\boldsymbol{a} = [\cos90° \quad \cos90° \quad \cos0°]^T$
$= [0 \quad 0 \quad 1]^T$

求得坐标系的位置列阵：$\boldsymbol{p} = [9 \quad 4 \quad 0]^T$

故坐标系$\{B\}$的 4×4 矩阵表达式为

$$\boldsymbol{T} = \begin{bmatrix} n_x & o_x & a_x & p_x \\ n_y & o_y & a_y & p_y \\ n_z & o_z & a_z & p_z \\ 0 & 0 & 0 & 1 \end{bmatrix} = \begin{bmatrix} 0.866 & -0.5 & 0 & 9 \\ 0.5 & 0.866 & 0 & 4 \\ 0 & 0 & 1 & 0 \\ 0 & 0 & 0 & 1 \end{bmatrix}$$

由刚体（坐标系）在参考坐标系的齐次矩阵表达可知，该矩阵有 12 个变量，但描述刚体位姿只需要 6 个变量（自由度）就足够了，因此，齐次矩阵中 12 个变量之间并不是相互独立的，而是有约束的，约束条件为式（3-11）所表示。

3.3.2 齐次变换矩阵

非齐次坐标可转换为齐次坐标形式，由式（3-17）可得其矩阵形式为

$$\begin{bmatrix} {}^A\boldsymbol{p} \\ 1 \end{bmatrix} = \begin{bmatrix} {}^A_B\boldsymbol{R} & {}^A\boldsymbol{p}_{B0} \\ 000 & 1 \end{bmatrix} \begin{bmatrix} {}^B\boldsymbol{p} \\ 1 \end{bmatrix} \longleftrightarrow \begin{array}{l} {}^A\boldsymbol{p} = {}^A_B\boldsymbol{R}\,{}^B\boldsymbol{p} + {}^A\boldsymbol{p}_{B0} \\ 1 = 1 \end{array} \tag{3-20}$$

定义一个 4×4 的矩阵，并包含 4×1 位置矢量，即在矢量 ${}^A\boldsymbol{p}_{B0}$ 中添加一个分量"1"，在 4×4 矩阵中增加的最后一行为"[0 0 0 1]"。4×1 的列矢量 $\begin{bmatrix} {}^A\boldsymbol{p} \\ 1 \end{bmatrix}$、$\begin{bmatrix} {}^B\boldsymbol{p} \\ 1 \end{bmatrix}$ 分别表示点 p 在坐标系$\{A\}$、$\{B\}$上的齐次坐标，仍然可记为 ${}^A\boldsymbol{p}$ 和 ${}^B\boldsymbol{p}$，式（3-20）也可写成

$${}^A\boldsymbol{p} = {}^A_B\boldsymbol{T}\,{}^B\boldsymbol{p} \tag{3-21}$$

其中，齐次变换矩阵 ${}^A_B\boldsymbol{T}$ 为

$${}^A_B\boldsymbol{T} = \begin{bmatrix} {}^A_B\boldsymbol{R} & \vdots & {}^A\boldsymbol{p}_{B0} \\ \hline 000 & \vdots & 1 \end{bmatrix} \tag{3-22}$$

齐次变换矩阵 $\boldsymbol{T}$ 是 4×4 的矩阵，其用途很广，它的完整形式可以看成是由 4 个子矩阵

组成，即

$$T = \begin{bmatrix} R_{3\times3} & P_{3\times1} \\ f_{1\times3} & \omega_{1\times1} \end{bmatrix} = \begin{bmatrix} 旋转变换 & 平移变换 \\ 透视变换 & 比例变换 \end{bmatrix} \quad (3\text{-}23)$$

式中，$R_{3\times3}$ 为姿态矩阵，表示动坐标系在固定参考坐标系中的姿态，即表示动坐标系各坐标轴单位矢量在固定参考坐标系各轴上的投影；$P_{3\times1}$ 为位置矢量矩阵，代表动坐标系坐标原点在固定参考坐标系中的位置；$f_{1\times3} = [0\ 0\ 0]$ 为透视变换矩阵，在视觉中进行图像计算，一般设为 0；$\omega_{1\times1} = [1]$ 为比例系数。

在机器人研究中，齐次变换矩阵 T 为

$$T = \begin{bmatrix} R_{3\times3} & P_{3\times1} \\ 0_{1\times3} & 1 \end{bmatrix} \quad (3\text{-}24)$$

$R_{3\times3}$ 描述了姿态关系，是两个坐标系之间的旋转变换矩阵。$P_{3\times1}$ 描述了位置关系，是两个坐标系之间的平移变换矩阵，所以齐次坐标变换矩阵又称为位姿矩阵。

例 3-3 用齐次变换方法解决例 3-1 的问题。（已知坐标系 $\{B\}$ 的初始位姿与 $\{A\}$ 重合，首先坐标系 $\{B\}$ 相对于坐标系 $\{A\}$ 的 z_A 轴转 $30°$，再沿 $\{A\}$ 的 x_A 轴移动 8 单位，并沿 $\{A\}$ 的 y_A 轴移动 4 单位。求位置矢量 ${}^A p_{B0}$ 和旋转矩阵 ${}^A_B R$。假设点 p 在坐标系 $\{B\}$ 的描述为 ${}^B p = [5\ 2\ 0]^T$，求它在坐标系 $\{A\}$ 中的描述 ${}^A p$。）

解： 将已知条件代入齐次变换式（3-22）得

$${}^A_B T = \begin{bmatrix} {}^A_B R & {}^A p_{B0} \\ 0 & 1 \end{bmatrix} = \begin{bmatrix} 0.866 & -0.5 & 0 & 8 \\ 0.5 & 0.866 & 0 & 4 \\ 0 & 0 & 1 & 0 \\ 0 & 0 & 0 & 1 \end{bmatrix}$$

再代入式（3-20），得

$${}^A p = {}^A_B T\, {}^B p = \begin{bmatrix} 0.866 & -0.5 & 0 & 8 \\ 0.5 & 0.866 & 0 & 4 \\ 0 & 0 & 1 & 0 \\ 0 & 0 & 0 & 1 \end{bmatrix} \begin{bmatrix} 5 \\ 2 \\ 0 \\ 1 \end{bmatrix} = \begin{bmatrix} 11.33 \\ 8.232 \\ 0 \\ 1 \end{bmatrix}$$

即 ${}^A p$ 为用齐次坐标描述的点 p 的位置。

纯平移的齐次变换矩阵中 $R_{3\times3} = I_{3\times3}$（单位阵），因此可以写出沿 x、y、z 轴移动 a、b、c 个单位的平移齐次交换矩阵为

$$\text{Trans}(a,b,c) = \begin{bmatrix} 1 & 0 & 0 & a \\ 0 & 1 & 0 & b \\ 0 & 0 & 1 & c \\ 0 & 0 & 0 & 1 \end{bmatrix} \quad (3\text{-}25)$$

式中，Trans 表示平移变换。

位置矢量 p，先进行 $a\boldsymbol{i} - b\boldsymbol{j} + c\boldsymbol{k}$ 的平移得到 $\text{Trans}(a,b,c)p$，后作 $e\boldsymbol{i} + f\boldsymbol{j} - d\boldsymbol{k}$ 平移，变换后得到点为 $\text{Trans}(e,f,d)\text{Trans}(a,b,c)p$。有 $\text{Trans}(e,f,d)\text{Trans}(a,b,c) = \text{Trans}(a,b,c)\text{Trans}(e,f,d)$。

根据直角坐标和齐次坐标的关系，可以得到绕 x、y、z 轴旋转角度 θ 得到的纯旋转齐次变换矩阵，即

$$\mathrm{Rot}(x,\theta) = \begin{bmatrix} 1 & 0 & 0 & 0 \\ 0 & c\theta & -s\theta & 0 \\ 0 & s\theta & c\theta & 0 \\ 0 & 0 & 0 & 1 \end{bmatrix} \tag{3-26}$$

$$\mathrm{Rot}(y,\theta) = \begin{bmatrix} c\theta & 0 & s\theta & 0 \\ 0 & 1 & 0 & 0 \\ -s\theta & 0 & c\theta & 0 \\ 0 & 0 & 0 & 1 \end{bmatrix} \tag{3-27}$$

$$\mathrm{Rot}(z,\theta) = \begin{bmatrix} c\theta & -s\theta & 0 & 0 \\ s\theta & c\theta & 0 & 0 \\ 0 & 0 & 1 & 0 \\ 0 & 0 & 0 & 1 \end{bmatrix} \tag{3-28}$$

如图 3-11 所示，矢量 $\boldsymbol{u}$ 绕 z 轴旋转 $90°$，得到 $\boldsymbol{v}$，$\boldsymbol{v} = \mathrm{Rot}(z, 90°)\boldsymbol{u}$。

平移加旋转的齐次变换也称为复合齐次变换或一般齐次变换。复合变换主要有两种应用形式。一种是一个空间点在同一个坐标系内顺序经过多次平移或旋转变换，任务是确定多次变换后点的位置。另一种是建立了多个坐标系描述机器人的位姿，任务是确定不同坐标系下对同一个量描述之间的关系，下面介绍一下后一种。

若有 3 个坐标系 $\{A\}$ $\{B\}$ $\{C\}$，如图 3-12 所示，坐标系 $\{B\}$ 相对于坐标系 $\{A\}$ 的描述为 ${}^A_B\boldsymbol{T}$，坐标系 $\{C\}$ 相对于坐标系 $\{B\}$ 的描述为 ${}^B_C\boldsymbol{T}$，则

$$^B\boldsymbol{p} = {}^B_C\boldsymbol{T}{}^C\boldsymbol{p} \tag{3-29}$$

$$^A\boldsymbol{p} = {}^A_B\boldsymbol{T}{}^B\boldsymbol{p} = {}^A_B\boldsymbol{T}{}^B_C\boldsymbol{T}{}^C\boldsymbol{p} \tag{3-30}$$

从而定义复合变换为

$$^A_C\boldsymbol{T} = {}^A_B\boldsymbol{T}{}^B_C\boldsymbol{T} \tag{3-31}$$

此式表示参考系 $\{C\}$ 相对于参考系 $\{A\}$ 的描述 ${}^A_C\boldsymbol{T}$，是两变换矩阵的乘积。

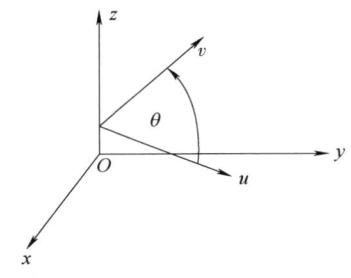

图 3-11 点 u 绕 z 轴旋转 $90°$

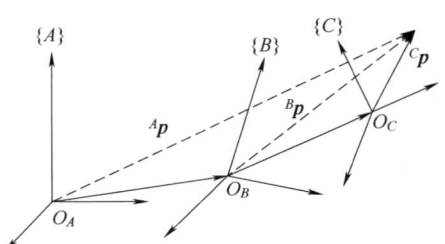

图 3-12 复合齐次坐标变换

例 3-4 已知点 $\boldsymbol{u} = 3\boldsymbol{i} + 4\boldsymbol{j} + 5\boldsymbol{k}$，先对它进行绕 z 轴旋转 $90°$ 的变换得点 $\boldsymbol{v}$，再对点 $\boldsymbol{v}$ 进行绕 y 轴旋转 $90°$ 的变换得点 $\boldsymbol{w}$，求 $\boldsymbol{v}$ 和 $\boldsymbol{w}$。

解：将 $\sin\theta = 1$ 和 $\cos\theta = 0$ 代入式(3-28)，得到变换为

$$\boldsymbol{v} = \mathrm{Rot}(z, 90°)\boldsymbol{u} = \begin{bmatrix} 0 & -1 & 0 & 0 \\ 1 & 0 & 0 & 0 \\ 0 & 0 & 1 & 0 \\ 0 & 0 & 0 & 1 \end{bmatrix} \begin{bmatrix} 3 \\ 4 \\ 5 \\ 1 \end{bmatrix} = \begin{bmatrix} -4 \\ 3 \\ 5 \\ 1 \end{bmatrix}$$

同样地，将 $\sin\theta=1$ 和 $\cos\theta=0$ 代入式(3-27)，得到变换为

$$w=\text{Rot}(y,90°)v=\begin{bmatrix}0&0&1&0\\0&1&0&0\\-1&0&0&0\\0&0&0&1\end{bmatrix}\begin{bmatrix}-4\\3\\5\\1\end{bmatrix}=\begin{bmatrix}5\\3\\4\\1\end{bmatrix}$$

如果只需要求 w，可把上述两个方法联写，按下式计算：

$$w=\text{Rot}(y,90°)\text{Rot}(z,90°)u=\begin{bmatrix}0&0&1&0\\0&1&0&0\\-1&0&0&0\\0&0&0&1\end{bmatrix}\begin{bmatrix}0&-1&0&0\\1&0&0&0\\0&0&1&0\\0&0&0&1\end{bmatrix}\begin{bmatrix}3\\4\\5\\1\end{bmatrix}=\begin{bmatrix}5\\3\\4\\1\end{bmatrix}$$

当点或动坐标系绕固定坐标系各坐标轴顺序有限次转动时，其复合齐次坐标变换矩阵为各基本齐次坐标变换矩阵依变换顺序左乘。变换矩阵相乘不满足"交换律"，因为矩阵相乘是不能交换的，$AB\neq BA$。例 3-4 中，$\text{Rot}(y,90°)\text{Rot}(z,90°)\neq\text{Rot}(z,90°)\text{Rot}(y,90°)$。变换矩阵的左乘和右乘的运动解释不同。可以看出，旋转变换与变换次序有关，旋转矩阵之间一般不可以交换。而纯平移变换与变换次序无关，平移矩阵间可以交换。下面举例说明把旋转变换与平移变换结合起来的情况。

例 3-5 已知坐标系 $\{B\}$ 是绕固定坐标系 $\{A\}$ 的 x_A 轴转 30°，再绕 y_A 轴转 60°，最后沿 y_A 轴移动 2 单位，并沿 z_A 轴移动 8 单位，求坐标系 $\{A\}$ 与坐标系 $\{B\}$ 之间的齐次坐标变换矩阵。

解：按照变换顺序，各基本齐次坐标变换矩阵依变换顺序左乘，得坐标系 $\{A\}$ 与坐标系 $\{B\}$ 之间的齐次坐标变换矩阵 T 为

$$T=\text{Trans}(0,2,8)\text{Rot}(y,60°)\text{Rot}(x,30°)$$

$$=\begin{bmatrix}1&0&0&0\\0&1&0&2\\0&0&1&8\\0&0&0&1\end{bmatrix}\begin{bmatrix}\cos60°&0&\sin60°&0\\0&1&0&0\\-\sin60°&0&\cos60°&0\\0&0&0&1\end{bmatrix}\begin{bmatrix}1&0&0&0\\0&\cos30°&-\sin30°&0\\0&\sin30°&\cos30°&0\\0&0&0&1\end{bmatrix}$$

$$=\begin{bmatrix}0.5&0.433&0.75&0\\0&0.866&-0.5&2\\-0.866&0.25&0.433&8\\0&0&0&1\end{bmatrix}$$

3.3.3 齐次变换的相对性

前面所介绍的所有旋转和平移变换都是相对于固定坐标系 $\{A\}$ 而言的。例 3-5 中的坐标系 $\{B\}$ 是首先绕固定坐标系 $\{A\}$ 的 x 轴转 30°，然后绕固定坐标系 $\{A\}$ 的 y 轴转 60°，最后沿固定坐标系 $\{A\}$ 的 z 轴平移 10 个单位。这种变换的顺序是从右向左进行的。这样的过程也可以以相反的顺序进行，即从左向右进行。此时可以理解为首先动坐标系 $\{B\}$ 沿固定坐标系 $\{A\}$ 的 z 轴移动 10 个单位，然后绕当前的坐标系 $\{B\}$ 的 y 轴旋转 60°，最后绕坐标系 $\{B\}$ 的 x 轴旋转 30°。也就是说，动坐标系绕自身坐标轴做齐次变换，要达到绕固定坐标系相等的结

果，就应该用相反的顺序。

坐标系之间多步齐次变换矩阵等于每次单独变换的齐次变换矩阵的乘积，而相对变换则决定这些矩阵相乘的顺序，其分为左乘和右乘：如果所有的变换都是相对于固定坐标系中各坐标轴旋转或平移，则齐次坐标变换矩阵依次左乘，称为绝对变换；如果动坐标系相对于自身坐标系的当前坐标轴旋转或平移，则齐次坐标变换矩阵为依次右乘，称为相对变换。

如果在一个变换过程中，既有相对固定坐标系的变换，又有相对于动坐标系的变换，则应先写出第一个变换因子，再根据变换的具体过程，依次左乘或右乘变换因子，最后乘以被变换的对象（点或坐标）。

例 3-6 如图 3-13 所示，动坐标系 $\{A\}$ 相对于固定坐标系的 x_0、y_0、z_0 轴进行 $(-1,2,2)$ 平移后到 $\{A'\}$；动坐标系 $\{A\}$ 相对于自身坐标系（即动系）的 x、y、z 轴分别进行 $(-1,2,2)$ 平移到 $\{A''\}$。其中，$A = \begin{bmatrix} 0 & -1 & 0 & 1 \\ -1 & 0 & 0 & 1 \\ 0 & 0 & -1 & 1 \\ 0 & 0 & 0 & 1 \end{bmatrix}$，写出坐标系 $\{A'\}$、$\{A''\}$ 的矩阵表达式。

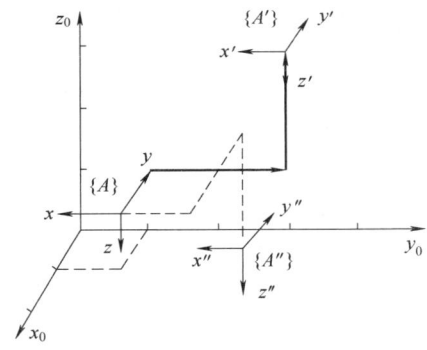

图 3-13 坐标系的移动

解：

$A' = \text{Trans}(-1,2,2) \cdot A$

$= \begin{bmatrix} 1 & 0 & 0 & -1 \\ 0 & 1 & 0 & 2 \\ 0 & 0 & 1 & 2 \\ 0 & 0 & 0 & 1 \end{bmatrix} \begin{bmatrix} 0 & -1 & 0 & 1 \\ -1 & 0 & 0 & 1 \\ 0 & 0 & -1 & 1 \\ 0 & 0 & 0 & 1 \end{bmatrix} = \begin{bmatrix} 0 & -1 & 0 & 0 \\ -1 & 0 & 0 & 3 \\ 0 & 0 & -1 & 3 \\ 0 & 0 & 0 & 1 \end{bmatrix}$

$A'' = A \cdot \text{Trans}(-1,2,2)$

$= \begin{bmatrix} 0 & -1 & 0 & 1 \\ -1 & 0 & 0 & 1 \\ 0 & 0 & -1 & 1 \\ 0 & 0 & 0 & 1 \end{bmatrix} \begin{bmatrix} 1 & 0 & 0 & -1 \\ 0 & 1 & 0 & 2 \\ 0 & 0 & 1 & 2 \\ 0 & 0 & 0 & 1 \end{bmatrix} = \begin{bmatrix} 0 & -1 & 0 & -1 \\ -1 & 0 & 0 & 2 \\ 0 & 0 & -1 & -1 \\ 0 & 0 & 0 & 1 \end{bmatrix}$

例 3-7 已知坐标系 $\{A\}$ 初始位姿与坐标系 $\{B\}$ 重合，首先坐标系 $\{A\}$ 相对于坐标系 $\{B\}$ 的 z 轴转 $30°$，再沿坐标系 $\{B\}$ 的 x 轴移动 10 个单位，再相对于坐标系 $\{A\}$ 的 y 轴转 $60°$，并沿坐标系$\{A\}$的z轴移动5个单位。假设点p在坐标系$\{A\}$的描述为$[10,2,0,1]^T$,求它在坐标系$\{B\}$中的描述。

解:按照变换的坐标系的性质,可得到如下关系:

$${}^B\boldsymbol{p} = \text{Trans}(x,10)\text{Rot}(z,30°)\text{Rot}(y,60°)\text{Trans}(z,5){}^A\boldsymbol{p}$$

$$= \begin{bmatrix} 1 & 0 & 0 & 10 \\ 0 & 1 & 0 & 0 \\ 0 & 0 & 1 & 0 \\ 0 & 0 & 0 & 1 \end{bmatrix} \begin{bmatrix} \cos30° & -\sin30° & 0 & 0 \\ \sin30° & \cos30° & 0 & 0 \\ 0 & 0 & 1 & 0 \\ 0 & 0 & 0 & 1 \end{bmatrix} \begin{bmatrix} \cos60° & 0 & \sin60° & 0 \\ 0 & 1 & 0 & 0 \\ -\sin60° & 0 & \cos60° & 0 \\ 0 & 0 & 0 & 1 \end{bmatrix} \begin{bmatrix} 1 & 0 & 0 & 0 \\ 0 & 1 & 0 & 0 \\ 0 & 0 & 1 & 5 \\ 0 & 0 & 0 & 1 \end{bmatrix} \begin{bmatrix} 10 \\ 2 \\ 0 \\ 1 \end{bmatrix}$$

$$= \begin{bmatrix} 17.080 \\ 6.397 \\ -6.16 \\ 1 \end{bmatrix}$$

机器人用到相对变换的时候比较多,例如机器人抓一个杯子,如图3-14所示,手爪需要转动一个角度才抓得牢,相对于固定坐标系表达太麻烦,可以直接根据手爪的坐标系表示,但也要知道在基坐标系中的位姿,就用右乘的概念。

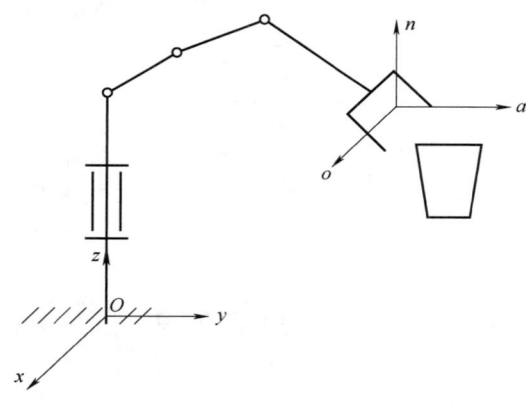

图3-14 机器人控制杯子

3.3.4 变换矩阵的逆矩阵

从坐标系$\{B\}$相对坐标系$\{A\}$的描述${}^A_B\boldsymbol{T}$,求得$\{A\}$相对于$\{B\}$的描述${}^B_A\boldsymbol{T}$,也即${}^A_B\boldsymbol{T}^{-1}$,是齐次变换求逆问题。常见的有两种解题方法:

1)用线性代数的方法直接对4×4的齐次变换矩阵${}^A_B\boldsymbol{T}$求逆。

2)利用齐次变换矩阵的特点,用逆向的坐标变换求出。

第一种方法是一种常用的求逆矩阵的方法,应用伴随矩阵求逆解,其中${}^A_B\boldsymbol{T}^*$是${}^A_B\boldsymbol{T}$的伴随矩阵。

$${}^A_B\boldsymbol{T}^{-1} = \frac{1}{|{}^A_B\boldsymbol{T}|}{}^A_B\boldsymbol{T}^* \tag{3-32}$$

下面讨论第二种方法：

$$_B^A T = \begin{bmatrix} _B^A R & ^A p_{B0} \\ 0 & 1 \end{bmatrix}$$

其中，$_B^A R$ 是 3×3 矩阵，$^A p_{B0}$ 是 3×1 矩阵，根据分块矩阵求逆的方法，可得

$$_A^B T = {}_B^A T^{-1} = \begin{bmatrix} _B^A R^{-1} & -_B^A R^{-1} {}^A p_{B0} \\ 0 & 1 \end{bmatrix}$$

根据旋转矩阵的正交性质，可得 $_B^A R^{-1} = {}_B^A R^T$，故

$$_A^B T = {}_B^A T^{-1} = \begin{bmatrix} _B^A R^T & -_B^A R^T {}^A p_{B0} \\ 0 & 1 \end{bmatrix} \tag{3-33}$$

式中 $_A^B T = {}_B^A T^{-1}$，$_A^B T$ 称为酉矩阵。该种方法简化了矩阵求逆运算，在机器人应用中用得比较多。

实际上，逆变换是由被变换了的坐标系变回为原坐标系的一种变换，也就是参考坐标系对于被变换了的坐标系的描述，为方便后续书写，我们将先前的 $^A x_B$、$^A y_B$、$^A z_B$ 等单位主矢量简化为 n，o，a，变换矩阵 T 可写成式(3-19)的形式，对一个齐次的 4×4 变换矩阵而言，它的求逆可以将矩阵分为两部分。矩阵的旋转部分仍是酉矩阵，酉矩阵的共轭转置和它的逆矩阵相等，只需简单地转置；矩阵的位置部分是矢量 p 分别与 n，o，a 矢量点积的负值，其中 p，n，o，a 为 4 个列矢量，其结果为

$$T^{-1} = \begin{bmatrix} n_x & n_y & n_z & -p \cdot n \\ o_x & o_y & o_z & -p \cdot o \\ a_x & a_y & a_z & -p \cdot a \\ 0 & 0 & 0 & 1 \end{bmatrix} \tag{3-34}$$

例 3-8 计算 T 矩阵的逆矩阵：$T = \begin{bmatrix} 0.5 & 0 & 0.866 & 2 \\ 0.866 & 0 & -0.5 & 4 \\ 0 & 1 & 0 & 6 \\ 0 & 0 & 0 & 1 \end{bmatrix}$

解：根据式(3-34)，得

$$T^{-1} = \begin{bmatrix} 0.5 & 0.866 & 0 & -(2\times0.5+4\times0.866+6\times0) \\ 0 & 0 & 1 & -(2\times0+4\times0+6\times1) \\ 0.866 & -0.5 & 0 & -(2\times0.866-4\times0.5+6\times0) \\ 0 & 0 & 0 & 1 \end{bmatrix}$$

$$= \begin{bmatrix} 0.5 & 0.866 & 0 & -4.464 \\ 0 & 0 & 1 & -6 \\ 0.866 & -0.5 & 0 & 0.268 \\ 0 & 0 & 0 & 1 \end{bmatrix}$$

例 3-9 两坐标系 $\{A\}$ 和 $\{B\}$，用 $_B^A T$ 表示坐标系 $\{B\}$ 相对于坐标系 $\{A\}$ 先绕 z 轴转 30°，再沿坐标系 $\{A\}$ 的 x 轴移动 4 个单位，沿坐标系 $\{A\}$ 的 y 轴移动 3 个单位，求 $_B^A T$ 的逆 $_A^B T$。

解： $^A_BT = \text{Trans}(4,3,0)\text{Rot}(z,30°)$

$$= \begin{bmatrix} 1 & 0 & 0 & 4 \\ 0 & 1 & 0 & 3 \\ 0 & 0 & 1 & 0 \\ 0 & 0 & 0 & 1 \end{bmatrix} \begin{bmatrix} \cos 30° & -\sin 30° & 0 & 0 \\ \sin 30° & \cos 30° & 0 & 0 \\ 0 & 0 & 1 & 0 \\ 0 & 0 & 0 & 1 \end{bmatrix}$$

$$= \begin{bmatrix} 0.866 & -0.5 & 0 & 4 \\ 0.5 & 0.866 & 0 & 3 \\ 0 & 0 & 1 & 0 \\ 0 & 0 & 0 & 1 \end{bmatrix}$$

根据式(3-34)求得

$$^B_AT = \begin{bmatrix} 0.866 & 0.5 & 0 & -4.964 \\ -0.5 & 0.866 & 0 & -0.598 \\ 0 & 0 & 1 & 0 \\ 0 & 0 & 0 & 1 \end{bmatrix}$$

也可以采用另外一种计算方法：$^B_AT = {^A_BT}^{-1} = [\text{Trans}(4,3,0)\text{Rot}(z,30°)]^{-1}$
$$= \text{Rot}(z,-30°)\text{Trans}(-4,-3,0)$$

所得的结果和上面相同，它给出了 ^B_AT 的明显的定义，它表示坐标系 $\{A\}$ 首先相对于坐标系 $\{B\}$ 移动 $-4\bm{i}-3\bm{j}+0\bm{k}$，再绕坐标系 $\{B\}$ 的 z 轴转 $-30°$。当然，也可做另一种解释，首先绕坐标系 $\{B\}$ 的 z 轴转 $-30°$，得新坐标系 $\{B_1\}$ 移动 $-4\bm{i}-3\bm{j}+0\bm{k}$，得到坐标系 $\{A\}$。

3.3.5 绕任意轴的旋转变换矩阵

1. 通用旋转变换

有时坐标系可能绕过原点 O，而分量分别为 f_x、f_y、f_z 的任意单位矢量 $\bm{f}$ 转动 θ 角，即旋转所绕的轴不是坐标轴，而是一根任意轴。研究这种转动的好处是可用绕某轴 $\bm{f}$ 的一次转动代替绕该坐标系各坐标轴的数次转动。

下面研究绕过原点的任意矢量 $\bm{f}$ 转动的变换矩阵。

为推导此旋转矩阵，可做下述 5 个变换，如图 3-15 所示。

1）绕 x 轴转 α 角，使 f 轴处于 xOz 平面内。
2）绕 y 轴转 $-\beta$ 角，使 f 轴与 Oz 轴重合。
3）绕 Oz 轴转动 θ 角。
4）绕 y 轴转 β 角。
5）绕 x 轴转 $-\alpha$ 角。

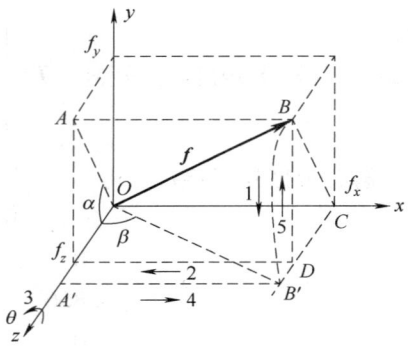

图 3-15 绕过原点的任意向量 $\bm{f}$ 旋转

具体过程为：上述 5 次旋转的合成旋转矩阵为

$\text{Rot}(f,\theta) = \text{Rot}(x,-\alpha)\text{Rot}(y,\beta)\text{Rot}(z,\theta)\text{Rot}(y,-\beta)\text{Rot}(x,\alpha)$

$$= \begin{bmatrix} 1 & 0 & 0 \\ 0 & \cos\alpha & \sin\alpha \\ 0 & -\sin\alpha & \cos\alpha \end{bmatrix} \begin{bmatrix} \cos\beta & 0 & \sin\beta \\ 0 & 1 & 0 \\ -\sin\beta & 0 & \cos\beta \end{bmatrix} \begin{bmatrix} \cos\theta & -\sin\theta & 0 \\ \sin\theta & \cos\theta & 0 \\ 0 & 0 & 1 \end{bmatrix}$$

$$\begin{bmatrix} \cos\beta & 0 & -\sin\beta \\ 0 & 1 & 0 \\ \sin\beta & 0 & \cos\beta \end{bmatrix} \begin{bmatrix} 1 & 0 & 0 \\ 0 & \cos\alpha & -\sin\alpha \\ 0 & \sin\alpha & \cos\alpha \end{bmatrix}$$

由图 3-15 容易求出

$$\sin\alpha = \frac{f_y}{\sqrt{f_y^2+f_z^2}} \qquad \cos\alpha = \frac{f_z}{\sqrt{f_y^2+f_z^2}}$$

$$\sin\beta = \frac{|OC|}{|f|} = \frac{f_x}{|f|} = f_x, \cos\beta = \frac{|B'C|}{|OB|} = \frac{\sqrt{f_y^2+f_z^2}}{|f|} = \sqrt{f_y^2+f_z^2}$$

化简得到

$$\mathrm{Rot}'(f,\theta) = \begin{bmatrix} f_x^2\mathrm{vers}\theta+c\theta & f_yf_x\mathrm{vers}\theta-f_zs\theta & f_zf_x\mathrm{vers}\theta+f_ys\theta \\ f_xf_y\mathrm{vers}\theta+f_zs\theta & f_y^2\mathrm{vers}\theta+c\theta & f_zf_y\mathrm{vers}\theta-f_xs\theta \\ f_xf_z\mathrm{vers}\theta-f_ys\theta & f_yf_z\mathrm{vers}\theta+f_xs\theta & f_z^2\mathrm{vers}\theta+c\theta \end{bmatrix}$$

其中，$\mathrm{vers}\theta = 1-\cos\theta$。

写成齐次变换矩阵的形式为

$$\mathrm{Rot}(f,\theta) = \begin{bmatrix} f_xf_x\mathrm{vers}\theta+c\theta & f_yf_x\mathrm{vers}\theta-f_zs\theta & f_zf_x\mathrm{vers}\theta+f_ys\theta & 0 \\ f_xf_y\mathrm{vers}\theta+f_zs\theta & f_yf_y\mathrm{vers}\theta+c\theta & f_zf_y\mathrm{vers}\theta-f_xs\theta & 0 \\ f_xf_z\mathrm{vers}\theta-f_ys\theta & f_yf_z\mathrm{vers}\theta+f_xs\theta & f_zf_z\mathrm{vers}\theta+c\theta & 0 \\ 0 & 0 & 0 & 1 \end{bmatrix} \quad (3\text{-}35)$$

之前我们计算的绕 x 轴、y 轴和 z 轴齐次变换矩阵均可根据式（3-35）求出来。

例 3-10 一坐标系 $\{A\}$ 与参考系重合，现将其绕通过原点的轴 $f = \begin{bmatrix} 0.707 & 0.707 & 0 \end{bmatrix}^T$ 转动 30°，求齐次变换矩阵 $\mathrm{Rot}(f, 30°)$。

解：以 $f_x = f_y = 0.707$，$f_z = 0.0$，$\theta = 30.0°$，代入式（3-35），有

$$\mathrm{Rot}(f, 30°) = \begin{bmatrix} 0.933 & 0.067 & 0.354 & 0 \\ 0.067 & 0.933 & -0.354 & 0 \\ -0.354 & 0.354 & 0.866 & 0 \\ 0 & 0 & 0 & 1 \end{bmatrix}$$

一般情况，若 f 不通过原点，而过 q 点（q_x, q_y, q_z），则齐次变换矩阵

$$\mathrm{Rot}(f,\theta) = \begin{bmatrix} f_xf_x\mathrm{vers}\theta+c\theta & f_yf_x\mathrm{vers}\theta-f_zs\theta & f_zf_x\mathrm{vers}\theta+f_ys\theta & A \\ f_xf_y\mathrm{vers}\theta+f_zs\theta & f_yf_y\mathrm{vers}\theta+c\theta & f_zf_y\mathrm{vers}\theta-f_xs\theta & B \\ f_xf_z\mathrm{vers}\theta-f_ys\theta & f_yf_z\mathrm{vers}\theta+f_xs\theta & f_zf_z\mathrm{vers}\theta+c\theta & C \\ 0 & 0 & 0 & 1 \end{bmatrix} \quad (3\text{-}36)$$

其中，$\begin{bmatrix} A \\ B \\ C \end{bmatrix} = \begin{bmatrix} q_x \\ q_y \\ q_z \end{bmatrix} - \mathrm{Rot}'(f,\theta) \begin{bmatrix} q_x \\ q_y \\ q_z \end{bmatrix}$

例 3-11 一坐标系 $\{A\}$ 与参考系重合，现将其绕通过 $q = \begin{bmatrix} 1 & 2 & 3 \end{bmatrix}^T$ 的 $f = \begin{bmatrix} 0.707 & 0.707 & 0 \end{bmatrix}^T$ 轴转 30°，求齐次变换矩阵 $\mathrm{Rot}(f, 30°)$。

解：将已知条件代入式（3-36），有

$$\begin{bmatrix} A \\ B \\ C \end{bmatrix} = \begin{bmatrix} q_x \\ q_y \\ q_z \end{bmatrix} - \text{Rot}'(f, \theta) \begin{bmatrix} q_x \\ q_y \\ q_z \end{bmatrix}$$

$$= \begin{bmatrix} 1 \\ 2 \\ 3 \end{bmatrix} - \begin{bmatrix} 0.933 & 0.067 & 0.354 \\ 0.067 & 0.933 & -0.354 \\ -0.354 & 0.354 & 0.866 \end{bmatrix} \begin{bmatrix} 1 \\ 2 \\ 3 \end{bmatrix}$$

$$= \begin{bmatrix} -1.13 \\ 1.13 \\ 0.04 \end{bmatrix}$$

$$\text{Rot}(f, 30°) = \begin{bmatrix} 0.933 & 0.067 & 0.354 & -1.13 \\ 0.067 & 0.933 & -0.354 & 1.13 \\ -0.354 & 0.354 & 0.866 & 0.04 \\ 0 & 0 & 0 & 1 \end{bmatrix}$$

2. 等效转角与转轴

前面讨论了给定转轴和转角可以得到旋转矩阵，下面研究根据任意给定的旋转矩阵确定等效的转轴 f 和转角 θ，也就是两个坐标原点重合的坐标系可以通过绕固定轴转一定的角度来实现从一个坐标系转换到另一个坐标系。

令 $\text{Rot}(f,\theta) = \begin{bmatrix} n_x & o_x & a_x \\ n_y & o_y & a_y \\ n_z & o_z & a_z \end{bmatrix}$，根据式(3-35)，建立如下关系：

$$\begin{bmatrix} n_x & o_x & a_x \\ n_y & o_y & a_y \\ n_z & o_z & a_z \end{bmatrix} = \begin{bmatrix} f_x f_x(1-c\theta)+c\theta & f_y f_x(1-c\theta)-f_z s\theta & f_z f_x(1-c\theta)+f_y s\theta \\ f_x f_y(1-c\theta)+f_z s\theta & f_y f_y(1-c\theta)+c\theta & f_z f_y(1-c\theta)-f_x s\theta \\ f_x f_z(1-c\theta)-f_y s\theta & f_y f_z(1-c\theta)+f_x s\theta & f_z f_z(1-c\theta)+c\theta \end{bmatrix}$$

将上式对角线相加得

$$n_x + o_y + a_z = (f_x^2 + f_y^2 + f_z^2)(1-\cos\theta) + 3\cos\theta$$

所以，$n_x + o_y + a_z = 1 + 2\cos\theta$，即

$$\cos\theta = \frac{1}{2}(n_x + o_y + a_z - 1)$$

将关于对角线对称的两个元素分别相减得

$$o_z - a_y = 2f_x \sin\theta$$

$$a_x - n_z = 2f_y \sin\theta$$

$$n_y - o_x = 2f_z \sin\theta$$

将上式二次方求和得

$$4\sin^2\theta = (o_z - a_y)^2 + (a_x - n_z)^2 + (n_y - o_x)^2$$

整理后得到

$$\sin\theta = \pm\frac{1}{2}\sqrt{(o_z - a_y)^2 + (a_x - n_z)^2 + (n_y - o_x)^2}$$

我们规定绕矢量 f 的转动是正的，因而 $0 \leq \theta \leq 180°$，在这种情况中，由此旋转角 θ 可唯一地确定为

$$\tan\theta = \frac{\sqrt{(o_z - a_y)^2 + (a_x - n_z)^2 + (n_y - o_x)^2}}{(n_x + o_y + a_z - 1)} \tag{3-37}$$

可得矢量 f 分量的值：

$$\begin{cases} f_x = \dfrac{o_z - a_y}{2\sin\theta} \\ f_y = \dfrac{a_x - n_z}{2\sin\theta} \\ f_z = \dfrac{n_y - o_x}{2\sin\theta} \end{cases} \qquad (3\text{-}38)$$

在应用中需要注意的是，f 和 θ 的值不唯一。例如对于任意 (f, θ)，都有 $(-f, -\theta)$ 是合理解。$(f, \theta) = (f, \theta + n \times 360°)$，当转角 θ 的值接近 $0°$ 或 $180°$ 时，由于式（3-38）的分子和分母都很小，或 $\sin\theta \approx 0$ 方向矢量 f 各分量的值计算会出现问题，因此这属于奇异情况。

3.4 刚体变换方程

为描述机器人的操作，必须建立机器人各连杆之间，机器人与周围环境之间的运动关系。要规定各种坐标系来描述机器人与环境的相对位姿关系。简单来说，空间变换是把运动坐标系下观测的变量（矢量）换算成固定坐标系下的对应值。当空间的一个坐标系（矢量、刚体、运动坐标系）相对于固定的参考坐标系运动时，这一运动可以用类似于表示坐标系的方式来表示。

3.4.1 物体变换的描述

物体可以由固定于其自身坐标系上的若干特征点描述。物体的变换也可通过这些特征点的变换获得。

变换可用来描述物体的位置和方位（姿态）。如图 3-16a 所示的物体，可借助固定在物体中的坐标系的 6 个点来描述。图 3-16a 中的楔形块角点坐标系分别为 $\{(1,0,0,1),(-1,0,0,1),(-1,0,2,1),(1,0,2,1),(1,4,0,1),(-1,4,0,1)\}$。选取物体上与 O 点重合的点 O_1 为刚体坐标系原点，其初始坐标轴 x_1、y_1、z_1 方向与 x、y、z 坐标系（参考坐标系）相同。该物体在基坐标系中先绕 z 轴旋转 $90°$，如图 3-16b 所示；再绕 y 轴旋转 $90°$，如图 3-16c 所示；再沿 x 轴平移 4 个单位，如图 3-16d 所示。

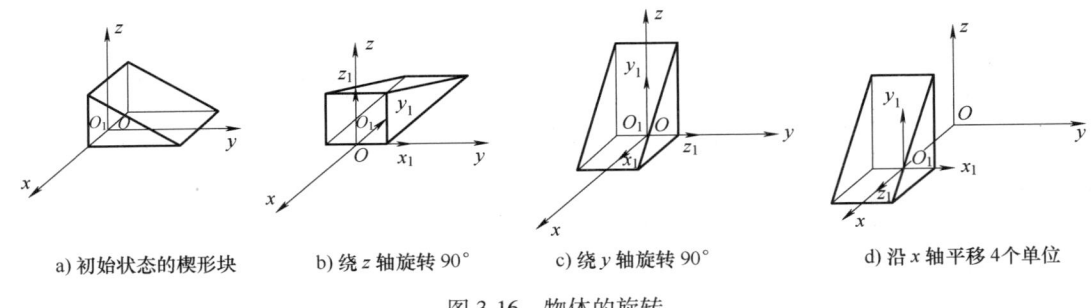

a) 初始状态的楔形块　　b) 绕 z 轴旋转 $90°$　　c) 绕 y 轴旋转 $90°$　　d) 沿 x 轴平移 4 个单位

图 3-16　物体的旋转

我们可以将该变换描述为

$$T = \text{Trans}(4,0,0)\text{Rot}(y,90°)\text{Rot}(z,90°)$$

$$= \begin{bmatrix} 1 & 0 & 0 & 4 \\ 0 & 1 & 0 & 0 \\ 0 & 0 & 1 & 0 \\ 0 & 0 & 0 & 1 \end{bmatrix} \begin{bmatrix} 0 & 0 & 1 & 0 \\ 0 & 1 & 0 & 0 \\ -1 & 0 & 0 & 0 \\ 0 & 0 & 0 & 1 \end{bmatrix} \begin{bmatrix} 0 & -1 & 0 & 0 \\ 1 & 0 & 0 & 0 \\ 0 & 0 & 1 & 0 \\ 0 & 0 & 0 & 1 \end{bmatrix} = \begin{bmatrix} 0 & 0 & 1 & 4 \\ 1 & 0 & 0 & 0 \\ 0 & 1 & 0 & 0 \\ 0 & 0 & 0 & 1 \end{bmatrix}$$

可以看到，图中所描述的物体，与其固连的借助变换描述的位置和方位的坐标系具有恒定的关系。图 3-16 给出一个用基坐标系来描述物体，以及表示物体轴线位置和方位的变换。我们仅需要标记物体相对于坐标轴的关键外廓的方向和方位，就能够简单地重新构造物体的形象，而无须变换所有点。利用与其固连的坐标系，物体能够与新的轴线方向建立起联系。

变换矩阵表示原先与参考坐标系重合的坐标架所做的转动和移动，刚体的 6 个顶点在基坐标系中的位置变换为

$$\begin{bmatrix} 0 & 0 & 1 & 4 \\ 1 & 0 & 0 & 0 \\ 0 & 1 & 0 & 0 \\ 0 & 0 & 0 & 1 \end{bmatrix} \begin{bmatrix} 1 & -1 & -1 & 1 & 1 & -1 \\ 0 & 0 & 0 & 0 & 4 & 4 \\ 0 & 0 & 2 & 2 & 0 & 0 \\ 1 & 1 & 1 & 1 & 1 & 1 \end{bmatrix} = \begin{bmatrix} 4 & 4 & 6 & 6 & 4 & 4 \\ 1 & -1 & -1 & 1 & 1 & -1 \\ 0 & 0 & 0 & 0 & 4 & 4 \\ 1 & 1 & 1 & 1 & 1 & 1 \end{bmatrix}$$

3.4.2 变换方程的表示

设想完成将一条螺栓拧入螺母这样一项简单的工作。如果是人来完成这件事情，则是非常容易的。但是如果让机器人来完成这项工作，那么机器人必须规划出每个关节的运动过程，最终合成末端执行器的动作。在完成这样的工作时，我们必须为每个关节变量规划出运动轨迹，而这样的轨迹是相对于每个关节所对应的坐标系而言的。由此可见，我们必须为每一个关节定义出一个坐标系。除此之外，为了能与工件相配合完成既定的工作，也需要为工件和周围环境定义出坐标系。所有上述的坐标系就构成了一个机器人的坐标系统。

图 3-17a 所示建立了机器人工作台的坐标系统。其中，{B} 代表基座坐标系；{W} 代表腕部坐标系；{T} 代表工具坐标系；{G} 代表目标坐标系；{S} 代表工作站坐标系。它们之间的位姿关系可以用相应的齐次变换方程来描述。

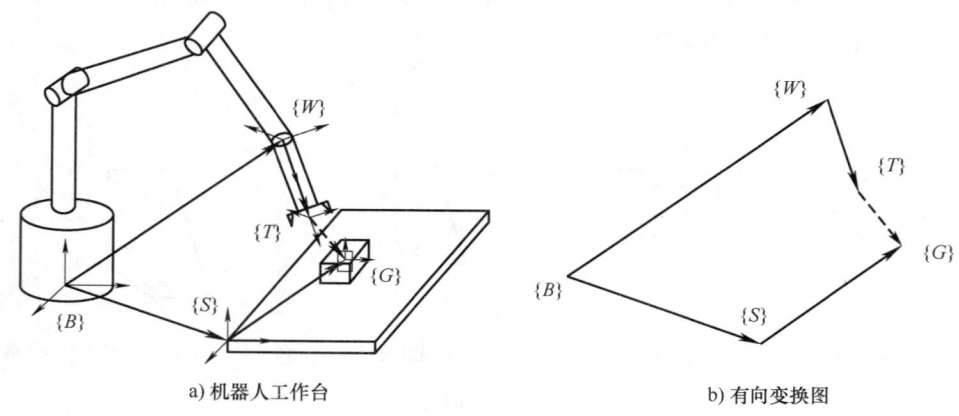

a) 机器人工作台　　　　　　　　　　b) 有向变换图

图 3-17 机器人坐标系及变换过程分析

在解机器人运动学和动力学方程时，要经常解变换方程。在这些变换方程里，一个坐标点往往要用两种或多种方式来描述。这种联系亦可由一有向变换图表述，如图 3-17b 中采用坐标系的图形表示法，用一个坐标系的原点指向另一个坐标系的原点的箭头来表示坐标系的描述关系，箭头的方向指明了坐标系定义的方式，图中每一段带箭头的直线表示一个变换，由参考坐标系向外指向封闭于物体的某一个点。可将箭头连接起来，通过简单的变换相乘就可得到混合坐标系。实际上，可以从封闭的有向变换图的任一变换开始列变换方程。从某一变换开始，顺箭头方向为正变换，逆箭头方向为逆变换，一直连续列写到相邻于该变换射线为止（但不再包括该起点变换），如果包括该起点变换，则得到一个单位变换。

图 3-17b 所示为多个坐标系的关系图，坐标系 $\{G\}$ 可以用两种不同的方式表达成变换相乘的形式：

第一种：$^B_G T = ^B_S T ^S_G T$

第二种：$^B_G T = ^B_W T ^W_T T ^T_G T$

可将上式构造成一个变换方程：$^B_S T ^S_G T = ^B_W T ^W_T T ^T_G T$

其中，$^B_S T$ 描述工作站坐标系 $\{S\}$ 相对于基座坐标系 $\{B\}$ 的位姿；$^S_G T$ 描述目标坐标系 $\{G\}$ 相对于工作站坐标系 $\{S\}$ 的位姿；$^B_W T$ 描述腕部坐标系 $\{W\}$ 相对于基座坐标系 $\{B\}$ 的位姿；$^B_G T$ 描述目标坐标系 $\{G\}$ 相对于基座坐标系 $\{B\}$ 的位姿。

对物体进行操作时，工具坐标系 $\{T\}$ 相对目标坐标系 $\{G\}$ 的位姿 $^G_T T$ 直接影响操作效果。它是机器人控制和规划的目标，它与其他变换之间的关系可用有向变换图来表示，如图 3-17b 所示。工具坐标系 $\{T\}$ 相对于基坐标系 $\{B\}$ 的描述可用下列变换矩阵的乘积来表示，即刚体变换方程：

$$^B_T T = ^B_S T ^S_G T ^G_T T \tag{3-39}$$

建立起矩阵变换方程后，当上述矩阵变换中只有一个变换未知时，就可以将这一未知的变换表示为其他已知变换的乘积的形式。对于图 3-17 所示的场景，若求目标坐标系 $\{G\}$ 相对于工具系 $\{T\}$ 的位姿 $^T_G T$，则可在式 (3-39) 两边同时左乘 $^B_T T$ 的逆变换 $^B_T T^{-1}$，以及同时右乘 $^T_G T$，得到：

$$^T_G T = ^B_T T^{-1} \, ^B_S T \, ^S_G T \tag{3-40}$$

变换方程中的任一变换矩阵都可用其余的变换矩阵来表示。例如，为了对目标物进行有效操作，工具坐标系 $\{T\}$ 相对于目标坐标系 $\{G\}$ 的位姿 $^G_T T$ 是预先规定的，需要改变 $^B_W T$ 以达到这一目的，即通常规定 $^G_T T$，求 $^B_W T$。根据变换方程，可以立即求出

$$^B_W T = ^B_S T \, ^S_G T \, ^G_T T \, ^W_T T^{-1} \tag{3-41}$$

例 3-12 如图 3-18 所示，在机器人工作台上有一电视摄像机，摄像机可见到固联着机器人的机座坐标系原点，它也可以见到被操作物体（立方体）的中心，如果在物体中心建立一坐标系 $\{W\}$，物体坐标系 $\{W\}$ 相对于摄像机坐标系 $\{S\}$ 由齐次变换矩阵 $^S_W T$ 来表示，机座坐标系相对于摄像机坐标系由齐次变换矩阵 $^S_J T$ 来表示。有

$$^S_W T = \begin{bmatrix} 0 & 1 & 0 & 2 \\ 1 & 0 & 0 & 5 \\ 0 & 0 & -1 & 3 \\ 0 & 0 & 0 & 1 \end{bmatrix}; \quad ^S_J T = \begin{bmatrix} 1 & 0 & 0 & -5 \\ 0 & -1 & 0 & 10 \\ 0 & 0 & -1 & 5 \\ 0 & 0 & 0 & 1 \end{bmatrix}$$

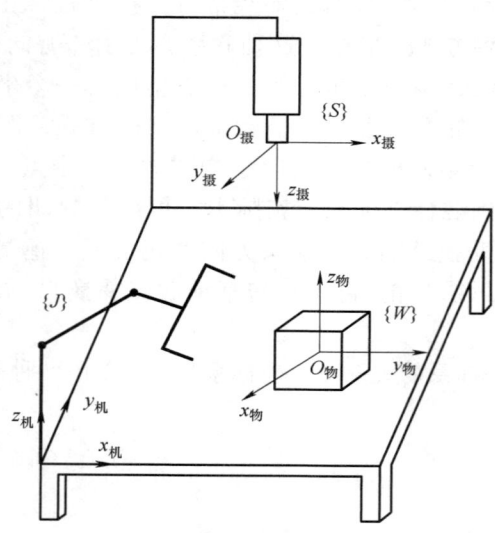

图 3-18 机器人搬运工作台

试求：

（1）求物体中心在机座坐标系中的位置。

（2）该手爪从上方把物体抓起，同时手爪的开合方向与物体的 y 轴同向，求手爪相对于机座的姿态。

解：（1）有 $^J_W T = ^J_S T ^S_W T = (^S_J T)^{-1} {^S_W T}$

$$= \begin{bmatrix} 1 & 0 & 0 & -5 \\ 0 & -1 & 0 & 10 \\ 0 & 0 & -1 & 5 \\ 0 & 0 & 0 & 1 \end{bmatrix}^{-1} \begin{bmatrix} 0 & 1 & 0 & 2 \\ 1 & 0 & 0 & 5 \\ 0 & 0 & -1 & 3 \\ 0 & 0 & 0 & 1 \end{bmatrix}$$

$$= \begin{bmatrix} 1 & 0 & 0 & 5 \\ 0 & -1 & 0 & 10 \\ 0 & 0 & -1 & 5 \\ 0 & 0 & 0 & 1 \end{bmatrix} \begin{bmatrix} 0 & 1 & 0 & 2 \\ 1 & 0 & 0 & 5 \\ 0 & 0 & -1 & 3 \\ 0 & 0 & 0 & 1 \end{bmatrix}$$

$$= \begin{bmatrix} 0 & 1 & 0 & 7 \\ -1 & 0 & 0 & 5 \\ 0 & 0 & 1 & 2 \\ 0 & 0 & 0 & 1 \end{bmatrix}$$

因此物体位于机座坐标系的 $(7, 5, 2)^T$ 处，它的 x、y、z 轴分别与机座坐标系的 y、x、z 轴平行。

（2）建立机器人手爪坐标系 $\{S'\}$，如图 3-19 所示。

机器人手爪与其固接的坐标系的原点，通常取夹手所夹持的工具的终点或者夹手顶端的正中点，就是上面提到的工具坐标系，又称为手爪坐

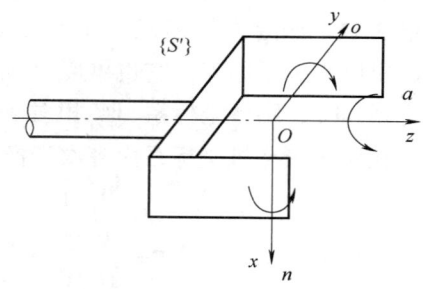

图 3-19 手爪坐标系

标系。通常用一个矩阵 T 来表示机器人末端位姿。

$$_{S'}^{J}T = \begin{bmatrix} n_x & o_x & a_x & p_x \\ n_y & o_y & a_y & p_y \\ n_z & o_z & a_z & p_z \\ 0 & 0 & 0 & 1 \end{bmatrix}$$

手爪 o 方向与物体 y 方向重合，有 $o = [\pm 1 \quad 0 \quad 0]^T$；从上向下抓，表示手爪的 a 方向与物体 z 方向相反 $a = [0 \quad 0 \quad -1]^T$；$n = o \times a = [0 \quad \pm 1 \quad 0]^T$。

因此，姿态矩阵为 $\begin{bmatrix} 0 & \pm 1 & 0 \\ \pm 1 & 0 & 0 \\ 0 & 0 & -1 \end{bmatrix}$。

当手爪中心与物体中心重合时，有

$$_{S'}^{J}T = \begin{bmatrix} 0 & \pm 1 & 0 & 7 \\ \pm 1 & 0 & 0 & 5 \\ 0 & 0 & -1 & 2 \\ 0 & 0 & 0 & 1 \end{bmatrix}$$

本 章 小 结

本章介绍机器人基础理论，包括空间任意点的位置和姿态的表示、坐标和齐次坐标变换、物体的变换与逆变换以及通用旋转变换等。

首先讨论了位姿和坐标系描述，包括位置和姿态表述，坐标系的表示。用某个 3×1 列矢量来确定该坐标空间内任一点的位置，称为位置矢量。对于物体的方位，用固接于该物体的坐标系来描述，并用一个 3×3 矩阵表示，给出了对应于轴 x、y 或 z 做转角为 θ 旋转的旋转变换矩阵。在采用位置矢量描述点的位置，用旋转矩阵描述物体方位的基础上，物体在空间的位姿就由位置矢量和旋转矩阵共同表示。

在直角坐标变换的表示部分，讨论了平移和旋转坐标变换以及复合变换之后，进一步研究齐次坐标和齐次坐标变换（平移齐次坐标变换和旋转齐次坐标变换）的相关知识，并在此基础上研究了空间物体的变换和逆变换。为描述机器人的操作，必须建立机器人各连杆间以及机器人与周围环境间的运动关系。为此，建立了机器人操作变换方程的初步概念，并介绍了变换方程的求解。

通过本章的学习，读者应该掌握位置和姿态以及坐标系的相关概论和含义，掌握位置矢量的表示以及物体的坐标系描述，掌握变换矩阵的相关知识，掌握物体在空间的位姿表示；熟悉平移和旋转坐标变换以及复合变换，掌握齐次坐标和齐次坐标变换的相关知识；掌握空间物体的变换和逆变换；了解建立机器人各连杆间以及机器人与周围环境间的运动关系；熟悉机器人操作变换方程的相关知识，掌握变换方程表示和求解。

思考题与习题

3-1 为什么说任一 4×4 阶的齐次坐标变换矩阵 T 可以是一个变换，也可以表示一个坐标系？T 为变换时，其中什么子矩阵表示旋转变换？什么子矩阵表示平移变换？T 为坐标系时，其原点、坐标轴用什么表示？试用矩阵

$$T = \begin{bmatrix} 1 & 0 & 0 & 4 \\ 0 & 0 & 1 & -5 \\ 0 & -1 & 0 & 8 \\ 0 & 0 & 0 & 1 \end{bmatrix}$$

加以说明。

3-2 矢量 P 绕 x 轴旋转 α 角，然后绕 y 轴旋转 β 角，最后平移 $3i+2j+4k$。试给出依次按上述次序完成变换的矩阵。

3-3 在动坐标中有一固定点 $P = \begin{bmatrix} 1 & 2 & 3 & 1 \end{bmatrix}^T$，相对固定参考坐标系连续做如下运动，先绕 x 轴旋转 $90°$，然后绕 z 轴旋转 $90°$。求点在固定参考坐标系下的位置。

3-4 坐标系 $\{B\}$ 先绕参考坐标系 $\{A\}$ 的 x 轴旋转 $90°$，然后沿着当前坐标系的 y 轴平移 5 单位，最后再绕参考坐标系的 z 轴旋转 $90°$，写出齐次变换矩阵 ${}^B_A T$。

3-5 已知某坐标系为

$$F = \begin{bmatrix} 0 & 0 & 1 & 0 \\ \dfrac{1}{2} & \dfrac{\sqrt{3}}{2} & 0 & 0 \\ X & \dfrac{1}{2} & 0 & 0 \\ 0 & 0 & 0 & 1 \end{bmatrix}, \text{求 } X \text{ 的值。}$$

3-6 图 3-20 所示为 $\{F\}$ 坐标系位于参考坐标系中 $(3, 5, 7)$ 的位置，它的 n 轴与 x 轴平行，o 轴相对于 y 轴的角度为 $45°$，a 轴相对于 z 轴的角度为 $45°$。请写出该坐标的齐次表达形式 $\{F\}$。

3-7 有一矢量 $P(3, 5, 2)$，请按如下要求表示齐次矩阵形式：

（1）比例因子为 2；

（2）表示为方向的单位矢量。

3-8 已知 $\{B\}$ 坐标系的初始位置与 $\{A\}$ 坐标系重合，首先把 $\{B\}$ 坐标系沿 $\{A\}$ 坐标系的 x 轴移动 12 个单位，并沿 y 轴移动 6 个单位，再绕 z 轴旋转 $30°$，求平移变换矩阵和旋转变换矩阵。假设某点在 $\{B\}$ 坐标系中的矢量 $r_B = 5i + 9j + 0k$，求该点在 $\{A\}$ 坐标系中的矢量。

3-9 如图 3-21 给出的楔形块角点坐标系，分别求齐次坐标变换 ${}^A_B T$、${}^B_C T$ 和 ${}^A_C T$。

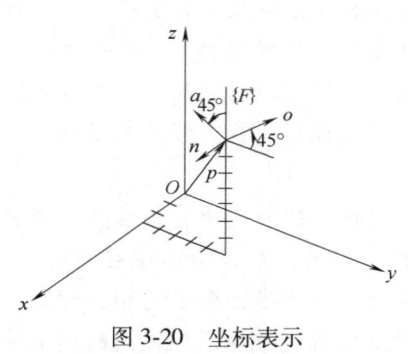

图 3-20 坐标表示

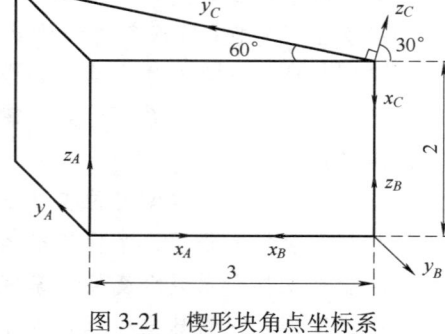

图 3-21 楔形块角点坐标系

3-10 对于如图 3-22 所示的楔形物体，6 个顶点构成的矩阵为

$$F = \begin{bmatrix} 1 & 1 & 1 & -1 & -1 & -1 \\ 0 & 0 & 4 & 0 & 0 & 4 \\ 2 & 0 & 0 & 2 & 0 & 0 \\ 1 & 1 & 1 & 1 & 1 & 1 \end{bmatrix}, \text{楔形物体绕 } z \text{ 轴旋转 } 90°\text{，然后绕 } x \text{ 轴旋转 } 90°\text{，求刚体的 6 个顶点在}$$

基坐标系中的位置。

3-11 如图 3-23 所示，假设已知机器人手臂末端工具坐标系 $\{T\}$ 相对于基座坐标系 $\{B\}$ 的描述，还已知工作台坐标系 $\{S\}$ 相对于基座坐标系 $\{B\}$ 的描述，并且已知螺栓坐标系 $\{G\}$ 相对于工作台坐标系 $\{S\}$ 的描述。计算螺栓相对机器人工具坐标系的位姿。

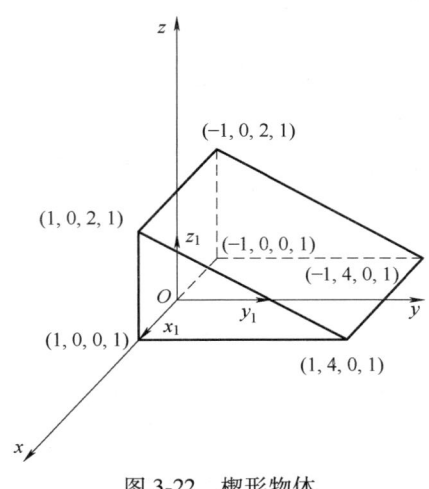

图 3-22　楔形物体

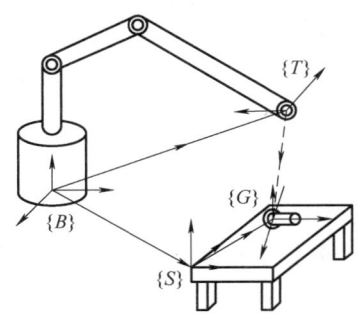

图 3-23　机器人工作台

第 4 章

机器人运动学

导读

本章主要以串联机器人为主讨论机器人运动学的相关问题。从机器人的连杆出发，通过对连杆的描述、坐标系的参数和变换的叙述引出机器人的运动学方程及对机器人雅可比矩阵建立的计算和分析。机器人运动学可分为正运动学和逆运动学。正运动学即给定机器人各关节变量，计算机器人末端的位置姿态；逆运动学即已知机器人末端的位置姿态，计算机器人对应位置的全部关节变量。通过对位姿以及方程的几何解法的剖析、阐述，让读者对机器人运动学有一个由浅入深的了解，更好地理解机器人运动的概念。

本章知识点

- 机器人连杆的理解
- 机器人正运动学方程
- 机器人逆运动学方程几何解
- 雅可比矩阵

4.1 连杆的描述

机器人由一系列转动或平移关节和刚体（杆件）组成。任何关节和连杆的组合都可以构成一个我们想要建模和表示的机器人。连杆是具有一定运动学功能的刚性杆，是运动的最小单元，其本身的形状和大小对运动有一定影响。在工业机器人中，为实现平移、摆动、旋转等目的，往往会使用一根或多根连杆组成连杆机构，通过关节连接起来组成空间开式运动链。

4.1.1 连杆坐标系

一个机器人的每个杆件都可以在关节轴处建立固连在杆件上，与其一起运动的杆件（或活动、当前）坐标系。每一对关节杆件构成一个自由度，因此一个 n 个自由度的串联结构机器人有 n 个杆件、n 个单自由度运动副（关节）。

从机器人的基座（base）开始为连杆进行编号，按从基座到末端执行器的顺序，从低到高依次为各关节和各连杆编号。将机器人的固定基座也看成组成机器人系统的杆件,杆件的编号由手臂的固定基座开始,一般称基座为连杆0,不包含在n个连杆内。与基座相连的第一个连杆编号为连杆1,依此类推,机器人最末端的连杆为连杆n,与工具相连。可知关节和杆件均由基座向外顺序排列,每个杆件最多与另外两个杆件相连,而不构成闭环。

关节1处于连接杆件1和基座之间,如图4-1所示。杆件距基座近的一端(简称近端)的关节为第i个关节,距基座远的一端(简称远端)的关节为第$i+1$个关节。通常,在近端关节上提供相应的驱动。

在每个关节建立坐标系,建立在关节i上的固连坐标系称为坐标系$\{i-1\}$。固连于机器人基座上的坐标系为坐标系$\{0\}$,该坐标系是建立在关节1上。这个坐标系是一个固定不动的坐标系,因此在研究机器人运动学问题时,可以把该坐标系作为参考坐标系,在这个参考坐标系中描述机器人所有其他连杆坐标系的位置。

图4-2所示的PUMA 560机器人是6自由度,由6个连杆和6个关节组成。所有关节均为转动关节,即6R机构(在第2章2.4节介绍组成机器人的执行机构时,曾介绍R代表该关节为转动关节)。连杆1与基座由关节1相连接,基座固定不动;连杆2与连杆1通过关节2相连接;依此类推,手爪与连杆6固接。

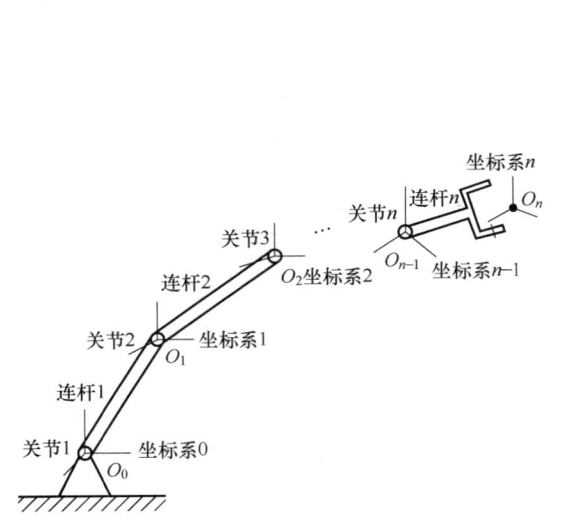

图4-1 机器人坐标系的分配

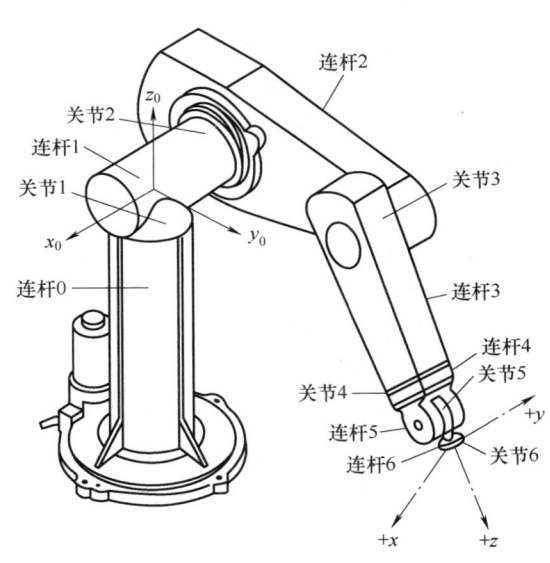

图4-2 PUMA 560机器人的连杆和关节

要确定一个刚体在空间的位姿,必须在物体上固连一个坐标系,然后描述该坐标系的原点位置和它3个轴的姿态,总共需要6个自由度或6条信息来完整地定义该物体位姿。同理,如果要确定或找到机器人手在空间的位姿,也必须在机器人手上固连一个坐标系并确定机器人手坐标系的位姿,这正是机器人正运动学方程所要完成的任务。为了使机器人手能够在三维空间中达到任意的位置和姿态,机器人手臂至少需要6个自由度,实际机器人手臂的关节通常定制为一个自由度,大多数机器人手臂中包括转动关节或移动关节。典型的机器人手臂具有5个或6个关节。

关节连接连杆构成机器人手臂的运动链,关节转动或者平动带动相邻连杆运动。在

图 4-2 中，PUMA 560 机器人具有 6 自由度，每个连杆包含 1 自由度，可在其运动范围内任意运动。按照机器人设计惯常操作来说，6 自由度的机器人中，3 个用来规定位置，另外 3 个用来规定姿态。

4.1.2 连杆参数

机器人的每个连杆都可以用连杆长度、连杆扭角、连杆偏距和关节角 4 个运动学参数来表示，分别用来描述连杆本身及连杆之间的连接关系。

连杆尺寸参数可以用连杆两端关节轴的相对关系确定。在三维空间中，描述两个关节轴线之间的位置关系用它们之间的距离和角度。如图 4-3 所示，a_i 所在的直线就是两个关节轴线 A_i 和 A_{i+1} 的公垂线，在三维空间中总是可以找到两条直线之间的公垂线。如果它们平行，则有无数条；如果它们异面，则有一条；如果它们相交，则公垂线就是一个点。综上所述，如连杆 i 两端有关节 i 和关节 $i+1$，该连杆尺寸可以用两个量来描述：一个是两个关节轴线 A_i 和 A_{i+1} 沿公垂线的距离 a_i，称为连杆长度；另一个是两个关节轴线的夹角 α_i，称为连杆扭角。

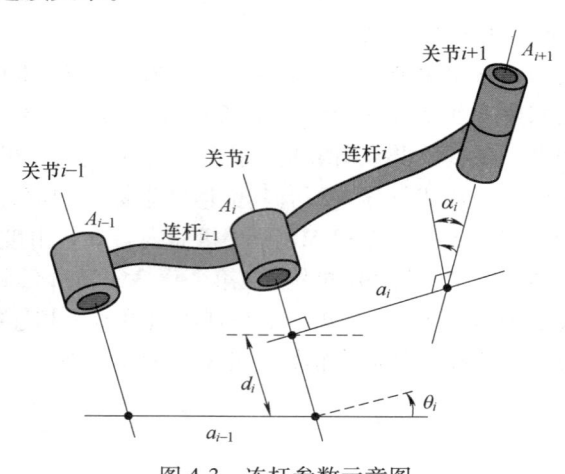

图 4-3 连杆参数示意图

连杆之间的连接关系可以用连接两个连杆的关节轴的特性来表示。两个连杆之间是通过一个关节连接的，描述连杆之间的关系实际上反映的是这个关节轴的一些特性。在图 4-3 中，连杆 $i-1$ 和连杆 i 通过关节 i 相互连接，其相对位置可用两个参数确定。沿关节 i 的两个相邻连杆公垂线的距离可以用一个参数描述，该参数 d_i 称为连杆偏距。同时，从图 4-3 中可以看到，连杆长度 a_i、a_{i-1} 所在的直线并不共线，这说明这两条直线之间存在夹角，可以用另一个参数描述两相邻连杆绕公共轴线旋转的夹角，即垂直于关节 i 轴线的平面内两个公垂线的夹角，称为关节角，记为 θ_i。通过连杆偏距和关节角就可以将两个相邻连杆之间的相对位置描述清楚。

因此，对于一个连杆，需要有 4 个参数对其进行描述，即两个参数描述连杆本身的特性，另外两个参数描述该连杆和上一个连杆之间的关系。其中连杆偏距 d_i 和关节角 θ_i 是由关节决定的，反映关节的运动学特性。在 4 个参数中，通常只有连杆偏距 d_i 和关节角 θ_i 是关节变量。

机器人连杆连接关节的类型有两种，即转动关节和移动关节。如果关节 i 是一个转动关节，那么连杆 $i-1$ 和连杆 i 之间沿着关节 i 轴线的距离 d_i 就是一个定值，在设计好的机器人中，该值不会再改变，而 θ_i 会发生改变，因此 θ_i 称为关节变量，意思就是机器人在运动过程中它会发生变化。同样的，如果关节 i 是一个移动关节，那么连杆 $i-1$ 和连杆 i 之间的夹角 θ_i 就是一个定值，变化的是两个连杆沿着关节轴线的距离 d_i，此时 d_i 被称为关节变量。即对于转动关节，θ_i 为关节变量，其他 3 个连杆参数是固定不变的；对于移动关节，d_i 为关节变量，其他 3 个连杆参数是不变的。

4.1.3 D-H 参数分析

为了研究机器人手臂各连杆之间的位移关系，可在每个连杆上固接一个坐标系，然后描述这些坐标系之间的关系。Denavit 和 Hartenberg 提出一种通用的方法，用一 4×4 的齐次变换矩阵描述相邻两连杆的空间关系，从而推导出手爪坐标系相对于参考系的等价齐次变换矩阵，建立机器人手臂的运动学方程。

Denavit-Hartenberg(D-H)表示法描述了对机器人连杆和关节进行建模的一种非常简单的方法，适合于任何机器人的构型。它可用于表示在任何坐标中的变换，如直角坐标、圆柱坐标、球坐标、欧拉坐标等；它还可以用于表示全旋转的链式机器人、SCARA 机器人或任何可能的关节和连杆的相邻组合。

机器人关节坐标系的建立主要是为了描述机器人各杆件的终端之间的相对运动，是建立运动学方程和动力学研究的基础性工作。D-H 坐标建立法是目前机器人坐标系建立最常用的方法，关节 i 的坐标系的建立原则如下，如图 4-4 所示。

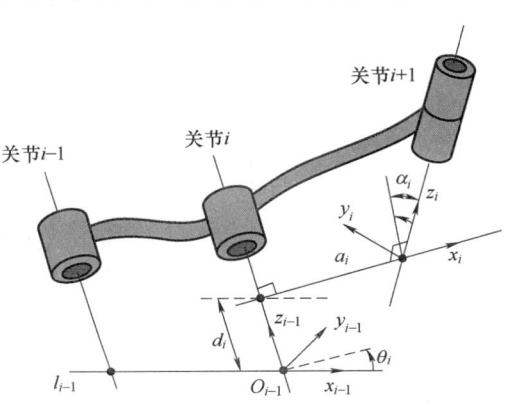

图 4-4　D-H 坐标系建立示意图

1) 原点 O_{i-1}：设在相邻关节轴线的公垂线 l_{i-1} 与关节轴线 A_i 的交点上。

2) z_{i-1} 轴：与关节轴线 A_i 重合，指向任意。

3) x_{i-1} 轴：与公垂线 l_{i-1} 重合，沿 A_{i-1} 轴线指向 A_i 轴线。

4) y_{i-1} 轴：按右手定则确定。

如图 4-4 所示，以关节 i 为例，连杆 i 和连杆 $i-1$ 之间有一个公共的关节轴 i，可用空间的一条直线 A_i 来表示。关节 i 坐标系（简称 i 系）的坐标原点设在关节 i 的关节轴线 A_i 和关节 $i-1$ 的关节轴线 A_{i-1} 的公垂线 l_{i-1} 与关节 i 的关节轴线 A_i 相交之处；i 系的 z_{i-1} 轴与关节 i 的轴线重合，x_{i-1} 轴与上述公垂线 l_{i-1} 重合，且方向从关节 $i-1$ 指向关节 i，y_{i-1} 轴则按右手定则确定。

需要注意的是，连杆坐标系的设定不是唯一的，例如，虽然 z_i 与关节轴 i 一致，但是 z_i 的指向有两种选择；当 z_i 与 z_{i-1} 相交时，x_{i-1} 的指向也有两种选择；当 z_i 与 z_{i-1} 平行时，$\{i\}$ 的原点的选择也有一定的任意性；此外，对于移动关节，坐标系的规定也会出现某种任意性。选择不同的连杆坐标系，相应的连杆参数将会改变。

当按照上述的要求定义好坐标系之后，4 个连杆参数在坐标系中可以描述为

连杆长度(link length) a_i：沿 x_i 轴，从 z_{i-1} 移动到 z_i 的距离。

连杆扭角(link twist) α_i：绕 x_i 轴，从 z_{i-1} 旋转到 z_i 的角度。

连杆偏距(link offset) d_i：沿 z_{i-1} 轴，从 x_{i-1} 移动到 x_i 的距离。

关节角(joint angle) θ_i：绕 z_{i-1} 轴，从 x_{i-1} 旋转到 x_i 的角度。

例 4-1　对如图 4-5 所示简单机器人，根据 D-H 法，建立必要坐标系及参数表。

解：根据 D-H 法建立坐标系的规则建立坐标系，如图 4-6a 所示。

其次，将做好的坐标系简化为我们熟悉的线图形式，如图 4-6b 所示。（该步可省略）

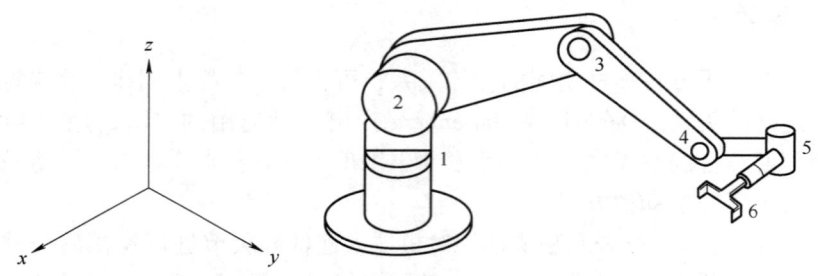

图 4-5　6 轴机器人示意图

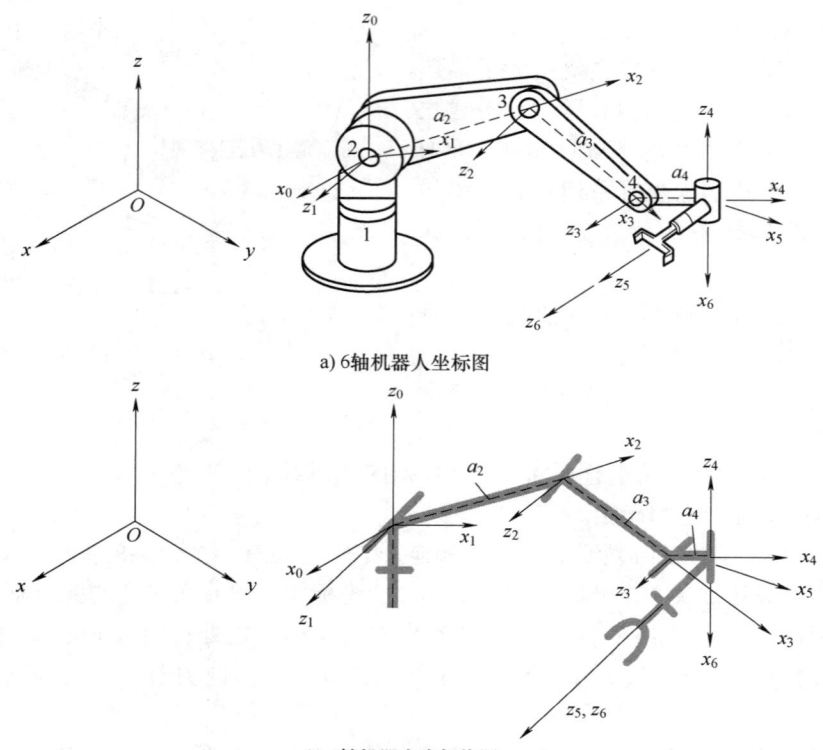

a) 6 轴机器人坐标图

b) 6 轴机器人坐标线图

图 4-6　6 轴机器人的坐标图与坐标线图

最后，根据建立好的坐标系，确定各参数，并写入 D-H 参数表，见表 4-1。

表 4-1　6 轴机器人连杆参数

连杆 i	关节角 θ_i	连杆偏距 d_i	连杆扭角 α_i(°)	连杆长度 a_i
1	θ_1	0	90	0
2	θ_2	0	0	a_2
3	θ_3	0	0	a_3
4	θ_4	0	−90	a_4
5	θ_5	0	90	0
6	θ_6	0	0	0

4.1.4 连杆变换

变换定义为空间的一个运动。当空间的一个坐标系(一个矢量、一个物体或一个运动坐标系)相对于固定的参考坐标系运动时,这一运动可以用类似于坐标系的方式来表示。这是因为变换本身就是坐标系状态的变化(表示坐标系位姿的变化)。

连杆坐标系$\{i\}$相对于$\{i-1\}$的变换称为连杆变换,与a_i、α_i、d_i、θ_i这4个连杆参数有关。因此,可以把连杆变换分解为4个基本的子变换问题,是由4个连杆参数构成的函数。对任意给定的机器人,这个变换是只有一个变量的函数,另外3个参数是由机械系统决定。每个子变换只依赖于一个连杆参数,以便直接写出来。

各连杆坐标系建立后,坐标系$\{i-1\}$可以通过以下4步标准运动变换到坐标系$\{i\}$。这4步运动包括两个旋转、两个平移。从坐标系$\{i-1\}$到坐标系$\{i\}$的变换步骤如下:

1) 令$i-1$系绕z_{i-1}轴旋转θ_i角,使x_{i-1}与x_i平行,算子为$\text{Rot}(z,\theta_i)$。
2) 沿z_{i-1}轴平移d_i,使x_{i-1}与x_i重合,算子为$\text{Trans}(0,0,d_i)$。
3) 沿x_i轴平移a_i,使两个坐标系原点重合,算子为$\text{Trans}(a_i,0,0)$。
4) 绕x_i轴旋转α_i角,使得$\{i-1\}$系与$\{i\}$系重合,算子为$\text{Rot}(x,\alpha_i)$。

因为这些子变换都是相对于动坐标系描述的,按照"从左至右"的原则,所有的变换矩阵都是右乘的,得到

$$\boldsymbol{A}_i = \text{Rot}(z,\theta_i)\text{Trans}(0,0,d_i)\text{Trans}(a_i,0,0)\text{Rot}(x,\alpha_i) \tag{4-1}$$

$\boldsymbol{A}_i$是4个运动变换矩阵的乘积,即

$$\boldsymbol{A}_i = \begin{bmatrix} \cos\theta_i & -\sin\theta_i & 0 & 0 \\ \sin\theta_i & \cos\theta_i & 0 & 0 \\ 0 & 0 & 1 & 0 \\ 0 & 0 & 0 & 1 \end{bmatrix} \begin{bmatrix} 1 & 0 & 0 & 0 \\ 0 & 1 & 0 & 0 \\ 0 & 0 & 1 & d_i \\ 0 & 0 & 0 & 1 \end{bmatrix} \begin{bmatrix} 1 & 0 & 0 & a_i \\ 0 & 1 & 0 & 0 \\ 0 & 0 & 1 & 0 \\ 0 & 0 & 0 & 1 \end{bmatrix} \begin{bmatrix} 1 & 0 & 0 & 0 \\ 0 & \cos\alpha_i & -\sin\alpha_i & 0 \\ 0 & \sin\alpha_i & \cos\alpha_i & 0 \\ 0 & 0 & 0 & 1 \end{bmatrix}$$

$$= \begin{bmatrix} \cos\theta_i & -\sin\theta_i\cos\alpha_i & \sin\theta_i\sin\alpha_i & a_i\cos\theta_i \\ \sin\theta_i & \cos\theta_i\cos\alpha_i & -\cos\theta_i\sin\alpha_i & a_i\sin\theta_i \\ 0 & \sin\alpha_i & \cos\alpha_i & d_i \\ 0 & 0 & 0 & 1 \end{bmatrix}$$

通常把描述一个连杆坐标系与下一个连杆坐标系间相对关系的齐次变换矩阵叫作$\boldsymbol{A}_i$变换矩阵或$\boldsymbol{A}_i$矩阵。

$\boldsymbol{A}_i$矩阵依赖于a_i、α_i、d_i、θ_i其中一个的变化。对于转动关节i来说,$\boldsymbol{A}_i$矩阵是θ_i的函数,对于移动关节i,$\boldsymbol{A}_i$矩阵是d_i的函数。$\boldsymbol{A}_i$的变换通式为简写为

$$\boldsymbol{A}_i = \begin{bmatrix} c\theta_i & -s\theta_i c\alpha_i & s\theta_i s\alpha_i & a_i c\theta_i \\ s\theta_i & c\theta_i c\alpha_i & -c\theta_i s\alpha_i & a_i s\theta_i \\ 0 & s\alpha_i & c\alpha_i & d_i \\ 0 & 0 & 0 & 1 \end{bmatrix} \tag{4-2}$$

式中,sin简写为s,cos简写为c。实际中,多数机器人连杆参数取特殊值,如$a_i=0$或$d_i=0$,可以使计算简单且控制方便。

如果$\boldsymbol{A}_1$矩阵表示第1连杆坐标系相对于固定坐标系的齐次变换,则第1连杆坐标系相对于固定坐标系的位姿$\boldsymbol{T}_1$为

$$T_1 = T_0 A_1 = A_1$$

其中
$$T_0 = \begin{bmatrix} 1 & 0 & 0 & 0 \\ 0 & 1 & 0 & 0 \\ 0 & 0 & 1 & 0 \\ 0 & 0 & 0 & 1 \end{bmatrix}$$

可以通过重复以上步骤，实现一系列相邻坐标系之间的变换矩阵。如果 A_2 矩阵表示第 2 连杆坐标系相对于第 1 连杆系的齐次变换，则第 2 连杆坐标系在固定坐标系的位姿 T_2 可用 A_2 和 A_1 的乘积来表示，并且 A_2 应该右乘。

$$T_2 = A_1 A_2$$

同理，若 A_3 矩阵表示第 3 连杆坐标系相对于第 2 连杆坐标系的齐次变换，则有

$$T_3 = A_1 A_2 A_3$$

如此类推，对于 6 连杆机器人，有下列矩阵

$$T_6 = A_1 A_2 A_3 A_4 A_5 A_6 \tag{4-3}$$

式（4-3）等号右边为从固定参考系到手部坐标系的各连杆坐标系之间变换矩阵的连乘；T_6 表示这些矩阵的乘积，即机器人手部坐标系相对于固定参考系的位姿。T_6 矩阵的前 3 列表示手部的姿态，第 4 列表示手部中心点的位置。可写成如下形式：

$$T_6 = \begin{bmatrix} n_x & o_x & a_x & p_x \\ n_y & o_y & a_y & p_y \\ n_z & o_z & a_z & p_z \\ 0 & 0 & 0 & 1 \end{bmatrix}$$

如果 n 为机器人的末端执行器，从机器人的末端执行器开始，可以从该处的关节开始变换到前一个关节，依次变换。从第 3 个关节到第 2 个关节，第 2 个关节到第 1 个关节，最后得到机器人的末端执行器或手到基座之间的总变换。A_n 是关于 n 个关节变量的函数，该等式称为机器人运动学方程。

$$T_n = A_1 A_2 A_3 A_4 \cdots A_n \tag{4-4}$$

即如果已经定义了必要的连杆坐标系和相应的连杆参数，就能直接建立运动学方程，分别计算各个连杆变换矩阵，把这些连杆变换矩阵连乘就能得到一个坐标系 $\{N\}$ 相对于坐标系 $\{0\}$ 的变换矩阵。

建立必要的坐标系，根据机器人的结构示意图确定每个连杆和关节的参数，根据式（4-2）可求出变换矩阵，再根据式（4-4）建立运动学方程。对一个具有 n 个自由度的机器人手臂来说，它的所有的连杆位姿可由一组 n 个关节变量加以确定。

4.2 机器人正运动学

给定机器人各关节变量，计算机器人末端的位置姿态称为正运动学分析。机器人是由许多构件组合在一起的，正运动学将这些构件有关的方程组合、推导形成一组特定方程，这样只要将已知关节角或连杆偏距代入即可求出机器人位姿。使用正运动学方程可以在已知所有机器人关节变量的前提下计算出某一个时刻的机器人位姿。求解正运动问题，是为了检验、校准机器人，计算工作空间等。一般正向运动学的解是唯一和容易获得的。

4.2.1 正运动学方程分析

机器人正运动学将关节变量作为自变量，研究机器人末端执行器位姿与基座之间的函数

关系。总体思想是:
1) 给每个关节指定坐标系。
2) 确定从一个关节到下一关节变换(即相邻参考系之间的变化)。
3) 结合所有变换,确定末端关节与基座间的总变换。
4) 建立运动学方程求解。

机器人运动学的一般模型为
$$T = f(q_i) \quad (4-5)$$

式中,T 为机器人末端执行器的位姿;q_i 为机器人各个关节变量。若给定 q_i,要求确定相应的 T,称为正运动学问题。

如图4-7所示的2自由度机器人,可通过正运动学模型建立手指位置与关节变量之间的关系。

根据几何学知识,有 $\begin{cases} x = l_1\cos\theta_1 + l_2\cos(\theta_1+\theta_2) \\ y = l_1\sin\theta_1 + l_2\sin(\theta_1+\theta_2) \end{cases}$

令 $T = \begin{bmatrix} x \\ y \end{bmatrix}$,$\theta = \begin{bmatrix} \theta_1 \\ \theta_2 \end{bmatrix}$,则该2自由度机器人通常的矢量形式为:$T = f(\theta)$,将该运动学方程两边微分即可得到机器人手爪的速度和关节速度的关系,再进一步进行微分将得到加速度之间的关系,处理这些关系也是机器人的运动学问题。

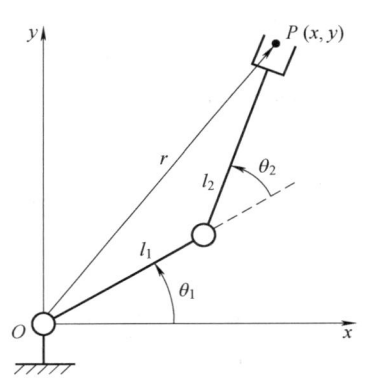

图4-7 2自由度机器人

4.2.2 机器人正运动学方程

根据前面介绍的方法,欲研究机器人运动学首先应建立机器人各杆件的构件坐标系,从而得出齐次变换矩阵 A_i,然后得到机器人末端执行器相对于机身坐标系的齐次变换矩阵,最后求得机器人的运动学方程。

首先介绍一下平面关节型机器人的运动学方程的建立。

例4-2 如图4-8所示,SCARA装配机器人的3个关节轴线是相互平行的,坐标系{0}、{1}、{2}、{3}分别表示固定坐标系、连杆1的动坐标系、连杆2的动坐标系、连杆3的动坐标系,分别坐落在关节1、关节2、关节3和手部中心。坐标系{3}即为手部坐标系。连杆运动为旋转运动,关节角 θ_i 为变量,其余参数均为常量。该机器人的参数见表4-2。

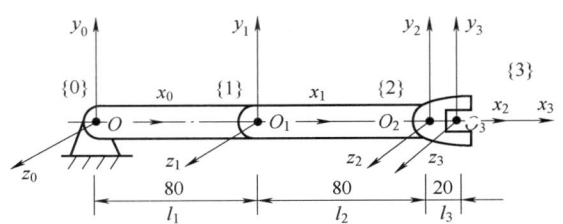

图4-8 SCARA装配机器人的坐标系

表4-2 SCARA装配机器人连杆参数

连杆 i	关节角 θ_i	连杆偏距 d_i	连杆长度 a_i	连杆扭角 $\alpha_i(°)$
连杆1	θ_1	$d_1 = 0$	$a_1 = l_1 = 80$	$\alpha_1 = 0$
连杆2	θ_2	$d_2 = 0$	$a_2 = l_2 = 80$	$\alpha_2 = 0$
连杆3	θ_3	$d_3 = 0$	$a_3 = l_3 = 20$	$\alpha_3 = 0$

解： 该平面关节型机器人的运动学方程为

$$T_3 = A_1 A_2 A_3$$

式中，A_1 为连杆 1 的坐标系相对于固定坐标系的齐次变换矩阵；A_2 为连杆 2 的坐标系相对于连杆 1 坐标系的齐次变换矩阵；A_3 为手部坐标系相对于连杆 2 坐标系的齐次变换矩阵。

根据式（4-2），可得

$$A_1 = \begin{bmatrix} c\theta_1 & -s\theta_1 & 0 & l_1 c\theta_1 \\ s\theta_1 & c\theta_1 & 0 & l_1 s\theta_1 \\ 0 & 0 & 1 & 0 \\ 0 & 0 & 0 & 1 \end{bmatrix}, A_2 = \begin{bmatrix} c\theta_2 & -s\theta_2 & 0 & l_2 c\theta_2 \\ s\theta_2 & c\theta_2 & 0 & l_2 s\theta_2 \\ 0 & 0 & 1 & 0 \\ 0 & 0 & 0 & 1 \end{bmatrix}, A_3 = \begin{bmatrix} c\theta_3 & -s\theta_3 & 0 & l_3 c\theta_3 \\ s\theta_3 & c\theta_3 & 0 & l_3 s\theta_3 \\ 0 & 0 & 1 & 0 \\ 0 & 0 & 0 & 1 \end{bmatrix}$$

代入运动学方程，求解得

$$T_3 = \begin{bmatrix} c_{123} & -s_{123} & 0 & l_3 c_{123} + l_2 c_{12} + l_1 c_1 \\ s_{123} & c_{123} & 0 & l_3 s_{123} + l_2 s_{12} + l_1 s_1 \\ 0 & 0 & 1 & 0 \\ 0 & 0 & 0 & 1 \end{bmatrix}$$

其中，$c_{123} = \cos(\theta_1 + \theta_2 + \theta_3)$，$s_{123} = \sin(\theta_1 + \theta_2 + \theta_3)$，$c_{12} = \cos(\theta_1 + \theta_2)$，$s_{12} = \sin(\theta_1 + \theta_2)$，$c_1 = \cos\theta_1$，$s_1 = \sin\theta_1$。

可根据各关节角 θ_i 的值，求出 T_3。如当 θ_i 分别为 $\theta_1 = 30°$，$\theta_2 = -60°$，$\theta_3 = -30°$ 时，则可根据平面关节型机器人运动学方程求解出运动学正解，即手部的位姿矩阵表达式。

$$T_3 = \begin{bmatrix} 0.5 & 0.866 & 0 & 148.56 \\ -0.866 & 0.5 & 0 & -17.32 \\ 0 & 0 & 1 & 0 \\ 0 & 0 & 0 & 1 \end{bmatrix}$$

下面以斯坦福机器人为例说明如何依据 D-H 方法来建立机器人的运动学方程。

斯坦福机器人的结构示意图如图 4-9 所示。机器人开始的两个关节是旋转的，第 3 个关节是移动的，最后 3 个腕关节全是转动关节。

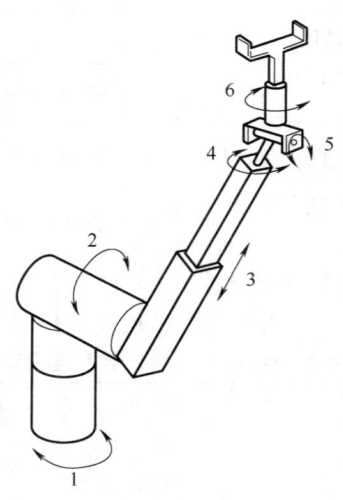

图 4-9 斯坦福机器人结构示意图

例 4-3 如图 4-10 所示的斯坦福机器人，图中 z_0 轴沿关节 1 的轴，z_i 轴沿关节 $i+1$ 的轴，令所有 x_i 轴与机座坐标系 x_0 轴平行，y 轴按右手坐标系确定。求 $A_i(i=1,2,\cdots,6)$ 及机器人运动学方程的表达式。

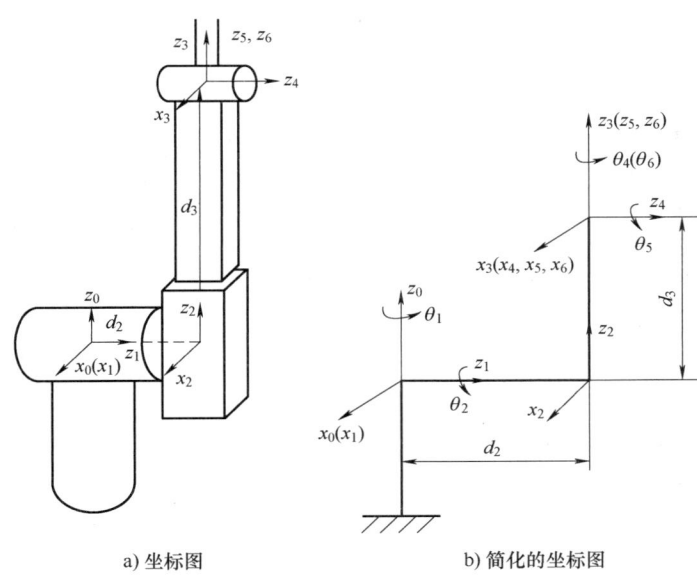

a) 坐标图　　　　　b) 简化的坐标图

图 4-10　斯坦福机器人的坐标系

解：（1）确定各连杆的 D-H 参数和关节变量表，见表 4-3，给出各连杆的 D-H 参数和关节变量。

表 4-3　斯坦福机器人各连杆的 D-H 参数和关节变量

连杆 i	关节角 θ_i	连杆偏距 d_i	连杆扭角 α_i (°)	连杆长度 a_i
1	θ_1	0	−90	0
2	θ_2	d_2	90	0
3	0	d_3	0	0
4	θ_4	0	−90	0
5	θ_5	0	90	0
6	θ_6	0	0	0

（2）求两杆之间的位姿矩阵 A_i

根据表 4-3 和式(4-2)求得 A_i：

$$A_1 = \begin{bmatrix} c_1 & 0 & -s_1 & 0 \\ s_1 & 0 & c_1 & 0 \\ 0 & -1 & 0 & 0 \\ 0 & 0 & 0 & 1 \end{bmatrix} \quad A_2 = \begin{bmatrix} c_2 & 0 & s_2 & 0 \\ s_2 & 0 & -c_2 & 0 \\ 0 & 1 & 0 & d_2 \\ 0 & 0 & 0 & 1 \end{bmatrix} \quad A_3 = \begin{bmatrix} 1 & 0 & 0 & 0 \\ 0 & 1 & 0 & 0 \\ 0 & 0 & 1 & d_3 \\ 0 & 0 & 0 & 1 \end{bmatrix}$$

$$A_4 = \begin{bmatrix} c_4 & 0 & -s_4 & 0 \\ s_4 & 0 & c_4 & 0 \\ 0 & -1 & 0 & 0 \\ 0 & 0 & 0 & 1 \end{bmatrix} \quad A_5 = \begin{bmatrix} c_5 & 0 & s_5 & 0 \\ s_5 & 0 & -c_5 & 0 \\ 0 & 1 & 0 & 0 \\ 0 & 0 & 0 & 1 \end{bmatrix} \quad A_6 = \begin{bmatrix} c_6 & -s_6 & 0 & 0 \\ s_6 & c_6 & 0 & 0 \\ 0 & 0 & 1 & 0 \\ 0 & 0 & 0 & 1 \end{bmatrix}$$

（3）求机器人的运动学方程

$$T_6 = A_1 A_2 A_3 A_4 A_5 A_6 = \begin{bmatrix} n_x & o_x & a_x & p_x \\ n_y & o_y & a_y & p_y \\ n_z & o_z & a_z & p_z \\ 0 & 0 & 0 & 1 \end{bmatrix}$$

其中，$n_x = c_1[c_2(c_4 c_5 c_6 - s_4 s_6) - s_2 s_5 c_6] - s_1(s_4 c_5 c_6 + c_4 s_6)$
$n_y = s_1[c_2(c_4 c_5 c_6 - s_4 s_6) - s_2 s_5 c_6] + c_1(s_4 c_5 c_6 + c_4 s_6)$
$n_z = -s_2(c_4 c_5 c_6 - s_4 s_6) - c_2 s_5 c_6$
$o_x = c_1[-c_2(c_4 c_5 s_6 + s_4 c_6) + s_2 s_5 c_6] - s_1(-s_4 c_5 s_6 + c_4 c_6)$
$o_y = s_1[-c_2(c_4 c_5 s_6 + s_4 c_6) + s_2 s_5 c_6] + c_1(-s_4 c_5 s_6 + c_4 c_6)$
$o_z = s_2(c_4 c_5 c_6 + s_4 c_6) + c_2 s_5 s_6$
$a_x = c_1(c_2 c_4 s_5 + s_2 c_5) - s_1 s_4 c_5$
$a_y = s_1(c_2 c_4 s_5 + s_2 c_5) + c_1 s_4 s_5$
$a_z = -s_2 c_4 s_5 + c_2 c_5$
$p_x = c_1 s_2 d_3 - s_1 d_2$
$p_y = s_1 s_2 d_3 + c_1 d_2$
$p_z = c_2 d_3$

4.3 机器人逆运动学

根据式(4-3)，若已知末端执行器的位姿 T，求解对应的关节变量，称为逆运动学问题。必须知道机器人的每一个连杆的长度或关节的角度，才能将手定位在所期望的位姿，这就叫作逆运动学分析，也就是说，这里不是把已知的机器人变量代入正向运动学方程中，而是要设法找到这些方程的逆，从而求得所需的关节变量，使机器人放置在期望的位姿。

机器人运动学是可解的，是指可以找到一种求解关节变量的算法，用于确定终端抓手位姿所对应的关节变量的全部解。求解逆运动学问题，是为了路径规划，控制机器人，但求解比较困难。运动学逆解不像线性方程，不存在通用解法。

机器人运动学反解的方法可分为两类：闭式解法(解析解法)和数值解法。

（1）闭式解法（Close-from Solution） 闭式解法可给出每个关节变量的数学函数表达式。该方法用解析函数式表示解，在一些特别简单或特殊情况下出现，仅存在解析的闭式解，求解速度快效率高，便于实时控制。在进行反解时，总是力求得到封闭解。

（2）数值解法 数值法用递推算法给出关节变量的具体数值，数值解法的优点是相同的算法适用于所有串联机器人。数值解相对于解析解需要的运算量更大，不太适合实时性要求较高的场合。实际上，非线性方程组的数值解法本身就是一个有待研究的领域。

解析解法因为不需要举出大量数字让计算机去逼近求解,而且求逆矩阵快,所以大部分情况下使用的是解析解法求解,对于不高于4次的多项式不用迭代便可完全求解。然而想要让机器人能够使用解析解法求解,机器人的设计就要满足两个条件中的任何一个:①3个相邻的关节轴在一个点上相交;②3个相邻的关节轴是平行的(在技术上这是一个特殊情况,因为平行线在无穷远处相交)。一般在设计机器人的结构时就会考虑其逆解的可解性,大多数满足上述条件之一。

求解逆运动学方程的解析解的方法分为两类:代数法和几何法。因为任何几何方法中都引入了代数描述,因此这两种方法是相似的。这两种方法的区别主要在于求解过程的不同。本文主要介绍解析解法的代数法。

4.3.1 逆运动学方程的可解性和多解性

解是否存在与机器人的工作空间密切相关,工作空间又取决于机器人的结构、杆件参数,或手部(工具)的位姿。一般情况下,如果手部坐标系的位置和姿态都位于工作空间内,则至少存在一个解;相反,若手部坐标系的位置和姿态都位于工作空间外,则无解。

能否求得机器人运动学逆解的解析式是机器人的可解性问题。所有具有转动和移动关节的机器人系统,在一个单一串联链中共有6个自由度(或小于6个自由度)时是可解的。其通解是数值解,不是解析表达式,是利用数值迭代原理求解得到的,其计算量比求解析解大得多。要使机器人有解析解,设计时就要使机器人的结构尽量简单,而且尽量满足有若干个相交的关节轴或许多 a_i 等于0°或±90°的特殊条件。

机器人的运动学逆解具有多解性,是指对于给定的机器人工作领域内,手部可以多方向达到目标点,因此,对于给定的在机器人的工作域内的手部位置可以得到多个解。如图4-11所示,平面2杆机器人(两个关节可以360°旋转)在工作空间内存在两个解。

逆解个数不仅与机器人的关节数目有关,还与机器人的构型、关节运动范围等相关。一般说,决定机器人构型的D-H参数表中的非零值越多,解的数量就越多,即到达某个位置的路径就越多,也就

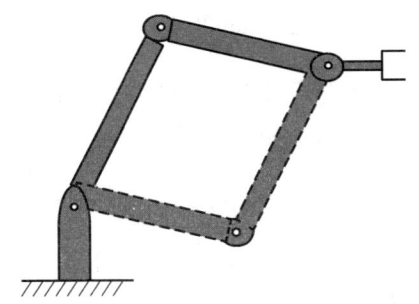

图4-11 机器人运动学逆解多解性示意图

是说运动学逆解数目越多。造成机器人逆运动学方程具有多解的原因是由于解反三角函数方程产生的。对于一个真实的机器人,只有一组解与实际情况对应,为此必须做出判断,以选择合适的解。

在避免碰撞的前提下,通常按最短行程的准则来择优,使每个关节的移动量为最小。由于机器人前面3个连杆的尺寸较大,后面的较小,故应加权处理,遵循多移动小关节、少移动大关节的原则。在存在障碍的情况下,"最短行程"解可能发生干涉,这时只能选择"较长行程"解。

4.3.2 逆运动学代数解法

对于如图4-7所示的2自由度机器人,如果要求其逆运动学方程,则其逆运动学方程的

建立过程，就是已知末端位置(x, y)，求相应关节角θ_1、θ_2的过程。

根据4.2.1节求得的运动学方程

$$\begin{cases} x = l_1\cos\theta_1 + l_2\cos(\theta_1+\theta_2) \\ y = l_1\sin\theta_1 + l_2\sin(\theta_1+\theta_2) \end{cases}$$

如果已知末端位置(x, y)，求θ_1、θ_2。

首先，将上面两个方程的两边分别取二次方再相加，应用三角函数的和差角公式

$$\begin{cases} \cos(\theta_1+\theta_2) = \cos\theta_1\cos\theta_2 - \sin\theta_1\sin\theta_2 \\ \sin(\theta_1+\theta_2) = \sin\theta_1\cos\theta_2 + \cos\theta_1\sin\theta_2 \end{cases}$$

消除θ_1，得到

$$x^2 + y^2 = l_1^2 + l_2^2 + 2l_1l_2\cos\theta_2$$

可以求得$\cos\theta_2$：

$$\cos\theta_2 = \frac{x^2+y^2-l_1^2-l_2^2}{2l_1l_2}$$

因为余弦函数的取值范围就是$[-1, 1]$，为了使解存在，$\cos\theta_2$的值必须在$-1 \sim 1$之间，在计算逆解时需要检查这一条件，当不满足时，说明目标位置已经位于工作空间之外。当目标位置(x, y)位于工作空间内时可以求得$\sin\theta_2$：

$$\sin\theta_2 = \pm\sqrt{1-\cos^2\theta_2}$$

为了计算θ_2，可以使用Atan2函数[⊖]，即

$$\theta_2 = \text{Atan2}(\sin\theta_2, \cos\theta_2)$$

$$= \text{Atan2}\left(\pm\sqrt{1-\left(\frac{x^2+y^2-l_1^2-l_2^2}{2l_1l_2}\right)^2}, \frac{x^2+y^2-l_1^2-l_2^2}{2l_1l_2}\right)$$

$\sin\theta_2$的符号有两种选择，对应地，我们可以选择抬肘位(elbow-up)或垂肘位(elbow-down)两种不同构型。求出θ_2后我们可以根据正解方程再计算出θ_1。将正解方程改写为

$$\begin{cases} x = m_1\cos\theta_1 - m_2\sin\theta_1 \\ y = m_1\sin\theta_1 + m_2\cos\theta_1 \end{cases}$$

其中，$m_1 = l_1 + l_2\cos\theta_2$，$m_2 = l_2\sin\theta_2$。

为了求解方程，对m_1、m_2进行变量替换，令

$$r = \sqrt{m_1^2 + m_2^2}, \quad \beta = \text{Atan2}(m_2, m_1)$$

其中，$\begin{cases} m_1 = r\cos\beta \\ m_2 = r\sin\beta \end{cases}$

于是正解方程可写为 $\begin{cases} \dfrac{x}{r} = \cos\beta\cos\theta_1 - \sin\beta\sin\theta_1 \\ \dfrac{y}{r} = \cos\beta\sin\theta_1 + \sin\beta\cos\theta_1 \end{cases}$

⊖ Atan2函数称为双变量反正切函数，对于$\tan\theta = y/x$，$\theta = \text{ATan2}(y, x)$，求出的$\theta$取值范围是$[-\pi, \pi]$。当$-\pi < \theta < \pi$，由Atan2反求角度时，同时检查$y$和$x$的符号可以确定其所在象限。这一函数也能检验什么时候x或y为0，并反求出正确的角度。

因此有 $\begin{cases} \cos(\beta+\theta_1) = \dfrac{x}{r} \\ \sin(\beta+\theta_1) = \dfrac{y}{r} \end{cases}$

使用 Atan2 函数可得到

$$\beta+\theta_1 = \text{Atan2}(y,x)$$

于是第一个关节的转角 θ_1 为

$$\theta_1 = \text{Atan2}(y,x) - \text{Atan2}(m_2, m_1)$$
$$= \text{Atan2}(y,x) - \text{Atan2}(l_2\sin\theta_2, l_1+l_2\cos\theta_2)$$

注意之前在求解 θ_2 时，对 $\sin\theta_2$ 的符号进行了选择，这会引起 m_2 符号的变化，并影响 θ_1 的求解。另外当 $x=y=0$ 时，函数 Atan2 是未定义的状态，这种情况下，θ_1 可以任意取值。

代数法又叫变量分离法。上面介绍的是 2 自由度机器人逆运动学的求解，下面用逆向运动学求解实例阐述逆运动学的通用计算。若末端连杆的位姿已经给定，即 n、o、a 和 p 为已知，则求关节变量 θ_1，θ_2，…，θ_6 的值称为运动反解。用未知的连杆逆变换左乘方程两边，把关节变量分离出来，从而求得 θ_1，θ_2，…，θ_6 的解。

下面以 6 轴机器人为例，给出逆运动学方程解的具体过程。

1）根据机器人手臂关节坐标设置确定 A_n，A_n 为关节坐标的齐次坐标变换，由关节变量和其他 3 个连杆参数确定。对于旋转关节 θ_i 为关节变量，而对于移动关节 d_i 为关节变量。其余为连杆参数，由机器人手臂的几何尺寸和组合形态决定。

2）T_6 为机器人手臂末端在直角坐标系（参考坐标或基坐标）中的位姿，它是由 3 个平移分量构成的平移矢量 p（确定空间位置）和 3 个旋转矢量 n、o、a（确定姿态）组成的齐次变换矩阵描述。

$$T_6 = \begin{bmatrix} n_x & o_x & a_x & p_x \\ n_y & o_y & a_y & p_y \\ n_z & o_z & a_z & p_z \\ 0 & 0 & 0 & 1 \end{bmatrix}$$

3）分别用 $A_n(n=1,2,\cdots,5)$ 的逆左乘式(4-3)有

$$A_1^{-1} T_6 = {}^1T_6 \qquad ({}^1T_6 = A_2 A_3 A_4 A_5 A_6) \tag{4-6}$$

$$A_2^{-1} A_1^{-1} T_6 = {}^2T_6 \qquad ({}^2T_6 = A_3 A_4 A_5 A_6) \tag{4-7}$$

$$A_3^{-1} A_2^{-1} A_1^{-1} T_6 = {}^3T_6 \qquad ({}^3T_6 = A_4 A_5 A_6) \tag{4-8}$$

$$A_4^{-1} A_3^{-1} A_2^{-1} A_1^{-1} T_6 = {}^4T_6 \qquad ({}^4T_6 = A_5 A_6) \tag{4-9}$$

$$A_5^{-1} A_4^{-1} A_3^{-1} A_2^{-1} A_1^{-1} T_6 = {}^5T_6 \qquad ({}^5T_6 = A_6) \tag{4-10}$$

根据上述 5 个矩阵方程对应元素相等，可得到若干个可解的代数方程，便可求出关节变量 θ_n 或 d_n。但通常不需要全部递推过程便可利用等式两边对应项求解。

对于逆运动学的求解，虽然某些解可得到 12 个方程式，但不能对 12 个方程式联立求解，而是用一系列变换矩阵的逆矩阵左乘，然后找出右端为常数的元素，并令这些元素与左端元素相等，这样就可以得出一个可以求解的三角函数方程式。

例 4-4 已知在正向运动例 4-3 中斯坦福机器人末端执行器的位姿，求其逆向运动。

解：已知 $T_6 = \begin{bmatrix} n_x & o_x & a_x & p_x \\ n_y & o_y & a_y & p_y \\ n_z & o_z & a_z & p_z \\ 0 & 0 & 0 & 1 \end{bmatrix}$，由机器人运动学可知 $T_6 = A_1 A_2 A_3 A_4 A_5 A_6$。

（1）求 θ_1

用 A_1^{-1} 左乘可得 $A_1^{-1} T_6 = A_2 A_3 A_4 A_5 A_6$

式中

$$A_1^{-1} T_6 = \begin{bmatrix} c\theta_1 & s\theta_1 & 0 & 0 \\ 0 & 0 & -1 & 0 \\ -s\theta_1 & c\theta_1 & 0 & 0 \\ 0 & 0 & 0 & 1 \end{bmatrix} \begin{bmatrix} n_x & o_x & a_x & p_x \\ n_y & o_y & a_y & p_y \\ n_z & o_z & a_z & p_z \\ 0 & 0 & 0 & 1 \end{bmatrix}$$

$$= \begin{bmatrix} f_{11}(n) & f_{11}(o) & f_{11}(a) & f_{11}(p) \\ f_{12}(n) & f_{12}(o) & f_{12}(a) & f_{12}(p) \\ f_{13}(n) & f_{13}(o) & f_{13}(a) & f_{13}(p) \\ 0 & 0 & 0 & 1 \end{bmatrix}$$

其中，$f_{11}(i) = c_1 i_x + s_1 i_y$，$f_{12}(i) = -i_z$，$f_{13}(i) = -s_1 i_x + c_1 i_y (i = n, o, a, p)$。

$$A_2 A_3 A_4 A_5 A_6 = \begin{bmatrix} c_2(c_4 c_5 c_6 - s_4 s_6) - s_2 s_5 c_6 & -c_2(c_4 c_5 s_6 + s_4 c_6) + s_2 s_5 s_6 & c_2 c_4 s_5 + s_2 c_5 & s_2 d_3 \\ s_2(c_4 c_5 c_6 - s_4 s_6) + c_2 s_5 c_6 & -s_2(c_4 c_5 s_6 + s_4 c_6) - c_2 s_5 s_6 & s_2 c_4 s_5 - c_2 c_5 & -c_2 d_3 \\ s_4 c_5 c_6 + c_4 s_6 & -s_2 c_5 c_6 + c_4 c_6 & s_4 s_5 & d_2 \\ 0 & 0 & 0 & 1 \end{bmatrix}$$

式中第 3 行第 4 列的元素为常数，把对应的元素等同起来可得

$$f_{13}(p) = d_2$$

即

$$-s_1 p_x + c_1 p_y = d_2$$

采用三角代换 $\begin{cases} p_x = r \cos\varphi \\ p_y = r \sin\varphi \end{cases}$

式中，$p = \sqrt{p_x^2 + p_y^2}$，$\varphi = \text{Atan2}(p_y, p_x)$。

进行三角变换：

$$\sin(\varphi - \theta_1) = \frac{d_2}{p}, \quad \cos(\varphi - \theta_1) = \pm\sqrt{1 - \left(\frac{d_2}{p}\right)^2}$$

$$\varphi - \theta_1 = \text{Atan2}\left[\frac{d_2}{p}, \pm\sqrt{1 - \left(\frac{d_2}{p}\right)^2}\right]$$

得

$$\theta_1 = \text{Atan2}(p_y, p_x) - \text{Atan2}\left[\frac{d_2}{p}, \pm\sqrt{1 - \left(\frac{d_2}{p}\right)^2}\right]$$

式中，正负号对应的两个解对应于 θ_1 的两个可能解。

(2) 求 θ_2

根据前述原则，用 $\boldsymbol{A}_2^{-1}$ 左乘方程式 $\boldsymbol{A}_2\boldsymbol{A}_3\boldsymbol{A}_4\boldsymbol{A}_5\boldsymbol{A}_6 = {}^1\boldsymbol{T}_6$，得 $\boldsymbol{A}_2^{-1}\boldsymbol{A}_1^{-1}\boldsymbol{T}_6 = \boldsymbol{A}_3\boldsymbol{A}_4\boldsymbol{A}_5\boldsymbol{A}_6$，查找右边的元素，这些元素是各关节的函数。观察矩阵可知，第 1 行第 4 列和第 2 行第 4 列对应元素相等，因此可得

$$\begin{cases} s_2 d_3 = c_1 p_x + s_1 p_y \\ -c_2 d_3 = -p_z \end{cases}$$

由于 $d_3 > 0$（棱形导轨的伸展大于 0），所以 θ_2 有唯一解：$\theta_2 = \arctan \dfrac{c_1 p_x + s_1 p_y}{p_z}$。

(3) 求 d_3（$\theta_3 = 0$）

用 $\boldsymbol{A}_3^{-1}$ 左乘 $\boldsymbol{A}_2^{-1}\boldsymbol{A}_1^{-1}\boldsymbol{T}_6 = \boldsymbol{A}_3\boldsymbol{A}_4\boldsymbol{A}_5\boldsymbol{A}_6$，得 $\boldsymbol{A}_3^{-1}\boldsymbol{A}_2^{-1}\boldsymbol{A}_1^{-1}\boldsymbol{T}_6 = \boldsymbol{A}_4\boldsymbol{A}_5\boldsymbol{A}_6$，因已求得 θ_1、θ_2，故 s_1、c_1、s_2、c_2 的值已知。计算 $\boldsymbol{A}_3^{-1}\boldsymbol{A}_2^{-1}\boldsymbol{A}_1^{-1}\boldsymbol{T}_6 = \boldsymbol{A}_4\boldsymbol{A}_5\boldsymbol{A}_6$，令第 3 行第 4 列元素相等，故可得到 d_3 的方程式为

$$d_3 = s_2(c_1 p_x + s_1 p_y) + c_2 p_z$$

(4) 求 θ_4

用 $\boldsymbol{A}_4^{-1}$ 左乘 $\boldsymbol{A}_3^{-1}\boldsymbol{A}_2^{-1}\boldsymbol{A}_1^{-1}\boldsymbol{T}_6 = \boldsymbol{A}_4\boldsymbol{A}_5\boldsymbol{A}_6$，得 $\boldsymbol{A}_4^{-1}\boldsymbol{A}_3^{-1}\boldsymbol{A}_2^{-1}\boldsymbol{A}_1^{-1}\boldsymbol{T}_6 = \boldsymbol{A}_5\boldsymbol{A}_6$，有

$$\begin{bmatrix} f_{41}(n) & f_{41}(o) & f_{41}(a) & 0 \\ f_{42}(n) & f_{42}(o) & f_{42}(a) & 0 \\ f_{43}(n) & f_{43}(o) & f_{43}(a) & 0 \\ 0 & 0 & 0 & 1 \end{bmatrix} = \begin{bmatrix} c_5 c_6 & -c_5 c_6 & s_5 & 0 \\ s_5 c_6 & -s_5 c_6 & -c_5 & 0 \\ s_6 & c_6 & 0 & 0 \\ 0 & 0 & 0 & 1 \end{bmatrix}$$

$$f_{41}(i) = c_4[c_2(c_1 i_x + s_1 i_y) - s_2 i_z] + s_4(-s_1 i_x + c_1 i_y)$$

$$f_{42}(i) = -s_2(c_1 i_x + s_1 i_y) - c_2 i_z$$

$$f_{43}(i) = -s_4[c_2(c_1 i_x + s_1 i_y) - s_2 i_z] + c_4(-s_1 i_x + c_1 i_y)$$

式中，$i = n, o, a, p$。

矩阵式的右端第 3 行第 3 列元素为 0，令左、右第 3 行第 3 列元素相等，有

$$-s_4[c_2(c_1 a_x + s_1 a_y) - s_2 a_z] + c_4(-s_1 a_x + c_1 a_y) = 0$$

解得

$$\theta_{41} = \arctan \frac{-s_1 a_x + c_1 a_y}{c_2(c_1 a_x + s_1 a_y) - s_2 a_z}$$

$$\theta_{42} = \arctan \frac{-(-s_1 a_x + c_1 a_y)}{c_2(c_1 a_x + s_1 a_y) - s_2 a_z}$$

(5) 求 θ_5

由矩阵式第 1 行第 3 列和第 2 行第 3 列可得

$$\begin{cases} s_5 = c_4[c_2(c_1 a_x + s_1 a_y) - s_2 a_z] + s_4(-s_1 a_x + c_1 a_y) \\ c_5 = s_2(c_1 a_x + s_1 a_y) + c_2 a_z \end{cases}$$

解得

$$\theta_5 = \arctan \frac{c_4[c_2(c_1 a_x + s_1 a_y) - s_2 a_z] + s_4(-s_1 a_x + c_1 a_y)}{s_2(c_1 a_x + s_1 a_y) + c_2 a_z}$$

(6) 求 θ_6

用 A_5^{-1} 左乘 $A_4^{-1}A_3^{-1}A_2^{-1}A_1^{-1}T_6 = A_5A_6$，得 $A_5^{-1}A_4^{-1}A_3^{-1}A_2^{-1}A_1^{-1}T_6 = A_6$，有

$$\begin{bmatrix} f_{51}(n) & f_{51}(o) & 0 & 0 \\ f_{52}(n) & f_{52}(o) & 0 & 0 \\ f_{53}(n) & f_{53}(o) & 1 & 0 \\ 0 & 0 & 0 & 1 \end{bmatrix} = \begin{bmatrix} c_6 & -s_6 & 0 & 0 \\ s_6 & c_6 & 0 & 0 \\ 0 & 0 & 1 & 0 \\ 0 & 0 & 0 & 1 \end{bmatrix}$$

类似地，第 1 行第 2 列和第 2 行第 2 列对应元素相等，得

$$s_6 = -c_5\{c_4[c_2(c_1o_x + s_1o_y) - s_2o_z] + s_4(-s_1o_x + c_1o_y)\} + s_5[s_2(c_1o_x + s_1o_y) - c_2o_z]$$

$$c_6 = -s_4[c_2(c_1o_x + s_1o_y) - s_2o_z] + s_4(-s_1o_x + c_1o_y)$$

解得 $\theta_6 = \arctan \dfrac{s_6}{c_6}$。

综上所述，求解运动学方程时，可以从 T_6 开始求解。根据式 $T_6 = A_1A_2A_3A_4A_5A_6$，两边同时乘 A_1^{-1}，由此求解 θ_1。再两边同时乘 A_2^{-1}，由此求解 θ_2。依次类推，便可以求解各个关节角度，但通常不需要全部递推过程便可利用等式两边对应项求解。

$$T_6 = \begin{bmatrix} n_x & o_x & a_x & p_x \\ n_y & o_y & a_y & p_y \\ n_z & o_z & a_z & p_z \\ 0 & 0 & 0 & 1 \end{bmatrix}$$

由 $T_6 = A_1A_2A_3A_4A_5A_6$，可以建立 12 个方程。T_6 左上角的 3×3 矩阵是两个坐标系之间的旋转变换矩阵，它描述了姿态关系，共有 9 个元素。旋转矩阵的每列都是单位矢量，并且每列之间都两两正交。因此，9 个元素中仅 3 个是独立的；右上角的 3×1 矩阵是两个坐标系之间的平移变换矩阵，它描述了位置关系，有 3 个独立元素。故 12 个方程中仅有 6 个是独立，对应 6 个未知数。因此，一般情况下，单从数学的角度看，方程组应该是有解的。上述方程组是由一些非线性的、超越、难解的方程组成。为了降低求解难度，机器人的杆件参数应仅可能地取为 0。

在逆向运动学求解过程中，不能用反余弦函数来求解关节角，因为这样求解不仅关节角的符号不确定[$\cos\theta = \cos(-\theta)$]，而且角的精度也难以保证[$\mathrm{d}(\cos\theta)/\mathrm{d}\theta|_{\theta=0,\pm180°} = 0$]，因此，通常用反正切函数 Atan2($y,x$) 来确定 θ 值，它可把 $\arctan(y/x)$ 校正到适当的象限。

逆向运动学的反解的可能解有多个，但由于结构限制，例如各关节变量不能在全部 360° 范围内运动，有些解甚至全部解都不能实现。在求解关节变量过程中，若出现反正切函数的分子和分母太小，则计算结果误差会很大，此时应重新选择矩阵元素建立新的方程组再进行计算，直到获得满意的结果为止。同样，如果计算结果超出了机器人手臂关节的运动范围，则也要重新计算，直到符合机器人手臂关节的运动范围。

由于机器人手臂各关节变量的相互耦合，后面计算的关节变量与前面的关节变量有关，因此当前面关节变量的计算结果发生变化时，后面关节变量计算的结果也会发生变化，所以逆运动方程的解不是唯一的，我们应该根据机器人手臂的组合形态和各关节的运动范围，经过多次反复计算，从中选择一组合理解。由此可见，求解机器人的逆运动方程是一个十分复杂的过程。

4.4 机器人雅可比矩阵

在机器人速度分析和静力学分析中都将遇到类似的雅可比矩阵,我们称之为机器人雅可比矩阵,或简称雅可比。本节内容首先介绍了雅可比矩阵的定义,在雅可比矩阵的建立部分,我们首先研究坐标系的微分运动,然后研究机器人机构的微分运动,最后建立两者之间的联系。

4.4.1 雅可比矩阵的定义

1. 雅可比矩阵

假如有一组变量为 x_j 的方程 Y_i

$$Y_i = f_i(x_1, x_2, x_3, \cdots, x_j)$$

由 Y_i 微分变化引起的 x_j 微分变化为

$$\begin{cases} \delta Y_1 = \dfrac{\partial f_1}{\partial x_1}\delta x_1 + \dfrac{\partial f_1}{\partial x_2}\delta x_2 + \cdots + \dfrac{\partial f_1}{\partial x_j}\delta x_j \\ \delta Y_2 = \dfrac{\partial f_2}{\partial x_1}\delta x_1 + \dfrac{\partial f_2}{\partial x_2}\delta x_2 + \cdots + \dfrac{\partial f_2}{\partial x_j}\delta x_j \\ \vdots \\ \delta Y_i = \dfrac{\partial f_i}{\partial x_1}\delta x_1 + \dfrac{\partial f_i}{\partial x_2}\delta x_2 + \cdots + \dfrac{\partial f_i}{\partial x_j}\delta x_j \end{cases}$$

可写成矩阵形式,表示各单个变量和函数间的微分关系,如下所示,含这一关系的矩阵便是雅可比矩阵。

$$\begin{bmatrix} \delta Y_1 \\ \delta Y_2 \\ \vdots \\ \delta Y_i \end{bmatrix} = \begin{bmatrix} \dfrac{\partial f_1}{\partial x_1} & \dfrac{\partial f_1}{\partial x_2} & \cdots & \dfrac{\partial f_1}{\partial x_j} \\ \dfrac{\partial f_2}{\partial x_1} & \dfrac{\partial f_2}{\partial x_2} & \cdots & \dfrac{\partial f_2}{\partial x_j} \\ \vdots & \vdots & & \vdots \\ \dfrac{\partial f_i}{\partial x_1} & \dfrac{\partial f_i}{\partial x_2} & \cdots & \dfrac{\partial f_i}{\partial x_j} \end{bmatrix} \begin{bmatrix} \delta x_1 \\ \delta x_2 \\ \vdots \\ \delta x_j \end{bmatrix} \quad \text{或} \quad [\delta Y_i] = \left[\dfrac{\partial f_i}{\partial x_j}\right][\delta x_j]$$

雅可比矩阵是由位置方程各元素对 q 求微分得到的。因此可通过使用每个位置方程对所有变量求导来计算雅可比矩阵。机器人手坐标系的微分运动是机器人每一个关节的微分运动所引起的。因此,当机器人的关节做微量运动时,手坐标系也产生微量运动,所以必须将机器人的微分运动与坐标系的微分运动联系起来。

机器人的运动学方程,描述了机器人手臂的位移关系,同时建立了操作空间 X 与关节空间 q 的映射关系。

$$X = X(q) \tag{4-11}$$

操作空间指的是机器人末端执行器的作业是在直角坐标空间中进行的,即机器人手臂末端位姿 X 是在直角坐标空间中描述的空间。n 个自由度机器人手臂的末端位姿 X 由 n 个关节变量所决定,这 n 个关节变量也叫作 n 维关节矢量 q。关节空间指的是所有关节矢量 q 构成的空间。操作空间和关节空间之间可通过雅可比矩阵连接。

同样，根据上述关系对机器人位置方程求微分，可求得 X 与 q 之间的微分关系，它建立了机器人关节微分运动和机器人手坐标系微分运动间的联系。

$$dX = J(q)dq \tag{4-12}$$

式中，$J(q)$ 称为 n 自由度机器人速度雅可比矩阵。

$$J(q) = \frac{\partial X(q)}{\partial q^{\mathrm{T}}} = \begin{bmatrix} \frac{\partial x}{\partial q_1} & \frac{\partial x}{\partial q_2} & \cdots & \frac{\partial x}{\partial q_n} \\ \frac{\partial y}{\partial q_1} & \frac{\partial y}{\partial q_2} & \cdots & \frac{\partial y}{\partial q_n} \\ \frac{\partial z}{\partial q_1} & \frac{\partial z}{\partial q_2} & \cdots & \frac{\partial z}{\partial q_n} \\ \frac{\partial \varphi_x}{\partial q_1} & \frac{\partial \varphi_x}{\partial q_2} & \cdots & \frac{\partial \varphi_x}{\partial q_n} \\ \frac{\partial \varphi_y}{\partial q_1} & \frac{\partial \varphi_y}{\partial q_2} & \cdots & \frac{\partial \varphi_y}{\partial q_n} \\ \frac{\partial \varphi_z}{\partial q_1} & \frac{\partial \varphi_z}{\partial q_2} & \cdots & \frac{\partial \varphi_z}{\partial q_n} \end{bmatrix} \tag{4-13}$$

式(4-12)、式(4-13)中，dx、dy 及 dz 表示机器人手沿 x、y 及 z 轴的微分运动；φ_x、φ_y 及 φ_z 分别表示机器人手绕 x、y 及 z 轴的微分旋转；dq 表示关节的微分运动。其中，$J_{ij}(q)$ 为雅可比矩阵中第 i 行第 j 列的元素，有

$$J_{ij}(q) = \frac{\partial X_i}{\partial q_j}, i = 1, 2, \cdots, 6, j = 1, 2, \cdots, n$$

在矢量分析中，雅可比矩阵 $J(q)$ 是函数的一阶偏导数以一定方式排列成的矩阵，其行列式称为雅可比行列式。雅可比矩阵表示机构部件随时间变化的几何关系，它可以将单个关节的微分运动或速度转换为感兴趣点的微分运动或速度，也可将单个关节的运动与整个机构的运动联系起来。雅可比矩阵各元素的大小也随时间变化，因此雅可比矩阵是与时间相关的。雅可比矩阵 $J(q)$ 不仅可以用来表示操作空间速度与关节空间速度之间的线性映射关系，同时也用来表示两空间之间力的传递关系。

例 4-5 图 4-12 所示为 2 自由度平面关节型机器人（2R 机器人），根据端点位置 x、y 与关节 θ_1、θ_2 的关系，求出雅可比矩阵。

解： 建立端点位置 x、y 与关节 θ_1、θ_2 的关系为 $\begin{cases} x = l_1 c\theta_1 + l_2 c_{12} \\ y = l_1 s\theta_1 + l_2 s_{12} \end{cases}$

其微分： $\begin{cases} dx = \frac{\partial x}{\partial \theta_1} d\theta_1 + \frac{\partial x}{\partial \theta_2} d\theta_2 \\ dy = \frac{\partial y}{\partial \theta_1} d\theta_1 + \frac{\partial y}{\partial \theta_2} d\theta_2 \end{cases}$

写成矩阵形式： $\begin{bmatrix} dx \\ dy \end{bmatrix} = \begin{bmatrix} \frac{\partial x}{\partial \theta_1} & \frac{\partial x}{\partial \theta_2} \\ \frac{\partial y}{\partial \theta_1} & \frac{\partial y}{\partial \theta_2} \end{bmatrix} \begin{bmatrix} d\theta_1 \\ d\theta_2 \end{bmatrix}$

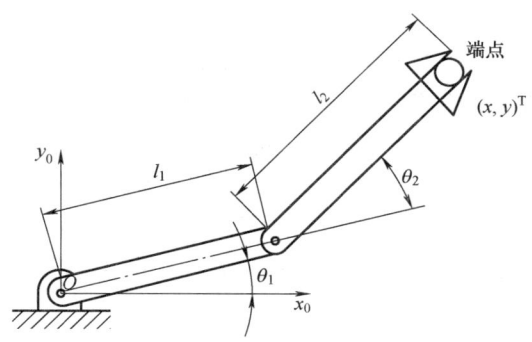

图 4-12 2R 机器人

令 $J(\theta) = \begin{bmatrix} \dfrac{\partial x}{\partial \theta_1} & \dfrac{\partial x}{\partial \theta_2} \\ \dfrac{\partial y}{\partial \theta_1} & \dfrac{\partial y}{\partial \theta_2} \end{bmatrix}$

式中，$J(\theta)$ 就是机器人手臂的雅可比矩阵，它由函数 x、y 的偏微分组成，反映了关节微小位移 $d\boldsymbol{\theta}$ 与手部（手爪）微小运动 dX 之间的关系。

$$dX = J(\theta)d\theta$$

$$dX = \begin{bmatrix} dx \\ dy \end{bmatrix} \quad d\boldsymbol{\theta} = \begin{bmatrix} d\theta_1 \\ d\theta_2 \end{bmatrix}$$

对该 2 自由度机器人运动学方程进行计算，则其雅可比矩阵可写为

$$J(\theta) = \begin{bmatrix} -l_1 s_1 - l_2 s_{12} & -l_2 s_{12} \\ l_1 c_1 + l_2 c_{12} & l_2 c_{12} \end{bmatrix}$$

从 $J(\theta)$ 中元素组成可见，$J(\theta)$ 矩阵的值是 θ_1 和 θ_2 的函数。例 4-5 中，雅可比矩阵是由位置方程各元素对 θ_1 和 θ_2 求微分得到的。由于 θ_1 和 θ_2 的值是随时间变化的，从而雅可比矩阵各元素的大小也随时间变化，因此雅可比矩阵是与时间相关的。

对该 2 自由度机器人来说，$J(q)$ 是一个 2×2 的矩阵。若令 J_1、J_2 分别为例 4-5 中雅可比矩阵的第 1 列矢量和第 2 列矢量，即

$$\dot{X} = J_1 \dot{\theta}_1 + J_2 \dot{\theta}_2$$

右边第一项表示仅由第一个关节运动引起的端点速度；右边第二项表示仅由第二个关节运动引起的端点速度；总的端点速度为这两个速度矢量的合成。可以看出，雅可比矩阵的每一列表示其他关节不动而某一关节以单位速度运动产生的端点速度。

由 $J(\theta) = \begin{bmatrix} -l_1 s_1 - l_2 s_{12} & -l_2 s_{12} \\ l_1 c_1 + l_2 c_{12} & l_2 c_{12} \end{bmatrix}$，可以看出，$J(\theta)$ 阵的值随手爪位置的不同而不同，即 θ_1 和 θ_2 的改变会导致 $J(\theta)$ 的变化。

推而广之，对于 n 自由度机器人，关节变量可用广义关节变量 q 表示 $q = [q_1 \quad q_2 \quad \cdots \quad q_n]^T$。当关节为转动关节时，$q_i = \theta_i$；当关节为移动关节时，$q_i = d_i$。$d\boldsymbol{q} = [dq_1 \quad dq_2 \quad \cdots \quad dq_n]^T$，反映了关节空间的微小运动。

对式(4-12)按时间求导,得

$$\dot{X} = J(q)\dot{q} \tag{4-14}$$

$\dot{X}$表示末端在操作空间的广义速度,简称操作速度;$\dot{q}$为机器人关节在关节空间中的关节速度;$J(q)$是关节速度$\dot{q}$向操作速度$\dot{X}$的线性变化。这里雅可比矩阵$J(q)$的前3行代表手部线速度与关节速度传递比,后3行代表手部角速度与关节速度传递比。每一列表示其他关节不动而某一关节运动的端点速度。数学上,雅可比矩阵是一个多元函数的偏导矩阵。在机器人速度分析和静力分析中都将用到雅可比矩阵。雅可比矩阵是一个时变的线性变换矩阵。在机器人学领域内,通常谈到的雅可比矩阵是把关节角速度和机器人手臂末端的直角坐标速度联系在一起的。

2. 逆雅可比矩阵

假设有一个机器人要将两片工件焊接在一起,为了获得最好的焊接质量,要求机器人以恒速运动,也就是说,要求指定的手坐标系的微分运动能按特定姿态的恒速运动。这就涉及坐标系的微分运动,而该运动是由机器人产生的(也可由其他方式产生,但这里只以机器人为例)。因此,应计算出每一时刻各关节的速度,以使得由机器人产生的总的运动就等于坐标系的期望速度。

反之,假如给定机器人手部速度,可解出相应的关节速度,即

$$\dot{q} = J^{-1}(q)\dot{X} \tag{4-15}$$

式中,$J^{-1}(q)$称为机器人的逆雅可比矩阵。当机器人手部在空间按规定的速度进行作业,用式(4-15)可以计算出沿路径上每一瞬时相应的关节速度。

例4-6 如图4-13所示的2自由度机器人手臂,手部沿固定坐标系x_0轴正向以1.0m/s的速度移动,杆长$l_1 = l_2 = 0.5$m。设在某瞬时$\theta_1 = 30°$,$\theta_2 = -60°$,求相应瞬时的关节速度。

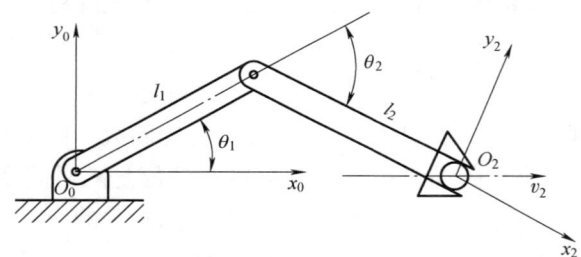

图4-13 2自由度机器人手爪沿x方向运动示意图

解:该2自由度机器人手臂的雅可比矩阵为 $J(q) = \begin{bmatrix} -l_1 s_1 - l_2 s_{12} & -l_2 s_{12} \\ l_1 c_1 + l_2 c_{12} & l_2 c_{12} \end{bmatrix}$

因为$\dot{q} = J^{-1}(q)\dot{X}$,对于平面2R机器人手臂,逆雅可比可由上例中的$J(q)$的表达式求得

$$J^{-1}(q) = \frac{1}{l_1 l_2 s_2} \begin{bmatrix} l_2 c_{12} & l_2 s_{12} \\ -l_1 c_1 - l_2 c_{12} & -l_1 s_1 - l_2 s_{12} \end{bmatrix}$$

只要知道机器人手臂的雅可比$J(q)$是满秩的方阵,相应的关节速度即可求出,即

$$\dot{\theta} = J^{-1}(q)\dot{X}$$

且$v_x = 1$m/s,$v_y = 0$,因此得到与末端速度$\dot{X} = \begin{bmatrix} 1 & 0 \end{bmatrix}^T$相应的关节速度,得

$$\begin{bmatrix} \dot{\theta}_1 \\ \dot{\theta}_2 \end{bmatrix} = \frac{1}{l_1 l_2 s\theta_2} \begin{bmatrix} l_2 c_{12} & l_2 s_{12} \\ -l_1 c\theta_1 - l_2 c_{12} & -l_1 s\theta_1 - l_2 s_{12} \end{bmatrix} \begin{bmatrix} 1 \\ 0 \end{bmatrix}$$

$$\dot{\theta}_1 = \frac{\cos(\theta_1 + \theta_2)}{l_1 \sin\theta_2} = \frac{\cos(30° - 60°)}{0.5 \times \sin(-60°)} \text{rad/s} = -2\text{rad/s}$$

$$\dot{\theta}_2 = \frac{\cos\theta_1}{l_1 \sin\theta_2} - \frac{\cos(\theta_1 + \theta_2)}{l_1 \sin\theta_2} = \left[\frac{\cos(30°)}{0.5 \times \sin(-60°)} - \frac{\cos(30° - 60°)}{0.5 \times \sin(-60°)} \right] \text{rad/s} = 4\text{rad/s}$$

在两关节的位置，速度分别为 $\dot{\theta}_1 = -2\text{rad/s}$，$\dot{\theta}_2 = 4\text{rad/s}$。

当机器人手部在空间按规定的速度进行作业，用式(4-15)可以计算出沿路径上每一瞬时相应的关节速度。$J(q)$ 不是方阵时，$J^{-1}(q)$ 是不存在的，可以用广义逆雅可比矩阵来确定关节速度矢量。当 $J(q)$ 是方阵时，可对 $J(q)$ 直接求逆，得到 $J^{-1}(q)$，但比较困难，通常直接对机器人的逆解进行微分来求 $J^{-1}(q)$。

3. 雅可比矩阵的奇异性

对于关节空间的某些形位，机器人手臂的雅可比矩阵的秩减少，这些形位称为机器人手臂(机械手)的奇异形位。例如，例4-5中，机器人手臂雅可比矩阵的行列式为

$$|J(q)| = \begin{vmatrix} -l_1 \sin\theta_1 - l_2 \sin(\theta_2 + \theta_1) & -l_2 \sin(\theta_2 + \theta_1) \\ l_1 \cos\theta_1 + l_2 \cos(\theta_2 + \theta_1) & l_2 \cos(\theta_2 + \theta_1) \end{vmatrix}$$
$$= l_1 l_2 \sin\theta_2$$

显然，连杆的长度是不可能为0的。因此，若 $\theta_2 = k\pi$，则 $|J(q)| = 0$，机构出现奇异。该机构的奇异形位就是两连杆完全伸展或完全折叠，即机构工作空间的边界处。上述计算中，当 θ_2 趋于 $0°$ 或 $180°$ 时，机器人手臂的雅可比行列式为0，其逆不存在，此时机器人手臂处于奇异状态，相应关节速度将趋于无穷大。从几何上看，机器人手臂完全伸直($\theta_2 = 0°$)或完全缩回($\theta_2 = 180°$)时，机器人手臂末端丧失了径向自由度，仅能沿切向运动。在奇异形位时，机器人手臂在操作空间的自由度将减少。

因为

$$J^{-1}(q) = \frac{J^*(q)}{|J(q)|} \tag{4-16}$$

若 $|J(q)| = 0$，则 $J^{-1}(q) \to \infty$、$\dot{q} = J^{-1}(q)\dot{X} \to \infty$。

由此可见，当雅可比矩阵的行列式为0时，即使手爪的速度为一个定值，关节速度也将趋于无穷大，最终结果会导致关节及该关节的驱动装置损坏。如前所述，雅可比矩阵不是一个常数矩阵，它的行列式值随着机器人手臂的运动在变化。因此，当机器人手臂运动到某个形位时，恰好使此时的雅可比行列式值为0，就会造成奇异，机器人手臂在工作时，应避开奇异形位附近，以免发生危险，这导致了机器人手臂的工作空间进一步缩小。

机器人的奇异形位分为两类：

1) 边界奇异形位：当机器人臂全部伸展开或全部折回时，使手部处于机器人工作空间的边界上或边界附近，出现逆雅可比奇异，机器人运动受到物理结构的约束。这时相应的机器人形位叫作边界奇异形位。

2) 内部奇异形位：两个或两个以上关节轴线重合时引起的奇异。当出现奇异形位时，会产生退化现象。

当机构处于奇异形位时其雅可比矩阵为奇异阵，行列式值为零，此时机构速度反解不存

在，存在某些不可控的自由度。另外，当机构处于奇异形位附近时，关节驱动力将趋于无穷大从而造成机器人的损坏。当机器人处在奇异形位时会产生退化现象，丧失一个或更多的自由度。这意味着在工作空间的某个方向上，不管怎样选择机器人的关节速度，手部也不可能实现移动。因此在设计和应用机器人时应避开奇异形位。

4.4.2 雅可比矩阵的建立

1. 坐标系的微分运动

刚体或坐标系的微分运动包含微分移动矢量 d 和微分转动矢量 φ。前者由沿 3 个坐标轴的微分移动组成；后者由绕 3 个坐标轴的微分转动组成。令 $d = \begin{bmatrix} d_x & d_y & d_z \end{bmatrix}^T$，$\varphi = \begin{bmatrix} \varphi_x & \varphi_y & \varphi_z \end{bmatrix}^T$。将两者合并为 6 维列矢量 X，称为刚体或坐标系的微分运动矢量：

$$D = \begin{bmatrix} d \\ \varphi \end{bmatrix} = dX \tag{4-17}$$

若相对基坐标系(或参考系)的微分运动为 D(d 和 φ)，则相对坐标系 $\{T\}$

$$T = \begin{bmatrix} n_x & o_x & a_x & p_x \\ n_y & o_y & a_y & p_y \\ n_z & o_z & a_z & p_z \\ 0 & 0 & 0 & 1 \end{bmatrix} = \begin{bmatrix} n & o & a & p \\ 0 & 0 & 0 & 1 \end{bmatrix} \tag{4-18}$$

的微分运动为 ^TD(^Td 和 $^T\varphi$) 为

$$\begin{cases} ^Td_x = \varphi \cdot (p \times n) + d \cdot n \\ ^Td_y = \varphi \cdot (p \times o) + d \cdot o \\ ^Td_z = \varphi \cdot (p \times a) + d \cdot a \end{cases} \tag{4-19}$$

$$\begin{cases} ^T\varphi_x = \varphi \cdot n \\ ^T\varphi_y = \varphi \cdot o \\ ^T\varphi_z = \varphi \cdot a \end{cases} \tag{4-20}$$

式(4-18)中，n、o、a 和 p 是微分坐标变换矩阵 T 的旋转和平移矢量。

式(4-19)和式(4-20)也可用 6×6 的矩阵形式表示如下：

$$\begin{bmatrix} ^Td_x \\ ^Td_y \\ ^Td_z \\ ^T\varphi_x \\ ^T\varphi_y \\ ^T\varphi_z \end{bmatrix} = \begin{bmatrix} n_x & n_y & n_z & (p \times n)_x & (p \times n)_y & (p \times n)_z \\ o_x & o_y & o_z & (p \times o)_x & (p \times o)_y & (p \times o)_z \\ a_x & a_y & a_z & (p \times a)_x & (p \times a)_y & (p \times a)_z \\ 0 & 0 & 0 & n_x & n_y & n_z \\ 0 & 0 & 0 & o_x & o_y & o_z \\ 0 & 0 & 0 & a_x & a_y & a_z \end{bmatrix} \begin{bmatrix} d_x \\ d_y \\ d_z \\ \varphi_x \\ \varphi_y \\ \varphi_z \end{bmatrix} \tag{4-21}$$

式(4-21)可简化为

$$\begin{bmatrix} ^Td \\ ^T\varphi \end{bmatrix} = \begin{bmatrix} R_T & -R_T S(p) \\ 0 & R_T \end{bmatrix} \begin{bmatrix} d \\ \varphi \end{bmatrix} \tag{4-22}$$

式中，R_T 是旋转矩阵；$S(p)$ 是反对称矩阵。

$$\boldsymbol{R}_T = \begin{bmatrix} n_x & n_y & n_z \\ o_x & o_y & o_z \\ a_x & a_y & a_z \end{bmatrix} \quad \boldsymbol{S}(\boldsymbol{p}) = \begin{bmatrix} 0 & -p_z & p_y \\ p_z & 0 & -p_x \\ -p_y & p_x & 0 \end{bmatrix}$$

相应地,刚体或坐标系的广义速度 $\dot{\boldsymbol{X}}$ 是由线速度 $\boldsymbol{v}$,$\boldsymbol{\omega}$ 组成的 6 维矢量:

$$\dot{\boldsymbol{X}} = \begin{bmatrix} \boldsymbol{v} \\ \boldsymbol{\omega} \end{bmatrix} = \lim_{\Delta t \to 0} \frac{1}{\Delta t} \begin{bmatrix} \boldsymbol{d} \\ \boldsymbol{\varphi} \end{bmatrix} \tag{4-23}$$

$$\mathrm{d}\boldsymbol{X} = \begin{bmatrix} \boldsymbol{d} \\ \boldsymbol{\varphi} \end{bmatrix} = \lim_{\Delta t \to 0} \dot{\boldsymbol{X}} \Delta t = \lim_{\Delta t \to 0} \boldsymbol{J}(\boldsymbol{q}) \dot{\boldsymbol{q}} \Delta t = \boldsymbol{J}(\boldsymbol{q}) \mathrm{d}\boldsymbol{q} \tag{4-24}$$

2. 机器人的微分运动

雅可比矩阵 $\boldsymbol{J}(\boldsymbol{q})$ 既可被看成是从关节空间向操作空间的速度传递的线性关系,也可被看成是微分运动的线性关系。式(4-14)中,机器人关节速度矢量定义为

$$\dot{\boldsymbol{q}} = \begin{bmatrix} \dot{q}_1 & \dot{q}_2 & \cdots & \dot{q}_n \end{bmatrix}^{\mathrm{T}} \tag{4-25}$$

对于 n 个关节的机器人,其雅可比矩阵式 $\boldsymbol{J}(\boldsymbol{q})$ 是 $6 \times n$ 阶矩阵,其中前 3 行表示相应的关节速度对手爪的线速度 $\boldsymbol{v}$ 的传递比,后 3 行表示相应的关节速度对手爪的角速度 $\boldsymbol{\omega}$ 的传递比,每一列代表相应的关节速度 $\dot{q}_i$ 对于手爪线速度和角速度的传递比,是其他关节不动而某一关节运动的端点速度。

$$\begin{bmatrix} \boldsymbol{v} \\ \boldsymbol{\omega} \end{bmatrix} = \begin{bmatrix} \boldsymbol{J}_{l1} & \boldsymbol{J}_{l2} & \cdots & \boldsymbol{J}_{ln} \\ \boldsymbol{J}_{m1} & \boldsymbol{J}_{m2} & \cdots & \boldsymbol{J}_{mn} \end{bmatrix} \begin{bmatrix} \dot{q}_1 \\ \dot{q}_2 \\ \vdots \\ \dot{q}_n \end{bmatrix} \tag{4-26}$$

其中,$l = 1, 2, 3$,$m = 4, 5, 6$。

$$\begin{cases} \boldsymbol{v} = \boldsymbol{J}_{l1} \dot{q}_1 + \boldsymbol{J}_{l2} \dot{q}_2 + \cdots + \boldsymbol{J}_{ln} \dot{q}_n \\ \boldsymbol{\omega} = \boldsymbol{J}_{m1} \dot{q}_1 + \boldsymbol{J}_{m2} \dot{q}_2 + \cdots + \boldsymbol{J}_{mn} \dot{q}_n \end{cases}$$

$\boldsymbol{J}_{li}$、$\boldsymbol{J}_{mi}$ 分别表示关节 i 的单位关节速度引起的手爪线速度和角速度。

对于平面运动的机器人来说,手的广义位置矢量 $\begin{bmatrix} x & y & \varphi \end{bmatrix}^{\mathrm{T}}$ 容易确定,且方位 φ 与角运动的形成顺序无关,可采用直接微分法求 $\boldsymbol{J}$,非常方便。二维平面机器人,$\boldsymbol{J}$ 的行数为 3,列数则为机器人手臂含有的关节数目。在三维空间运行的机器人,其 $\boldsymbol{J}$ 阵的行数恒为 6(沿/绕基坐标系的变量共 6 个),列数则为机器人手臂含有的关节数目。从机器人运动学方程,可以获得直角坐标位置矢量 $\begin{bmatrix} x & y & z \end{bmatrix}^{\mathrm{T}}$ 的显式方程,因此,$\boldsymbol{J}$ 的前 3 行可以直接微分求得,但找不到互相独立的、无顺序的 3 个转角来描述方位,即方位矢量 $\begin{bmatrix} \varphi_x & \varphi_y & \varphi_z \end{bmatrix}^{\mathrm{T}}$ 的一般表达式。绕直角坐标轴的连续角运动变换是不可交换的,而对角位移的微分与对角位移的形成顺序无关,故一般不能运用直接微分法来获得 $\boldsymbol{J}$ 的后 3 行。故直接微分法对于三维空间运行的机器人不完全适用,即空间机器人不能用直接微分法求雅可比矩阵,应采用构造法。

3. 雅可比矩阵的构造

下面采用构造性的方法直接构造出各项 $\boldsymbol{J}_{li}$ 和 $\boldsymbol{J}_{mi}$。如图 4-14 所示,机器人末端手爪的线速度 $\boldsymbol{v}$ 和角速度 $\boldsymbol{\omega}$ 与关节速度 $\dot{\boldsymbol{q}}$ 有关。

(1) 矢量积法

求解机器人雅可比矩阵的矢量积法是建立在运动坐标系概念的基础上,由惠特尼

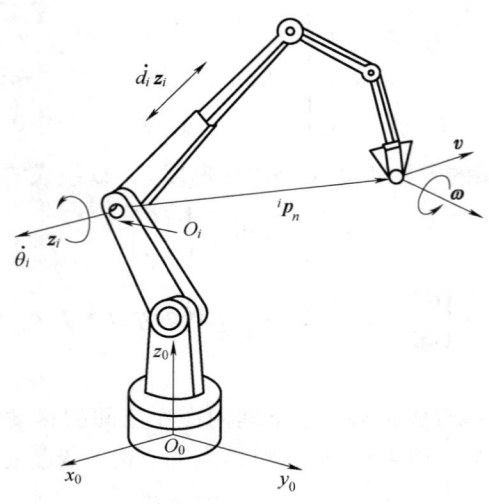

图 4-14 雅可比矩阵构造

（Whitney）提出。

对移动关节 i：

$$\begin{bmatrix} \boldsymbol{v} \\ \boldsymbol{\omega} \end{bmatrix} = \begin{bmatrix} \boldsymbol{z}_i \\ 0 \end{bmatrix} \dot{q}_i, \boldsymbol{J}_i = \begin{bmatrix} \boldsymbol{z}_i \\ 0 \end{bmatrix} \tag{4-27}$$

式中，$\boldsymbol{z}_i$ 是坐标系 $\{i\}$ 的 z 轴单位矢量在基坐标系 $\{0\}$ 中的表示。

对转动关节 i：

$$\begin{bmatrix} \boldsymbol{v} \\ \boldsymbol{\omega} \end{bmatrix} = \begin{bmatrix} \boldsymbol{z}_i \times {}^i\boldsymbol{p}_n^0 \\ \boldsymbol{z}_i \end{bmatrix} \dot{q}_i, \boldsymbol{J}_i = \begin{bmatrix} \boldsymbol{z}_i \times {}^i\boldsymbol{p}_n^0 \\ \boldsymbol{z}_i \end{bmatrix} \tag{4-28}$$

式中，${}^i\boldsymbol{p}_n^0$ 是手爪坐标原点相对坐标系 $\{i\}$ 的位置矢量在基坐标系 $\{0\}$ 表示。

对于 6 关节机器人，其矢量积法构造的雅可比矩阵为

$$\boldsymbol{J}(\boldsymbol{q}) = \begin{bmatrix} \boldsymbol{z}_1 \times {}^1\boldsymbol{p}_6^0 & \boldsymbol{z}_2 \times {}^2\boldsymbol{p}_6^0 & \cdots & \boldsymbol{z}_6 \times {}^6\boldsymbol{p}_6^0 \\ \boldsymbol{z}_1 & \boldsymbol{z}_2 & \cdots & \boldsymbol{z}_6 \end{bmatrix} \tag{4-29}$$

（2）微分变换法

为了叙述方便起见，这里以 6 关节机器人为例。式(4-21)描述的是坐标系之间的微分变换关系。结合式(4-21)和式(4-26)，可得到坐标之间的速度变换关系。

$$\begin{bmatrix} v_x \\ v_y \\ v_z \\ \omega_x \\ \omega_y \\ \omega_z \end{bmatrix} = \begin{bmatrix} n_x & n_y & n_z & (\boldsymbol{p} \times \boldsymbol{n})_x & (\boldsymbol{p} \times \boldsymbol{n})_y & (\boldsymbol{p} \times \boldsymbol{n})_z \\ o_x & o_y & o_z & (\boldsymbol{p} \times \boldsymbol{o})_x & (\boldsymbol{p} \times \boldsymbol{o})_y & (\boldsymbol{p} \times \boldsymbol{o})_z \\ a_x & a_y & a_z & (\boldsymbol{p} \times \boldsymbol{a})_x & (\boldsymbol{p} \times \boldsymbol{a})_y & (\boldsymbol{p} \times \boldsymbol{a})_z \\ 0 & 0 & 0 & n_x & n_y & n_z \\ 0 & 0 & 0 & o_x & o_y & o_z \\ 0 & 0 & 0 & a_x & a_y & a_z \end{bmatrix} \begin{bmatrix} \dot{q}_1 \\ \dot{q}_2 \\ \dot{q}_3 \\ \dot{q}_4 \\ \dot{q}_5 \\ \dot{q}_6 \end{bmatrix} \tag{4-30}$$

即

$$\begin{bmatrix} \boldsymbol{v} \\ \boldsymbol{\omega} \end{bmatrix} = \boldsymbol{J}(\boldsymbol{q}) \dot{\boldsymbol{q}} = \begin{bmatrix} \boldsymbol{R}_T & -\boldsymbol{R}_T \boldsymbol{S}(\boldsymbol{p}) \\ \boldsymbol{0} & \boldsymbol{R}_T \end{bmatrix} \dot{\boldsymbol{q}} \tag{4-31}$$

公式中，对于移动关节，连杆 i 沿坐标系 $\{i\}$ 的 z_i 轴相对连杆 $i-1$ 以速度 v_i 移动，得

$$\begin{bmatrix} v_x \\ v_y \\ v_z \\ \omega_x \\ \omega_y \\ \omega_z \end{bmatrix} = \begin{bmatrix} n_x & n_y & n_z & (\boldsymbol{p} \times \boldsymbol{n})_x & (\boldsymbol{p} \times \boldsymbol{n})_y & (\boldsymbol{p} \times \boldsymbol{n})_z \\ o_x & o_y & o_z & (\boldsymbol{p} \times \boldsymbol{o})_x & (\boldsymbol{p} \times \boldsymbol{o})_y & (\boldsymbol{p} \times \boldsymbol{o})_z \\ a_x & a_y & a_z & (\boldsymbol{p} \times \boldsymbol{a})_x & (\boldsymbol{p} \times \boldsymbol{a})_y & (\boldsymbol{p} \times \boldsymbol{a})_z \\ 0 & 0 & 0 & n_x & n_y & n_z \\ 0 & 0 & 0 & o_x & o_y & o_z \\ 0 & 0 & 0 & a_x & a_y & a_z \end{bmatrix} \begin{bmatrix} 0 \\ 0 \\ 1 \\ 0 \\ 0 \\ 0 \end{bmatrix} v_i$$

化简，得

$$\begin{bmatrix} v_x \\ v_y \\ v_z \\ \omega_x \\ \omega_y \\ \omega_z \end{bmatrix} = \begin{bmatrix} n_z \\ o_z \\ a_z \\ 0 \\ 0 \\ 0 \end{bmatrix} v_i$$

对于转动环节，连杆 i 相对连杆 $i-1$ 绕坐标系 $\{i\}$ 的 z_i 轴以角速度 $\dot{\theta}_i$ 转动，有

$$\begin{bmatrix} v_x \\ v_y \\ v_z \\ \omega_x \\ \omega_y \\ \omega_z \end{bmatrix} = \begin{bmatrix} n_x & n_y & n_z & (\boldsymbol{p} \times \boldsymbol{n})_x & (\boldsymbol{p} \times \boldsymbol{n})_y & (\boldsymbol{p} \times \boldsymbol{n})_z \\ o_x & o_y & o_z & (\boldsymbol{p} \times \boldsymbol{o})_x & (\boldsymbol{p} \times \boldsymbol{o})_y & (\boldsymbol{p} \times \boldsymbol{o})_z \\ a_x & a_y & a_z & (\boldsymbol{p} \times \boldsymbol{a})_x & (\boldsymbol{p} \times \boldsymbol{a})_y & (\boldsymbol{p} \times \boldsymbol{a})_z \\ 0 & 0 & 0 & n_x & n_y & n_z \\ 0 & 0 & 0 & o_x & o_y & o_z \\ 0 & 0 & 0 & a_x & a_y & a_z \end{bmatrix} \begin{bmatrix} 0 \\ 0 \\ 0 \\ 0 \\ 0 \\ 1 \end{bmatrix} \omega_i$$

化简，得

$$\begin{bmatrix} v_x \\ v_y \\ v_z \\ \omega_x \\ \omega_y \\ \omega_z \end{bmatrix} = \begin{bmatrix} (\boldsymbol{p} \times \boldsymbol{n})_z \\ (\boldsymbol{p} \times \boldsymbol{o})_z \\ (\boldsymbol{p} \times \boldsymbol{a})_z \\ n_z \\ o_z \\ a_z \end{bmatrix} \omega_i$$

从上述分析结合式(4-22)可得，雅可比矩阵的第 i 列为（表示关节 i 微分运动引起的末端微分运动）

$$\boldsymbol{J}_{li} = \begin{bmatrix} (\boldsymbol{p} \times \boldsymbol{n})_z \\ (\boldsymbol{p} \times \boldsymbol{o})_z \\ (\boldsymbol{p} \times \boldsymbol{a})_z \end{bmatrix} (\text{转动关节 } i), \boldsymbol{J}_{li} = \begin{bmatrix} n_z \\ o_z \\ a_z \end{bmatrix} (\text{移动关节 } i)$$

$$\boldsymbol{J}_{mi} = \begin{bmatrix} n_z \\ o_z \\ a_z \end{bmatrix} (\text{转动关节 } i), \boldsymbol{J}_{mi} = \begin{bmatrix} 0 \\ 0 \\ 0 \end{bmatrix} (\text{移动关节 } i) \quad (4\text{-}32)$$

上面求雅可比矩阵的方法是构造性的,只要知道各连杆变换 $^iT_6$,根据相应的 n、o、a 和 p,通过式(4-32)可以求得 J 中各个 J_i 列,就很容易生成雅可比矩阵,而不需求导和解复杂的方程等手续。

例 4-7 2R 平面机器人坐标系如图 4-15 所示。A_1 阵和 A_2 矩阵分别为

$$A_1 = \begin{bmatrix} c\theta_1 & -s\theta_1 & 0 & l_1 c\theta_1 \\ s\theta_1 & c\theta_1 & 0 & l_1 s\theta_1 \\ 0 & 0 & 1 & 0 \\ 0 & 0 & 0 & 1 \end{bmatrix} \quad A_2 = \begin{bmatrix} c\theta_2 & -s\theta_2 & 0 & l_2 c\theta_2 \\ s\theta_2 & c\theta_2 & 0 & l_2 s\theta_2 \\ 0 & 0 & 1 & 0 \\ 0 & 0 & 0 & 1 \end{bmatrix}$$

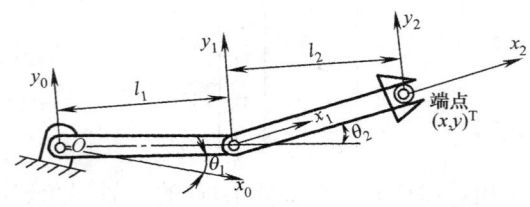

图 4-15 2R 平面机器人

求机器人的雅可比矩阵 J。

解:(1)先求 J_1

$$^0T_2 = A_1 A_2 = \begin{bmatrix} c_{12} & -s_{12} & 0 & l_1 c\theta_1 + l_2 c_{12} \\ s_{12} & c_{12} & 0 & l_1 s\theta_1 + l_2 s_{12} \\ 0 & 0 & 1 & 0 \\ 0 & 0 & 0 & 1 \end{bmatrix}$$

$$J_{l1} = \begin{bmatrix} (p \times n)_z \\ (p \times o)_z \\ (p \times a)_z \end{bmatrix} = \begin{bmatrix} p_x n_y - p_y n_x \\ p_x o_y - p_y o_x \\ p_x a_y - p_y a_x \end{bmatrix} = \begin{bmatrix} l_1 s_2 \\ l_1 c_2 + l_2 \\ 0 \end{bmatrix} \quad J_{m1} = \begin{bmatrix} n_z \\ o_z \\ a_z \end{bmatrix} = \begin{bmatrix} 0 \\ 0 \\ 1 \end{bmatrix}$$

得 $J_1 = \begin{bmatrix} l_1 s_2 \\ l_1 c_2 + l_2 \\ 0 \\ 0 \\ 0 \\ 1 \end{bmatrix}$

(2)求 J_2

$$^1T_2 = A_2 = \begin{bmatrix} c\theta_2 & -s\theta_2 & 0 & l_2 c\theta_2 \\ s\theta_2 & c\theta_2 & 0 & l_2 s\theta_2 \\ 0 & 0 & 1 & 0 \\ 0 & 0 & 0 & 1 \end{bmatrix}$$

$$\boldsymbol{J}_{l2} = \begin{bmatrix} (\boldsymbol{p} \times \boldsymbol{n})_z \\ (\boldsymbol{p} \times \boldsymbol{o})_z \\ (\boldsymbol{p} \times \boldsymbol{a})_z \end{bmatrix} = \begin{bmatrix} p_x n_y - p_y n_x \\ p_x o_y - p_y o_x \\ p_x a_y - p_y a_x \end{bmatrix} = \begin{bmatrix} 0 \\ l_2 \\ 0 \end{bmatrix} \qquad \boldsymbol{J}_{m2} = \begin{bmatrix} n_z \\ o_z \\ a_z \end{bmatrix} = \begin{bmatrix} 0 \\ 0 \\ 1 \end{bmatrix}$$

得 $\boldsymbol{J}_2 = \begin{bmatrix} 0 \\ l_2 \\ 0 \\ 0 \\ 0 \\ 1 \end{bmatrix}$

(3) 求 $\boldsymbol{J}$

$$\boldsymbol{J} = \begin{bmatrix} \boldsymbol{J}_1 & \boldsymbol{J}_2 \end{bmatrix} = \begin{bmatrix} l_1 s_1 & 0 \\ l_1 c_2 + l_2 & l_2 \\ 0 & 0 \\ 0 & 0 \\ 0 & 0 \\ 1 & 1 \end{bmatrix}$$

本 章 小 结

本章讨论了机器人运动学问题。首先介绍了连杆的概论、连杆坐标系、连杆运动学参数，通过实例介绍了D-H参数分析，并讨论了连杆变换等知识。

接着详细讨论了机器人正运动学和机器人逆运动学相关知识，包括机器人正运动学方程分析，通过实例介绍了机器人正运动学方程的建立和表示、求解等，介绍了机器人运动学反解的方法有解析解法和数值解法，讨论了逆运动学方程的可解性和多解性，并以2自由度机器人和斯坦福机器人为例，具体讨论了逆运动学解析解法中的代数解法。

本章还讨论了机器人的雅可比矩阵分析和计算等。这些内容是研究机器人动力学和控制的重要基础。雅可比矩阵这部分内容首先讨论了机器人的微分运动，得到刚体(或坐标系)的微分运动矢量。接着讨论了机器人微分运动的等价变换问题，为机器人雅可比矩阵的求导打下基础。在上述分析研究的基础上，研究了机器人操作空间速度与关节空间速度间的线性映射问题，即雅可比矩阵问题。

通过本章的学习，希望读者了解机器人运动学研究的相关问题。了解连杆坐标系、连杆运动学参数、D-H参数分析和连杆变换相关知识。掌握机器人正运动学和机器人逆运动学相关运动学方程的分析，掌握正运动学方程和逆运动学方程的建立、求解等。掌握机器人雅可比矩阵分析和计算等。

思考题与习题

4-1 简述机器人坐标系D-H法的建立方法。

4-2 简述机器人正运动学方程建立步骤和方法。

4-3 简述机器人逆运动学方程求解方法。

4-4 简述机器人雅克比矩阵的意义和性质。

4-5 已知 PUMA 机器人的 $^4T_6 = \begin{bmatrix} c_5c_6 & -c_5s_6 & -s_5 & 0 \\ s_6 & c_6 & 0 & 0 \\ s_5s_6 & -s_5c_6 & c_5 & 0 \\ 0 & 0 & 0 & 1 \end{bmatrix}$，求对应的雅可比矩阵的列 J_4。

4-6 已知机器人的连杆参数为表 4-4，求机器人的正向运动学方程。

表 4-4 6 轴机器人连杆参数

连杆 i	关节角 θ_i	连杆偏距 d_i	连杆扭角 $\alpha_i(°)$	连杆长度 a_i
1	θ_1	0	90	0
2	θ_2	0	0	a_2
3	θ_3	0	0	a_3
4	θ_4	0	-90	a_4
5	θ_5	0	90	0
6	θ_6	0	0	0

4-7 如图 4-16 所示，已知 4 轴平面关节 SCARA 机器人的变换矩阵为 A_1、A_2、A_3、A_4。

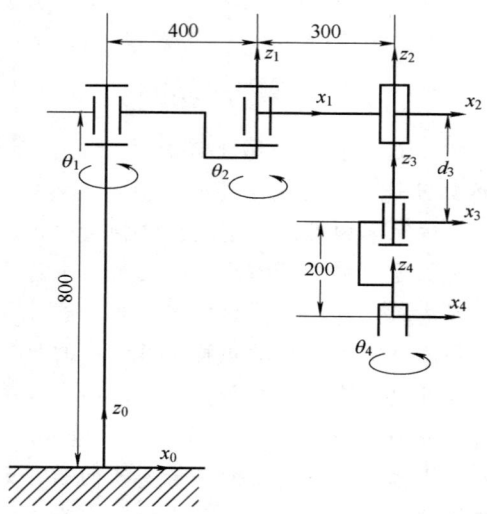

图 4-16 4 轴平面关节 SCARA 机器人坐标图

（1）若关节变量为 $[30°\ -60°\ 120\ 90°]^T$，则机器人手的位置和姿态是多少？
（2）求相应的关节变量 θ_1、θ_2、d_3、θ_4。

$$A_1 = \begin{bmatrix} c\theta_1 & -s\theta_1 & 0 & 400c\theta_1 \\ s\theta_1 & c\theta_1 & 0 & 400s\theta_1 \\ 0 & 0 & 1 & 800 \\ 0 & 0 & 0 & 1 \end{bmatrix} \quad A_2 = \begin{bmatrix} c\theta_2 & -s\theta_2 & 0 & 300c\theta_2 \\ s\theta_2 & c\theta_2 & 0 & 300s\theta_2 \\ 0 & 0 & 1 & 0 \\ 0 & 0 & 0 & 1 \end{bmatrix}$$

$$A_3 = \begin{bmatrix} 1 & 0 & 0 & 0 \\ 0 & 1 & 0 & 0 \\ 0 & 0 & 1 & d_3 \\ 0 & 0 & 0 & 1 \end{bmatrix} \quad A_4 = \begin{bmatrix} c\theta_4 & -s\theta_4 & 0 & 0 \\ s\theta_4 & c\theta_4 & 0 & 0 \\ 0 & 0 & 1 & 200 \\ 0 & 0 & 0 & 1 \end{bmatrix}$$

4-8 已知 3 自由度平面关节机器人如图 4-17 所示。设机器人杆件 1、2、3 的长度为 l_1、l_2、l_3，试建立机器人的运动学方程。

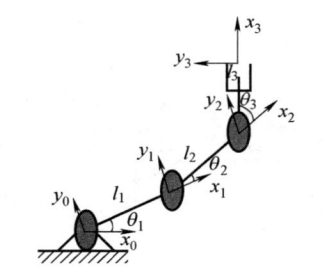

图 4-17　3 自由度平面关节机器人

第 5 章

机器人动力学

导读

前一章我们研究了机器人运动学,它是在稳态下进行的,没有考虑机器人运动的动态过程。实际上,机器人的动态性能不仅与运动学相对位置有关,还与机器人的结构形式、质量分布、执行机构的位置、传动装置等因素有关。机器人动力学就是研究机器人机构的力和运动之间关系与平衡的学科分支。机器人是一个具有多输入和多输出的复杂运动学系统,存在着复杂的耦合关系和严重的非线性。因此,对于机器人动力学的研究十分必要,也被广泛重视。本章将介绍动力学的基础知识,并在此基础上讨论机器人动力学方程的建立,重点阐述拉格朗日动力学方法。

本章知识点

- 刚体的速度和加速度
- 牛顿-欧拉方程
- 拉格朗日力学
- 机器人动力学方程

5.1 刚体运动的描述

刚体最基本的运动形式是平动和定轴转动。刚体的一般运动可看成平动与定轴转动的叠加。刚体的平动是指在运动过程中,刚体内任意两个质点的连线在运动中空间方向不变且始终保持平行。刚体的平动可以简化成质点的运动来处理。刚体运动时,如果刚体上所有质点都绕同一直线做圆周运动,则这种运动称为刚体的转动,这条直线称为转轴,转轴固定的称为定轴转动。

在本节中,将讨论刚体的运动描述,主要与速度有关,机器人杆件的速度包括线速度和角速度。为了描述每个连杆与相邻连杆之间的相对位置关系,根据第 4 章所述,我们通常会在每个连杆上定义一个相对连杆固定的坐标系,把坐标系固连在所要描述的刚体上,刚体运动等同于一个坐标系相对于另一个坐标系的运动。

5.1.1 刚体的线速度

把坐标系 $\{B\}$ 固连在一刚体上,要求描述相对于坐标系 $\{A\}$ 的运动 $^A\boldsymbol{p}$,如图 5-1 所示。

这里认为坐标系$\{A\}$是固定的。

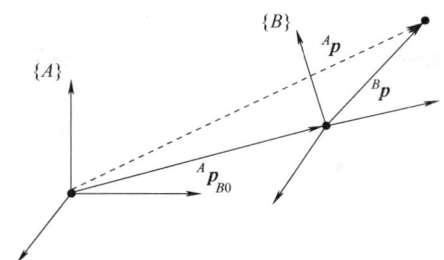

图 5-1 坐标系$\{B\}$以速度$^A V_{B0}$相对于坐标系$\{A\}$平移

如第 3 章所述，坐标系$\{B\}$相对于坐标系$\{A\}$的位置用位置矢量$^A p_{B0}$和旋转矩阵$^A_B R$（是在乘以一个矢量的时候改变矢量的方向但不改变大小的效果的矩阵）来描述，如下：

$$^A p = {^A p_{B0}} + {^A_B R} {^B p} \tag{5-1}$$

假定方位$^A_B R$不随时间变化，则p点相对于坐标系$\{A\}$的运动是由于$^A_B R$或$^B p$随时间的变化引起的，求解坐标系$\{A\}$中p点的线速度是非常简单的。将式（5-1）两边对时间求导，得出p点在坐标系$\{A\}$中的两个速度分量，求其和为

$$^A V_p = {^A V_{B0}} + {^A_B R} {^B V_p} \tag{5-2}$$

式中，$^A V_p$表示坐标系$\{A\}$中p点运动的线速度；$^A V_{B0}$表示坐标系$\{B\}$相对于坐标系$\{A\}$，p点在原点处运动的线速度；$^A_B R {^B V_p}$表示坐标系$\{A\}$相对于坐标系$\{B\}$的p点运动的线速度乘以旋转矩阵$^A_B R$。

式（5-2）只适用于坐标系$\{B\}$和坐标系$\{A\}$的相对方位保持不变的情况。

5.1.2 刚体的角速度

现在讨论两坐标系的原点重合，相对线速度为零的情况，如图 5-2 所示。其中一个或两个坐标系固连在刚体上，但是为清楚起见，在图 5-2 没有表示出刚体。坐标系$\{B\}$相对于坐标系$\{A\}$的方位是随时间变化的，$\{B\}$相对于$\{A\}$的旋转速度用矢量$^A \omega_B$来表示。已知矢量$^B p$确定了坐标系$\{B\}$中一个固定点的位置。下面研究固定在坐标系$\{B\}$中的速度矢量相对于坐标系$\{A\}$的表达。

假设矢量p在坐标系$\{B\}$上是静止的，即

$$^B V_p = 0 \tag{5-3}$$

既然它相对于坐标系$\{B\}$不变，点p的角速度相对于坐标系$\{A\}$为旋转角速度$^A \omega_B$。为求点p的角速度，可用一个直观的方法。图 5-3 所示为用两个瞬时量表示矢量p绕$^A \omega_B$的旋转。这是从坐标系$\{A\}$中观测到的。

由图 5-3，可以计算出这个从坐标系$\{A\}$中观测到的矢量p的方向和大小的变化。$^A p$的微分增量Δp垂直于$^A \omega_B$和$^A p$；微分增量的大小从图 5-3 可以看出

$$|\Delta p| = (|^A p| \sin\theta)(|^A \omega_B| \Delta t) \tag{5-4}$$

式中，$^A p$表示点p在坐标系$\{A\}$的位置；$|\Delta p|$表示从坐标系$\{A\}$中观测到的$^A p$微分增量的大小；$^A \omega_B$表示坐标系$\{B\}$相对于坐标系$\{A\}$的旋转角速度。

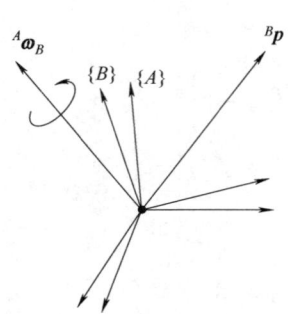
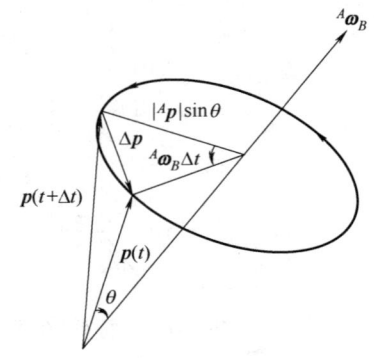

图 5-2 固定在坐标系 {B} 中的矢量 ^Bp 图 5-3 用角速度表示点的速度以角速度 $^A\boldsymbol{\omega}_B$ 相对于坐标系 {A} 旋转

有了大小和方向这些条件，即可得到矢量积。实际上，这些矢量的大小和方向满足下面算式：

$$^A\boldsymbol{V}_p = {}^A\boldsymbol{\omega}_B \times {}^A\boldsymbol{p} \tag{5-5}$$

在一般情况下，矢量 p 是相对于坐标系 {B} 变化的，因此要加上此分量，得

$$^A\boldsymbol{V}_p = {}^A({}^B\boldsymbol{V}_p) + {}^A\boldsymbol{\omega}_B \times {}^A\boldsymbol{p} \tag{5-6}$$

式中，$^A({}^B\boldsymbol{V}_p)$ 表示点 p 在坐标系 {B} 相对于坐标系 {A} 的线速度。利用旋转矩阵消掉双上标，注意在任一瞬时矢量 $^A\boldsymbol{p}$ 的描述为 $^A_B\boldsymbol{R}^B\boldsymbol{p}$，最后得到

$$^A\boldsymbol{V}_p = {}^A_B\boldsymbol{R}^B\boldsymbol{V}_p + {}^A\boldsymbol{\omega}_B \times {}^A_B\boldsymbol{R}^B\boldsymbol{p} \tag{5-7}$$

可以非常容易地将式 (5-7) 扩展到原点不重合的情况，即线速度和角速度同时存在的情况，通过把原点的线速度加到式 (5-7) 中去，可以得到从坐标系 {A} 观测坐标系 {B} 中固定速度矢量的普遍公式：

$$^A\boldsymbol{V}_p = {}^A\boldsymbol{V}_{B0} + {}^A_B\boldsymbol{R}^B\boldsymbol{V}_p + {}^A\boldsymbol{\omega}_B \times {}^A_B\boldsymbol{R}^B\boldsymbol{p} \tag{5-8}$$

式 (5-8) 是从固定坐标系观测运动坐标系中的矢量微分的最终结果。$\boldsymbol{\omega}$ 与角位移 $\boldsymbol{\theta}$ 的关系是 $\boldsymbol{\omega} = \dot{\boldsymbol{\theta}}$。后面就用 $\dot{\boldsymbol{\theta}}$ 表示 $\boldsymbol{\omega}$，$\ddot{\boldsymbol{\theta}}$ 表示 $\dot{\boldsymbol{\omega}}$。

5.1.3 刚体的线加速度

可以把对刚体运动的分析推广到加速度的情况。在任一瞬时，线速度矢量导数分别称为线加速度，即

$$^A\dot{\boldsymbol{V}}_p = \frac{\mathrm{d}}{\mathrm{d}t}{}^A\boldsymbol{V}_p = \lim_{\Delta t \to 0}\frac{{}^A\boldsymbol{V}_p(t+\Delta t) - {}^A\boldsymbol{V}_p(t)}{\Delta t} \tag{5-9}$$

式 (5-7) 描述了当原点重合时从坐标系 {A} 看到的矢量 $^B\boldsymbol{p}$ 的速度，这个方程等式的左边描述 $^A\boldsymbol{p}$ 如何随时间而变化。因为原点是重合的，可以重写式 (5-7) 为

$$\frac{\mathrm{d}}{\mathrm{d}t}({}^A_B\boldsymbol{R}^B\boldsymbol{p}) = {}^A_B\boldsymbol{R}^B\boldsymbol{V}_p + {}^A\boldsymbol{\omega}_B \times {}^A_B\boldsymbol{R}^B\boldsymbol{p} \tag{5-10}$$

这种形式的方程式对推导对应的加速度方程时特别有用。

通过对式 (5-7) 求导，可以推出当参考系 {A} 与参考系 {B} 的原点重合时，从参考系 {A} 中看到的 $^B\boldsymbol{p}$ 的加速度，表达式为

$$^A\dot{V}_p = \frac{\mathrm{d}}{\mathrm{d}t}(^A_B R ^B V_p) + ^A\dot{\omega}_B \times ^A_B R ^B p + ^A\omega_B \times \frac{\mathrm{d}}{\mathrm{d}t}(^A_B R ^B p) \tag{5-11}$$

将式(5-10)代入式(5-11)，其右侧成为

$$^A_B R ^B V_p + ^A\omega_B \times ^A_B R ^B p^A + ^A\dot{\omega}_B \times ^A_B R ^B p + ^A\omega_B \times (^A_B R ^B V_p + ^A\omega_B \times ^A_B R ^B p^A) \tag{5-12}$$

把相同两项合起来，得

$$^A_B R ^B V_p + 2^A\omega_B \times ^A_B R ^B p^A + ^A\dot{\omega}_B \times ^A_B R ^B p + ^A\omega_B \times (^A\omega_B \times ^A_B R ^B p) \tag{5-13}$$

最后，为了推广到原点不重合的情况，加上一项给出参考系{B}的原点的线加速度的项，得到下面的最后的一般公式

$$^A\dot{V}_{B0} + ^A_B R ^B V_p + 2^A\omega_B \times ^A_B R ^B p^A + ^A\dot{\omega}_B \times ^A_B R ^B p + ^A\omega_B \times (^A\omega_B \times ^A_B R ^B p) \tag{5-14}$$

当$^B p$为保持不变，或

$$^B V_q = ^B \dot{V}_q = 0$$

可以将式(5-14)简化为

$$^A\dot{V}_p = ^A\dot{V}_{B0} + ^A\omega_B \times (^A\omega_B \times ^A_B R ^B p) + ^A\dot{\omega}_B \times ^A_B R ^B p \tag{5-15}$$

这一结果可用来计算机器人杆件的线加速度。

5.1.4 刚体的角加速度

在任一瞬时，角速度矢量的导数称为角加速度，即

$$^A\dot{\omega}_p = \frac{\mathrm{d}}{\mathrm{d}t} ^A\omega_p = \lim_{\Delta t \to 0} \frac{^A\omega_p(t+\Delta t) - ^A\omega_p(t)}{\Delta t} \tag{5-16}$$

考虑坐标系{B}以$^A\omega_B$相对于坐标系{A}转动的情况，而坐标系{C}以$^B\omega_C$相对于坐标系{B}转动。为了计算$^A\omega_C$将矢量在坐标系{A}中相加，得

$$^A\omega_C = ^A\omega_B + ^A_B R ^B\omega_C \tag{5-17}$$

求导后得到

$$^A\dot{\omega}_C = ^A\dot{\omega}_B + \frac{\mathrm{d}}{\mathrm{d}t} ^A_B R ^B\omega_C \tag{5-18}$$

现在，将式(5-10)代入式(5-18)，可以得到

$$^A\dot{\omega}_C = ^A\dot{\omega}_B + ^A_B R ^B\dot{\omega}_C + ^A\omega_B \times ^A_B R ^B\omega_C \tag{5-19}$$

这个结果可用来求机器人杆件的角加速度。

5.2 刚体转动的惯性

物体的惯性是指物体保持其原有运动状态不变的性质。物体作惯性运动，其本质就在于物体具有惯性，惯性可以认为是保持匀速直线运动的、由质量所决定的一种物质属性，不受外力，就可以保持匀速直线运动(含静止)。同时刚体也有保持匀速转动的性质，如果不受外力矩，就保持匀速转动或者静止状态，衡量这种属性的量是转动惯量。

5.2.1 刚体的转动惯量

转动惯量是刚体绕轴转动时惯性的量度，用字母J或I表示。严格定义是一个物体上，它的每一小块乘以那一小块到转动中心的距离的二次方，再把乘积都加起来就是转动惯量。转动惯量与刚体的质量、质量相对于转轴的分布有关。

需要注意的是，与质量一样，转动惯量是一种描述固有属性的物理量，不管转动与否，都存在，就像质量始终存在一样。保持匀速转动的性质也不需要转动才有，静止时一样有，如同静止时仍有惯性一样。

转动惯量在旋转动力学中的角色相当于线性动力学中的质量，可形式地理解为一个物体对于旋转运动的惯性，用于建立角动量、角速度、力矩和角加速度等数个量之间的关系。本书中统一用 I 表示，对于一个质点，转动惯量可以用如下关系式表示：

$$I = mr^2 \tag{5-20}$$

式中，m 是质量；r 是质点和转轴的垂直距离。

质量连续分布的刚体的转动惯量的求取，可用如下公式求取：

$$I = \int_m r^2 \mathrm{d}m \tag{5-21}$$

式中，$\mathrm{d}m = \rho \mathrm{d}v$，$\rho$ 为刚体的密度，v 为刚体的体积。由于刚体是一个特殊质点系，即各质点之间无相对位移，对于给定的刚体其质量分布不随时间变化，故对于定轴而言，刚体的转动惯量是一个常数。与刚体的总质量、刚体的质量分布及轴的位置有关。

例 5-1 在不同情况下，求长为 L，质量为 m 的均匀细棒 AB 的转动惯量。(1) 对于通过棒的一端与棒垂直的轴；(2) 对于通过棒的中点与棒垂直的轴。

解：(1) 如图 5-4a 所示，以过 A 端垂直于棒的 OO' 为轴，沿棒长方向为 x 轴，原点在轴上，在棒上取长度元 $\mathrm{d}x$，$\mathrm{d}m = \dfrac{m}{L}\mathrm{d}x$，则由转动惯量的定义有

$$\begin{aligned} I_{端点} &= \int_m x^2 \mathrm{d}m \\ &= \int_0^L x^2 \left(\dfrac{m}{L}\mathrm{d}x\right) \\ &= \dfrac{1}{3}mL^2 \end{aligned}$$

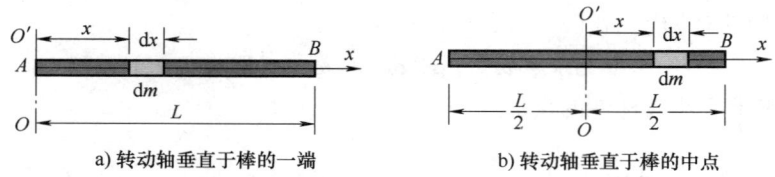

a) 转动轴垂直于棒的一端　　　　b) 转动轴垂直于棒的中点

图 5-4　转动轴不同状态的转动惯量

(2) 如图 5-4b 所示，以过中点垂直于棒的 OO' 为轴，沿棒长方向为 x 轴，原点在轴上，在棒上取长度元 $\mathrm{d}x$，则由转动惯量的定义有

$$\begin{aligned} I_{中点} &= \int_m x^2 \mathrm{d}m \\ &= \int_{-\frac{L}{2}}^{\frac{L}{2}} x^2 \left(\dfrac{m}{L}\mathrm{d}x\right) \\ &= \dfrac{1}{12}mL^2 \end{aligned}$$

5.2.2 惯性张量

如上所述，转动惯量是描述刚体做定轴转动时的转动惯性大小。对一个在三维空间中自由运动的刚体，有无穷多个可能的转动轴。在绕一任意轴转动的情况下，需要引入惯性张量来描绘刚体质量分布，它可以看作为物体转动惯量的广义化。刚体定轴转动是刚体做定点转动情形中的特例，转动惯量包含惯性张量之中。

惯性张量是描述刚体做定点转动时的转动惯性的一组惯性量，因为有不同方向的分量，把它们合在一起用一个张量就可以表示，这个张量就是惯性张量。刚体做定点转动的力学情况要比刚体做定轴转动的力学情况复杂得多。刚体在做定点转动时，刚体中有一点始终保持不动。

如图 5-5 所示，设刚体相对于固定在构件上的坐标系 $\{C\}$ 的惯性张量由 6 个量组成，表示成下面的 3×3 矩阵形式：

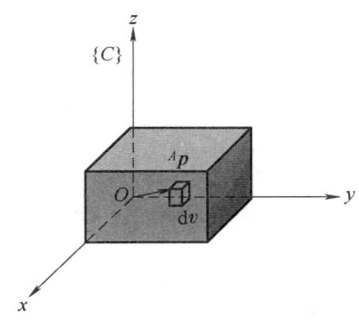

图 5-5 在坐标系 $\{C\}$ 上的刚体

$$^C\boldsymbol{I} = \begin{bmatrix} I_{xx} & -I_{xy} & -I_{xz} \\ -I_{xy} & I_{yy} & -I_{yz} \\ -I_{xz} & -I_{yz} & I_{zz} \end{bmatrix} \tag{5-22}$$

惯性张量是一个对称矩阵，其元素是 3 个转动惯量和 3 个惯性积的负值。矩阵的对角元素 I_{xx}、I_{yy}、I_{zz} 分别表示对于 x 轴、y 轴、z 轴的转动惯量。注意每种情况下我们是对质量单元 ρdv 乘以对应轴垂直距离的二次方来积分。带混合下标的称为惯性积，指的是构件中各质点或质量单元的质量与其到两个相互垂直平面的距离之乘积的总和。I_{xy}、I_{xz} 和 I_{yz} 分别是相对于 xOz 平面及 yOz 平面、xOy 及 zOy 平面、yOx 及 zOx 平面的惯性积。

式中，标量元素由下列公式给出：

$$\begin{aligned} I_{xx} &= \iiint_m (y^2 + z^2) dm = \iiint_V (y^2 + z^2) \rho dv \\ I_{yy} &= \iiint_m (x^2 + z^2) dm = \iiint_V (x^2 + z^2) \rho dv \\ I_{zz} &= \iiint_m (x^2 + y^2) dm = \iiint_V (x^2 + y^2) \rho dv \\ I_{xy} &= \iiint_m xy\, dm = \iiint_V xy \rho dv \\ I_{xz} &= \iiint_m xz\, dm = \iiint_V xz \rho dv \\ I_{yz} &= \iiint_m yz\, dm = \iiint_V yz \rho dv \end{aligned} \tag{5-23}$$

其中刚体由微分体积单元 dv 组成，包含密度为 ρ 的材料。每一体积单位的位置由矢量 $^A\boldsymbol{p}$ 确定，如图 5-5 所示，有

$$^A\boldsymbol{p} = \begin{bmatrix} x \\ y \\ z \end{bmatrix} \tag{5-24}$$

惯性张量可以在任何坐标系中定义，但一般在固连于刚体上的坐标系中定义惯性张量。对于给定的物体，惯量积的值与建立的坐标系的位置及方向有关；如果我们选择的坐标系合适，可使惯量积的值为零。

$$I_{xy} = I_{yz} = I_{xz} = 0 \tag{5-25}$$

得

$$I = \begin{bmatrix} I_{xx} & 0 & 0 \\ 0 & I_{yy} & 0 \\ 0 & 0 & I_{zz} \end{bmatrix} \tag{5-26}$$

这样的坐标系轴称为主轴，相应的惯量称为主惯量。事实上，主惯量是惯量矩阵的 3 个特征值。

例 5-2 求出关于如图 5-6 所示的坐标系的均匀密度 ρ 的矩形物体的惯性张量。

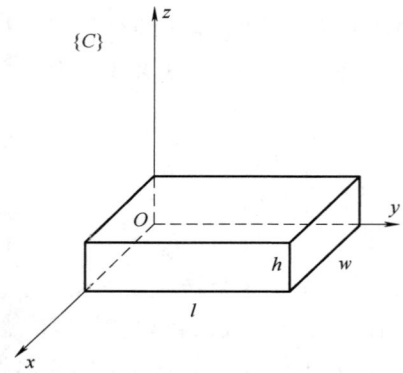

图 5-6　在坐标系 $\{C\}$ 上均匀密度物体

解：首先，计算 I_{xx}。用体积单元 $dv = dxdydz$，可以得到

$$I_{xx} = \int_0^h \int_0^l \int_0^w (y^2+z^2)\rho dxdydz = \int_0^h \int_0^l (y^2+z^2) w\rho dydz$$

$$= \int_0^h \left(\frac{l^3}{3}+z^2 l\right) w\rho dz = \left(\frac{hl^3 w}{3}+\frac{h^3 lw}{3}\right)\rho$$

$$= \frac{m}{3}(l^2+h^2)$$

式中，m 为物体的全部质量。交换各项，可以用观察求出 I_{yy} 和 I_{zz}，得到

$$I_{yy} = \frac{m}{3}(w^2+h^2)$$

和

$$I_{zz} = \frac{m}{3}(l^2+w^2)$$

其次计算 I_{xy}：

$$I_{xy} = \int_0^h \int_0^l \int_0^w xy\rho dxdydz = \int_0^h \int_0^l \frac{w^2}{2} y\rho dydz$$

$$= \int_0^h \frac{w^2 l^2}{4}\rho dz = \frac{m}{4}wl$$

交换各项可以得到

$$I_{xz} = \frac{m}{4}hw$$

和

$$I_{yz} = \frac{m}{4}hl$$

因此，这个物体的惯性张量为

$$^{C}\boldsymbol{I} = \begin{bmatrix} \frac{m}{3}(l^2+h^2) & -\frac{m}{4}wl & -\frac{m}{4}hw \\ -\frac{m}{4}wl & \frac{m}{3}(w^2+h^2) & -\frac{m}{4}lh \\ -\frac{m}{4}hw & -\frac{m}{4}lh & \frac{m}{3}(l^2+w^2) \end{bmatrix}$$

如前所述，惯性张量是参考坐标系的位置和方位的函数，如果参考坐标系改变的话，则可以应用平行轴定理(Parallel-axis theorem)来计算，该定理表示在原点位于质心处的坐标系的惯性张量在另一个参考坐标系中的惯性张量之间的关系，如图 5-7 所示。

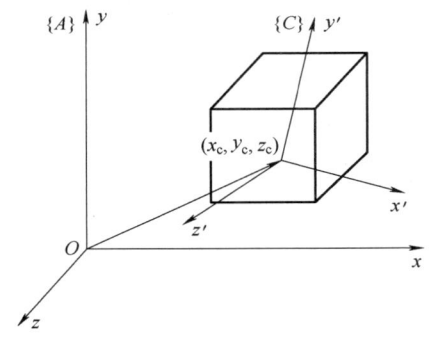

图 5-7　相对于坐标系 {A} 的均匀密度物体

已知相对于某一原点位于物体质心坐标系{C}的惯量张量，{A}为参考坐标系，则有

$$\begin{aligned}
^{A}I_{xx} &= {}^{C}I_{xx} + m(y_c^2 + z_c^2) & ^{A}I_{xy} &= {}^{C}I_{xy} + mx_c y_c \\
^{A}I_{yy} &= {}^{C}I_{yy} + m(x_c^2 + z_c^2) & ^{A}I_{yz} &= {}^{C}I_{yz} + my_c z_c \\
^{A}I_{zz} &= {}^{C}I_{zz} + m(x_c^2 + y_c^2) & ^{A}I_{xz} &= {}^{C}I_{xz} + mx_c z_c
\end{aligned} \tag{5-27}$$

式中，x_c、y_c 和 z_c 为质心在坐标系{A}中的位置。

例 5-3　求出例 5-2 中描述的同一个物体的惯性张量，此时它是在原点位于物体质心处的坐标系中描述的。

解：我们应用平行轴定理，其中

$$\begin{bmatrix} x_c \\ y_c \\ z_c \end{bmatrix} = \frac{1}{2} \begin{bmatrix} w \\ l \\ h \end{bmatrix}$$

于是，可以求出

$$^CI_{zz} = \frac{m}{12}(w^2 + l^2)$$

$$^CI_{xy} = 0$$

其余元素可以根据对称性求出。这个写在质心处的坐标架中的惯性张量为

$$^CI = \begin{bmatrix} \frac{m}{12}(l^2+h^2) & 0 & 0 \\ 0 & \frac{m}{12}(w^2+h^2) & 0 \\ 0 & 0 & \frac{m}{12}(l^2+w^2) \end{bmatrix}$$

5.2.3 牛顿-欧拉方程

假设机器人的每个杆件都为刚体，如果知道杆件的质心的位置和惯性张量，则它的质量分布的特性是完全表示出来了。为了使这些杆件运动，我们必须使它们加速或减速。运动杆件所需要的力或力矩是所需加速度和杆件质量分布的函数。牛顿方程和用于转动情况的欧拉方程一起，描述了机器人驱动力矩、负载力(力矩)、惯量和加速度之间的关系。如前所述，刚体运动包括质心的平动和绕质心的转动。这儿质心平动用牛顿方程描述，绕质心的转动可用欧拉方程定义。

1. 牛顿第二定律

先研究质心的平动，如图 5-8 所示，假设刚体的质量为 m，质心在 C 点，质心处的位置矢量用 C 表示，质心处的加速度为 $\dot{v}_C$，根据牛顿第二定律可得作用在刚体质心 C 处的产生加速度 $\dot{v}_C$ 的力 F 为

$$F = m\dot{v}_C \tag{5-28}$$

式中，m 为刚体的总质量。

对于机器人的各个连杆，有

$$F_i = m_i \dot{v}_{Ci} \tag{5-29}$$

式中，F_i 表示作用在连杆 i 上的外力合矢量；$\dot{v}_{Ci}$ 为连杆 i 质心的线速度；m_i 为连杆 i 的质量。

2. 欧拉方程

如图 5-9 所示，一连杆以角速度 ω 绕质心转动，绕质心的角加速度为 $\dot{\omega}$。

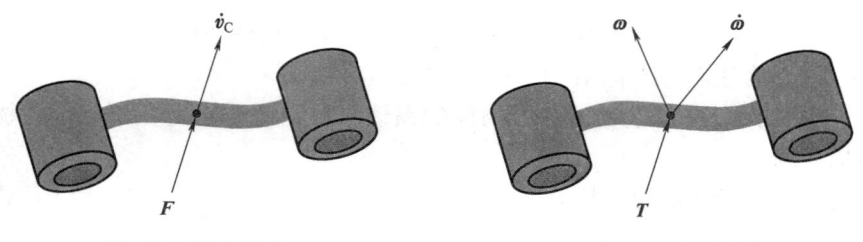

图 5-8　质心平动　　　　　图 5-9　质心转动

根据三维空间欧拉方程，作用在刚体上的力矩为

$$T = {^CI}\dot{\omega} + \omega \times {^CI}\omega \tag{5-30}$$

式中，T 为作用在刚体质心的力矩；^CI 为坐标系 $\{C\}$ 中的刚体的惯性张量，坐标系 $\{C\}$ 的原

点位于质心。

对于机器人的各个连杆，有

$$T_i = I_{Ci}\dot{\omega}_i + \omega_i \times I_{Ci}\omega_i \tag{5-31}$$

式中，T_i 是作用在连杆 i 上的外力矩合矢量；I_{Ci} 是连杆 i 在坐标系 $\{C\}$ 中关于质心的惯性张量；ω_i 表示连杆 i 绕质心的角速度。

式(5-29)表示作用在机器人连杆 i 上的合力与连杆 i 的质量与质心加速度的乘积。

式(5-31)表示作用在机器人连杆 i 上的合力矩与连杆 i 质心的角加速度、角速度和惯性张量之间的关系。

以上两式合称为牛顿-欧拉方程。

将机器人的每个杆件看成刚体，并确定每个杆件质心的位置和表征其质量分布的惯性张量矩阵。当确定机器人坐标系后，根据机器人关节速度和加速度，如5.1节所述，则可计算出每个杆件在自身坐标系中的质心上的速度和加速度，然后可以应用牛顿-欧拉方程来计算作用在各个杆件质心上的力和力矩。

5.3 拉格朗日力学

拉格朗日力学是基于能量项对系统变量及时间的微分。对于简单情况，运用该方法比运用牛顿力学更烦琐，然而随着系统复杂程度的增加，运用拉格朗日力学将变得相对简单。拉格朗日力学以两个基本方程为基础：一个针对直线运动，另一个针对旋转运动。

5.3.1 刚体定轴转动的动能定理

如图 5-10 所示，对于第 i 个质元，动能为

$$E_{ki} = \frac{1}{2}\Delta m_i v_i^2 = \frac{1}{2}\Delta m_i r_i^2 \dot{\theta}^2 \tag{5-32}$$

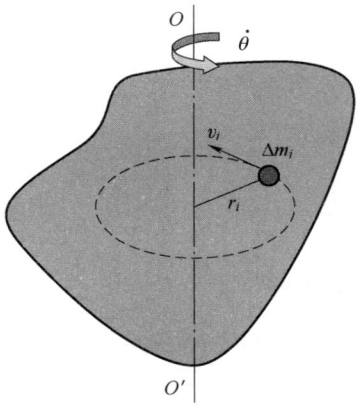

图 5-10 刚体绕定轴旋转的动能

对于整个刚体，定轴转动动能为

$$E_k = \sum_{i=1}^{N} E_{ki} = \frac{1}{2}\left(\sum_{i=1}^{N}\Delta m_i r_i^2\right)\dot{\theta}^2 = \frac{1}{2}I\dot{\theta}^2 \tag{5-33}$$

刚体定轴转动的功能定理为

$$\sum W_{外力} + \sum W_{内力} = E_k - E_{k0} \tag{5-34}$$

式中，$\sum W_{外力}$、$\sum W_{内力}$ 分别为刚体所受的外力和内力对刚体做的功；$E_{k0} = I\dot{\theta}_0^2$ 为刚体的初始动能，由于刚体内力做功的代数和为零，应用于刚体定轴转动，即得

$$\sum W_{外力} = \frac{1}{2}I\dot{\theta}^2 - \frac{1}{2}I\dot{\theta}_0^2 \tag{5-35}$$

刚体绕定轴转动时，转动动能的增量等于刚体所受外力矩做功的代数和，这就是刚体定轴转动的动能定理。

5.3.2 刚体的动能与位能

在理论力学或物理学力学部分，大家对如图 5-11 所示的刚体平动时所具有的动能和位能（势能）的计算应用有所学习，其求法也是大家所熟悉的，如下：

$$E_k = \frac{1}{2}M_1\dot{x}_1^2 + \frac{1}{2}M_0\dot{x}_0^2$$

$$E_p = \frac{1}{2}k(x_1-x_0)^2 - M_1gx_1 - M_0gx_0$$

$$D = \frac{1}{2}c(\dot{x}_1-\dot{x}_0)^2$$

$$W = Fx_1 - Fx_0$$

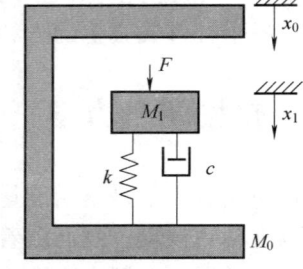

图 5-11 一般物体的动能与位能

式中，E_k、E_p、D 和 W 分别表示物体所具有的动能、位能、所消耗的能量和外力所做的功；M_0 和 M_1 为支架和运动物体的质量；x_0 和 x_1 为运动坐标；g 为重力加速度；k 为弹簧弹性模量；c 为摩擦系数；F 为外施作用力。

下面举例说明一下有分布质量的连杆动能和位能的求取。

例 5-4 图 5-12 是一根质量均匀分布的细杆，某瞬时细杆在竖直面内绕轴转动的角速度为 $\dot{\theta}$，杆与竖直轴的夹角为 α，设杆的质量为 m，杆长为 l。如 5.2.1 节所述，该细杆的转动惯量为 $I = \frac{1}{3}ml^2$。求取该细杆的动能和位能。

解：求得系统的转动动能为 $E_k = \frac{1}{2}I\dot{\theta}^2 = \frac{1}{6}ml^2\dot{\theta}^2$

取坐标原点为位能零点，则系统的位能为 $E_p = -\frac{1}{2}m_1gl\cos\alpha$

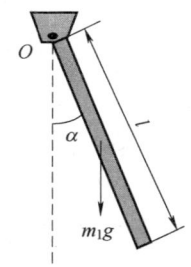

图 5-12 质量均匀的一自由度细杆绕定轴旋转

如果某连杆既有平动又有转动。连杆 i 的动能 E_{ki} 为连杆上以某点为参考点的平动动能和绕该参考点（固定轴）的转动动能之和。

$$E_{ki} = \frac{1}{2}mv^2 + \frac{1}{2}I\dot{\theta}^2 \tag{5-36}$$

其中，等式右边第一项表示连杆质心线速度 v 引起的动能，其中，$v = \frac{1}{2}l\dot{\theta}$；第二项是由于连杆角速度产生的动能。

系统总动能为 n 个连杆动能之和，即

$$E_k = \sum_{i=1}^{N} E_{ki} \qquad (5-37)$$

设连杆 i 的位能为 E_{p_i}，连杆 i 的质心在坐标系中的位置矢量为 $\boldsymbol{p}_i$，重力加速度矢量在坐标系中为 $\boldsymbol{g}$，则

$$E_{p_i} = -m_i \boldsymbol{g} \boldsymbol{p}_i \qquad (5-38)$$

机器人系统的位能为各连杆位能之和，即

$$E_p = \sum_{i=1}^{N} E_{p_i} \qquad (5-39)$$

下面来考虑如图 5-13 所示的 2 自由度平面关节型机器人，即刚体旋转运动时的动能和位能。这种运动机构具有开式运动链，与复摆运动有许多相似之处。

例 5-5 图 5-13 中，m_1 和 m_2 为连杆 1 和连杆 2 的质量，以连杆末端的点质量表示；d_1 和 d_2 分别为两连杆的长度，θ_1 和 θ_2 为广义坐标；g 为重力加速度。求该 2 自由度平面关节型机器人旋转运动时的动能和位能。

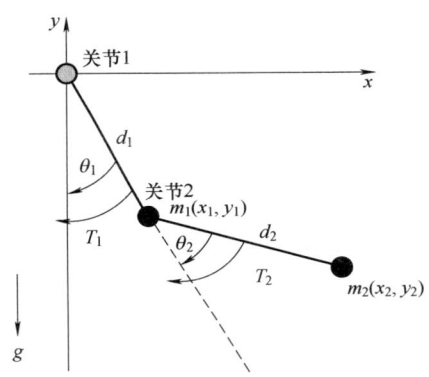

图 5-13 2 自由度平面关节型机器人

解： 先计算连杆 1 的动能 E_{k1} 和位能 E_{p1}。因为

$$E_{k1} = \frac{1}{2} m_1 v_1^2, \quad v_1 = d_1^2 \dot{\theta}_1$$

$$E_{p1} = m_1 g y_1, \quad y_1 = -d_1 \cos\theta_1$$

所以有

$$E_{k1} = \frac{1}{2} m_1 d_1^2 \dot{\theta}_1^2$$

$$E_{p1} = -m_1 g d_1 \cos\theta_1$$

再求连杆 2 的动能 E_{k2} 和位能 E_{p2}。

$$E_{k2} = \frac{1}{2} m_2 v_2^2$$

$$E_{p2} = m_2 g y_2$$

式中，$v_2^2 = \dot{x}_2^2 + \dot{y}_2^2$。

连杆 d_2 的质心在直角坐标系中的位置表达式为

$$\begin{cases} x_2 = d_1 \sin\theta_1 + d_2 \sin(\theta_1 + \theta_2) \\ y_2 = -d_1 \cos\theta_1 - d_2 \cos(\theta_1 + \theta_2) \end{cases}$$

然后求微分，则其速度为

$$\begin{cases} \dot{x}_2 = d_1\cos\theta_1\dot{\theta}_1 + d_2\cos(\theta_1+\theta_2)(\dot{\theta}_1+\dot{\theta}_2) \\ \dot{y}_2 = d_1\sin\theta_1\dot{\theta}_1 + d_2\sin(\theta_1+\theta_2)(\dot{\theta}_1+\dot{\theta}_2) \end{cases}$$

由此可得连杆的速度二次方值为

$$v_2^2 = \dot{x}_2^2 + \dot{y}_2^2 = d_1^2\dot{\theta}_1^2 + d_2^2(\dot{\theta}_1^2 + 2\dot{\theta}_1\dot{\theta}_2 + \dot{\theta}_2^2) + 2d_1d_2\cos\theta_2(\dot{\theta}_1^2 + \dot{\theta}_1\dot{\theta}_2)$$

求得

$$E_{k2} = \frac{1}{2}m_2 d_1^2\dot{\theta}_1^2 + \frac{1}{2}m_2 d_2^2(\dot{\theta}_1^2 + 2\dot{\theta}_1\dot{\theta}_2 + \dot{\theta}_2^2) + m_2 d_1 d_2\cos\theta_2(\dot{\theta}_1^2 + \dot{\theta}_1\dot{\theta}_2)$$

$$E_{p2} = -m_2 g d_1\cos\theta_1 - m_2 g d_2\cos(\theta_1+\theta_2)$$

这样，2连杆机器人系统的总动能和总位能分别为

$$E_k = E_{k1} + E_{k2}$$
$$= \frac{1}{2}(m_1+m_2)d_1^2\dot{\theta}_1^2 + \frac{1}{2}m_2 d_2^2(\dot{\theta}_1^2 + 2\dot{\theta}_1\dot{\theta}_2 + \dot{\theta}_2^2) + m_2 d_1 d_2\cos\theta_2(\dot{\theta}_1^2 + \dot{\theta}_1\dot{\theta}_2)$$
$$E_p = E_{p1} + E_{p2} = -(m_1+m_2)g d_1\cos\theta_1 - m_2 g d_2\cos(\theta_1+\theta_2)$$

5.3.3 拉格朗日函数

在分析力学里，一个动力系统的拉格朗日函数，是描述整个物理系统的动力状态的函数。对于一般经典物理系统，拉格朗日函数 L 定义为系统总的动能 E_k 与总的位能 E_p 之差，即拉格朗日函数：

$$L(\boldsymbol{q},\dot{\boldsymbol{q}}) = E_k(\boldsymbol{q},\dot{\boldsymbol{q}}) - E_p(\boldsymbol{q}) \tag{5-40}$$

式中，$\boldsymbol{q} = \begin{bmatrix} q_1 & q_2 & q_3 & \cdots & q_n \end{bmatrix}$ 是表示动能和位能的广义坐标；$\dot{\boldsymbol{q}} = \begin{bmatrix} \dot{q}_1 & \dot{q}_2 & \dot{q}_3 \cdots \dot{q}_n \end{bmatrix}$ 是相应的广义速度。

由前面的速度分析可知。V_i 和 θ_i 是机器人手臂关节变量 $\boldsymbol{q}$ 和关节速度 $\dot{\boldsymbol{q}}$ 的函数，因此，从式(5-40)可以看出，机器人手臂的动能是关节变量和关节速度的标量函数，记为 $E_k(\boldsymbol{q},\dot{\boldsymbol{q}})$，实际上，有

$$E_k(\boldsymbol{q},\dot{\boldsymbol{q}}) = \frac{1}{2}\dot{\boldsymbol{q}}^{\mathrm{T}} D(\boldsymbol{q}) \dot{\boldsymbol{q}} \tag{5-41}$$

式中，$D(\boldsymbol{q})$ 是 $n\times n$ 阶的机器人手臂惯性矩阵（通常被用作描述一个物体抵抗弯曲的能力）。由于位置矢量 $\boldsymbol{p}$ 是关节变量 $\boldsymbol{q}$ 的函数，因此位能也为 $\boldsymbol{q}$ 的标量函数，记为 $E_p(\boldsymbol{q})$。

解析机器人动力学问题，最先要选择一个合适的广义坐标，然后计算出其拉格朗日函数。假定这些参数（广义坐标、广义速度）都互相独立，就可以用拉格朗日方程来求得系统的动力学方程。

5.4 机器人动力学方程

一个 n 连杆的机器人的动力学方程含有很多项，事实上，寻找这样的方程是比较困难的，特别是全部是转动关节的机器人，其动力学方程的建立更是让人望而生畏。但是，机器人动力学方程含有一些有助于开发控制算法的重要性质，如反对称性、无源性、惯性矩阵有界性和参数的线性化等。如果要进行机器人控制，就需要求解动力学，确定给多大的驱动力可以驱动机器人怎样实现运动等。

5.4.1 机器人动力学研究概况

为使机器人连杆加速,驱动器必须有足够大的力和力矩来驱动机器人连杆和关节,以使它们能以期望的加速度和速度运动。否则,连杆将因运动迟缓而损失机器人的位置精度。为此,必须建立决定机器人运动的动力学关系方程,确定力和力矩,用来计算每个驱动器所需的驱动力,以便在机器人连杆和关节上产生期望的加速度。这些方程可以确立力、质量和加速度以及力矩、惯量和角加速度之间的关系。设计者可根据这些方程并考虑机器人的外部载荷计算出驱动器可能承受的最大载荷,并进而设计出能提供足够力及力矩的驱动器,研究机器人不同部件之间的关系,合理设计出机器人的部件。

实际上除最简单的情况外,求解机器人的全部动力学方程几乎是不可能的,只需要用这些方程来确定力和力矩,以便在机器人连杆和关节上产生期望的加速度,而并非需要求解全部动力学方程。同时也可利用这些方程来考察不同惯量负载对机器人的影响,以及根据期望的加速度来考察某些负载的重要性。

机器人动力学主要解决动力学正问题和逆问题两类问题:动力学正问题是根据各关节的驱动力(或力矩),求解机器人的运动(关节位移、速度和加速度),主要用于机器人的仿真;动力学逆问题是已知机器人关节的位移、速度和加速度,求解所需要的关节力(或力矩),是实时控制的需要。

机器人是一个具有多输入和多输出的复杂的系统,存在严重的非线性,需要非常复杂的方法来处理。不考虑机电控制装置的惯性、摩擦、间隙、饱和等因素时,n 自由度机器人动力方程为 n 个二阶耦合非线性微分方程。方程中包括惯性力/力矩、科里奥利力(简称科氏力)/力矩、离心力/力矩及重力/力矩,是一个耦合的非线性多输入多输出系统。对机器人动力学的研究,所采用的方法有很多,有拉格朗日(Lagrange)、牛顿-欧拉(Newton-Euler)、高斯(Gauss)、凯恩(Kane)、旋量对偶数、罗伯逊-魏登堡(Roberson-Wittenburg)等方法。机器人动力学研究比较常见的方法是牛顿-欧拉方程法和拉格朗日方程法。

牛顿-欧拉方程法计算速度快,能够满足伺服系统的速率和采样频率,便于实时控制,但由于方程式中含有相邻杆件之间的约束力,为了消除约束力需要附加计算,因此结构复杂。拉格朗日方程是基于能量项对系统变量及时间的微分而建立的,不仅能以最简单的形式求得非常复杂的系统动力学方程,而且具备显式结构,物理意义比较明确。在本章的动力学研究中,主要研究应用拉格朗日方程建立起机器人的动力学方程。

5.4.2 拉格朗日动力学方程

拉格朗日方程的一般形式为

$$\tau_i = \frac{\mathrm{d}}{\mathrm{d}t} \frac{\partial L}{\partial \dot{q}_i} - \frac{\partial L}{\partial q_i} \tag{5-42}$$

式中,q_i 为机器人的广义坐标,表示为系统中的线位移或角位移的变量;τ_i 是作用在系统上广义力,系统直线运动时,τ_i 是力,q_i 是直线坐标,系统旋转运动时,τ_i 是力矩,q_i 是角坐标;$\dot{q}_i$ 是广义的速度;L 是拉格朗日函数,它被定义为系统的动能与位能之差。

若机器人的执行元件控制某个转动变量 θ,则执行元件的总力矩 τ_θ 应为

$$\tau_\theta = \frac{\mathrm{d}}{\mathrm{d}t}\left(\frac{\partial L}{\partial \dot{\theta}_i}\right) - \frac{\partial L}{\partial \theta_i} \quad i=1,2,\cdots,n \tag{5-43}$$

若机器人的执行元件控制某个移动变量 r,则施加在运动方向 r 上的力应为

$$\tau_r = \frac{\mathrm{d}}{\mathrm{d}t}\left(\frac{\partial L}{\partial \dot{r}_i}\right) - \frac{\partial L}{\partial r_i} \quad i = 1, 2, \cdots, n \tag{5-44}$$

上两式中,θ_i 为角坐标;r_i 为直角坐标。拉格朗日方程是以广义坐标表达的任意完整系统的运动方程式,方程式的数目和系统的自由度数一致。同样,拉格朗日方程也是以能量观点建立起来的运动方程式,为了列出系统的运动方程式,只需要从两个方面去分析,一个是表征系统运动的动力学量——系统的动能和位能,另一个是表征主动力作用的动力学量——广义力。因此,用拉格朗日方程来求解系统的动力学方程可以大大简化建模过程。

例 5-6 分别用拉格朗日动力学和牛顿力学方法推导如图 5-14 所示的动力学方程。

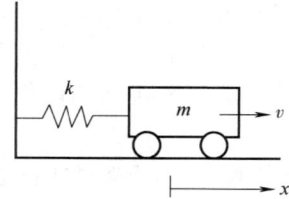

图 5-14 单自由度弹簧结构

解:(1)用拉格朗日动力学求解

$$E_k = \frac{1}{2}mv^2 = \frac{1}{2}m\dot{x}^2$$

$$E_p = \frac{1}{2}kx^2$$

$$L = E_k - E_p = \frac{1}{2}m\dot{x}^2 - \frac{1}{2}kx^2$$

$$\frac{\partial L}{\partial \dot{x}} = m\dot{x}$$

$$\frac{\mathrm{d}}{\mathrm{d}t}(m\dot{x}) = m\ddot{x} \qquad \frac{\partial L}{\partial x} = -kx$$

$$F = m\ddot{x} + kx$$

首先,应该分析好系统结构,运用基本的物理力学知识求出刚体的动能和位能,再利用拉格朗日函数求出其动力学方程。

(2)用牛顿力学求解

由公式 $\qquad\qquad\qquad \sum F = ma$

得 $\qquad\qquad\qquad F - kx = ma$

可使用物理力学知识列式,利用牛顿定律求解。

由例 5-6 可以看出,对于简单系统,拉格朗日方程法相较于牛顿力学更显复杂,然而随着系统复杂程度的增加,拉格朗日方程法建立系统运动微分方程变得相对简单。

对给定的机器人,可以按以下几个步骤建立拉格朗日动力学方程:首先计算各连杆的质心的位置和速度,其次计算机器人的总动能和总位能,然后构造拉格朗日函数 L,最后推导出动力学方程。其中拉格朗日动力学方程中的动能和位能可以用任意选取的坐标系来表示,不局限于笛卡儿坐标。

先对单自由度平面关节型机器人进行动力学研究,对图 5-12 所示的所示的单自由度机

器人，动能和位能在例 5-4 中求出，取细杆绕关节的转角即关节变量为 α，转动关节对应的是力矩为 T，得到拉格朗日函数 L 为

$$L = E_k - E_p$$
$$= \frac{1}{6}ml^2\dot{\theta}^2 + \frac{1}{2}m_1gl\cos\alpha$$

对 L 求偏导和导数并把相应各导数和偏导数代入式(5-26)即可求得力矩 T 的动力学方程式。

由于单自由度的机器人动力学方程式较为简单，因此读者可自行推导。下面着重对比较常见的 2 自由度机器人进行动力学研究。

例 5-7 如图 5-15 所示的 RP 机器人由两个关节组成，连杆 1 和连杆 2 的质量分别为 m_1 和 m_2，质心位置如图 5-15 所示，广义坐标为 θ 和 r，关节 1 是转动关节，关节 2 是移动关节。采用拉格朗日方程建立机器人动力学方程。

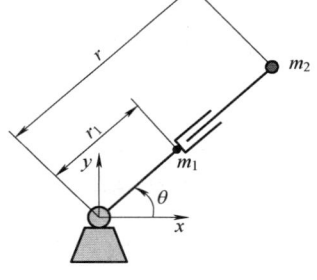

图 5-15 RP 机器人

解：(1) 质心的位置和速度

为了计算集中质量 m_1 和 m_2 所具有的动能和位能，首先写出它们的质心在笛卡儿坐标系的位置和速度。

1) 对于集中质量 m_1，有

$$\begin{cases} x_1 = r_1\cos\theta \\ y_1 = r_1\sin\theta \end{cases}$$

其中 r_1 是常数，因此，相应的速度为

$$\begin{cases} \dot{x}_1 = -r_1\sin\theta\dot{\theta} \\ \dot{y}_1 = r_1\cos\theta\dot{\theta} \end{cases}$$

其速度的二次方是

$$v_1^2 = \dot{x}_1^2 + \dot{y}_1^2 = r_1^2\dot{\theta}^2$$

2) 对于集中质量 m_2，类似有

$$\begin{cases} x_2 = r\cos\theta \\ y_2 = r\sin\theta \end{cases}$$

因为 r 是变量，因此

$$\begin{cases} \dot{x}_2 = \dot{r}\cos\theta - r\sin\theta\dot{\theta} \\ \dot{y}_2 = \dot{r}\sin\theta + r\cos\theta\dot{\theta} \end{cases}$$

速度的二次方是

$$v_2^2 = \dot{x}_2^2 + \dot{y}_2^2 = \dot{r}^2 + r^2\dot{\theta}^2$$

(2) 系统的动能和位能

1) 系统的动能。对于质量为 m、速度为 v 的质点，其动能为 $E_k = \frac{1}{2}mv^2$，因此，集中质量 m_1 和 m_2 的动能分别为

$$E_{k1} = \frac{1}{2}m_1v_1^2 = \frac{1}{2}m_1r_1^2\dot{\theta}^2$$

$$E_{k2} = \frac{1}{2}m_2v_2^2 = \frac{1}{2}m_2(\dot{r}^2 + r^2\dot{\theta}^2)$$

系统总的动能为

$$E_k = E_{k1} + E_{k2} = \frac{1}{2}m_1 r_1^2 \dot{\theta}^2 + \frac{1}{2}m_2 \dot{r}^2 + \frac{1}{2}m_2 r^2 \dot{\theta}^2$$

2）系统的位能。对质量为 m，高度为 h 的质点的位能定义为

$$E_p = mgh$$

式中，g 为重力加速度。集中质量 m_1 和 m_2 的位能分别为

$$E_{p1} = m_1 g r_1 \sin\theta$$
$$E_{p2} = m_2 g r \sin\theta$$

系统总的位能为

$$E_p = E_{p1} + E_{p2} = m_1 g r_1 \sin\theta + m_2 g r \sin\theta$$

（3）系统动力学方程

由拉格朗日函数

$$L = E_k - E_p = E_{k1} + E_{k2} - E_{p1} - E_{p2} = \frac{1}{2}m_1 r_1^2 \dot{\theta}^2 + \frac{1}{2}m_2 \dot{r}^2 + \frac{1}{2}m_2 r^2 \dot{\theta}^2 -$$
$$m_1 g r_1 \sin\theta - m_2 g r \sin\theta$$

1）根据式(5-43)首先计算关节 1 的力矩 τ_θ，关节 1 是转动关节，所以 τ_θ 是转矩。

$$\frac{\partial E_k}{\partial \dot{\theta}} = m_1 r_1^2 \dot{\theta} + m_2 r^2 \dot{\theta}$$

$$\frac{\mathrm{d}}{\mathrm{d}t}\left(\frac{\partial E_k}{\partial \dot{\theta}}\right) = m_1 r_1^2 \ddot{\theta} + m_2 r^2 \ddot{\theta} + 2m_2 \dot{r} r \dot{\theta}$$

$$\frac{\partial E_k}{\partial \theta} = 0$$

$$\frac{\partial E_p}{\partial \theta} = g\cos\theta (m_1 r_1 + m_2 r)$$

则有

$$\tau_\theta = m_1 r_1^2 \ddot{\theta} + m_2 r^2 \ddot{\theta} + 2m_2 \dot{r} r \dot{\theta} + g\cos\theta (m_1 r_1 + m_2 r)$$

2）根据式(5-44)计算关节 2 上的作用力 τ_r。关节 2 是移动关节，所以 τ_r 是作用力。

$$\frac{\partial E_k}{\partial \dot{r}} = m_2 \dot{r}$$

$$\frac{\mathrm{d}}{\mathrm{d}t}\left(\frac{\partial E_k}{\partial \dot{r}}\right) = m_2 \ddot{r}$$

$$\frac{\partial E_k}{\partial r} = m_2 r \dot{\theta}^2$$

$$\frac{\partial E_p}{\partial r} = m_2 g \sin\theta$$

$$\tau_\theta = m_2 \ddot{r} - m_2 r \dot{\theta}^2 + m_2 g \sin\theta$$

该 RP 机器人的动力学方程为

$$\begin{cases} \tau_\theta = m_1 r_1^2 \ddot{\theta} + m_2 r^2 \ddot{\theta} + 2m_2 \dot{r} r \dot{\theta} + g\cos\theta (m_1 r_1 + m_2 r) \\ \tau_r = m_2 \ddot{r} - m_2 r \dot{\theta}^2 + m_2 g \sin\theta \end{cases}$$

下面继续对图 5-13 所示的 2 自由度平面关节型机器人进行动力学研究并分析系统的相应系数。

例 5-8 建立图 5-13 所示的 2 自由度平面关节型机器人的动力学方程。

解：2 自由度平面关节型机器人的动能和位能在本章 5.3.2 节中求出，取连杆 1 和连杆 2 绕关节的转角即关节变量为 θ_1 和 θ_2，转动关节对应的是力矩，选为 τ_1 和 τ_2，拉格朗日函数 L 可据式(5-40)求得

$$L = E_k - E_p$$
$$= \frac{1}{2}(m_1+m_2)d_1^2\dot{\theta}_1^2 + \frac{1}{2}m_2 d_2^2(\dot{\theta}_1^2 + 2\dot{\theta}_1\dot{\theta}_2 + \dot{\theta}_2^2) + m_2 d_1 d_2 \cos(\theta_2)(\dot{\theta}_1^2 + \dot{\theta}_1\dot{\theta}_2) +$$
$$(m_1+m_2)g \cdot d_1 \cos(\theta_1) + m_2 g d_2 \cos(\theta_1 + \theta_2)$$

对 L 求偏导和导数：

$$\frac{\partial L}{\partial \theta_1} = -(m_1+m_2)gd_1 \sin(\theta_1) - m_2 g d_2 \sin(\theta_1+\theta_2)$$

$$\frac{\partial L}{\partial \theta_2} = -m_2 d_1 d_2 \sin(\theta_2)(\dot{\theta}_1^2 + \dot{\theta}_1\dot{\theta}_2) - m_2 g d_2 \sin(\theta_1+\theta_2)$$

$$\frac{\partial L}{\partial \dot{\theta}_1} = (m_1+m_2)d_1^2\dot{\theta}_1 + m_2 d_2^2\dot{\theta}_1 + m_2 d_2^2\dot{\theta}_2 + 2m_2 d_1 d_2 \cos(\theta_2)\dot{\theta}_1 + m_2 d_1 d_2 \cos(\theta_2)\dot{\theta}_2$$

$$\frac{\partial L}{\partial \dot{\theta}_2} = m_2 d_2^2\dot{\theta}_1 + m_2 d_2^2\dot{\theta}_2 + m_2 d_1 d_2 \cos(\theta_2)\dot{\theta}_1$$

$$\frac{d}{dt}\left(\frac{\partial L}{\partial \dot{\theta}_1}\right) = [(m_1+m_2)d_1^2 + m_2 d_2^2 + 2m_2 d_1 d_2 \cos(\theta_2)]\ddot{\theta}_1 + [m_2 d_2^2 + m_2 d_1 d_2 \cos(\theta_2)]\ddot{\theta}_2 -$$
$$2m_2 d_1 d_2 \sin(\theta_2)\dot{\theta}_1\dot{\theta}_2 - m_2 d_1 d_2 \sin(\theta_2)\dot{\theta}_2^2$$

$$\frac{d}{dt}\left(\frac{\partial L}{\partial \dot{\theta}_2}\right) = m_2 d_2^2\ddot{\theta}_1 + m_2 d_2^2\ddot{\theta}_2 + m_2 d_1 d_2 \cos(\theta_2)\ddot{\theta}_1 - m_2 d_1 d_2 \sin(\theta_2)\dot{\theta}_1\dot{\theta}_2$$

把相应各导数和偏导数代入式(5-43)即可求得力矩 τ_1 和 τ_2 的动力学方程式：

$$\begin{cases} \tau_1 = \dfrac{d}{dt}\left(\dfrac{\partial L}{\partial \dot{\theta}_1}\right) - \dfrac{\partial L}{\partial \theta_1} \\ \quad = [(m_1+m_2)d_1^2 + m_2 d_2^2 + 2m_2 d_1 d_2 \cos(\theta_2)]\ddot{\theta}_1 + [m_2 d_2^2 + m_2 d_1 d_2 \cos(\theta_2)]\ddot{\theta}_2 - \\ \quad\quad 2m_2 d_1 d_2 \sin(\theta_2)\dot{\theta}_1\dot{\theta}_2 - m_2 d_1 d_2 \sin(\theta_2)\dot{\theta}_2^2 + (m_1+m_2)gd_1\sin(\theta_1) + m_2 g d_2 \sin(\theta_1+\theta_2) \\ \tau_2 = \dfrac{d}{dt}\left(\dfrac{\partial L}{\partial \dot{\theta}_2}\right) - \dfrac{\partial L}{\partial \theta_2} \\ \quad = [m_2 d_2^2 + m_2 d_1 d_2 \cos(\theta_2)]\ddot{\theta}_1 + m_2 d_2^2\ddot{\theta}_2 + m_2 d_1 d_2 \sin(\theta_2)\dot{\theta}_1^2 + m_2 g d_2 \sin(\theta_1+\theta_2) \end{cases}$$

5.4.3 两个空间的动力学模型

例 5-8 中，动力学方程式可简写为如下形式：

$$\begin{cases} \tau_1 = D_{11}\ddot{\theta}_1 + D_{12}\ddot{\theta}_2 + D_{111}\dot{\theta}_1^2 + D_{122}\dot{\theta}_2^2 + (D_{112}+D_{121})\dot{\theta}_1\dot{\theta}_2 + D_1 \\ \tau_2 = D_{21}\ddot{\theta}_1 + D_{22}\ddot{\theta}_2 + D_{211}\dot{\theta}_1^2 + D_{222}\dot{\theta}_2^2 + (D_{212}+D_{221})\dot{\theta}_1\dot{\theta}_2 + D_2 \end{cases} \quad (5\text{-}45)$$

其矩阵形式为

$$\begin{bmatrix} \tau_1 \\ \tau_2 \end{bmatrix} = \begin{bmatrix} D_{11} & D_{12} \\ D_{21} & D_{22} \end{bmatrix} \begin{bmatrix} \ddot{\theta}_1 \\ \ddot{\theta}_2 \end{bmatrix} + \begin{bmatrix} D_{111} & D_{122} \\ D_{211} & D_{222} \end{bmatrix} \begin{bmatrix} \dot{\theta}_1^2 \\ \dot{\theta}_2^2 \end{bmatrix} + \begin{bmatrix} D_{112} & D_{121} \\ D_{212} & D_{221} \end{bmatrix} \begin{bmatrix} \dot{\theta}_1 \dot{\theta}_2 \\ \dot{\theta}_2 \dot{\theta}_1 \end{bmatrix} + \begin{bmatrix} D_1 \\ D_2 \end{bmatrix} \quad (5\text{-}46)$$

比较例 5-8 中求得的动力学方程式及式(5-45)、式(5-46)，可得本系统各系数如下：

1) 含有 $\ddot{\theta}_1$ 或 $\ddot{\theta}_2$ 的项表示由于加速度引起的惯性力，其中：

D_{ii} 为关节 i 的有效惯量。关节 i 的加速度在关节 i 上产生一个等于 $D_{ii}\ddot{\theta}_i$ 的惯性力。

$$D_{11} = (m_1 + m_2)d_1^2 + m_2 d_2^2 + 2m_2 d_1 d_2 \cos\theta_2$$
$$D_{22} = m_2 d_2^2$$

D_{ij} 为关节 i 和 j 间的耦合惯量。关节 j 的加速度在关节 i 上产生一个等于 $D_{ij}\ddot{\theta}_j$ 耦合惯性力。

$$D_{12} = D_{21} = m_2 d_2^2 + m_2 d_1 d_2 \cos\theta_2$$

机器人的有效惯量和耦合惯量随着机器人的形态变化而有着非常明显的变化，不仅和机器人的负载有关，同时受到各关节的状态(是自由状态还是锁死状态)的影响，变化范围非常大，对机器人的控制影响巨大。对于一个机器人的控制而言，需要计算出各个有效惯量、耦合惯量与机器人位置形态之间的关系。

2) 含有 $\dot{\theta}_1^2$ 和 $\dot{\theta}_2^2$ 的项表示在关节处的向心力，其中：

D_{ijj}、D_{iii} 为向心加速度系数。含有 D_{ijj} 的项表示关节 j 速度在关节 i 上产生的向心力。$D_{ijj}\dot{\theta}_j^2$ 项是由关节 j 的速度 $\dot{\theta}_j$ 在关节 i 上产生的向心力。$D_{iii}\dot{\theta}_i^2$ 表示关节 i 处的速度 $\dot{\theta}_i$ 作用在本身关节处的向心力。

$$D_{111} = 0$$
$$D_{122} = -m_2 d_1 d_2 \sin\theta_2$$
$$D_{211} = m_2 d_1 d_2 \sin\theta_2$$
$$D_{222} = 0$$

3) 含有 $\dot{\theta}_1 \dot{\theta}_2$ 的项表示由于科氏力引起的科氏力项，其中：

D_{iij}、D_{ijj} 为科氏加速度系数。含有 D_{iij} 的项表示科氏力对关节 i 的耦合力项。含有 D_{ijj} 的项表示科氏力对关节 j 的耦合力项。

$$D_{112} = D_{121} = -m_2 d_1 d_2 \sin\theta_2$$
$$D_{212} = D_{221} = 0$$

4) 只含关节变量 θ_1、θ_2 的项表示重力引起的关节力项，其中：

D_i 为关节 i 处的重力项。表示关节 i 处的重力，和速度、加速度无关。

$$D_1 = (m_1 + m_2)gd_1\sin\theta_1 + m_2 gd_2\sin(\theta_1 + \theta_2)$$
$$D_2 = m_2 gd_2\sin(\theta_1 + \theta_2)$$

当机器人有 n 个关节时，上式可推广为普遍形式：

$$\tau_i = \sum_{j=1}^{n} D_{ij}\ddot{\theta}_j + \sum_{j=1}^{n}\sum_{k=1}^{n} H_{ijk}\dot{\theta}_j\dot{\theta}_k + G_i \quad (i,j=1,2,\cdots,n) \quad (5\text{-}47)$$

从上述例题的推导可以看出，很简单的 2 自由度平面关节型工业机器人的动力学方程已经很复杂，包含很多因素，这些因素都在影响着工业机器人的动力学特性。对于复杂一些的多自由度工业机器人，动力学方程更庞杂，推导过程也更为复杂，给工业机器人的实时控制也带来很大的困难。

为了方便对机器人进行动力分析，通常根据下面几种情形对动力学方程进行简化：

1）当杆件质量不是很大，重量很轻时，动力学方程中的重力矩项可以省略。

2）当关节速度不是很大，工业机器人不是很高速工业机器人时，含有 $\dot{\theta}_1^2$、$\dot{\theta}_2^2$、$\dot{\theta}_1$、$\dot{\theta}_2$ 等项可以省略。

3）当关节加速度不是很大，也就是关节的升降速不是很突然时，那么含 $\ddot{\theta}_1$、$\ddot{\theta}_2$ 的项有可能可以省略。

当然，关节加速度的减少，会引起速度升降的时间增加，延长工业机器人作业循环的时间。

将式(5-47)进一步简化为下面的矩阵形式，关节空间动力学方程表示为

$$\boldsymbol{\tau} = \boldsymbol{D}(\boldsymbol{q})\ddot{\boldsymbol{q}} + \boldsymbol{H}(\boldsymbol{q},\dot{\boldsymbol{q}}) + \boldsymbol{G}(\boldsymbol{q}) \tag{5-48}$$

式(5-48)也称为机器人的动力学模型。该模型反映了机器人关节驱动力(矩)与各个关节的位移、速度和加速度之间的关系，这是一个变系数、多变量、强耦合的非线性系统。对于 n 个关节的机器人手臂，$\boldsymbol{D}(\boldsymbol{q})$ 是 $n \times n$ 的正定矩阵，是 $\boldsymbol{q}$ 的函数，称为机器人手臂的惯性矩阵；$\boldsymbol{H}(\boldsymbol{q},\dot{\boldsymbol{q}})$ 是 $n \times 1$ 的离心力和科氏力矢量；$\boldsymbol{G}(\boldsymbol{q})$ 是 $n \times 1$ 的重力矢量。将例 5-8 中求得的动力学方程式按照式(5-48)表示，其中

$$\boldsymbol{\tau} = \begin{bmatrix} \tau_1 \\ \tau_2 \end{bmatrix}; \quad \boldsymbol{q} = \begin{bmatrix} \theta_1 \\ \theta_2 \end{bmatrix}; \quad \dot{\boldsymbol{q}} = \begin{bmatrix} \dot{\theta}_1 \\ \dot{\theta}_2 \end{bmatrix}; \quad \ddot{\boldsymbol{q}} = \begin{bmatrix} \ddot{\theta}_1 \\ \ddot{\theta}_2 \end{bmatrix}$$

有

$$\boldsymbol{H}(\boldsymbol{q},\dot{\boldsymbol{q}}) = m_2 l_1 p_2 \sin\theta_2 \begin{bmatrix} \dot{\theta}_2^2 + 2\dot{\theta}_1\dot{\theta}_2 \\ \dot{\theta}_1 \end{bmatrix}$$

$$\boldsymbol{G}(\boldsymbol{q}) = \begin{bmatrix} (m_1 p_1 + m_2 l_1)g\sin\theta_1 + m_2 p_2 g\sin(\theta_1 + \theta_2) \\ m_2 p_2 g\sin(\theta_1 + \theta_2) \end{bmatrix}$$

例 5-7 中，将两式联立，并写成矩阵的形式：

$$\begin{bmatrix} \tau_\theta \\ \tau_r \end{bmatrix} = \begin{bmatrix} m_1 r_1^2 + m_2 r^2 & 0 \\ 0 & m_2 \end{bmatrix} \begin{bmatrix} \ddot{\theta} \\ \ddot{r} \end{bmatrix} + \begin{bmatrix} 2m_2 \dot{r} r \dot{\theta} \\ m_2 r \dot{\theta}^2 \end{bmatrix} + \begin{bmatrix} g\cos\theta(m_1 r_1 + m_2 r) \\ m_2 g\sin\theta \end{bmatrix}$$

即得到 RP 机器人在关节空间的动力学模型。它表示加在关节上的力矩与机器人各连杆运动之间的关系。

与关节空间动力学方程相对应，在笛卡儿操作空间中，可以用直角坐标变量即手部位姿的矢量 $\boldsymbol{X}$ 来表示工业机器人动力学方程。因此，操作力量与手部之间的关系可以表示为

$$\boldsymbol{F} = \boldsymbol{M}_x(\boldsymbol{q})\ddot{\boldsymbol{X}} + \boldsymbol{U}_x(\boldsymbol{q},\dot{\boldsymbol{q}}) + \boldsymbol{G}_x(\boldsymbol{q}) \tag{5-49}$$

式中，$\boldsymbol{M}_x(\boldsymbol{q})\ddot{\boldsymbol{X}}$、$\boldsymbol{U}_x(\boldsymbol{q},\dot{\boldsymbol{q}})$ 和 $\boldsymbol{G}_x(\boldsymbol{q})$ 分别为操作空间中的惯性矩阵、离心力和科氏力矢量、重力矢量，它们都是在操作空间中表示的；$\boldsymbol{F}$ 是定义操作力矢量；$\ddot{\boldsymbol{X}}$ 为机器人末端位姿矢量。

关节空间动力学方程和操作空间动力学方程之间的对应关系可以通过广义操作力 $\boldsymbol{F}$ 与广义关节力矩 $\boldsymbol{\tau}$ 之间的关系，即

$$\boldsymbol{\tau} = \boldsymbol{J}^{\mathrm{T}}(\boldsymbol{q})\boldsymbol{F} \tag{5-50}$$

操作空间与关节空间之间的速度、加速度的关系，即

$$\dot{\boldsymbol{X}} = \boldsymbol{J}(\boldsymbol{q})\dot{\boldsymbol{q}}$$
$$\ddot{\boldsymbol{X}} = \boldsymbol{J}(\boldsymbol{q})\ddot{\boldsymbol{q}} + \dot{\boldsymbol{J}}(\boldsymbol{q})\dot{\boldsymbol{q}} \tag{5-51}$$

利用以上这些式子，能很好地利用拉格朗日函数来求解各种不同的机器人动力学方程。

这两种空间的动力学方程表示，目的是针对不同的机器人运动问题，能够更加直观、简便地构造出合适的动力学方程。机器人末端执行器能否以给定的速度准确地接近目标，其快速、准确地停在目标点的程度以及对给定停止位置的超调量等都取决于机器人的动态特性。机器人臂部与行走机构的结构、传动部件的精度、运动学和动力学计算机运算程序的质量等决定了机器人的动态特性。

比较复杂的多自由度机器人，其动力学方程庞杂，推导过程非常复杂，所以对于多自由度机器人的动力学研究，一般推荐使用相关的动力学方程仿真软件，建立系统动力学方程，对虚拟机械系统进行静力学、运动学和动力学分析，输出位移、速度、加速度和反作用力曲线。利用软件，可帮助求解多自由度机器人的动力学方程。

本 章 小 结

本章主要研究了机器人动力学相关问题，对于快速运动的机器人及其控制具有特别重要的意义。

本章首先讨论了刚体动力学问题，分析了刚体的线速度、角速度及线加速度和角加速度。然后讨论了刚体转动的惯性问题，包括刚体的转动惯量和惯性张量的计算，还简要介绍了牛顿第二定律、欧拉方程以及牛顿-欧拉方程。

接下来重点讨论了拉格朗日力学分析，介绍了刚体定轴转动的动能定理，在分析 2 连杆机器人的动能与位能的基础上，总结出建立拉格朗日方程的步骤，并以此计算出机器人连杆某一点的速度、动能和位能。

最后通过实例，介绍了应用拉格朗日方程法建立机器人的动力学方程，具体讨论了如何得到机器人动力学方程的一般表达式。

本章还讨论了关节空间和操作空间的动力学模型。

通过本章的学习，读者应该了解刚体动力学的相关知识，熟悉刚体的转动惯量和惯性张量的计算，了解牛顿第二定律、欧拉方程以及牛顿-欧拉方程，能够进行拉格朗日力学分析；掌握应用拉格朗日方程法建立机器人的动力学方程，得到动力学方程的一般表达式；了解关节空间和操作空间的动力学模型的建立。

思考题与习题

5-1　机器人动力学解决什么问题？什么是动力学正问题和逆问题？

5-2　什么是拉格朗日函数？简述用拉格朗日方法建立机器人动力学方程的步骤。

5-3　写出机器人在关节空间的动力学模型，并简述各项的含义。

5-4　如图 5-16 所述，求质量为 m、半径为 R 的匀质圆环对垂直于平面且过中心轴的转动惯量。

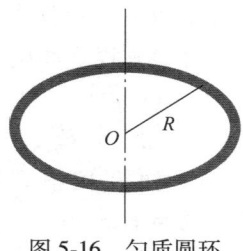

图 5-16　匀质圆环

5-5 求一匀质的、坐标原点建立在其质心的刚性圆柱体的惯性张量。

5-6 如图 5-17 所示，单摆是一根集中质量连杆，末端连接一集中质量 m，杆长为 l，其上作用力矩 T，建立系统的动力学方程。

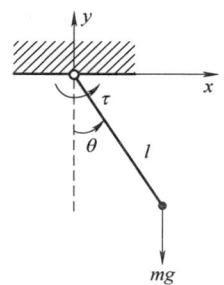

图 5-17 单连杆机器人

5-7 已知 2 自由度机器人如图 5-18 所示，机器人两个杆件的长度分别为 l_1 和 l_2，且其质量 m_1 和 m_2 都集中在杆件的端头，建立系统的动力学方程。

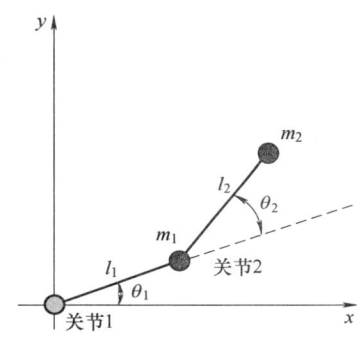

图 5-18 2 自由度机器人

第 6 章

机器人轨迹规划

导读

在前面的章节中,我们已经讨论了与位移、速度有关的运动学和动力学问题,在工程应用中还经常涉及使机器人手臂关节在空间一系列的给定点上平稳运动的问题,这就是机器人轨迹控制问题。机器人轨迹规划是使机器人手臂关节在规定时间内按一定的位移、速度及加速度,从初始状态移动到某个规定的目标状态。机器人轨迹规划可在关节空间中进行,也可在笛卡儿空间进行。本章将讨论与轨迹控制有关的基本概念,对机器人的运动路径和轨迹进行描述,讨论在关节空间和笛卡儿空间中机器人运动的轨迹规划问题。

本章知识点

- 路径描述及轨迹生成
- 关节空间及笛卡儿坐标空间
- 关节空间的轨迹规划
- 笛卡儿坐标空间的轨迹规划

6.1 路径描述及轨迹生成

在机器人研究中,经常会遇到"路径"和"轨迹"的概念。路径和轨迹表面上相似,但实际上是两个不同的概念。路径定义为机器人位姿的一个特定序列,而不考虑机器人位姿的时间因素。如图 6-1 所示,如果一个机器人从 M 点运动到 N 点再到 P 点,那么这些中间的位姿序列就构成了一条路径。而轨迹则与何时到达路径中的每个部分有关,强调了时间性。因此,如图 6-1 所示,不论机器人何时到达 N 点和 P 点,其路径总是一样的。而轨迹则依赖速度和加速度,如果机器人抵达 N 点和 P 点的时间不同,则相应的轨迹也不同。

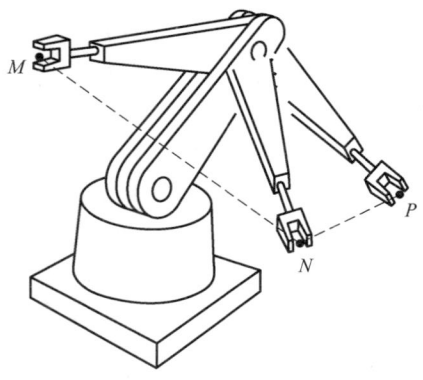

图 6-1 机器人运动的路径示意图

6.1.1 路径描述

在大多数情况下,将机器人手臂关节的运动看作是工具坐标系(T)相对于工作台坐标系(S)的运动,这种方式对描述路径和生成路径是非常有利的。作业是指为完成生产而布置的活动,当按照工具坐标系相对于工作台坐标系的运动,即按照作业来指定路径时,其实是将运动的描述与任意具体的机器人、末端执行器或工件相分离。由此得到的模型便可将相同的路径描述应用于不同的机器人手臂关节,或者用于具有不同工具尺寸的相同机器人手臂关节上。这种描述方法也比较符合机器人使用用户考虑问题的思路,而且有利于描述和生成机器人的运动轨迹。

如图 6-2 所示,机器人手臂关节从初始状态移动到某个最终期望状态,有了这种描述方法,该运动就可以看作是将工具坐标系从当前值$\{T_0\}$移动到最终期望值$\{T_1\}$的坐标变换。显然,这种变换与具体机器人无关。一般情况下,这种变换包含了工具相对于工作台的位置和姿态的变化。

在轨迹规划中,为叙述方便,也常用"点"这个词来表示机器人的状态。当需要更详细地描述运动的更多细节时,不仅要规定机器人的起始点和终止点,而且要给出一系列的期望中间点(介于起始点和终止点之间的过渡点)。这时,起始点、终止点和期望中间点均称为路径点。

如图 6-2 所示,在执行轨迹的过程中,机器人手臂关节以平滑的方式从初始位置运动到期望的目标位置,存在着很多种选择,因此可以使用很多方法来指定和规划路径。任意通过中间点的光滑函数都可以用来指定精确的路径,本章后续将从中选取一些简单的函数进行讲解讨论。

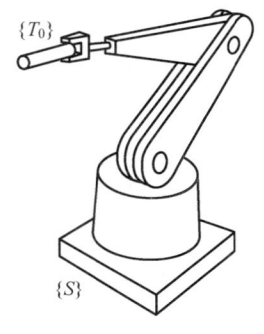 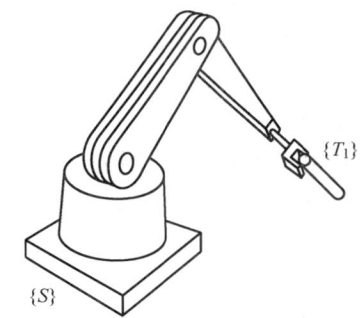

a) 机器人手臂关节的初始位置 b) 机器人手臂关节的期望位置

图 6-2 机器人手臂关节的不同位置

6.1.2 轨迹的生成方式

如前所述,路径和轨迹是两个相似但含义不同的概念,机器人运动的路径描述机器人的位姿随空间的变化,而机器人运动的轨迹描述机器人的位姿随时间的变化。所谓轨迹就是机器人手臂关节在运动过程中的位移、速度和加速度。

运动轨迹的描述或生成有以下几种方式:

1)示教-再现运动。这种运动由人手把手示教机器人,定时记录各关节变量,得到沿路径运动时各关节的位移时间函数 $q(t)$。再现时，按内存中记录的各点的值产生序列动作。

2）关节空间运动。这种运动直接在关节空间里进行，由于动力学参数及其极限值直接在关节空间里描述，所以用这种方式求最短时间运动很方便。

3）空间直线运动。这是一种笛卡儿空间里的运动，它便于描述空间操作，计算量小，适宜简单的作业。

4）空间曲线运动。这是一种在笛卡儿空间中用明确的函数表达的运动，如圆周运动、螺旋运动等。

工业机器人比较常见的运动轨迹的生成方式是示教-再现运动方式。对于有规律的轨迹，仅示教几个特征点，计算机就能利用插补算法（Interpolation Algorithm）获得中间点的坐标。插补算法是指沿着规定的轮廓、在轮廓的起点和终点之间确定若干个中间点的方法，即"插入""补上"运动中间点的坐标，实质上是完成数据点密化的工作。如直线需要示教两点，圆弧需要示教三点，通过机器人逆向运动学算法由这些点的坐标求出机器人各关节的位置和角度 $(\theta_1, \cdots, \theta_n)$，然后由后面的角位置闭环控制系统实现要求的轨迹上的一点。继续插补并重复上述过程，从而实现要求的轨迹。

6.1.3 轨迹规划涉及的相关问题

轨迹规划是指根据作业任务的要求，计算出预期的运动轨迹。路径点之间的运动轨迹除了位姿约束外，还存在着各路径点之间的时间分配问题。所以在规定路径的同时，需要指定各路径点之间的时间间隔。

通常，期望机器人手臂关节的运动是平滑的。不平滑的运动将加剧机械部件的磨损，并导致机器人的振动和冲击。为此，要定义一个连续的且具有连续一阶导数的光滑函数，有时还希望二阶导数也是连续的。因此，为了保证路径平滑，必须在各路径点之间，对路径的空间和时间特性给出一些限制条件。

为了能够描述一个完整的作业，往往需要将运动进行组合。通常这时，轨迹规划会涉及以下几方面的问题：

1）对工作对象及作业进行描述，用示教方法给出轨迹上的若干个路径点。

2）用一条轨迹通过或逼近路径点，此轨迹可按一定的原则优化。如通过加速度平滑得到直角空间的位移时间函数 $X(t)$ 或关节空间的位移时间函数 $q(t)$，然后在路径点之间进行插补，即根据轨迹表达式在每一个采样周期实时计算轨迹上点的位姿和各关节变量值。

3）以上生成的轨迹是机器人位置控制的给定值，可以据此并根据机器人的动态参数设计一定的控制规律。

4）规划机器人的运动轨迹时，还需要明确其运动路径上是否存在障碍物。

进行轨迹规划的轨迹规划器可形象地看成是一个黑箱，如图 6-3 所示，其输入包括路径的设定，输出的是机器人手臂关节的位姿序列，即时间顺序给出的位移、速度、加速度序列。形成轨迹的过程中会有各种约束，主要有路径约束和动力学约束。

机器人轨迹规划是使机器人手臂关节在规定时间内按一定的位移、速度及加速度从初始状态

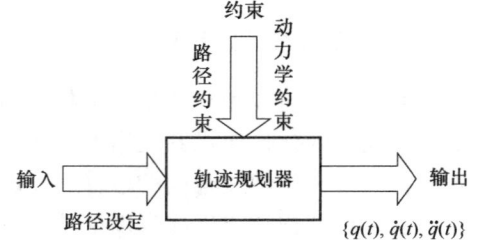

图 6-3 轨迹规划器框图

移动到某个规定的目标状态。

机器人最常用的轨迹规划方法主要有两种：

第一种方法要求使用者在沿轨迹选定的路径点上的位移、速度和加速度给出一组显式约束（例如，连续性和光滑程度等），轨迹规划器从一类函数（n 次多项式）中选取参数化轨迹，对路径点进行插值，并满足约束条件。显然，在这种方法中，约束的给定和机器人手臂关节轨迹规划是在关节坐标系中进行的。

第二种方法要求使用者以解析函数形式给定机器人手臂关节必经的路径，例如，笛卡儿坐标中的直线路径。然后，轨迹规划器在关节坐标或笛卡儿坐标中确定一条与给定路径近似的轨迹。在这种方法中，路径约束是在笛卡儿坐标中给定的。下面我们将具体介绍这两种轨迹规划方法。

6.2 关节空间及笛卡儿空间

机器人的轨迹规划既可以在关节空间也可以在笛卡儿空间中进行。本节主要介绍两种空间的概论，以及两种空间轨迹规划的特点。

6.2.1 关节空间

如第 4 章所述，对于一个具有 n 个自由度的机器人来说，它的所有连杆位置可由一组 n 个关节变量来确定。这样的一组变量通常称为 $n \times 1$ 的关节矢量。所有关节矢量组成的空间称为关节空间。

6.2.2 笛卡儿空间

1. 笛卡儿坐标系

相交于原点的两条数轴，构成了平面放射坐标系。如果两条数轴上的度量单位相等，则称此放射坐标系为笛卡儿坐标系。

两条数轴相互垂直的笛卡儿坐标系，称为笛卡儿直角坐标系，否则称为笛卡儿斜坐标系。

2. 空间笛卡儿坐标系

相交于原点的 3 条不共面的数轴构成空间的放射坐标系。3 条数轴上度量单位相等的放射坐标系称为空间笛卡儿坐标系。3 条数轴互相垂直的笛卡儿坐标系称为空间笛卡儿直角坐标系，简称为空间直角坐标系，否则称为空间笛卡儿斜角坐标系。而路径规划中最常用的是空间笛卡儿直角坐标系，即空间直角坐标系。

3. 笛卡儿空间

笛卡儿空间是指位置是在空间相互正交的轴上定位的，且姿态是按照空间描述规定的方法测量的空间。有时也称为任务空间或者操作空间，一般简单地理解成空间直角坐标系。

6.2.3 两种空间轨迹规划的特点

轨迹规划在关节空间和笛卡儿空间中都可以进行，但是为了使机器人手臂关节的运动平稳，所规划的轨迹函数必须连续和平滑。

在关节空间中进行规划时，一般是将关节变量表示成时间的函数，并规划它的一阶和二阶时间导数。

在笛卡儿空间中进行规划时，一般是将机器人手臂关节位移、速度和加速度表示为时间的函数，而相应的关节位移、速度和加速度由机器人手臂关节的信息导出，通常通过反复求解逆运动方程来计算关节角。

也就是说，对于关节空间轨迹规划，规划生成的值就是关节值，而笛卡儿坐标空间轨迹规划函数生成的值是机器人末端手的位姿，它们需要通过求解逆运动方程才能化为关节量。

关节空间中轨迹规划是以关节角度的函数来描述机器人手臂关节的轨迹。其优点是在线运算量小、效率高，无须进行机器人的逆解或正解解算。因其仅受关节速度及加速度的限制，故不会发生机构的奇异性问题（奇异性就是指函数的不连续或导数不存在）。关节空间中轨迹规划特别适合机器人手臂关节运动不要求规定路径的、进入空间行程大范围内快速移动的轨迹段。其缺点是由于约束的设定和轨迹规划在关节空间进行时，对机器人手臂关节（直角坐标位姿）没有施加任何约束，对应操作空间的轨迹无法预测，用户很难弄清机器人手臂关节的实际路径，增加了机器人手臂关节与环境碰撞的可能。

如果想沿某一特定轨迹，关节空间轨迹规划是很难做到的，在笛卡儿坐标系中做会简单得多。可以将一些机器人手臂关节实际运动经过的点设置在笛卡儿空间中，在笛卡儿空间运用坐标来进行设计，然后找到机器人的姿态，最后计算关节角。

实际上，为了形成这种形式的轨迹，应该先选取沿着那条轨迹的足够多的样本点，然后计算所有的关节坐标值，这样可以确保利用这些坐标值，使机器人可以沿着那条轨迹运动。面向笛卡儿空间方法的优点是概念直观，分段点之间的运动能被很好地确定，非常适合已定义的函数轨迹的规划。可是，由于测量机器人手臂关节笛卡儿坐标缺乏适当的传感器进行位置和速度反馈，而所有可用的控制算法又都是建立在关节坐标基础上的，因此，笛卡儿空间路径规划的结果需要实时变换为相应的关节坐标，这是一个计算量很大的任务，常常导致较长的控制间隔。

另一个主要的问题是，会有不连续问题。因为由笛卡儿坐标向关节坐标的变换不是一一对应的映射，在笛卡儿坐标系中规划轨迹时，即便在笛卡儿坐标系中可以设计出很完美的曲线，但是转化到关节空间中，有可能出现根本行不通的情况。

综上，两种空间规划方法各有优缺点。在实际应用中，通常会用一种关节空间和笛卡儿空间规划混合方法，来减少计算量。此外，也要确保在运动过程中不会碰到任何障碍物。但是，关节空间和笛卡儿空间本身就有运动学上的对应关系，我们不可能同时做两类插补。就如同，第一种相当于一个方程 $y=f(x)$，已知 x 去求 y。第二种相当于已知 y 去求 x。如果 y 和 x 同时已知，求解就没有意义了。

6.3　关节空间的轨迹规划

在关节空间中进行轨迹规划，需要给定机器人在起始点、终止点手臂的位姿。对关节进行插值时，应满足一系列约束条件：

1) 抓取物体时，机器人手臂关节运动方向（初始点），提升物体离开的方向（提升点），放下物体（下放点）和停止点等路径点上的位移、速度和加速度的要求。

2) 与之相应的各个关节的位移、速度、加速度在整个时间间隔内连续性的要求。

3) 各极值必须在各个关节变量的容许范围之内等。

在满足所要求的约束条件下，可以选取不同类型的关节插值函数，生成不同的轨迹。

对于每一段路径，不必在直角坐标系中描述两个路径点之间的路径形状，各个关节运动时间均相同，这样可以保证所有关节同时到达中间各个路径点，从而得到工具坐标系$\{T\}$所有的位置和姿态。需要注意的是，虽然每个关节在同一段路径内的运动时间相同，但是，各个关节函数之间却是相互独立的。前文也提到过，在关节空间进行轨迹规划，规划路径不是唯一的。可以选取不同类型的关节角度函数，只要满足路径点上的约束条件即可，所以，会生成不同的轨迹。

下面着重讨论关节轨迹的插值计算。关节轨迹插值计算的方法较多，现简述如下。

6.3.1 三次多项式插值

在机器人手臂关节运动过程中，由于相应于起始点的关节角度是已知的，而终止点的关节角度可以通过运动学反解得到，因此，运动轨迹的描述，可用经过起始点关节角度与终止点关节角度的一个平滑插值函数$\theta(t)$来表示。$\theta(t)$在$t_0=0$时刻的值是起始关节角度θ_0，在终止时刻t_f的值是终止关节角度θ_f。显然，有许多平滑函数可作为关节插值函数，如图6-4所示。

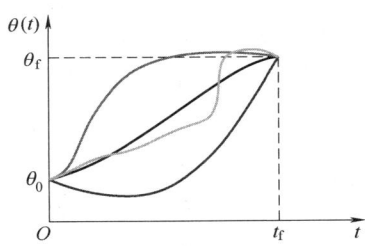

图6-4 单个关节的不同轨迹曲线

为了实现单个关节的平稳运动，轨迹函数$\theta(t)$至少需要满足4个约束条件。其中两个约束条件是起始点和终止点对应的关节角度：

$$\begin{cases}\theta(0)=\theta_0\\ \theta(t_f)=\theta_f\end{cases} \qquad (6-1)$$

为了满足关节运动速度的连续性要求，另外还有两个约束，即在起始点和终止点的关节速度要求，用$\dot{\theta}(t)$来表示关节速度函数。在当前情况下，规定

$$\begin{cases}\dot{\theta}(0)=\dot{\theta}_0\\ \dot{\theta}(t_f)=\dot{\theta}_f\end{cases} \qquad (6-2)$$

上述4个边界约束条件式(6-1)和式(6-2)唯一地确定了一个三次多项式：

$$\theta(t)=a_0+a_1t+a_2t^2+a_3t^3 \qquad (6-3)$$

运动轨迹上的关节速度$\dot{\theta}(t)$和关节加速度$\ddot{\theta}(t)$函数为

$$\begin{cases}\dot{\theta}(t)=a_1+2a_2t+3a_3t^2\\ \ddot{\theta}(t)=2a_2+6a_3t\end{cases} \qquad (6-4)$$

将式(6-3)和式(6-4)代入相应的约束条件，得到有关系数$a_0\sim a_3$的4个线性方程：

$$\begin{cases} \theta_0 = a_0 \\ \theta_f = a_0 + a_1 t_f + a_2 t_f^2 + a_3 t_f^3 \\ \dot\theta_0 = a_1 \\ \dot\theta_f = a_1 + 2a_2 t_f + 3a_3 t_f^2 \end{cases} \tag{6-5}$$

求解可得

$$\begin{cases} a_0 = \theta_0 \\ a_1 = \dot\theta_0 \\ a_2 = \dfrac{3}{t_f^2}(\theta_f - \theta_0) - \dfrac{2}{t_f}\dot\theta_0 - \dfrac{1}{t_f}\dot\theta_f \\ a_3 = -\dfrac{2}{t_f^3}(\theta_f - \theta_0) + \dfrac{1}{t_f^2}(\dot\theta_0 + \dot\theta_f) \end{cases} \tag{6-6}$$

由式(6-6)确定的三次多项式描述了起始点和终止点具有任意给定位置和速度的运动轨迹。将三次多项式的系数代入式(6-3)和式(6-4)，即可求出机器人手臂关节的位移、速度和加速度。

例 6-1 设有一个旋转关节的单自由度关节机器人，当机器人手臂关节处于静止状态时，$\theta_0 = 20°$，要在 3s 之内平稳运动到 $\theta_f = 60°$ 停下来（即要求在终端时速度为零）。规划出满足上述条件的平滑运动的轨迹，计算出 1s 和 2s 时的关节角度，并画出关节角位移、角速度及角加速度随时间变化的曲线。

解：由题目可知，两端点位置约束为 $\begin{cases} \theta(0) = \theta_0 = 20° \\ \theta(t_f) = \theta_f = 60° \end{cases}$

两端点速度约束为 $\begin{cases} \dot\theta(0) = \dot\theta_0 = 0°/s \\ \dot\theta(t_f) = \dot\theta_f = 0°/s \end{cases}$

把约束条件代入式(6-6)，即可求得三次多项式的系数：

$$a_0 = 20, \quad a_1 = 0, \quad a_2 = 13.33, \quad a_3 = -2.96$$

再将多项式系数代入式(6-3)和式(6-4)，可得机器人手臂关节的位移、速度、加速度分别为

位移函数：$\theta(t) = 20 + 13.33t^2 - 2.96t^3$

角速度函数：$\dot\theta(t) = 26.66t - 8.88t^2$

角加速度函数：$\ddot\theta(t) = 26.66 - 17.76t$

将 $t = 1s$ 和 $t = 2s$ 代入 $\theta(t) = 20 + 13.33t^2 - 2.96t^3$，求得 1s 和 2s 时的关节角度为

$$\theta(1) = 30.37°$$
$$\theta(2) = 49.64°$$

可画出它们随时间的变化曲线如图 6-5 所示，图 6-5a、b、c 分别表示该机器人手臂关节的位移、速度、加速度运动轨迹曲线。可以看出，角速度曲线为一抛物线，角加速度为一直线。

6.3.2 过路径点的三次多项式插值

一般情况下，要想规划过路径点的轨迹，如图 6-6 所示，机器人作业除在 A、E 点有位

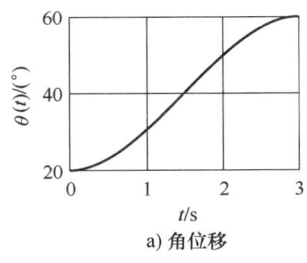 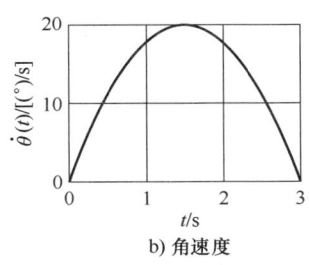 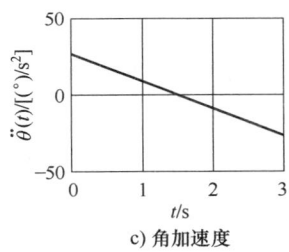

a) 角位移　　　　　　　b) 角速度　　　　　　　c) 角加速度

图 6-5　三次多项式轨迹曲线

姿要求外，在路径点 B、C、D 也有位姿要求。如果机器人手臂关节在路径点停留，即各路径点上速度为 0；如果只是经过路径点，并不停留，即各路径点上速度不为 0，这两种情况均可直接使用前面三次多项式插值的方法。

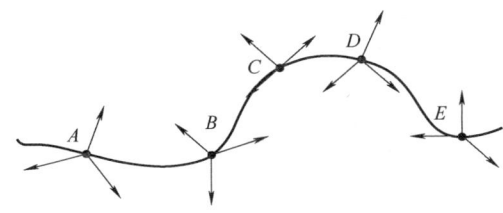

图 6-6　机器人作业路径点

式(6-6)确定的三次多项式描述了起始点和终止点具有任意给定位置和速度的运动轨迹。实际上，可以把所有路径点看作是起始点或终止点，如果在每个路径点处均有期望的关节速度，那么可以将式(6-6)应用到每个曲线段来求出所需的三次多项式。

在进行轨迹规划时，可以把每个关节上相邻的两个路径点分别看作起始点和终止点，再确定相应的三次多项式插值函数，把路径点平滑连接起来。一般情况下，这些起始点和终止点的关节运动速度不再为零，路径点上的关节速度可以根据需要进行设定。这样一来，确定三次多项式的方法可以与前面所述的完全相同，只是速度约束条件式(6-2)中的 $\dot{\theta}_0$、$\dot{\theta}_f$ 不再为 0。

例 6-2　对于只有一个中间点的机器人作业，设其路径点处的关节速度与加速度连续。当机器人手臂关节开始处于静止状态时，关节角度为 θ_0。t_{f1} 时经过中间点（t_{f1} 为该段运行所用的时间），关节角度为 θ_{f1}。从中间点过 t_{f2} 到达终止点停下来（t_{f2} 为该段运行所用的时间），关节角度为 θ_{f2}。如果路径点用三次多项式连接，试确定多项式的所有系数。

解： 由题目可知，该机器人路径可分为 θ_0 到 θ_{f1} 段及 θ_{f1} 到 θ_{f2} 段两段，可通过由两个三次多项式组成的函数连接。设从 θ_0 到 θ_{f1} 的三次多项式函数为

$$\theta_1(t) = a_{10} + a_{11}t + a_{12}t^2 + a_{13}t^3$$

从 θ_{f1} 到 θ_{f2} 的三次多项式函数为

$$\theta_2(t) = a_{20} + a_{21}t + a_{22}t^2 + a_{23}t^3$$

上述两个三次多项式的时间区间分别是 $[0, t_{f1}]$ 和 $[0, t_{f2}]$。若要保证路径点处的速度及加速度均连续（位移连续为隐含），需要满足两个条件：第一条曲线在 $t = t_{f1}$ 时的速度等于第二条曲线在 $t = 0$ 的速度，第一条曲线在 $t = t_{f1}$ 时的加速度等于第二条曲线在 $t = 0$ 的加速

度，即存在下列约束条件，有

中间点速度、加速度约束条件：$\begin{cases} \dot{\theta}_1(t_{f1}) = \dot{\theta}_2(0) \\ \ddot{\theta}_1(t_{f1}) = \ddot{\theta}_2(0) \end{cases}$

根据已知条件，得到下列约束

路径点位置约束：$\begin{cases} \theta_1(0) = \theta_0 \\ \theta_1(t_{f1}) = \theta_{f1} \\ \theta_2(0) = \theta_{f1} \\ \theta_2(t_{f2}) = \theta_{f2} \end{cases}$

起始点、终止点速度约束：$\begin{cases} \dot{\theta}(0) = 0°/s \\ \dot{\theta}(t_{f2}) = 0°/s \end{cases}$

上述约束条件可以组成含有 8 个未知数的 8 个线性方程。对于 $t_{f1} = t_{f2} = t_f$ 的情况，这个方程组的解为

$$\begin{cases} a_{10} = \theta_0 \\ a_{11} = 0 \\ a_{12} = (12\theta_{f1} - 3\theta_{f2} - 9\theta_0)/(4t_f^2) \\ a_{13} = (-8\theta_{f1} + 3\theta_{f2} + 5\theta_0)/(4t_f^3) \end{cases}$$

$$\begin{cases} a_{20} = \theta_{f1} \\ a_{21} = (3\theta_{f2} - 3\theta_0)/(4t_f) \\ a_{22} = (-60\theta_{f1} + 3\theta_{f2} + 3\theta_0)/(2t_f^2) \\ a_{23} = (8\theta_{f1} - 5\theta_{f2} - 3\theta_0)/(4t_f^3) \end{cases}$$

从计算过程可以看出，确定中间点处的期望速度常用的方法是根据中间点处的加速度为连续的原则选取各点的速度，可以设法用两条三次多项式曲线在连接点处按照一定的规则联系起来，构成所要求的轨迹。如图 6-7 所示，其约束条件是：连接处不仅速度连续，而且加速度也连续。

在更一般的情况下，包含许多中间点的机器人轨迹也可用多个三次多项式表示，可将相邻的两个路径点构成一个区间。每个区间都可以用一个三次多项式表示，一个三次多项式有 4 个未知量。如果有 n 个子区间，那么未知量个数共有 $4n$ 个。因为每个区间两个端点的函数值是事先指定的，所以有 $2n$ 个约束。$n-1$ 个中间点处的一阶和二阶导数（速度和加速度）连续，则又有 $2(n-1)$ 个约束。所以，总约束的个数为 $2n+2(n-1)=4n-2$。因此，单从三次多项式函数 $\theta(t)$ 的定义不能唯一确定函数本身。

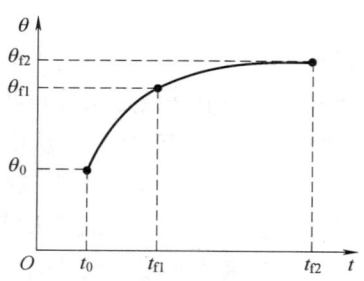

图 6-7 两段三次多项式连接

对于机器人轨迹规划问题，一般要求初始点和终止点的速度（一阶导数）为零，恰好可以补充两个约束条件，使得总约束的个数为 $4n$。这样，多个三次多项式函数就可以唯一确定。

6.3.3 高阶多项式插值

若对于运动轨迹的要求更为严格，相应的约束条件也会增加，那么三次多项式就不能满足需要，需用更高阶的多项式对运动轨迹段进行插值。例如，对某段路径的起始点和终止点不仅规定了关节的位移和速度，还规定了加速度，则三次多项式就不能满足需要，可通过一个五次多项式进行插值处理，即

$$\theta(t) = a_0 + a_1 t + a_2 t^2 + a_3 t^3 + a_4 t^4 + a_5 t^5 \tag{6-7}$$

式(6-7)以五次多项式函数作为关节在两个位置间的平滑过渡函数，约束条件是关节在初始和终止位置处的位移、速度及加速度。引入加速度约束，有利于机构平稳运行。

根据约束要求，多项式系数要满足 6 个约束条件：

$$\begin{cases} \theta(0) = \theta_0 \\ \dot{\theta}(0) = \dot{\theta}_0 \\ \ddot{\theta}(0) = \ddot{\theta}_0 \\ \theta(t_f) = \theta_f \\ \dot{\theta}(t_f) = \dot{\theta}_f \\ \ddot{\theta}(t_f) = \ddot{\theta}_f \end{cases} \tag{6-8}$$

这些约束条件确定了一个具有 6 个方程和 6 个未知数的线性方程组，通过求解得

$$\begin{cases} a_0 = \theta_0 \\ a_1 = \dot{\theta}_0 \\ a_2 = \dfrac{\ddot{\theta}_0}{2} \\ a_3 = \dfrac{20\theta_f - 20\theta_0 - 8(12\dot{\theta}_0 + \dot{\theta}_f)t_f - (3\ddot{\theta}_0 - \ddot{\theta}_f)t_f^2}{2t_f^3} \\ a_4 = \dfrac{30\theta_0 - 30\theta_f + (16\dot{\theta}_0 + 14\dot{\theta}_f)t_f + (3\ddot{\theta}_0 - 2\ddot{\theta}_f)t_f^2}{2t_f^4} \\ a_5 = \dfrac{12\theta_f - 12\theta_0 - 6(\dot{\theta}_0 + \dot{\theta}_f)t_f + (\ddot{\theta}_f - \ddot{\theta}_0)t_f^2}{2t_f^5} \end{cases} \tag{6-9}$$

例 6-3 一个 6 轴机器人的第一关节开始处于静止状态时，关节角度 θ_0 为 20°，初始加速度 $\ddot{\theta}_0$ 为 4°/s²。4s 时到达终止点停下来，关节角度 θ_f 为 40°，终止加速度 $\ddot{\theta}_f$ 为 -4°/s²。如果路径点用五次多项式连接，确定该关节角位移、角速度及角加速度随时间变化的方程。

解：设从起始点到终止点的五次多项式函数为

$$\theta(t) = a_0 + a_1 t + a_2 t^2 + a_3 t^3 + a_4 t^4 + a_5 t^5$$

题目中，两端点位置约束：$\begin{cases} \theta(0) = \theta_0 = 20° \\ \theta(t_f) = \theta_f = 40° \end{cases}$

两端点速度约束：$\begin{cases} \dot{\theta}(0) = \dot{\theta}_0 = 0°/s \\ \dot{\theta}(t_f) = \dot{\theta}_f = 0°/s \end{cases}$

两端点加速度约束：$\begin{cases}\ddot{\theta}(0)=\ddot{\theta}_0=4°/s^2\\\ddot{\theta}(t_f)=\ddot{\theta}_f=-4°/s^2\end{cases}$

将约束条件代入式(6-9)求得

$a_0=20$ $a_1=0$ $a_2=2$

$a_3=1.125$ $a_4=-0.547$ $a_5=0.055$

进而求得如下方程：

位移函数：$\theta(t)=20+2t^2+1.125t^3-0.547t^4+0.055t^5$

角速度函数：$\dot{\theta}(t)=4t+3.375t^2-2.188t^3+0.275t^4$

角加速度函数：$\ddot{\theta}(t)=4+6.75t-6.564t^2+1.1t^3$

可画出它们随时间的变化曲线如图6-8所示，图6-8a、b、c分别表示该机器人手臂关节的位移、速度、加速度运动轨迹曲线。可以看出，角速度曲线为一抛物线。

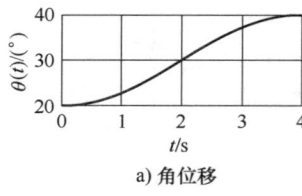
a) 角位移

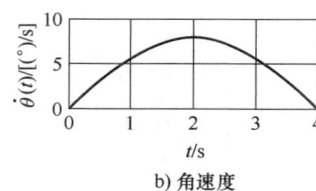
b) 角速度

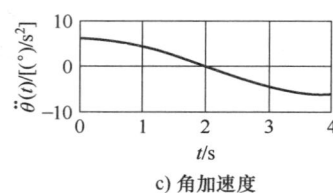
c) 角加速度

图6-8　五次多项式轨迹曲线

6.3.4　用抛物线过渡的线性插值

在关节空间轨迹规划中，对于给定起始点和终止点的情况，选择线性函数插值较为简单，如图6-9a所示。然而，单纯线性插值会导致起始点和终止点的关节运动速度不连续，这意味着会产生无穷大的加速度，将给两端点造成刚性冲击，因此可以考虑分别在起始点和终止点处的邻域内增加一段抛物线的"缓冲区段"，即用抛物线与直线连接起来，如图6-9b所示。在抛物线段内，使用恒定的加速度来平滑地改变速度，这样保证起始点和终止点的速度平滑过渡，从而使得整个运动轨迹的位移和速度是连续的。

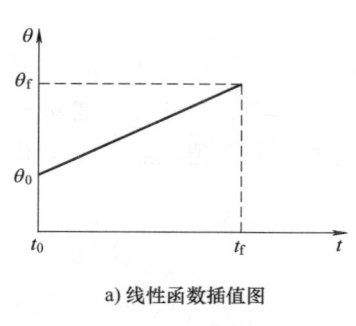
a) 线性函数插值图

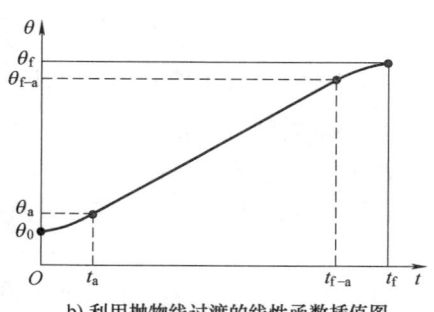
b) 利用抛物线过渡的线性函数插值图

图6-9　线性函数插值及利用抛物线过渡的线性函数插值图

线性函数与两段抛物线函数平滑地衔接在一起形成的轨迹称为带有抛物线过渡域的线性轨迹。如图6-10所示，某个关节在运动中设有n个点，其中5个相邻的路径点表示为a、b、

c、d 和 e，每两个相邻的路径点之间都以线性函数相连，而所有的路径点附近则用抛物线过渡。

需要指出的是，在实际应用中，虽然各路径段采用抛物线过渡域的线性函数，但是机器人的运动关节并不能真正到达那些路径点。即使选取的加速度充分大，实际路径也只是十分接近理想路径点。

如图 6-11 所示，设两端的抛物线轨迹具有相同的持续时间 t_a，具有大小相同而符号相反的恒加速度 $\ddot{\theta}$。对于这种路径规划存在有多个解，其轨迹不唯一。但是每条路径都对称于时间中点 t_h 和位置中点 θ_h。其加速度的值越大，过渡长度越短。

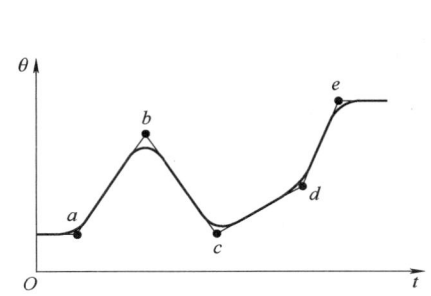

图 6-10 多段带有抛物线过渡的线性插值轨迹　　图 6-11 轨迹的多解及对称性

要保证路径轨迹的连续、光滑，即要求抛物线轨迹的终点速度必须等于线性段的速度，而整个线性段内速度是常值，可以得到下列关系：

$$\dot{\theta} = \frac{\theta_h - \theta_a}{t_h - t_a} \tag{6-10}$$

$$\ddot{\theta} = \frac{\dot{\theta}}{t_a} \tag{6-11}$$

式中，θ_a 是 t_a 时刻的角度值；$\ddot{\theta}$ 是拟合段的加速度值；$\dot{\theta}$ 是线性段的速度值。θ_a 的值按下式可以求出：

$$\theta_a = \theta_0 + \frac{1}{2}\ddot{\theta} t_a^2 \tag{6-12}$$

设关节从起始点到终止点的总运动时间为 t_f，则 $t_f = 2t_h$，并注意到

$$\theta_h = \frac{1}{2}(\theta_f + \theta_0) \tag{6-13}$$

由式(6-10)～式(6-13)得

$$\ddot{\theta} t_a^2 - \ddot{\theta} t_f t_a + (\theta_f - \theta_0) = 0 \tag{6-14}$$

式中，θ_f 为对应于抛物线持续时间 t_f 的关节角度。一般情况下，θ_0、θ_f、t_f 是已知条件，根据式(6-14)选择相应的 $\ddot{\theta}$ 和 t_a，就可以得到相应的轨迹。通常的做法是先选定加速度 $\ddot{\theta}$ 的值，然后按照式(6-14)求出相应的 t_a，即

$$t_a = \frac{t_f}{2} - \frac{\sqrt{\ddot{\theta}^2 t_f^2 - 4\ddot{\theta}(\theta_f - \theta_0)}}{2\ddot{\theta}} \tag{6-15}$$

由式(6-15)可知，为保证 t_a 有解，加速度值 $\ddot{\theta}$ 必须足够大，即

$$\ddot{\theta} \geq \frac{4(\theta_f - \theta_0)}{t_f^2} \qquad (6-16)$$

当式(6-16)中等号成立时，轨迹线性段的长度缩减为 0，整个轨迹由两个过渡域组成，这两个过渡域在衔接处的斜率（关节速度）相等。加速度 $\ddot{\theta}$ 取值越大，过渡域会变得越短，若加速度趋于无穷大，则轨迹又复归到简单的线性插值问题。

例 6-4 已知条件为 $\theta_0 = 15°$，$\theta_f = 75°$，$t_f = 3s$，试设计两条带有抛物线过渡的线性轨迹。

解： 根据题意，求出加速度的取值范围，可将已知条件代入式(6-16)中，有

$$\ddot{\theta} \geq 26.67°/s^2$$

（1）设计第一条轨迹

对于第一条轨迹，如果选 $\ddot{\theta} = 38°/s^2$，算出过渡时间，则

$$t_{a1} = \left[\frac{3}{2} - \frac{\sqrt{38^2 \times 3^2 - 4 \times 38 \times (75-15)}}{2 \times 38}\right]s = 0.68s$$

计算过渡域结束时的关节位置和关节速度，得

$$\theta_{a1} = \left(15 + \frac{1}{2} \times 38 \times 0.68^2\right)(°) = 23.79°$$

$$\dot{\theta}_1 = \ddot{\theta}_1 t_{a1} = 38 \times 0.68(°)/s = 25.84°/s$$

（2）设计第二条轨迹

对于第二条轨迹，若选择加速度为 $29°/s^2$，可求出

$$t_{a2} = \left[\frac{3}{2} - \frac{\sqrt{29^2 \times 3^2 - 4 \times 29 \times (75-15)}}{2 \times 29}\right]s = 1.07s$$

$$\theta_{a2} = \left(15 + \frac{1}{2} \times 29 \times 1.04^2\right)(°) = 30.60°$$

$$\dot{\theta}_2 = \ddot{\theta}_2 t_{a2} = 29 \times 1.04(°)/s = 30.03°/s$$

目前，在机器人运动分析中，面向关节空间的轨迹规划方法被广泛采用，它还可以把笛卡儿路径点变换为相应的关节坐标，并用低次多项式内插这些关节点。这种方法的优点是计算较快，而且易于处理机器人手臂关节的动力学约束。但当取样点落在拟合的光滑多项式曲线上时，面向关节空间的轨迹规划方法沿笛卡儿路径的准确性会有所损失。

6.4 笛卡儿坐标空间的轨迹规划

前面介绍了在关节空间内的轨迹规划，可以保证运动轨迹经过给定的路径点。所有用于关节空间的轨迹规划方法都可以用于笛卡儿空间轨迹规划。如果我们关心机器人手臂关节在笛卡儿空间的整个路径，而不仅仅是关键点，譬如在有些情况下，对机器人手臂关节的轨迹形状也有一定要求，如要求它在两点之间走一条直线、画圆，或者沿着一个圆弧运动以绕过障碍物等，这时便需要在笛卡儿空间内规划机器人手臂关节的运动轨迹。

6.4.1 笛卡儿坐标空间轨迹实现

笛卡儿空间的路径点指的是机器人手臂关节的工具坐标相对于基坐标的位置和姿态。每

一个点由 6 个量组成,其中 3 个量描述位置,另外 3 个量描述姿态。在这种轨迹规划系统中,用机器人手臂关节位姿的笛卡儿坐标节点序列规划轨迹。

规划笛卡儿空间内的运动轨迹,比如直线、圆弧等,首要问题是在路径起始点和终止点之间如何生成一系列的中间点,同时需要对机器人手臂关节的定位点进行不断求值,把它变换成各个关节坐标的运动。这个过程可以归纳为以下计算循环:

1)将时间增加一个增量。
2)利用所选择的轨迹函数计算出末端的位姿。
3)利用逆运动学方程计算相应的关节变量。
4)将关节变量信息送给控制器。
5)返回到循环的开始。

笛卡儿空间内机器人轨迹控制过程如图 6-12 所示。

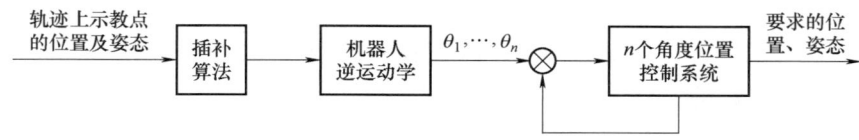

图 6-12 机器人轨迹控制过程

在笛卡儿空间中,将规划好的一系列路径点,通过机器人逆运动学反解可得到相应的一系列关节变量值。把每次计算出的关节位置变量值,周期性地发送给机器人的伺服控制器,由控制器来控制机器人按预定轨迹运动。

在笛卡儿空间内,依据机器人运动学理论,对机器人手臂关节在空间进行运动规划时,需进行的大量工作是对关节变量的插值计算。插补是一种算法,对于有规律的轨迹,仅示教几个特征点。例如,对直线轨迹,仅示教两个端点(起始点、终止点);对圆弧轨迹,需示教 3 个点(起始点、终止点、中间点),轨迹上其他中间点的坐标通过插补方法获得。实际工作中,对于非直线且非圆弧的轨迹,可以切分成若干个直线段或圆弧段,采用无限逼近的方法实现这些轨迹。

1. 插补方式

1)定时插补。每隔一定时间插补一次,插补时间间隔一般不超过 25ms。
2)定距插补。每隔一定距离插补一次,可避免快速运动时,定时插补造成的轨迹失真,但也受伺服周期限制。

2. 插补算法

1)空间直线插补。在两示教点之间按照直线规律计算中间点坐标。
2)圆弧插补。按圆弧规律计算中间点。

6.4.2 空间直线插补

先以 2 连杆机器人为例介绍笛卡儿空间轨迹规划的过程。

例 6-5 如图 6-13 所示,一个平面 2 连杆机器人要求从 $A(12,14)$ 沿直线运动到 $B(15,11)$。从 A 到 B 均分为 8 段,$l_1 = l_2 = 1\mathrm{m}$。要求确定中间点的坐标,并用逆运动方程计算各路径点对应的关节角。

解: 根据题意,在笛卡儿坐标空间中,经过 A 点和 B 点的直线为

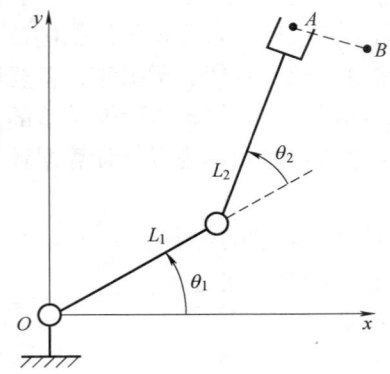

图 6-13 平面 2 连杆机器人直线运动

$$y - 11 = \frac{14 - 11}{12 - 15}(x - 15)$$

化简得，$y = -x + 26$。

虽然在实际应用中起点和终点之间要分成很多很小的部分，但求解本题时只将其分为 8 段，每个中间点的坐标可通过将起点和终点之间的线段进行 8 等分得到。如果分为更多的段，求解的方法类似。然后用逆运动学逆运动学方程求解，代入相应的公式，可求得 θ_1、θ_2。

在第 4 章中给出 2 连杆机器人逆运动学方程的 θ_1、θ_2，结果如表 6-1 和图 6-14 所示。

表 6-1 坐标和关节角参数表

序号	x	y	$\theta_1(°)$	$\theta_2(°)$
1	12.00	14.00	26.62	45.57
2	12.38	13.63	24.72	46.06
3	12.75	13.25	22.94	46.32
4	13.13	12.88	21.27	46.35
5	13.50	12.50	19.71	46.17
6	13.88	12.13	18.27	45.76
7	14.25	11.75	16.95	45.12
8	14.63	11.38	15.75	44.24
9	15.00	11.00	14.70	43.11

空间直线插补是在已知该直线始末两点的位置和姿态的条件下，求各轨迹中间点（插补点）的位置和姿态。由于在大多数情况下，机器人沿直线运动时，其姿态不变，所以没有姿态插补，保持第一个示教点时的姿态即可。当然，如果在某些情况下明确要求变化姿态，那就需要进行姿态插补，可仿照下面介绍的位置插补原理进行处理，也可仿照圆弧的姿态插补方法进行处理。

如图 6-15 所示，已知直线始末两点的坐标值 $P_0(x_0, y_0, z_0)$、$P_f(x_f, y_f, z_f)$ 及姿态，确定各个插值点的坐标。其中 P_0、P_f 是相对于基坐标系的位置。设 v 为要求的沿直线运动的速度，t_s 为插补时间间隔。

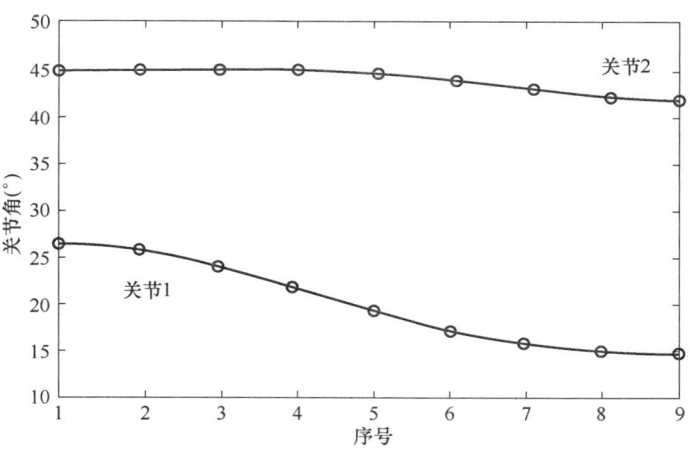

图 6-14 机器人的关节位置

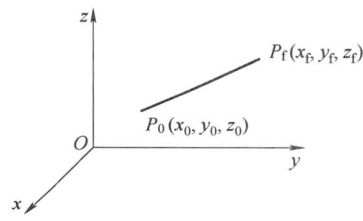

图 6-15 空间直线插补

可先计算出两点之间线段距离为

$$l = \sqrt{(x_f - x_0)^2 + (y_f - y_0)^2 + (z_f - z_0)^2} \tag{6-17}$$

然后,计算插补步数。

插补总步数 N 为

$$N = \begin{cases} \dfrac{l}{d}, & \dfrac{l}{d} \text{ 为整数} \\ \text{int}\left(\dfrac{l}{d}\right) + 1, & \dfrac{l}{d} \text{ 非整数} \end{cases} \tag{6-18}$$

其中,$d = vt_s$ 为步长,即 t_s 间隔内行程。

可得各轴增量为

$$\begin{aligned} \Delta x &= (x_f - x_0)/N \\ \Delta y &= (y_f - y_0)/N \\ \Delta z &= (z_f - z_0)/N \end{aligned} \tag{6-19}$$

求得各插补点坐标值为

$$\begin{aligned} x_{i+1} &= x_i + i\Delta x \\ y_{i+1} &= y_i + i\Delta y \\ z_{i+1} &= z_i + i\Delta z \end{aligned} \tag{6-20}$$

式中，$i=0, 1, 2, \cdots, N$。

可见，两个插补点之间的距离正比于要求解的运动速度，只有插补点之间的距离足够小，才能满足一定的轨迹控制精度要求。

机器人控制系统易于实现定时插补，大多数工业机器人采用定时插补方式。例如采用定时中断方式，每隔 t_s 中断一次进行一次插补，计算一次逆向运动学，输出一个给定值。由于 t_s 仅为几毫秒，所以，机器人沿着要求轨迹的速度一般不会很高，且机器人总的运动精度不高。

6.4.3 圆弧插补

笛卡儿空间的直线运动仅仅是轨迹规划的一类，更加一般的应包含其他轨迹，如椭圆、抛物线、正弦曲线等。机器人手臂关节从起始点经过中间点到达终止点，如果这 3 点不共线，就一定存在过 3 点的圆弧。

1. 平面圆弧插补

平面圆弧是指圆弧平面与基坐标系的 3 大平面之一重合，以 xOy 平面圆弧为例。已知不在一条直线上的 3 点 P_1、P_2、P_3 及这 3 点对应的机器人手臂关节的姿态，如图 6-16 及图 6-17 所示。

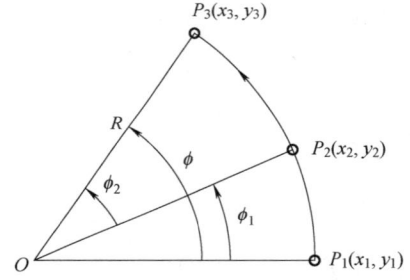 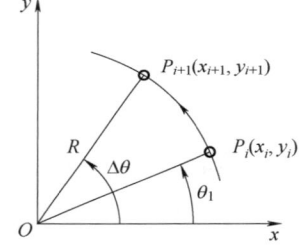

图 6-16　由已知的 3 点 P_1、P_2、P_3 决定的圆弧　　图 6-17　圆弧插补

设 v 为沿圆弧运动速度，t_s 为插补时时间间隔。可以类似直线插补情况计算出：

1）由 P_1、P_2、P_3 决定的圆弧半径 R。

2）总的圆心角 $\phi=\phi_1+\phi_2$，且

$$\begin{cases} \phi_1 = \arccos\{[(x_2-x_1)^2+(y_2-y_1)^2-2R^2]/(2R^2)\} \\ \phi_2 = \arccos\{[(x_3-x_2)^2+(y_3-y_2)^2-2R^2]/(2R^2)\} \end{cases} \tag{6-21}$$

3）t_s 时间内角位移量 $\Delta\theta=t_s v/R$。

4）总插补步数（取整数）

$$N = \begin{cases} \dfrac{\phi}{\Delta\theta}, & \dfrac{\phi}{\Delta\theta} \text{为整数} \\ \text{int}\left(\dfrac{\phi}{\Delta\theta}\right)+1, & \dfrac{\phi}{\Delta\theta} \text{非整数} \end{cases} \tag{6-22}$$

对 P_{i+1} 点的坐标，有 $x_{i+1}=R\cos(\theta_i+\Delta\theta)=R\cos\theta_i\cos\Delta\theta-R\sin\theta_i\sin\Delta\theta=x_i\cos\Delta\theta-y_i\sin\Delta\theta$。

式中，$x_i=R\cos\theta_i$；$y_i=R\sin\theta_i$。

同理有 $y_{i+1}=R\sin(\theta_i+\Delta\theta)=R\sin\theta_i\cos\Delta\theta+R\cos\theta_i\sin\Delta\theta=y_i\cos\Delta\theta+x_i\sin\Delta\theta$。

由 $\theta_{i+1}=\theta_i+\Delta\theta$ 可判断是否到插补终点。若 $\theta_{i+1}\leq\phi$,则继续插补下去;当 $\theta_{i+1}>\phi$ 时,则修正最后一步的步长 $\Delta\theta$,并以 $\Delta\theta'$ 表示,$\Delta\theta'=\phi-\theta_i$,故平面圆弧位置插补为

$$\begin{cases} x_{i+1}=x_i\cos\Delta\theta-y_i\sin\Delta\theta \\ y_{i+1}=y_i\cos\Delta\theta+x_i\sin\Delta\theta \\ \theta_{i+1}=\theta_i+\Delta\theta \end{cases} \quad (6\text{-}23)$$

2. 空间圆弧插补

空间圆弧是指三维空间任一平面内的圆弧,这是解决空间一般平面的圆弧问题。空间圆弧插补可分 3 步来处理:

1)把三维问题转化成二维平面问题,找出圆弧所在平面。
2)利用二维平面插补算法求出插补点坐标 (x_{i+1},y_{i+1})。
3)把该点的坐标值转变为基础坐标系下的值。

如图 6-18 所示,通过不在同一直线上的 3 点 P_1、P_2、P_3 可确定一个圆或一条三点间的圆弧,令圆弧起始点为 $P_1(x_1,y_1,z_1)$,圆弧中间点为 $P_2(x_2,y_2,z_2)$,圆弧终点为 $P_3(x_3,y_3,z_3)$,其圆心为 O_R,半径为 R。

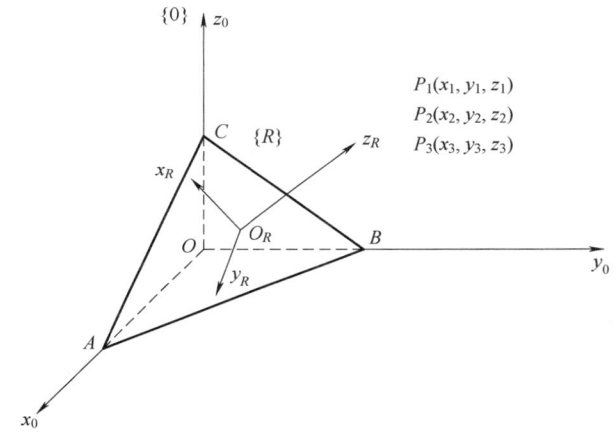

图 6-18 基础坐标与空间圆弧平面的关系

圆弧所在平面与基础坐标系平面的交线分别为 AB、BC、CA。令 $\{0\}$ 为基础坐标系,其 x 轴、y 轴和 z 轴分别为 x_0、y_0、z_0。令 $\{R\}$ 为圆弧坐标系,其 x 轴、y 轴和 z 轴分别为 x_R、y_R、z_R。

然后建立圆弧平面插补坐标系,即把 $\{R\}$ 坐标系原点与圆心 O_R 重合,设 $O_R x_R y_R z_R$ 平面为圆弧所在平面,且保持 z_R 为外法线方向。这样,一个三维问题就转化成平面问题,就可以应用平面圆弧插补的结论。

求解如图 6-18 所示的两坐标系的转换矩阵。令 T_R 表示由坐标系 $\{R\}$ 至坐标系 $\{0\}$ 的转换矩阵。

若 z_R 轴与基础坐标系 $\{0\}$ 的 z_0 轴的夹角为 α,x_R 轴与基础坐标系的夹角为 θ,则可完成下述步骤:

1)将坐标系 $\{R\}$ 的原点 O_R 放到基础原点 O 上。
2)绕 z_R 轴转 θ,使 x_0 与 x_R 平行。

3) 再绕 x_R 轴转 α 角，使 z_0 与 z_R 平行。

这 3 步完成了坐标系 $\{R\}$ 向坐标系 $\{O\}$ 的转换，故总转换矩阵应为

$$\boldsymbol{T}_R = \boldsymbol{T}(x_{O_R}, y_{O_R}, z_{O_R}) \boldsymbol{R}(z, \theta) \boldsymbol{R}(x, \alpha)$$

$$= \begin{bmatrix} \cos\theta & -\sin\theta\cos\alpha & \sin\theta\cos\alpha & x_{O_R} \\ \sin\theta & \cos\theta\cos\alpha & -\cos\theta\sin\alpha & y_{O_R} \\ 0 & \sin\alpha & \cos\alpha & z_{O_R} \\ 0 & 0 & 0 & 1 \end{bmatrix} \tag{6-24}$$

式中，x_{O_R}、y_{O_R}、z_{O_R} 分别为圆心 O_R 在基础坐标系 $\{O\}$ 下的 x 轴、y 轴和 z 轴坐标值。

欲将基础坐标系 $\{O\}$ 的坐标值表示在坐标系 $\{R\}$，则要用到 $\boldsymbol{T}_R$ 的逆矩阵

$$\boldsymbol{T}_R^{-1} = \begin{bmatrix} \cos\theta & \sin\theta & 0 & -(x_{O_R}\cos\theta + y_{O_R}\sin\theta) \\ -\sin\theta\cos\alpha & \cos\theta\cos\alpha & \sin\alpha & -(x_{O_R}\sin\theta\cos\alpha + y_{O_R}\cos\theta\cos\alpha + z_{O_R}\sin\alpha) \\ \sin\theta\sin\alpha & -\cos\theta\sin\alpha & \cos\alpha & -(x_{O_R}\sin\theta\sin\alpha + y_{O_R}\cos\theta\sin\alpha + z_{O_R}\cos\alpha) \\ 0 & 0 & 0 & 1 \end{bmatrix} \tag{6-25}$$

笛卡儿空间的规划方法不仅概念上直观，而且规划的路径准确。笛卡儿运动可以非常简单地推广到圆柱坐标、球坐标以及其他正交坐标系统。但是在笛卡儿空间规划路径要比在关节空间规划路径困难。

本 章 小 结

本章在机器人运动学和动力学的基础上，研究关节空间和笛卡儿空间中机器人运动的轨迹规划和轨迹生成方法。轨迹规划的主要目的是使机器人的运动速度可控，运动空间始终保持在关节运动允许的范围内，运动轨迹平滑、准确、稳定，从而可以得到最优轨迹，提高机器人的工作效率，同时也为机器人的编程提供理论依据。

本章首先介绍了路径和轨迹的概念以及二者的不同之处，介绍了轨迹规划的相关问题，机器人最常用的轨迹规划方法。

然后介绍了关节空间、笛卡儿坐标系、空间笛卡儿坐标系和笛卡儿空间的概念，两种空间轨迹规划的特点。

接着具体讨论了关节空间以及笛卡儿空间的轨迹规划问题，通过实例详细讲解了关节轨迹插值计算的方法：三次多项式插值，过路径点的三次多项式插值，高阶多项式插值，用抛物线过渡的线性插值等；介绍了笛卡儿坐标空间轨迹实现的过程，并通过实例详细讨论了在笛卡儿空间内轨迹规划的插补算法：空间直线插补、圆弧插补算法。

通过本章的学习，读者应该了解路径和轨迹的相似与不同之处，了解轨迹控制的目的和作用，熟悉关节空间和笛卡儿空间的概念，了解两种空间中轨迹规划的特点；掌握关节空间和笛卡儿空间中轨迹规划常用的插值计算方法和插补算法。

思考题与习题

6-1 什么是轨迹规划？简述轨迹规划的常用方法并说明其特点。

6-2 一旋转关节在 3s 内从起始点 $\theta_0 = 15°$，运动到终止点 $\theta_f = 65°$，起始和终止的速度皆为 0，求关节的三次多项式函数，确定第 1、2、3s 时的关节角度、速度和加速度。

6-3 要求一个 6 轴机器人的第 3 关节用 4s 由初始角 20° 移动到终止角 80°。假设机器人由静止开始运

动,抵达目标点时速度为5°/s。求关节的三次多项式函数,绘制出关节角、速度和加速度曲线。

6-4 要求用一个五次多项式控制机器人在关节空间的运动,使得该机器人关节用3s由初始角0°运动到终止角75°,机器人的起点和终点速度为0,初始加速度和终点减加速度均为10°/s^2,求满足约束条件的五次多项式。

6-5 假设一个具有单旋转关节单自由度机器人,起始点和终止点速度为0,且位置满足$\theta_0 = 15°$,$\theta_f = 45°$。设置一个中间点,位置为$\theta_m = 75°$。假设两段区间的长度均为2s。求满足约束条件的三次多项式。

6-6 要求一个3轴机器人的关节1用4s以速度$\dot{\theta} = 10°/s$由初始角$\theta_0 = 40°$运动到终止角$\theta_f = 120°$。若使用抛物线过渡的线性运动规划轨迹,求线段与抛物线之间所必需的过渡时间。

6-7 一个2自由度平面机器人在笛卡儿空间中沿直线从起点(2,6)运动到终点(12,3)。若将路径划分为10段,且连杆长为0.9m,求该机器人的关节量。

第 7 章 机器人控制

导读

本章首先对机器人控制的基本结构、构架方式进行系统的介绍，然后进一步解释介绍机器人控制器的类型、控制层级；接着分析伺服系统，对伺服电动机和伺服驱动器进行具体的研究，并通俗易懂地对机器人传感器的特点及要求进行介绍；最后通过一些具体案例的讲解，帮助读者了解机器人控制的问题。

本章知识点

- 机器人控制的组成
- 控制器类型与控制层级
- 伺服系统
- 机器人传感器
- 机器人控制实例

7.1 机器人控制的组成

机器人控制主要对机器人工作过程中的动作顺序、应到达的位置及姿态、路径轨迹及规划、动作时间间隔以及末端执行器施加在被作用物上的力和力矩等进行控制。它也是机器人研究的核心问题。

机器人控制的目的是使机器人更好地服务于人，通过引入控制来改善机器人系统的特性，使系统的跟踪性能更好、抗扰能力更强、稳健性更优等。

机器人控制大致可以分为硬件和算法两个大部分。

7.1.1 机器人控制的基本结构

1943 年，控制论的创始人 Norbert Wiener(诺伯特·维纳)在研究中发现其实机器的反馈控制和人的运动控制机理是相似的。控制工程中的传感器(各种位置、速度传感器等)、控制器(各种处理器以及控制算法)和驱动器(电机、液压、记忆合金等)，分别对应于人的感觉器官(视觉、听觉、触觉等外感器官)、神经系统(中枢和周围神经系统)和效应器官(肌肉、骨骼)，只不过人的结构更加复杂。

多数机器人的结构是一个空间开链结构,各个关节的运动是相互独立的,为了实现机器人末端执行器的运动,需要多关节协调运动,因此,机器人控制与普通的控制系统比较,要更复杂一些。

机器人控制是一个多变量控制系统,即使简单的工业机器人也有 3~5 个自由度,比较复杂的机器人有十几个甚至几十个自由度,每个自由度一般包含一个伺服机构,多个独立的伺服系统必须有机地协调工作。例如,机器人的手部运动是所有关节的合成运动,要使手部按照一定的轨迹运动,就必须控制各关节协调运动,包括运动轨迹、动作时序等多方面的协调。

研究机器人控制的问题是与其运动学和动力学问题密切相关的。描述机器人状态和运动的数学模型是一个非线性模型,随着状态的变化,其参数也在变化,各变量之间还存在耦合。因此,仅仅考虑位置闭环是不够的,还要考虑速度闭环,甚至加速度闭环。从控制的观点来看,机器人系统代表冗余的、多变量的和本质上非线性的控制系统,同时又是复杂的耦合、动态系统。

图 7-1 所示为一个完整的机器人系统结构框图。其中,实现机器人控制所涉及的模块包括对机器人本体工作过程进行控制的中央处理器(含运算器、控制器等)、机器人专用传感器(内部传感器、外部传感器)、驱动机构、执行机构等。所以,机器人控制中除了涉及控制的硬件技术,还涉及传感技术、驱动技术、控制理论和控制算法等。因此,本章中的机器人控制与 2.1.1 节中所涉及的控制系统无法等同。

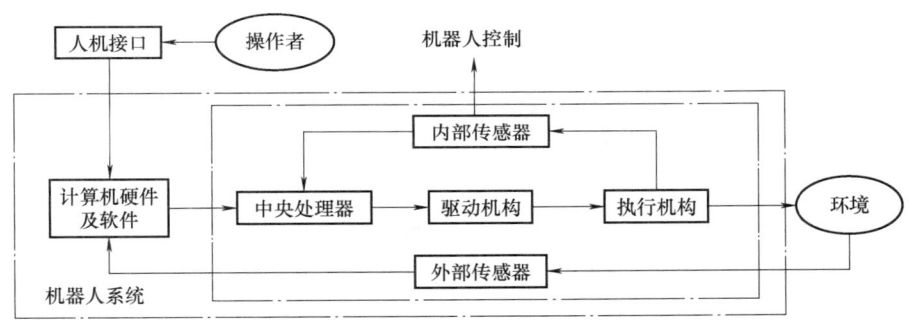

图 7-1 机器人系统结构框图

机器人控制具体的工作过程是:计算机通过人机接口收到操作者输入的作业指令后,首先分析解释指令,确定手的运动参数;然后进行运动学、动力学和插补运算;最后得出机器人各个关节的协调运动参数。这些参数经过通信线路输出到中央处理器作为机器人控制系统的给定信号。驱动机构将此信号 D/A 转换后驱动执行机构产生协调运动,并通过传感器将执行机构的运动输出信号反馈回中央处理器形成局部闭环控制,从而更加精确地控制机器人手部在空间的运动,完成作业任务要求。在控制过程中,操作者可直接监视机器人的运动状态,也可从显示器等输出装置上得到有关机器人运动状态的信息。

7.1.2 机器人控制的构架方式

机器人控制系统按其控制构架方式可分为 3 类:集中控制方式、主从控制方式、分布控制方式。

1. 集中控制方式

这种控制方式用一台计算机实现全部控制功能。数据处理、运算以及伺服控制均集中在一起，在一台计算机上进行。集中控制方式结构简单，在早期的机器人中常采用这种结构，其构成框图如图 7-2 所示。

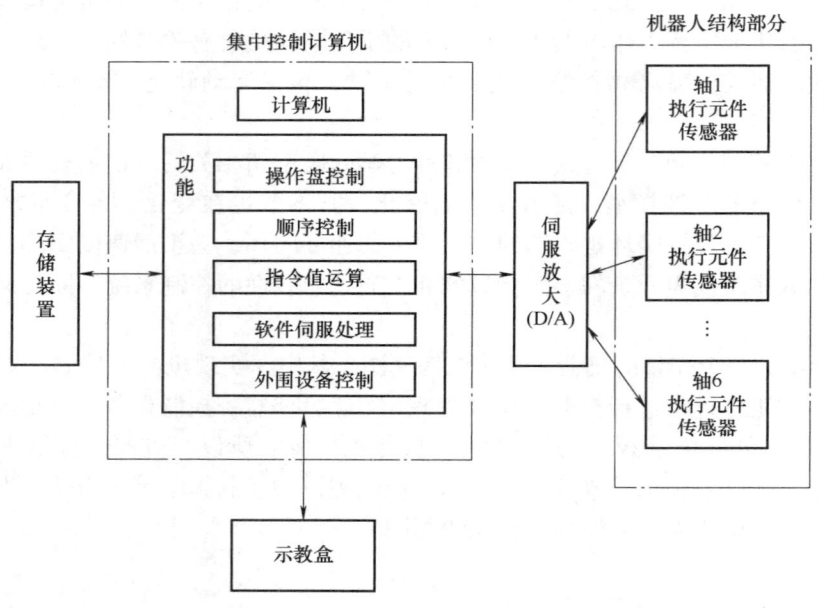

图 7-2　集中控制方式构成框图

在基于计算机的集中控制系统中，充分利用了计算机资源开放性的特点，可以实现很好的开放性，多种控制卡、传感器设备等都可以通过标准 PCI 插槽或标准串口、并口集成到控制系统中。

集中式控制系统的优点为：硬件成本较低，便于信息的采集和分析，易于实现系统的最优控制，整体性与协调性较好。其缺点为：系统控制缺乏灵活性，控制危险容易集中，一旦出现故障，其影响面广，后果严重。

2. 主从控制方式

这种控制方式采用主、从两级处理器（CPU）实现系统的全部控制功能。由主处理器实现管理、坐标变换、轨迹生成和系统自诊断等，由从处理器实现所有关节的动作控制。在此类构架中，上位机负责运行实时性要求较低、运算需求较高的策略和智能算法，下位机负责运行实时性强的数据处理及伺服控制程序。其构成框图如图 7-3 所示。

主从控制方式，系统实时性较好，适于高精度、高速度控制，该方式一度被认为是应用最广泛的机器人控制构架，常用于轮式移动机器人。但其系统扩展性较差，维修困难。

3. 分布控制方式

分布控制方式是基于总线构成一个分布式控制器网络，每一个总线节点具备独立的数据处理以及运算控制功能。按系统的性质和方式将控制分成几个模块，每一个模块各有不同的控制任务和控制策略，各模式之间可以是主从关系，也可以是平等关系。这种方式实时性好，易于实现高速、高精度控制，易于扩展，可实现智能控制，是目前流行的方式，其构成框图如图 7-4 所示。

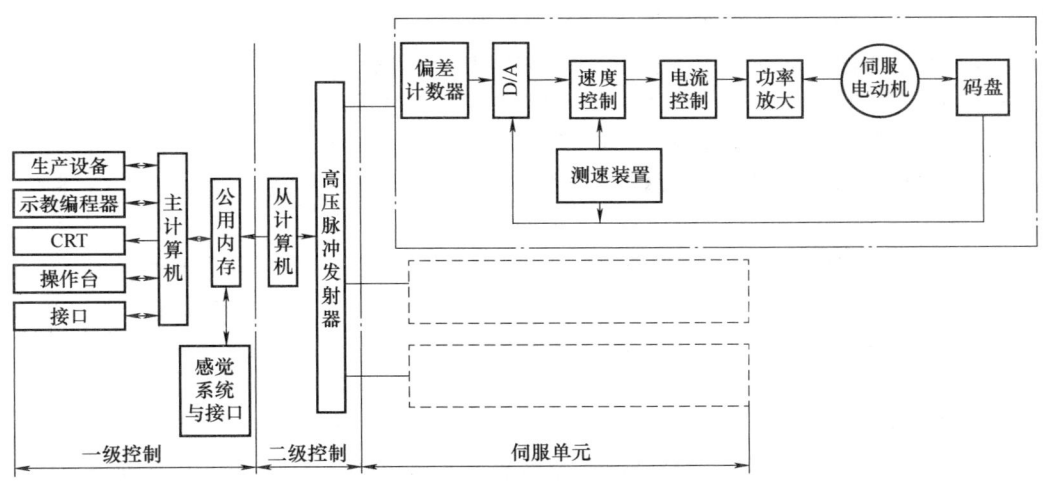

图 7-3 主从控制方式构成框图

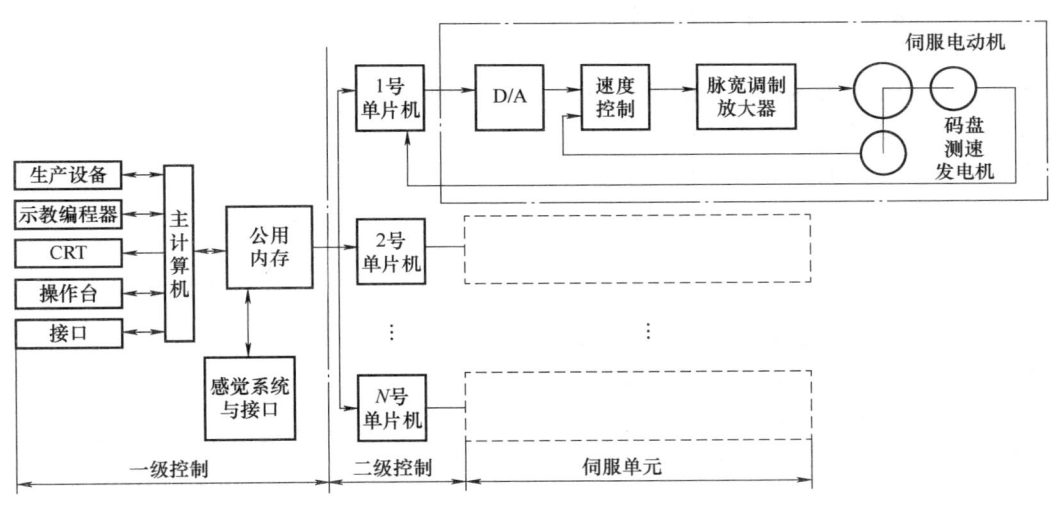

图 7-4 分布控制方式构成框图

分布控制方式其主要思想是"集中管理，分散控制"，即系统对其总体目标和任务可以进行综合协调和分配，并通过子系统的协调工作来完成控制任务。采用分布控制方式构建的系统被称为集散控制系统（distributed control system，DCS），也可直译为分散控制系统或分布式控制系统。整个系统在功能、逻辑和物理等方面都是分散的，所以称为集散控制或分散控制系统。在这种结构中，子系统由控制器、不同被控对象或设备构成，各个子系统之间通过网络等相互通信。

分布控制方式通常由上位机、下位机通过网络组成一个两级分布式控制系统。上位机可以进行不同的轨迹规划和控制算法；下位机进行插补细分、控制优化等的研究和实现。上位机和下位机通过通信总线相互协调工作，这里的通信总线可以是 RS-232、RS-485、IEEE-488 以及 USB 等形式。

近年来，随着以太网和现场总线技术的发展，为机器人提供了更快速、稳定、有效的通信服务。尤其是现场总线技术的发展，它应用于生产现场，在微机化测量控制设备之间实现双向多结点数字通信，从而形成了新型的网络集成式全分布控制系统——现场总线控制系统（filedbus control system，FCS）。在工厂生产网络中，通过现场总线连接的设备统称为现场设备/仪表。从系统论的角度来说，工业机器人作为工厂的生产设备之一，也可以归纳为现场设备。在机器人系统中引入现场总线技术后，更有利于机器人在工业生产环境中的集成。

现场总线控制提供了一个开放、实时、精确的机器人控制系统，适用于大型机械臂以及多关节/执行机构机器人的控制，因此在工业机械臂和多关节机器人中被大量采用。

现代工厂的发展方向是网络化控制的分布式系统，即构成基于工业以太网的开放式控制器，这能实现现场机器人的单轴运动控制和整个系统控制决策的一体化。对机器人系统的扩展和维护带来极大便利，适应柔性化生产线的需要，而且这种系统的通信协议代码开放、接口统一、接线简单、可靠性高，但目前该系统的实时性不好（主要是通信速度还不够快），成本较高，适用的伺服电动机品牌较少。

7.2 控制器类型与控制层级

机器人的控制器作为机器人的核心部分，是影响机器人性能的关键部分之一，它从一定程度上也影响着机器人的发展。

目前，随着人工智能、计算机科学、传感器技术及其他相关学科的长足进步，使得机器人的研究在高水平上进行，同时也对机器人控制器的性能提出了更高的要求。

7.2.1 控制器类型

对于不同类型的机器人，如有足移动机器人与固定基座关节型工业机器人，综合其控制系统的方法会有较大差别，控制器的设计方案也不一样。

智能机器人常用的控制器有单片机、嵌入式工业控制模块、数字信号处理器（DSP）、运动控制卡等。这些常用的控制器各具优势，较复杂的机器人也须使用较强运算能力的控制器。

1) 单片机的结构简单，经济性好，可应用于简单结构的机器人控制。

2) 嵌入式工业控制模块抗干扰能力较强、运算速较快，能适应多种操作系统。

3) DSP 的运算速度比微处理器快，实时性好，适合嵌入式的实时数字信号处理，应用于结构较复杂，实时性要求较高的机器人。

4) 运动控制卡的开放性较好、计算能力强，在数字运动控制卡上可以进行较为复杂的运动规划、计算等。对于运动控制中实时性要求高的正解、逆解等程序，有时直接在数字运动控制卡上进行。

工业机器人控制器主要包括控制柜和示教器两部分。

1) 控制柜中包含了多个 PLC 控制模块，用于控制机器人多轴的运动。

2) 示教器是人机交互的连接器，用于编程和发送控制命令给控制柜以命令机器人运动。

有的工业机器人采用开放性较好、计算能力强的数字运动控制卡（motion controller，MC），与工控机（industrial personal computer，IPC）结合组成 IPC+MC 控制系统。对于运动控制,通过数字运动控制卡能进行较为复杂的运动规划、计算等。对于运动控制中实时性要求高的正解、逆解等程序,可直接在数字运动控制卡上进行;对于电机的控制,则采用力矩控制方式,在数字运动控制卡上实现电流(力矩)控制输出。而在工控机上实现界面操作、信号处理和协调工作。

现代工厂的发展方向是网络化控制的分布式系统,即构成基于工业以太网的开放式控制器,这能实现现场机器人的单轴运动控制和整个系统控制决策的一体化。对机器人系统的扩展和维护带来极大便利,适应柔性化生产线的需要,而且这种系统的通信协议代码开放、接口统一、接线简单、可靠性高,但目前该系统的实时性不好(主要是通信速度还不够快),成本较高,适用的伺服电动机品牌较少。

7.2.2 主要控制层级

对一台机器人的控制,本质上就是对下列双向方程式的控制:

$$V(t) \leftrightarrow T(t) \leftrightarrow C(t) \leftrightarrow \theta(t) \leftrightarrow X(t)$$

在该双向方程式中,$V(t)$是信号变换装置提供的电流或电压矢量,如图7-5所示,电动机在$V(t)$所提供的动力作用下,产生各传动电动机的力矩矢量$T(t)$,经过变速机产生作用在各关节上的力矩矢量$C(t)$,各关节在各力矩矢量作用下而运动,导致各关节变量$\theta(t)$改变,最终引起末端执行装置的状态$X(t)$发生变化。

图 7-5 机器人控制过程

机器人控制系统在逻辑上一般分为3个层级:人工智能级、控制模式级、伺服系统级,如图7-6所示。

第一级是人工智能级,又称组织层。完成机器人工作任务的语言描述,根据外界环境确定任务,计算目标任务在笛卡儿空间的位姿。当不用此级时,直接给出$X(t)$。

第二级是控制模式级,又称协调层。将$X(t)$转换为关节空间角度,再进一步转换为电动机的给定值。对$\theta(t)$和$X(t)$的关系具有各种简化的假设,建立$X(t)$和$T(t)$之间的双向关系,即$X(t) \leftrightarrow \theta(t) \leftrightarrow C(t) \leftrightarrow T(t)$。

第三级是一般自动化级,也叫伺服系统级,又称执行层。解决关节伺服控制问题,即$V(t) \leftrightarrow T(t)$。

该级的主要类型是数字控制伺服系统。基本控制算法是PID控制器,具有原理简单、易于实现、鲁棒性强、适应面广等优点。

机器人通过分层递阶的组织方式才能完成复杂的任务。

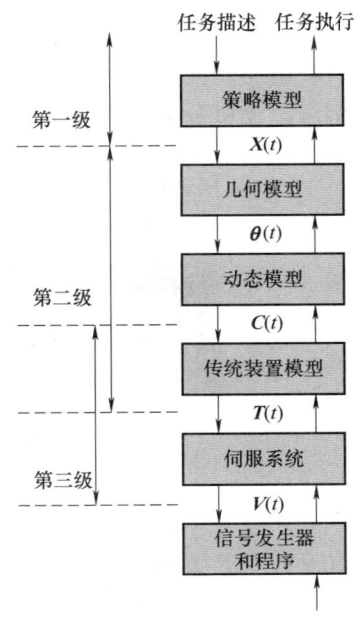

图 7-6 机器人控制层级

7.3 伺服系统

"伺服"一词源于希腊语，是"奴隶"的意思。人们想把"伺服机构"当作得心应手的驯服工具，服从控制信号的要求而动作。在信号来到之前，转子静止不动；信号来到之后，转子立即转动；当信号消失，转子能即时自行停转。由于它的"伺服"性能，因此而得名"伺服系统"。

伺服系统(servo system)又称随动系统，或者直译为伺服机构。伺服系统是用来精确地跟随或复现某个过程，使物体的位置、方位、状态等输出量能够跟随输入目标的任意变化而变化的自动控制系统。

伺服系统的作用是以小功率指令信号去控制大功率负载；在没有机械连接的情况下，由输入轴控制位于远处的输出轴，实现远距离同步传动；使输出机械位移精确地跟踪电信号，如记录和指示仪表等。

伺服系统最初用于国防军工，如火炮控制、船舰、飞机的自动驾驶和导弹发射等，后来逐渐推广到其他领域，如自动机床、工业机器人、无线跟踪控制等。

伺服系统按系统结构可分为开环伺服系统、闭环伺服系统、半闭环系统和复合控制系统等。

伺服系统由控制器、功率驱动装置、反馈装置和电动机等部分构成。其中，重要组成部分是伺服电动机和伺服驱动器。

7.3.1 伺服电动机

伺服电动机(servo motor)是指在伺服系统中控制机械元件运转的发动机，是一种补助电动机间接变速装置，又称为执行电动机。其功能是将电信号转换成转轴的角位移或角速度。伺服电动机转子转速受输入信号控制，并能快速反应，在自动控制系统中，用作执行元件，且具有机电时间常数小、线性度高、起动电压低等特性。

伺服电动机分为直流伺服电动机和交流伺服电动机两类，如图7-7所示。

a) 直流伺服电动机　　　　　　　　b) 交流伺服电动机

图7-7　伺服电动机

直流伺服电动机的工作原理与一般直流电动机相同，具有良好的线性调节特性及快速的时间响应。直流伺服电动机分为有刷电动机和无刷电动机。

有刷电动机成本低，结构简单，起动转矩大，调速范围宽，控制容易；需要维护，但维护方便（换碳刷），容易产生电磁干扰，对环境有要求。因此它可以用于对成本敏感的普通工业和民用场合。

无刷电动机体积小，重量轻，出力大，响应快，速度高，惯量小，转动平滑，力矩稳定；控制复杂，容易实现智能化，其电子换向方式灵活，可以方波换相或正弦波换相；电动机免维护，效率很高，运行温度低，电磁辐射很小，寿命长，可用于各种环境。

交流伺服电动机的工作原理与交流感应电动机相同，具有运行稳定、可控性好、响应快速、灵敏度高以及机械特性和调节特性的非线性度指标严格等特点。交流伺服电动机也是无刷电动机，分为同步电动机和异步电动机，目前，运动控制中一般都用同步电动机，它的功率范围大，可以做到很大的功率，大惯量，最高转动速度低，且随着功率增大而快速降低，因而适合做低速平稳运行的应用。

交流伺服电动机正得到越来越广泛地运用，目前在机器人系统中，90%以上的系统采用交流伺服电动机。

7.3.2 伺服驱动器

伺服驱动器又称为伺服控制器、伺服放大器，是用来控制伺服电动机的一种控制器，其作用类似于变频器作用于普通交流电动机，属于伺服系统的一部分，主要应用于高精度的定位系统。

伺服驱动器的工作原理如图7-8所示，伺服驱动器一般都有3种控制方式：位置控制方式、转矩控制方式、速度控制方式，实现高精度的传动系统定位。

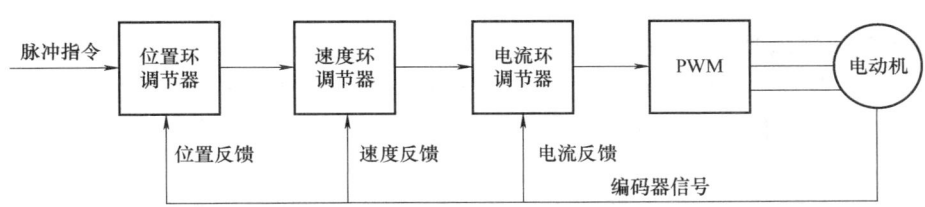

图7-8 伺服驱动器的工作原理图

（1）位置控制方式

位置控制方式一般是通过外部输入脉冲的频率来确定转动速度的大小，通过脉冲的个数来确定转动的角度，也有些伺服驱动器可以通过通信的方式直接对速度和位移进行赋值。由于位置控制方式可以对速度和位置都有很严格的控制，所以一般应用于定位装置。

（2）转矩控制方式

转矩控制方式一般是通过外部模拟量的输入或直接的地址的赋值来设定电动机轴对外的输出转矩的大小，可以通过即时地改变模拟量的设定来改变设定的力矩大小，也可通过通信方式改变对应的地址的数值来实现。该方式主要应用在对材质的受力有严格要求的缠绕和放卷的装置中，例如绕线装置或拉光纤设备，转矩的设定要根据缠绕的半径的变化随时更改以确保材质的受力不会随着缠绕半径的变化而改变。

（3）速度控制方式

速度控制方式一般是通过模拟量的输入或脉冲的频率都可以进行转动速度的控制，在有上位控制装置的外环PID控制时，速度控制方式也可以进行定位，但必须把电动机的位置信号或直接负载的位置信号给上位反馈以做运算用。位置控制方式也支持直接负载外环检测位置信号,此时的电动机轴端的编码器只检测电动机转速,位置信号就由直接的最终负载端的检测装置来提供了,这样的优点在于可以减少中间传动过程中的误差,增加了整个系统的定位精度。

目前,主流的伺服驱动器均采用数字信号处理器(DSP)作为控制核心,可以实现比较复杂的控制算法,以实现数字化、网络化和智能化。

7.4 机器人传感器

我们都知道,人类一般是通过感觉器官——眼(视觉)、耳(听觉)、鼻(嗅觉)、舌(味觉)、肢体(触觉)来感知和接收外界的信息,然后通过神经系统传输给大脑进行加工处理的。与人类借助感觉器官获取外界信息来进行判断决策一样,机器人控制也要依靠"感觉器官"来获取外界信息,不过机器人的"感觉器官"是各种各样的传感器。传感器感测到外界的信息,然后通过传输系统反馈给处理器进行加工处理。如果一个机器人系统没有传感器,就像一个人没有了感觉器官,其控制效果是可想而知的。

7.4.1 机器人传感器的特点及要求

在机器人上使用传感器不但是必要的,而且是十分有效的。例如,工业生产中应用传感器进行工件定位,能够克服人工机械定位的一些弊端,更加安全、快速、准确,对自动加工和自动化生产具有十分重要的意义。

1. 传感器的基本概念和原理

传感器是一种检测部件或装置,它能感受到被测量对象的信息,并能将检测到的信息按一定规律变换成为电信号或其他所需形式的信息进行输出,以满足信息的传输、处理、存储、显示、记录和控制等需要。

由于传感器转换后的信号大多为电信号,因而从狭义上讲,传感器就是把外界输入的非电信号转换成电信号的装置。

传感器也被看着是人类感觉器官的延伸,它能够达到人类感觉器官达不到的精度,能够到达人类感觉器官到不了的地方。

根据传感器在系统中所发挥的作用,一般完整的传感器应该包括敏感元件、转换元件、基本转换电路 3 部分。

敏感元件的基本功能是将某种不便于测量的物理量转换为易于测量的物理量,转换元件与敏感元件一起构成传感器的结构部分,而基本转换电路是将敏感元件产生的易测量敏感小信号进行变换,使传感器的信号输出符合具体的工业系统要求。

并不是所有的传感器都包括敏感元件和转换元件这两部分。有的传感器不需要进行预变换这一步,例如热敏电阻、光电器件等。另外有些传感器,将敏感元件与转换元件合二为一,如固态压阻式压力传感器等。图 7-9 所示为传感器工作原理图。

2. 传感器的分类

传感器有多种分类方法,下面介绍常见的几种分类。

(1)根据使用范围分类

根据使用范围可分为内部传感器和外部传感器。该种分类方法常用于机器人传感器的分类。

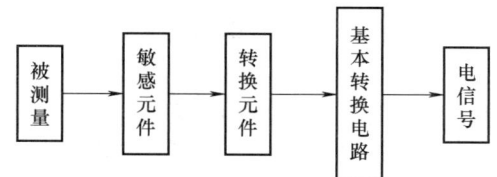

图 7-9 传感器的工作原理

内部传感器安装在机器人机身内,用来感知机器人自身的状态,以调整并控制机器人的动作。

外部传感器安装在机器人机身外,用来检测环境、目标的状态,使机器人和环境发生交互作用,从而使机器人对环境有自校正和自适应能力。

(2) 根据工作原理分类

根据传感器工作原理分类,主要指根据物理和化学等学科的原理、规律和效应等进行分类。如:

根据变电阻原理可分为电位器式传感器、应变片式传感器、压阻式传感器等。

根据电磁感应原理可分为电感式传感器、差压变送器、电涡流式传感器、电磁式传感器、磁阻式传感器等。

根据半导体有关理论可分为半导体力敏传感器、热敏传感器、光敏传感器、气敏传感器、磁敏固态传感器等。

这种分类方法的优点是:便于传感器专业工作者从原理与设计上作归纳性的分析研究,避免了传感器的名目过于繁多,故最常采用。缺点是:一般用户在选用传感器时会感到不够方便。所以也常把用途和原理结合起来命名,如电感式位移传感器、压电式力传感器等。

(3) 根据被测物理量分类

根据被测物理量分类可分为位移传感器、速度传感器、加速度传感器、压力传感器、温度传感器及气敏传感器等。

这种分类方法明确说明了传感器的用途,给使用者提供了方便,容易根据测量对象来选择所需要的传感器。缺点是:这种分类方法是将原理互不相同的传感器归为一类,很难找出每种传感器在转换机理上有何共性或差异,因此,对掌握传感器的基本原理及分析方法是不利的。如压电式传感器,可以用来测量机械振动中的加速度、速度和振幅等,也可以用来测量冲击力,尽管用途不同,但其工作原理是一样的。

在这种分类方法中,我们一般把种类较多的某些物理量归纳为基本量和派生量两大类。例如,力可视为基本物理量,从力可派生出压力、重量、应力、力矩等派生物理量。当我们需要测量上述物理量时,只要采用力传感器就可以了。所以了解基本物理量和派生物理量的关系,对于系统选用何种传感器是很有帮助的。

(4) 根据能量的关系分类

根据能量的关系分类可分为无源传感器和有源传感器。

无源传感器也称为能量控制型传感器,主要由能量变换元件构成,它不需要外部电源。例如,基于压阻效应、热电效应、光电动势效应构成的传感器都属于无源传感器,不需要使用外来电源,且可以通过外部获取到无限制的能源。

有源传感器是指将非电能量转化为电能量,只转化能量本身,并不转化能量信号的传感器,也称为能量转换性传感器或换能器,常有电压测量电路和放大器配合,如压电式传感器、热电式传感器等。

无源传感器和有源传感器的区别是:无源传感器不需要外接电源就能工作,有源传感器需要供电才能工作的。如果从工作原理来分析,无源传感器是完全通过吸收被测对象的能量来输出信号的,而有源传感器的输出信号能量可以部分来自被测对象,但另一部分需要外接电源提供,所以,无源传感器更简单,但对被测对象的影响更大,灵敏度不高,输出信号能量不高,易受干扰;有源传感器较复杂,对被测对象的影响小,灵敏度高,输出信号能量高,不易受干扰。

(5) 根据传感器与被测对象的关联方式分类

根据传感器与被测对象的关联方式,即是否接触进行分类,可分为接触式传感器和非接触式传感器。

接触式传感器是以某种实际接触(如触碰、力或力矩、压力、位置、温度、磁量等)形式来测量目标的响应。

非接触式传感器是以某种电磁射线(如可见光、红外线、雷达波、声波、超声波和电磁射线等)形式来测量目标的响应。

接触式传感器的优点是传感器与被测对象视为一体,传感器的标定无须在使用现场进行,缺点是传感器与被测对象接触会对被测对象的状态或特性不可避免地产生影响。而非接触式传感器则没有这种影响。

(6) 其他分类方法

此外,还有按输出信号、制造工艺、构成等进行分类的,不再一一介绍。

3. 机器人的感知顺序

机器人感知是把相关特性或相关物体特性转换为执行某项功能所需要的特征信息。这些特征信息形成符号的形式来表示系统。

信号感知过程分为 4 步,如图 7-10 所示。

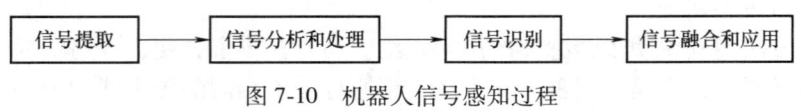

图 7-10　机器人信号感知过程

1) 进行信号提取,使机器人具有感知环境的能力,用传感器采集信息是机器人智能化的重要一步。

2) 对信号进行分析和处理,研究信号的构成与特征,通过滤波、谱分析等计算,进行各种信号变换,如傅里叶变换、小波变换等。

3) 对信号进行识别,采用各种识别算法及智能技术。

4) 进行信号融合和应用,将多个传感器获取的环境信息加以综合处理,控制机器人进行智能作业。

4. 传感器的主要性能指标

(1) 灵敏度

灵敏度是指传感器在稳态工作情况下输出量变化 Δy 对输入量变化 Δx 的比值。提高灵敏度,可得到较高的测量精度。但灵敏度越高,测量范围越窄,稳定性也往往越差。

(2) 量程

量程是指传感器适用的测量范围。每个传感器都有其测量范围，如超出其测量范围将不可靠，甚至损坏传感器。

(3) 线性度

线性度是指传感器输出量与输入量之间的实际关系曲线偏离拟合直线的程度，是在全量程范围内实际特性曲线与拟合直线之间的最大偏差值与满量程输出值之比。

(4) 精度

精度又叫精确度，是指传感器在其测量范围内任一点的输出值与其理论值的偏离程度。在机器人系统设计中，应该根据系统的工作精度要求来选择合适的传感器精度。用于检测传感器精度的测量仪器必须具有高一级的精度，精度测试也需要考虑最坏的工作条件。

精度还可以通过非线性、迟滞、重复性来表示。精度反映了传感器测量的可靠程度。

(5) 重复性

重复性是指传感器在输入量按同一方向做全量程连续多次变化时，所得特性曲线不一致的程度。

(6) 分辨率

分辨率是指传感器可感受到的被测量的最小变化的能力。也就是说，如果输入量从某一非零值缓慢地变化。当输入变化值未超过某一数值时，传感器的输出不会发生变化，即传感器对此输入量的变化是分辨不出来的。只有当输入量的变化超过分辨率时，其输出才会发生变化。

通常，传感器在满量程范围内各点的分辨率并不相同，因此常用满量程中能使输出量产生阶跃变化的输入量中的最大变化值作为衡量分辨率的指标。上述指标若用满量程的百分比表示，则称为分辨率。分辨率与传感器的稳定性有负相关性。

(7) 漂移

传感器的漂移是指在输入量不变的情况下，传感器输出量随着时间发生变化，此现象称为漂移。产生漂移的原因有两个方面：一是传感器自身结构参数；二是周围环境（如温度、湿度等）。

(8) 迟滞

迟滞是指传感器在输入量由小到大（正行程）及输入量由大到小（反行程）变化期间，其输入、输出特性曲线不重合的现象。对于同一大小的输入信号，传感器的正反行程输出信号大小不相等，这个差值称为迟滞差值。

此外，还有阶跃响应和频率响应特性等。

5. 机器人传感器的要求

一般要求有：

(1) 要求精度高，重复性好

机器人传感器的精度直接影响机器人的工作质量。用于检测和控制机器人运动的传感器是控制机器人定位精度的基础。机器人能否准确无误地工作，很大程度上取决于传感器的测量精度。

(2) 要求有一定的量程，抗干扰能力强

机器人传感器的工作范围或量程要足够大，需要具有一定的过载能力。且机器人的工作环境是不定和未知的，在运行中可能会有来自外在的干扰存在，因此要求传感器具有抗电磁干扰,以及振动灰尘和油垢等恶劣环境下的抗干扰能力。

(3) 要求稳定性和可靠性好、灵敏度高,精度适当

机器人传感器要求其输出信号与被测信号成确定的关系(通常为线性),且比值要大,使传感器的静态响应与动态响应的准确度能满足要求。

(4) 要求质量轻,体积小,安装方便

对于安装在机器人手臂等运动部件上的机器人传感器,重量一定要轻,否则会加大运动部件的负载,影响机器人的运动性能。对于工作空间受到某种限制的机器人,还要注意对体积和安装方向的要求。

此外,由于机器人的加工任务及工作环境的不同导致还有不同的特定要求:

1) 适应工作任务的要求,即选传感器要具有针对性。
2) 满足机器人控制的要求。
3) 满足机器人自身安全和机器人使用者的安全性要求。

7.4.2 机器人内传感器

机器人控制需要检测机器人的运动位置、速度、加速度等。内传感器一般安装在机器人机身中,用来感知它自己的状态,以调整并控制机器人的动作。

机器人内传感器主要包括位移(位置)传感器、速度和加速度传感器以及应力传感器等。

除了较简单的开环控制机器人外,多数机器人都采用了位置传感器作为闭环控制器的反馈元件。机器人可以根据位置传感器反馈的位置信息,对机器人的运动误差进行补偿。

不少机器人还装备有速度传感器和加速度传感器。

速度传感器用于预测机器人的运动时间,计算和控制由离心力引起的变形误差。

加速度传感器可以检测机器人构件受到的惯性力,使控制能够补偿惯性力引起的变形误差。

1. 位移(位置)传感器

位移传感器既可用于检测位移,包括角位移和线位移,也可用来检测运动。位移感知是机器人最基本的感知要求,它可以通过多种传感器来实现,常用的机器人位移传感器如图 7-11 所示。

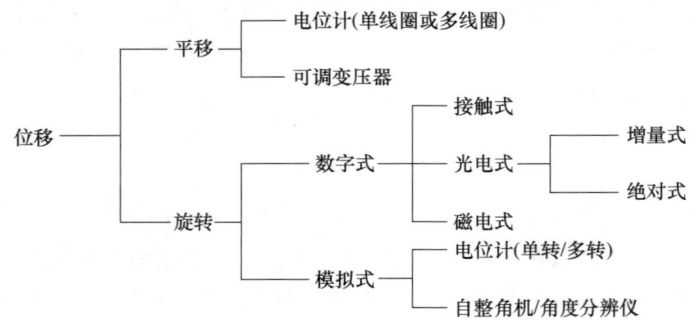

图 7-11 位移传感器的细分类型

(1) 电位计

典型的位移传感器是电位计(电位差计或分压计),图 7-12a、b 所示为两种不同种类电

位计的结构。电位计一般由一个线绕电阻(或薄膜电阻)和一个滑动触点组成。其中滑动触点通过机械装置受被检测量的控制。当被检测的位置量发生变化时,滑动触点也发生位移,改变了滑动触点与电位器各端之间的电阻值和输出电压值,根据这种输出电压值的变化,可以检测出机器人各关节的位置和位移量。

把图 7-12a 中的电阻元件弯成圆弧形,可动触头的另一端固定在圆的中心,并像时针那样回转时,由于电阻长随相应的回转角而变化,因此基于上述同样的理论可构成角度传感器,如图 7-12b 所示。

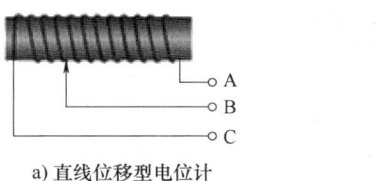 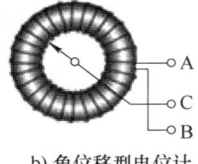

a) 直线位移型电位计　　　　　　b) 角位移型电位计

图 7-12　电位计的结构

(2) 光电编码器

光电编码器是角度(角速度)检测装置。它是通过光电转换,将输出轴上的机械几何位移量转换成脉冲数字量的传感器,如图 7-13 所示。编码器在机器人控制中的应用广泛,具有体积小、精度高、工作可靠等优点。

光电编码器主要由安装在旋转轴上的编码圆盘(码盘)、窄缝以及安装在圆盘两边的光源和光敏元件等组成。

码盘由光学玻璃制成,其上刻有许多同心码道,每位码道上都有按一定规律排列的透光和不透光部分,即亮区和暗区。当光源将光投射在码盘上时,转动码盘,通过亮区的光线经窄缝后,被光敏元件接收。

图 7-13　光电编码器实物图

光敏元件的排列与码道一一对应,对应于亮区和暗区的光敏元件输出的信号,前者为"1",后者为"0"。

当码盘旋至不同位置时,光敏元件输出信号的组合,反映出按一定规律编码的数字量,代表了码盘轴的角位移大小。

光电编码器可分为增量式编码器和绝对式编码器。

1) 增量式编码器。增量式编码器是将位移转换成周期性的电信号,再把这个电信号转变成计数脉冲,用脉冲的个数表示位移的大小。在增量式测量中,移动部件每移动一个基本长度单位,位置传感器便发出一个测量信号,此信号通常是脉冲形式。这样,一个脉冲所代表的基本长度单位就是分辨率,对脉冲计数,便可得到位移量。图 7-14 所示为增量式编码器的结构图。

2) 绝对式编码器。绝对值编码器的每一个位置对应一个确定的数字码,因此它的示值只与测量的起始和终止位置有关,而与测量的中间过程无关。

绝对式编码器也是圆盘式的,但其线条图形与增量式编码器不同。在绝对式编码器的圆盘面上安排有黑白相间的图形,每个位置都对应着透光与不透光弧段的唯一确定组合,这种确定组合有唯一的特征。每一被测点都有一个对应的编码,常以二进制数据形式来表示。绝

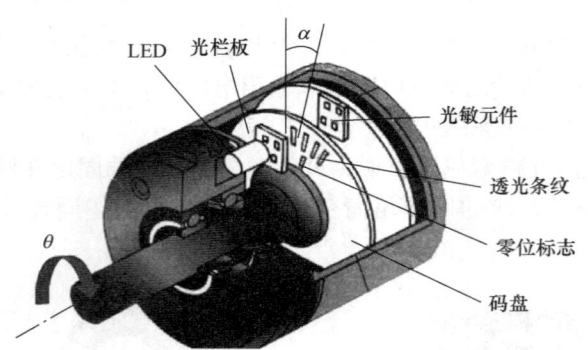

图 7-14 增量式编码器的结构图

对式测量即使断电之后再重新上电,也能读出当前位置的数据。

2. 速度和加速度传感器

(1) 速度传感器

速度传感器用于测量平移和旋转运动的速度。在大多数情况下,只限于测量旋转速度。

最通用的速度传感器是测速发电机,把测速发电机转子与机器人关节伺服驱动电动机相连,就能测出机器人运动过程中关节的转动速度。测速发电机主要有两种:直流测速发电机和交流测速发电机。

(2) 加速度传感器

加速度传感器能感知加速度并转换成可用输出信号,用于测量工业机器人的动态控制信号,它具有多种不同的测量方法:第一种是通过速度测量推演出加速度值;第二种是通过测得已知物体加速度所产生的力,然后计算出加速度值;第三种是与被测加速度有关的力可由一个已知质量产生,测出这个力,然后计算出加速度值。

加速度传感器可以分为很多种,下面介绍常见的几种加速度传感器,如图 7-15 所示。

a) 压电式加速度传感器   b) 伺服式加速度传感器

c) 压阻式加速度传感器   d) 电容式加速度传感器

图 7-15 几种常见加速度传感器实物图

1）压电式加速度传感器。某些晶体在一定方向上受力变形时，其内部会产生极化现象，同时在它的两个表面上产生符号相反的电荷；当外力去除后，又重新恢复到不带电状态。压电式加速度传感器主要是利用这样的材料制成的传感器。常用的压电晶体有石英、压电陶瓷等。

压电式加速度传感器在现代生产生活中被广泛应用，如便携式计算机（俗称笔记本电脑）的硬盘抗摔保护。数码相机和摄像机中也有加速度传感器，主要用来检测拍摄时手部的振动，并根据这些振动，自动调节相机的聚焦。

2）伺服式加速度传感器。伺服式加速度传感器利用如下原理制成：当被测振动物体通过加速度计壳体有加速度输入时，质量块偏离静平衡位置，位移传感器检测出位移信号，经伺服放大器放大后输出电流，该电流流过电磁线圈，从而在永久磁铁的磁场中产生电磁恢复力，迫使质量块回到原来的静平衡位置，即加速度计工作在闭环状态，传感器输出与加速度计成一定比例的模拟信号，它与加速度值成正比例关系。

伺服加速度传感器广泛应用于惯性导航和惯性制导系统中，由于有反馈作用，因此增强了抗干扰的能力，提高测量精度，扩大了测量范围，在高精度的振动测量和标定，如道路分级、钻井测绘、平台控制、轨迹监测、地震和土木工程分析等都有用到。

3）压阻式加速度传感器。压阻式加速度传感器是最早开发的硅微加速度传感器（基于MEMS 硅微加工技术），压阻式加速度传感器的弹性元件一般采用硅梁外加质量块，质量块由悬臂梁支撑，并在悬臂梁上制作电阻，连接成测量电桥。在惯性力作用下质量块上下运动，悬臂梁上电阻的阻值随应力的作用而发生变化，引起测量电桥输出电压变化，以此实现对加速度的测量。

压阻式加速度传感器已用在步进电动机作为动力机械的控制系统中，广泛应用于汽车碰撞实验、测试仪器、设备振动监测等领域。

4）电容式加速度传感器。电容式加速度传感器是基于电容原理的极距变化型的电容传感器，其中一个电极是固定的，另一个是变化的，变化电极是弹性膜片。弹性膜片在外力（气压、液压等）作用下发生位移，使电容量发生变化。这种传感器可以测量气流（或液流）的振动速度（或加速度），还可以进一步测出压力。

电容式加速度传感器具有电路结构简单、灵敏度高、输出稳定、温度漂移小、测量误差小等优点。但不足之处表现在信号的输入与输出为非线性，量程有限，受电缆电容的影响。电容式加速度传感器广泛应用于安全气囊和手机中。

3. 应力传感器

当物体由于外因（受力、湿度、温度场变化等）而变形时，在物体内各部分之间产生相互作用的内力，以抵抗这种外因的作用，并试图使物体从变形后的位置恢复到变形前的位置。在所考察的截面某一点单位面积上的内力就称为应力。

应力传感器一般是将应变片贴在被测定物上，使其随着被测定物的应变一起伸缩，这样里面的金属材料就随着应变伸长或缩短。利用金属在机械性地伸长或缩短时其电阻会随之变化这个原理，通过测量电阻的变化而对应变进行测定。

当关节式机器人与固体实际接触时，机器人进行适当动作的必要条件有3个：

1）机器人必须能够识别实际存在的接触（检测）。
2）机器人必须知道接触点的位置（定位）。
3）机器人必须了解接触的特性以估计受到的力（表征）。

知道了这 3 个与最后任务目标有关的因素之后，机器人就能进行计算，或者用某个特征策略把机器人引向指定目标。

7.4.3 机器人外传感器

一般的工业机器人大多数都没有外部感觉能力。近年来随着机器人技术的发展和机器人应用领域的不断扩展，特别是各种移动机器人，因为需要具有自校正能力和观察环境变化的能力，所以安装了各种外部感觉能力的外传感器。

1. 视觉传感器

视觉传感器是指利用光学元件和成像装置获取外部环境图像信息的仪器。通常用图像分辨率来描述视觉传感器的性能。视觉传感器的精度不仅与分辨率有关，而且同被测物体的检测距离相关。被测物体距离越远，其绝对的位置精度越差。

机器人视觉一般指与之配合操作的工业视觉系统，把视觉系统引入机器人以后，可以大大地扩大机器人的使用性能，帮助机器人在完成指定任务的过程中具有更大的适应性。

机器人视觉的作用是使机器人具有感知周围世界，对周围世界的空间物体进行传感、抽象、判断的能力，从而达到识别、理解的目的。

机器人视觉包括 3 个过程：图像获取、图像处理和图像理解。图像获取是指通过视觉传感器将三维环境图像转换为电信号。图像处理是指图像到图像的一种变换，如特征提取。图像理解则在图像处理的基础上给出环境描述。

视觉传感器的核心器件是摄像管或 CCD(charge coupled device，电荷耦合器件)，摄像管是早期产品，CCD 是后发展起来的。目前的 CCD 已能做到自动聚焦。CCD 是采用光电转换原理，将被测物体的光像转换为电子图像信号输出的一种大规模集成电路光电元件。CCD 由许多感光单元组成，感光单元形成若干像素点。光学系统将被测物体成像在 CCD 的受光面上，当 CCD 表面受到光线照射时，这些像素点将投射到它的发光强度转换成电荷信号，将反映光像的电荷信号读取并顺序输出，完成从光图像到电信号的转换过程。

视觉传感器是整个机器视觉系统信息的直接来源，主要由一个或者两个图形传感器组成，有时还要配以光投射器及其他辅助设备。

视觉传感器的主要功能是获取足够的机器视觉系统要处理的最原始图像。这是应用很广泛的外传感器，工业应用包括检验、计量、测量、定向、瑕疵检测和分拣等。

机器人视觉传感器的工作过程可分为 4 个步骤：检测、分析、绘制和识别。

1) 检测：视觉信息一般通过光电检测转化成电信号。

2) 分析：成像图像中的像素含有杂波，通过处理消除杂波，把全部像素重新按线段或区域排列成有效像素集合。

3) 绘制：指视觉图像绘制，即以识别的目的从物体图像中提取特征。

4) 识别：利用图像识别技术，将事先物体的特征信息存储起来，然后将此信息与所看到的物体信息进行比对。

2. 触觉传感器

触觉传感器能保证机器人可靠地抓握各种物体，也能使机器人获取环境信息，识别物体形状和表面纹理等，确定物体空间位置和姿态参数。常见的触觉传感器有单向微动开关、接近开关、矩阵传感器、触觉阵列传感器等。

机器人的触觉广义上是指可获取的接触信息。狭义上一般指压力信息、分布压力信息、力和力矩信息、滑觉信息等。这些信息分别用于触觉识别和触觉控制。

从检测信息及等级考虑，触觉识别可分为点信息识别、平面信息识别和空间信息识别。触觉传感器是测量自身敏感面和外界物体的相互作用。

触觉传感器的作用主要有：感知操作手指的作用力，使手指动作适当；识别操作物的大小、形状、质量及硬度等；躲避危险，以防碰撞障碍物。

3. 力觉传感器

力觉传感器用于测量两物体之间作用力的3个分量和力矩的3个分量。

常见的力觉传感器有压电晶体、力敏电阻、应变片、防静电泡沫等。

常见的力学效应有以下几种：

（1）压电效应

压电效应分为正压电效应和逆压电效应。

正压电效应：外力沿压电材料特定晶向作用使晶体产生形变，在相应的晶面上将产生电荷，去掉外力后，压电材料又重回不带电状态，这种由外力作用产生电极化的现象叫作正压电效应。

逆压电效应：压电效应是可逆的，在压电材料特定晶向施加电场时，不仅有极化现象发生，还会产生机械形变。去掉电场，应力和形变也随之消失，这种现象叫作逆压电效应。

（2）压阻效应

压阻效应是指半导体材料受到外力作用时其电阻率会发生变化。原因是外力作用使原子点阵排列发生了变化，晶格间距的改变使禁带宽度发生变化，导致载流子迁移率及浓度变化，即电阻率发生变化。

（3）光电效应

光电效应是指物质在光照作用下释放电子的现象。释放的电子叫作光电子，光电子在外电场作用下形成的电流叫作光电流。由实验发现的光电效应的规律是光电流大小与入射光频率有关，当入射光频率低于某一极限频率时，将不产生光电效应。只有当入射光频率高于极限频率时，光电流的大小才与入射光强度成正比。

4. 接近觉传感器

接近觉传感器是用来感知传感器与物体之间接近程度，移动机器人绕开障碍物，机器人抓取物体时柔性接触，它探测的距离一般在几毫米到十几厘米之间，主要有两个用途：避障和防止冲击。接近觉传感器从结构上可分为接触型和非接触型两种，其中非接触型接近觉传感器应用较广。

按照转换原理的不同，接近觉传感器分为电涡流式、光纤式及超声波式等。

（1）电涡流式传感器

导体在一个不均匀的磁场中运动或处于一个交变磁场中时，其内部就会产生感应电流。这种感应电流成为电涡流，这一现象为电涡流现象，金属体表面的涡流电流反作用于线圈L，改变L内的电感大小。利用这一原理可以制作电涡流式传感器。

图7-16所示为电涡流式传感器的工作原理。电涡流式传感器外形尺寸小、价格低廉、可靠性高、抗干扰能力强，而且检测精度高，能够检测到0.02mm的微量位移。但是该传感器检测距离短，一般只能测到13mm以内，且只能对固态导体进行检测，这是其不足之处。

(2) 光纤传感器

光纤是一种新型的光电材料,在远距离通信和遥测方面应用广泛。用光纤制作接近觉传感器可以用来检测机器人与目标物间较远的距离。这种传感器具有抗电磁干扰能力强、灵敏度高、响应快的特点。

光纤不仅可以作为光波的传播介质,而且光波在光纤中传播时表征光波的特征参量(振幅、相位、偏振态、波长等)因外界因素(如温度、压力、磁场、电场、位移、转动等)的作用而间接或直接地发生变化,从而可将光纤用作传感元件来探测各种物理量。

根据光纤在传感器中的作用,光纤传感器分为功能型、非功能型和拾光型三大类,如图7-17所示。

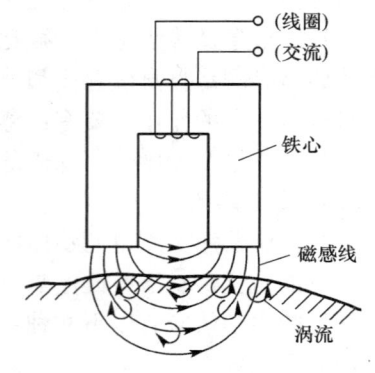

图 7-16 电涡流式传感器的工作原理

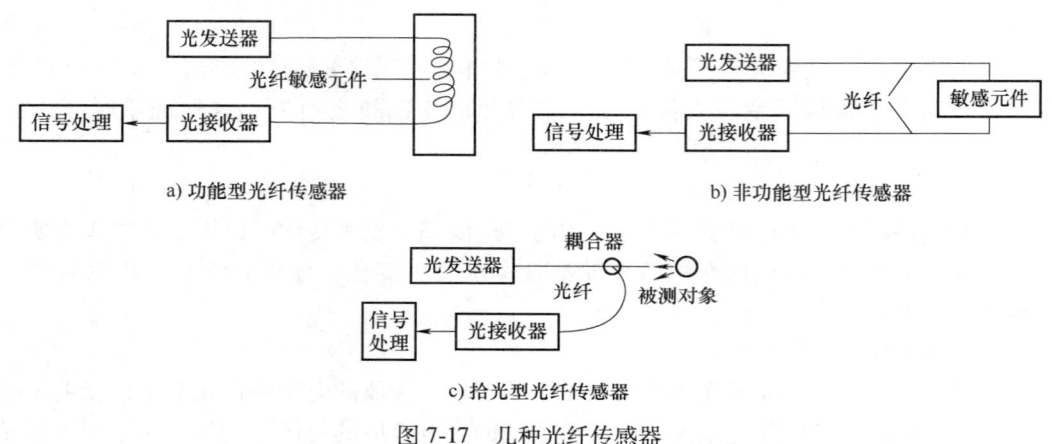

a) 功能型光纤传感器

b) 非功能型光纤传感器

c) 拾光型光纤传感器

图 7-17 几种光纤传感器

第一种为功能型(或称全光纤型)光纤传感器。如图7-17a所示,利用对外界信息具有敏感能力和检测能力的光纤(或特殊光纤)作为传感元件,将"传"和"感"合为一体。光纤不仅起传光作用,而且还利用光纤在外界因素的作用下,其光学特性(发光强度、相位、偏振态等)的变化来实现"传"和"感"的功能。因此,传感器中光纤是连续的。由于光纤连续,增加了长度,可提高灵敏度。

第二种为非功能型(或称传光型)光纤传感器。如图7-17b所示,光纤仅起导光作用,只"传"不"感",对外界信息的"感觉"功能依靠其他物理性质的功能元件完成。此类光纤传感器无需特殊光纤及其他特殊技术,比较容易实现,成本低,但灵敏度也较低,用于对灵敏度要求不太高的场合。

第三种为拾光型光纤传感器。如图7-17c所示,用光纤作为探头,接收由被测对象辐射的光或被其反射、散射的光。

(3) 超声波传感器

超声波传感器利用超声波来测量距离。声波传输需要一定的时间,其时间与超声波的传播速度和距离成正比,所以只要测量出超声波到达物体的时间,就能得到距离值。

超声波的传输速度与其波长和频率成正比,只要这两者不变,速度就为常数,但随着环境温度的变化，波速会有一定的变化。

超声波传感器对于水下机器人的作业非常重要。水下机器人安装超声波传感器后，能使其定位精度达到微米级。图 7-18 所示为超声波传感器原理。

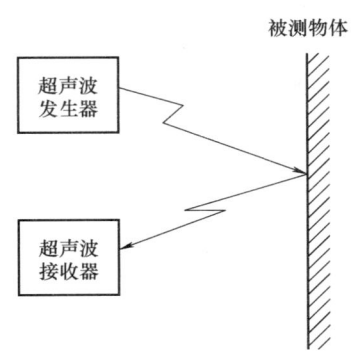

图 7-18　超声波传感器原理

7.5　机器人控制实例

根据控制量、控制量所处空间、控制模型、控制算法的不同，机器人控制可以分为多种不同的控制类型。

按照控制量的不同，机器人控制可以分为位置控制、速度控制、加速度控制、力控制等。

按照控制量所处空间的不同，机器人控制可以分为关节空间的控制和笛卡儿空间的控制。对于串联式多关节机器人，关节空间的控制是针对机器人各个关节的变量进行的控制，笛卡儿空间的控制是针对机器人末端的变量进行的控制。

根据控制模型的不同，机器人控制可以分为线性控制和非线性控制。

按照控制算法的不同，机器人控制可以分为 PID 控制、变结构控制、自适应控制、模糊控制、神经元网络控制等。也有的文献将现有的控制算法分为逻辑门限控制、PID 控制、滑模变结构控制、神经网络控制和模糊控制等。这些控制算法并非孤立的，在一个控制系统中常常结合在一起使用。

本节接下来重点介绍一下位置控制、力控制和智能控制。

7.5.1　机器人的位置控制

位置控制是指在预先指定的坐标系上，对机器人末端执行器的位置和姿态(方向)的控制。末端执行器的位置和姿态(方向)是在三维空间描述的，包括 3 个平移分量和 3 个旋转分量，它们分别表示末端执行器坐标在参考坐标中的空间位置和姿态(方向)。

在喷漆、点焊、搬运时所使用的机器人，一般只要求其末端执行器(喷枪、焊枪、手爪等)沿某一预定的路径运动，运动过程中末端执行器始终不与外界任何物体相接触。这时，只需对机器人进行位置控制。

事实上，许多机器人的作业是控制机器人末端工具的位置和姿态，以实现点到点的控制(PTP 控制，如搬运、点焊机器人)或连续路径的控制(CP 控制，如弧焊、喷漆机器人)。因此实现机器人的位置控制是机器人基本的控制任务。

机器人位置控制有时也称位姿控制或轨迹控制。

1. 基本控制结构

机器人位置控制分为点位控制和连续轨迹控制两类，如图 7-19 所示。

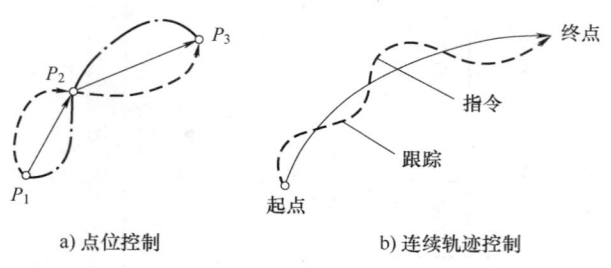

a) 点位控制　　　　　　b) 连续轨迹控制

图 7-19　机器人位置控制方式

点位控制的特点是仅控制在离散点上机器人末端的位置和姿态，要求尽快且无超调地实现机器人在相邻点之间的运动，但对相邻点之间的运动轨迹一般不做具体规定。

点位控制的主要技术指标是定位精度和完成运动所需要的时间。点焊、搬运和上下料等工作，都采用该控制方式。

连续轨迹控制的特点是连续控制机器人末端的位置和姿态轨迹，一般要求速度可控、运动轨迹光滑且运动平稳。

连续轨迹控制的主要技术指标是轨迹精度和平稳性。在弧焊、喷漆、切割等场所的机器人控制均属于这一类。

机器人的位置控制结构主要有两种形式，即直角坐标空间控制结构和关节空间控制结构，分别如图 7-20a、b 所示。

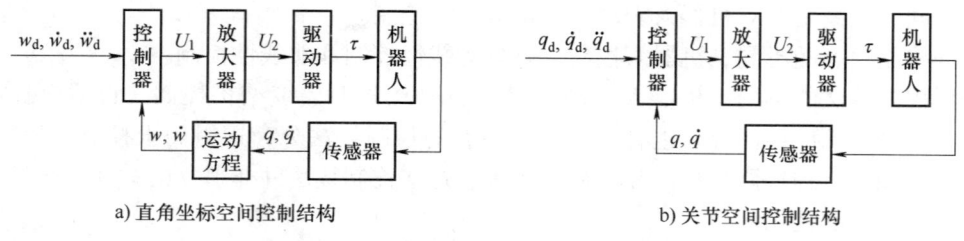

a) 直角坐标空间控制结构　　　　　　b) 关节空间控制结构

图 7-20　机器人位置控制基本结构

直角坐标空间位置控制是对机器人末端执行器坐标在参考坐标中的位置和姿态的控制。通常其空间位置主要由腰关节、肩关节和肘关节确定，而姿态（方向）由腕关节的 2 个或 3 个自由度确定。通过解逆运动方程，求出对应直角坐标位姿的各关节位移量，然后驱动伺服结构使末端执行器到达指定的目标位置和姿态。

关节空间位置控制是直接输入关节位移给定值，控制伺服机构。现有的工业机器人一般采用如图 7-20b 所示的控制结构。该控制结构的期望轨迹是关节的位置、速度和加速度，因此易于实现关节的伺服控制。但这种结构的主要问题是：控制过程中忽略了各关节间的安装制造误差，为实现轨迹跟踪，需将机器人末端的期望轨迹经逆运动学计算变换为关节空间的期望轨迹。

对于机器人的位置控制，位置检测元件也是必不可少的。关节位置控制器常采用PID算法，也可采用模糊控制算法等智能方法。目前，通用的工业机器人位置控制一般是基于运动学的控制而非动力学的控制，因而只适用于运动速度和加速度较小的应用场所。对于快速运动、负载变化大和要求力控的机器人，位置控制还必须考虑其动力学行为。

工业机器人的结构多为串接的连杆形式，其动态特性具有高度的非线性。但在其控制系统设计中，因为工业机器人运动速度不快（通常小于1.5m/s），由速度变化引起的非线性作用可以忽略，另外，由于交流伺服电动机都安装有减速器，其减速比往往接近100，那么当负载变化时，折算到电动机轴上的负载变化值则很小（除以减速比的二次方），所以可以忽略负载变化的影响，而且各关节之间的耦合作用也因减速器的存在而极大地削弱了。所以通常把机器人的每个关节当作一个独立的伺服机构来考虑。因而，工业机器人系统就变成了一个由多关节组成的各自独立的线性系统。

2. 单关节位置控制

单关节位置控制是指不考虑关节之间的相互影响，只根据一个关节独立设置的位置控制器。最简单的控制策略是将具有n个关节的机器人作为n个独立的系统分别进行控制，此时，每一个关节都是单输入单输出系统。耦合效应、重力影响等可以作为干扰输入，或者通过前馈补偿进行消除。

机器人的动力学方程是高度耦合的，当机器人在低速、小负载运动时，各关节动力学特性中的重力和关节间耦合可以忽略。当惯量参数变化不大时，机器人可以采用单关节位置伺服反馈控制来实现有效的控制，使机器人的控制问题大大简化，并在实际中得到大量的应用。

把机器人看作刚体结构，下面以永磁直流力矩电动机驱动为例，介绍一下机器人的单关节位置控制。

永磁式直流力矩电动机是一种特殊的控制电动机，是作为高精度伺服系统的执行元件，适应大扭矩、直接驱动系统，能与负载直接耦合，以输出转矩为主要特征的低速驱动电动机。其具有高耦合刚度、高线性度、高转矩惯量比，在短时间内可以输出峰值转矩，能在低速甚至堵转状况下连续运行。永磁式直流力矩电动机被广泛用于高精度的速度或位置伺服系统中。

单关节控制系统是个典型的机电一体化系统，由机械部分和电气部分组成。图7-21给出了永磁式直流力矩电动机的机械传动图。图7-22给出了永磁式直流力矩电动机的等效电路图。下面研究负载端角位移θ_s与电动机的电枢回路电压U_a之间的关系。

其中，折算到电机轴上的总的等效惯性矩J_{eff}和等效摩擦系数f_{eff}为

$$J_{eff} = J_a + J_m + \eta^2 J_i$$
$$f_{eff} = B_m + \eta^2 B_i \tag{7-1}$$

单关节控制系统中，机械部分的模型由电动机轴上的力矩平衡方程描述，电气部分的模型由电枢绕组内的电压平衡方程描述，两者相互耦合。

电动机力矩平衡方程为

$$\tau(t) = J_{eff}\ddot{\theta}_m + f_{eff}\dot{\theta}_m \tag{7-2}$$

电动机电枢绕组内的电压平衡方程为

$$U_a(t) = R_a i_a(t) + L_a \frac{di_a(t)}{dt} + e_b(t) \tag{7-3}$$

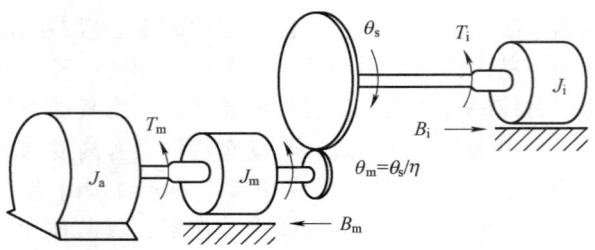

图 7-21 永磁式直流力矩电动机的机械传动图

J_a—单关节驱动电动机转动惯量 T_m—直流伺服电动机输出转矩 J_m—单关节夹手负载在传动端的转动惯量 B_m—传动端的阻尼系数 η—齿轮减速比 θ_m—传动端角位移 θ_s—负载端角位移 T_i—负载端总转矩 J_i—负载端总转动惯量 B_i—负载端阻尼系数

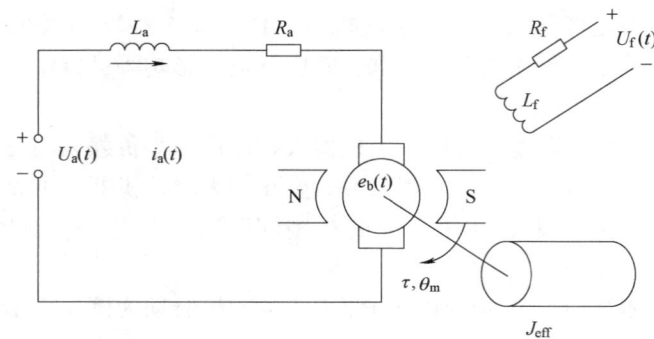

图 7-22 永磁式直流力矩电动机的等效电路图

U_a—电枢回路电压 i_a—电枢回路电流 R_a—电枢回路电阻 L_a—电枢回路电感 e_b—感应电动势 τ—电动机驱动力矩 θ_m—电枢(转子)角位移 L_f—励磁回路电感 R_f—励磁回路电阻 U_f—励磁回路电压

机械部分与电气部分的耦合关系为

$$\begin{cases} \tau(t) = k_a i_a(t) \\ e_b(t) = k_b \dot{\theta}_m(t) \end{cases} \tag{7-4}$$

对式(7-2)~式(7-4)进行拉普拉斯变换得

$$\begin{cases} I_a(s) = \dfrac{U_a(s) - E_b(s)}{R_a + sL_a} \\ T(s) = s^2 J_{\text{eff}} \theta_m(s) + s f_{\text{eff}} \theta_m(s) \\ T(s) = k_a I_a(s) \\ E_b(s) = s k_b \theta_m(s) \end{cases} \tag{7-5}$$

又因为 $\theta_m(t) = \dfrac{\theta_s(t)}{\eta}$,进行拉普拉斯变换可得

$$\theta_m(s) = \dfrac{\theta_s(s)}{\eta} \tag{7-6}$$

根据式(7-5)和式(7-6)画出相应的框图,如图 7-23 所示。

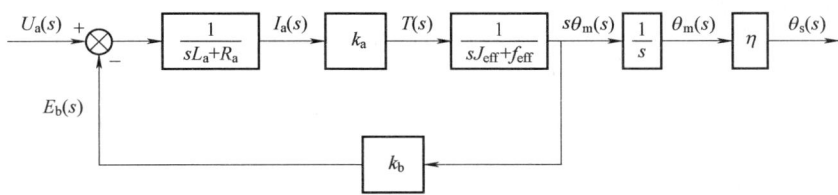

图 7-23　直流驱动单关节系统框图

根据图 7-23,可以求得电枢回路电压与传动端角位移之间的传递函数为

$$\frac{\theta_m(s)}{U_a(s)} = \frac{k_a}{s[s^2 J_{eff} L_a + (L_a f_{eff} + R_a J_{eff})s + R_a f_{eff} + k_a k_b]} \quad (7-7)$$

单关节控制系统电枢回路电压与负载端角位移之间的传递函数为

$$\frac{\theta_s(s)}{U_a(s)} = \frac{\eta k_a}{s[s^2 J_{eff} L_a + (L_a f_{eff} + R_a J_{eff})s + R_a f_{eff} + k_a k_b]} \quad (7-8)$$

为了方便说明,图 7-23 可以用简图如图 7-24 表示。

上述系统无位置反馈,其精度主要取决于伺服驱动系统和机械传动机构的性能和精度。具有结构简单、工作稳定、调试方便、维修简单、价格低廉等优点,在精度和速度要求不高、驱动力矩不大的场合得到广泛应用。

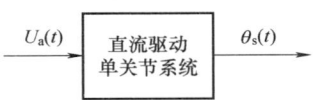

图 7-24　直流驱动单关节系统简图

从稳定性和精度观点看,要获得满意的位置控制性能,为了改善性能,可以在图 7-24 中增加位置控制器,如图 7-25 所示,其中 $\theta_s^d(t)$ 为期望的负载端角位移。

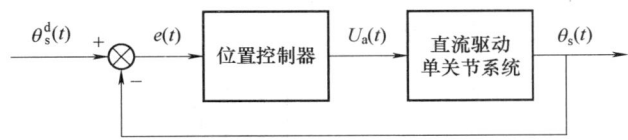

图 7-25　单关节位置控制系统简图

关节位置控制器常采用 PID 算法,也可以采用模糊控制等算法。在 PID 控制的名称中,P 指 proportional(比例),与 $e(t)$ 成比例(K_p);I 指 integral(积分),与 $e(t)$ 的积分成比例(K_i);D 指 derivative(微分),与 $e(t)$ 的微分 $de(t)/d(t)$ 成比例(K_d)。这意味着可利用偏差、偏差的积分值、偏差的微分值来控制。

比例(P)控制器实质上是一个具有可调增益的放大器。在控制系统中,增大 K_p 可加快响应速度,但过大容易出现振荡。积分(I)控制器能消除或减弱稳态偏差,但它的存在会使系统到达稳态的时间变长,限制系统的快速性。微分(D)控制规律能反映输入信号的变化趋势,相对比例控制规律而言具有预见性,增加了系统的阻尼程度,有助于减少超调量,克服振荡,使系统趋于稳定,加快系统的跟踪速度,但对输入信号的噪声很敏感。

这里采用比例环节,有

$$U_a(t) = \frac{K_p e(t)}{\eta} = \frac{K_p [\theta_s^d(t) - \theta_s(t)]}{\eta} \quad (7-9)$$

式中, K_p 为位置反馈增益; $e(t)$ 为系统误差。

进行拉普拉斯变换得

$$U_a(s) = \frac{K_p E(s)}{\eta} = \frac{K_p [\theta_s^d(s) - \theta_s(s)]}{\eta} \tag{7-10}$$

根据式(7-10), 结合图 7-23, 可得单关节位置控制系统框图, 如图 7-26 所示。

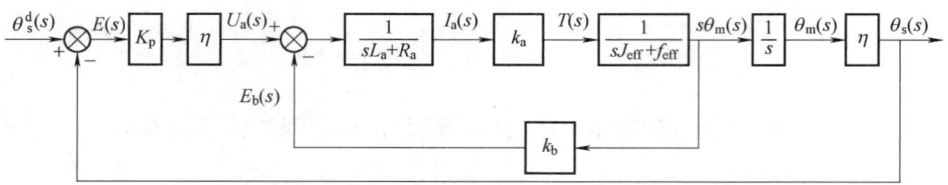

图 7-26 单关节位置控制系统框图

误差驱动信号 $E(s)$ 与实际位移 $\theta_s(s)$ 之间的开环传递函数为

$$G(s) = \frac{\theta_s(s)}{E(s)} = \frac{k_a K_p}{s[s^2 J_{eff} L_a + (L_a f_{eff} + R_a J_{eff})s + R_a f_{eff} + k_a k_b]} \tag{7-11}$$

由此得系统闭环传递函数为

$$\frac{\theta_s(s)}{\theta_s^d(s)} = \frac{G(s)}{1+G(s)} = \frac{k_a K_p}{s[s^2 J_{eff} L_a + (L_a f_{eff} + R_a J_{eff})s + R_a f_{eff} + k_a k_b] + k_a K_p} \tag{7-12}$$

忽略电枢的电感 L_a, 式(7-12)可简化为

$$\frac{\theta_s(s)}{\theta_s^d(s)} = \frac{G(s)}{1+G(s)} = \frac{k_a K_p}{s(sR_a J_{eff} + R_a f_{eff} + k_a k_b) + k_a K_p} \tag{7-13}$$

式(7-13)表明, 单关节位置控制是二阶系统, 为改善系统的动态性能, 减少静态误差, 可以加大位置反馈增益 K_p 和增加阻尼。实际系统中, 几种算法一般组合使用, 如 PD 算法、PI 算法、PID 算法等。图 7-27 所示为增加了速度反馈环节的单关节位置控制系统。

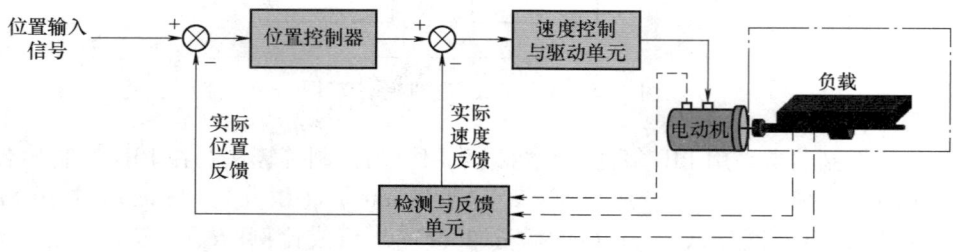

图 7-27 具有速度反馈的单关节位置控制系统

位置控制的目标是使被控机器人的关节或末端达到期望的位置。如图 7-27 所示, 位置给定值(位置输入信号)与当前值(实际位置反馈)比较得到的误差作为位置控制器的输入量, 经过位置控制器的运算后, 其输出作为速度控制的给定值。

对于多关节机器人, 锁住机器人的其他各关节而依次移动一个关节, 这种工作过程使执行规定任务的时间变得过长, 因而是不经济的。不过, 如果要让一个以上的关节同时运动, 那么各运动关节间的力和力矩会产生互相作用, 而且不能对每个关节适当地应用前述位置控制器。要想获得明显的性能改进, 就必须考虑更有效的动态模型、更高级的控制方法和计算机体系结构的运用。

7.5.2 机器人的力控制

机器人在具体工作中,当需要完成一些与环境存在力作用的任务时,比如打磨、装配、抛光、抓放物体等工作时,除了要求准确定位之外,还要求所使用的力或力矩必须合适。单纯的位置控制由于无法精确控制作用力的大小,导致位置不够时力过小,无法完成规定任务;位置超过时力又过大,会伤害零件或机器人。

对于这类作业,一种比较好的控制方案是控制手爪与作业对象之间的接触力。这样,即使是作业对象位置不准确,也能保持手爪与作业环境的正确接触。相应地,对机器人的控制,除了在一些自由度方向上进行位置控制外,还需要在另一些自由度方向上进行力控制。

机器人的力控制在机器人应用中,一般不单独使用,而是与其他控制相配合使用。如利用力传感器作为反馈装置,将力反馈信号与位置控制(或速度控制)信号等相结合,再通过相关的力/位混合算法,实现的力/位混合控制,也称力/位混合控制技术,也可简称为力控制。机器人的力控制要使用(力矩)伺服方式的原理与位置伺服控制原理基本相同,只不过输入量和反馈量不是位置信号,而是力(力矩)信号,所以该系统中必须有力(力矩)传感器。有时也利用接近、滑动等传感功能进行自适应式控制。

位置控制下,机器人会严格按照预先设定的位置轨迹进行运动。若机器人运动过程中遭遇到了障碍物的阻挡,从而导致机器人的位置追踪误差变大,此时机器人会努力地去追踪预设轨迹,最终导致了机器人与障碍物之间的巨大内力。而在力控制下,以控制机器人与障碍物间的作用力为目标,当机器人遭遇障碍物时,会智能地调整预设位置轨迹,从而消除内力。机器人力控制的作用越来越大,它是机器人技术发展的主要方向之一,目的是为机器人增加触觉感知,有时还与机器人视觉技术相结合,共同组成机器人的触觉和视觉系统。目前,已广泛地应用在康复训练、人机协作和柔顺生产领域等。

1. 局部约束任务中的控制坐标系

假设仅需要描述接触和自由状态,只考虑由于接触产生的力,主要是刚度较大的物体之间的接触力。

可以将每一个操作任务分解为多个子任务,这些子任务都是由机器人末端执行器和工作环境之间特定的接触状态定义的。

对于每一个与这种子任务相关的约束,称为自然约束,即由物体的几何特性或作业结构特性等引起的对机器人的约束。

人工约束又称附加约束,是按照自然约束确定的期望运动或施加的力来定义的。即每当用户给定了一个位置或力的期望轨迹,就定义了一个人工约束。

由于刚性物体之间的接触力是作用于系统的主要力,在建立力约束模型时,我们仅考虑由于接触引起的作用力,忽略像重力、某些摩擦力分量这样的静态力。根据机器人末端执行器与工作环境的接触情况,可以把机器人的任务与一组约束相关联。

例如,当手与静止的刚性表面接触时,不允许通过表面,因此,存在一个固有的位置约束;如果表面是光滑的,就不可能对手施加与表面相切的力。

自然约束条件与人为约束条件表达了位置控制与力控制的对偶性。在一个给定的自由度上,不能同时对力和位置实施控制。

在环境的接触模型中,用沿表面法向的位置约束和沿表面切向的力约束定义一个广义表面(generalized surface),这两类约束将末端执行器的可能运动自由度分解为两个正交(不相关)集合,对每个正交集合,我们可以按不同的准则进行控制。

在许多机器人的作业任务中,可以定义这样一个广义平面:沿此广义平面的法线方向有自然位置约束,可施加人为力约束,即施加力控制;而沿切线方向有自然力约束,可施加人为位置约束,即施加位置控制。为了描述约束情况,我们在与任务相关的位置定义一个坐标系$\{C\}$,可用坐标系$\{C\}$来取代这一广义平面,该坐标系$\{C\}$称为约束坐标系。根据任务的不同,它可能固定在环境中,也可能与末端执行器一起运动。

约束坐标系$\{C\}$一般应建立在机器人手抓与作业对象相接触的界面上。$\{C\}$为直角坐标系,以方便描述作业操作;视任务的不同,$\{C\}$可能在环境中固定不动,也可能随手抓一起运动;$\{C\}$有6个自由度,任意时刻的作业均可分解为沿$\{C\}$中每一自由度的位置控制或力控制。

图7-28a所示为拧螺钉任务,约束坐标系附着在螺钉旋具刀尖上,并且随任务的进展与它一起运动,定义约束坐标系$\{C\}$的Y轴与螺钉的槽一致,螺钉头面为广义表面。

图7-28b所示为该任务的自然约束和人工约束。

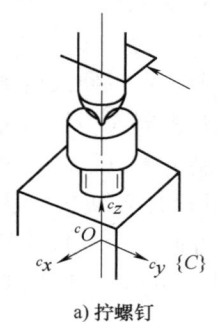

自然约束
$x=0$,受螺钉孔约束; $\theta_x=0$,受螺钉孔约束
$y=0$,受螺钉孔约束; $\theta_y=0$,受螺钉孔约束
$\dot{z}=[p/(2\pi)]\dot{\theta}_z$,受控($p$为螺纹螺距);$\dot{\theta}_z=\omega$,受控($\omega$为预定角速度)

人工约束
$f_x=0$,受控; $m_x=0$,受控
$f_y=0$,受控; $m_y=0$,受控
$f_z\approx0$,受钉孔配合、润滑等影响; $m_z\approx0$,受钉孔配合、润滑等影响

a) 拧螺钉   b) 自然约束和人工约束

图7-28 拧螺钉的自然约束和人工约束

装配策略也是和约束相关的概念,装配策略是指一个事先规划好的人工约束序列,并按照要求的方式完成这个作业。这种策略必须包含一些检测手段,使系统能够检测状态的变化,以便跟踪自然约束的变化。对于自然约束的每一个变化,从装配策略集中重新调整一个新的人工约束集,并由控制系统实施。关于为给定的装配任务自动选择约束方法,读者可自行查阅相关资料,这里不再展开介绍。

此外,在任务分析时通常忽略接触表面之间的摩擦力,一般选择位置控制的方向作为滑动摩擦力的作用方向,因此可将滑动摩擦力看作是位置伺服的扰动,并通过控制系统进行抑制。这个假设仍能满足装配策略问题,事实上,许多工况下的装配策略都是按这个假设制定的。

2. "质量-弹簧"系统力控制

前面把机器人的轨迹控制首先简化为单位质量系统,然后根据伺服控制规律,以及对系统动态性能的要求,综合确定系统的增益,当机器人末端与环境相接触时,也可用相似的方法,将其简化为"质量-弹簧"系统的力控制问题。

在线性控制中,我们从非常简单的单一质量块控制问题开始研究力控制问题。在非线性控制中,我们将这种方法应用于一个操作模型,即控制整个操作的问题等价于控制n个独立的集中质量(对于具有 n 个关节的机器人手臂来说)。同样,通过控制施加到简单的单一自由度系统的力来研究力控制。

考虑存在接触力的情况,必须建立某种环境作用模型。为了建立这个概念,我们可以使用一种非常简单的被控物体和环境之间的相互作用模型。将与环境接触的模型看作是一个弹簧,即假设系统是刚性的,而环境具有刚度 f_e。

分析如图 7-29 所示的质量-弹簧系统的控制问题,同时将未知干扰力 f_{dist} 考虑在内,它可能是未知模型的摩擦力,即机器人手臂传动齿轮的啮合损耗。

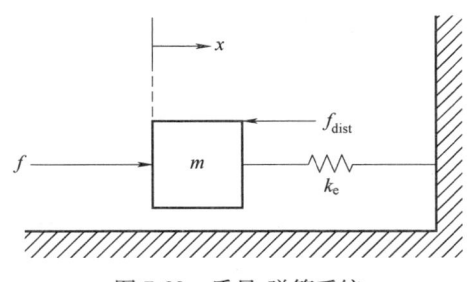

图 7-29 质量-弹簧系统

要控制的变量为作用于环境的力 f_e,它是施加在弹簧上的力,有

$$f_e = k_e x \tag{7-14}$$

考虑到系统的惯性力,系统的方程为

$$f = m\ddot{x} + k_e x + f_{dist} \tag{7-15}$$

或写成需要控制的变量 f_e 的形式,即

$$f = m k_e^{-1} \ddot{f_e} + f_e + f_{dist} \tag{7-16}$$

采用控制器分解方法,取

$$\alpha = m k_e^{-1}$$

和

$$\beta = f_e + f_{dist}$$

得到控制律

$$\begin{aligned} f &= \alpha(\ddot{f_d} + k_{vf}\dot{e_f} + k_{pf}e_f) + \beta \\ &= m k_e^{-1}(\ddot{f_d} + k_{vf}\dot{e_f} + k_{pf}e_f) + f_e + f_{dist} \end{aligned} \tag{7-17}$$

式中,e_f 为期望力 f_d 与检测到的作用在环境上的力 f_e 之间的误差,$e_f = f_d - f_e$;k_{pf} 为闭环刚度系数;k_{vf} 为闭环阻尼系数。如果能计算式(7-17),则可以得到如下的闭环系统:

$$\ddot{e_f} + k_{vf}\dot{e_f} + k_{pf}e_f = 0 \tag{7-18}$$

然而,在控制律中 f_{dist} 是未知的,因此式(7-17)不可解。我们可以在控制律中舍去这一项,但是由稳态分析表明,还有更好的解决方法,尤其是当环境刚性 k_e 很高时,通常情况下 k_e 的确很高。

如果选择在控制律中舍去 f_{dist} 这一项,则令式(7-16)和式(7-17)相等,并且在稳态分析中令对时间的各阶导数为零,可得

$$e_f = \frac{f_{dist}}{\alpha k_{pf}} \tag{7-19}$$

然而,在式(7-17)中用 f_d 代替 $f_d + f_{dist}$,则稳态误差为

$$e_f = \frac{f_{\text{dist}}}{1+\alpha k_{\text{pf}}} \tag{7-20}$$

一般情况下，环境是刚性的，α 可能很小，由式(7-20)计算稳态误差远优于式(7-19)，因此，推荐控制律如下：

$$f = mk_e^{-1}(\ddot{f}_d + k_{\text{vf}}\dot{e}_f + k_{\text{pf}}e_f) + f_d \tag{7-21}$$

图7-30所示为采用控制律式(7-21)的闭环系统示意图。

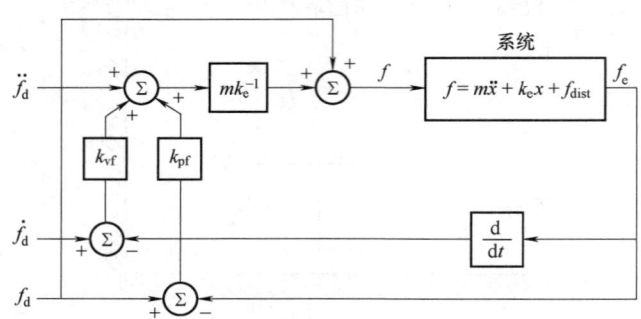

图7-30 质量-弹簧系统的力控制系统

通常对于力伺服控制来说，实际工作情况与图7-30中描述的理想情况有些不同。首先，力轨迹通常为常数——即通常希望将接触力控制为某一常数值，而很少把它设置为任意的时间函数。因此，控制系统的输入 $\dot{f}_d$ 和 $\ddot{f}_d$ 通常设为0。另一种实际工作情况是检测到的力"噪声"很大，因此用数值微分计算 $\dot{f}_e$ 是不可行的。然而，$f_e = k_e x$，因此可以求作用于环境上的力的微分 $\dot{f}_e = k_e \dot{x}$。这样做非常切实可行，因为大多数机器人手臂都可以测量速度，技术是成熟的。做出这两个实际选择之后，可以将控制律写为

$$f = m(k_{\text{pf}}k_e^{-1}e_f - k_{\text{vf}}\dot{x}) + f_d \tag{7-22}$$

对应的原理框图如图7-31所示。

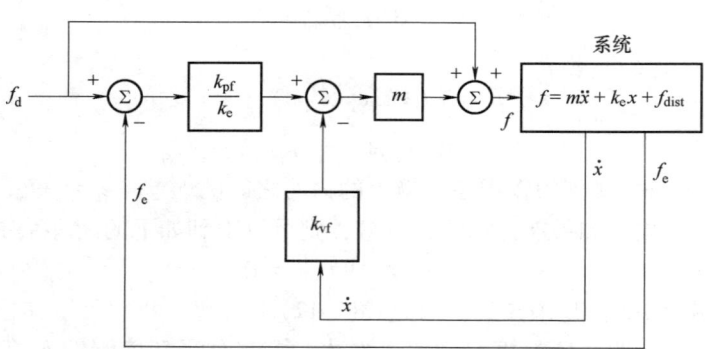

图7-31 质量-弹簧系统的原理框图

需要注意的是，伺服控制规律中的环境刚度 k_e 在实际系统中往往是未知的，可能还是时变的。通常，由于装配机器人的作业对象常常是刚性部件，粗略地认为 k_e 相当大，因此，对于增益的选择，要考虑到 k_e 在变化的情况下系统要能够正常工作。

3. 位置/力混合控制

机器人的手爪与外界接触有两种极端状态：

第一种极端状态是手爪在空间可以自由运动，即手爪与外界环境没有力的作用，如图 7-32a 所示，自然约束为 $F=0$。即在手爪的任何方向上都不施加力和力矩，这种情况属于位置控制问题。

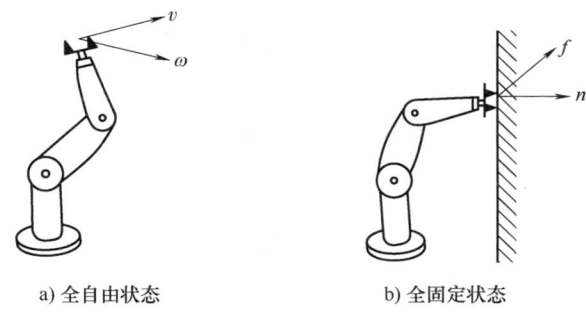

a) 全自由状态　　　　　b) 全固定状态

图 7-32　手爪与环境接触的两种极端状态

第二种极端状态是手爪与环境固接在一起，如图 7-32b 所示，手爪不能自由地改变位置，即手爪的自然约束是 6 个位姿约束，可在任意方向施加力和力矩，这种情况纯属力控制问题。

第二种情况在实际中很少出现，大多数情况是介于两种情况中间，部分自由度受到位置约束，部分自由度受力的约束，因此，需要采用位置/力混合控制的方式。

显然：

1）存在力自然约束的方向施加位置控制。

2）存在位置自然约束的方向施加力控制。

3）根据接触状态，规定约束坐标系，将整个位形空间分解成两个正交子空间，分别施加位置和力控制。

7.5.3　机器人的智能控制

随着复杂系统的不断涌现，传统控制越来越显示出局限性。传统控制方法主要是基于被控对象精确模型的控制方式，缺乏灵活性和应变能力，适用于解决线性、时不变等相对简单的控制问题，难以解决复杂系统的控制问题。

对于以复杂系统为被控对象，传统控制遇到很多难以解决的实际问题，主要表现为：

1）复杂系统由于存在复杂性、非线性、时变性、不确定性和不完全性等，传统控制方法无法获得精确的数学模型。

2）某些复杂的和包含不确定性的控制过程无法用传统的数学模型来描述，即无法解决建模问题。

3）传统控制理论的推导往往需要进行一些比较苛刻的线性化假设，而这些假设往往与复杂系统的实际情况不符合。

4）复杂控制的任务复杂，而传统的控制任务要求低，对复杂的控制任务，如机器人控制、现代集成制造系统（CIMS）、社会经济管理系统等复杂任务无能为力。

在实际生产应用中，我们发现复杂控制问题可以通过熟练操作人员的经验和传统控制理论相结合去解决，后来在此基础上，产生了智能控制。

1971 年，美籍华人傅京逊教授提出智能控制是人工智能与自动控制的交叉，即二元论。

1977年，美国学者 G. N. Saridis 在此基础上引入运筹学，提出了三元论的智能控制概念。智能控制将传统控制理论的方法和人工智能技术灵活地结合起来，其控制方法适应对象的复杂性和不确定性。

智能控制的思路是设计一个控制器（或系统），使之具有学习、抽象、推理、决策等功能，并能根据环境（包括被控对象或被控过程）信息的变化做出适应性反应，从而实现原本应该由人来完成的任务。智能控制是自动控制发展的新阶段，主要用于解决传统控制难以解决的复杂系统的控制问题。智能控制系统的基本组成结构如图 7-33 所示。

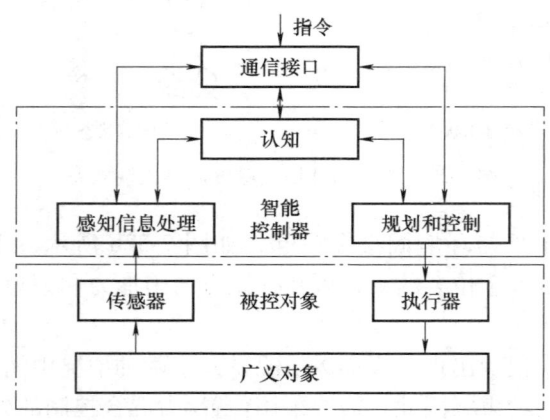

图 7-33 智能控制系统的基本组成结构

按照智能控制系统构成的原理进行分类，大致可以将智能控制分为以下几类：递阶控制、专家控制、模糊控制、学习控制、神经网络控制和进化控制等。实际上，几种方法和机制往往结合在一起，用于一个实际的智能控制系统或装置，从而建立起混合或集成的智能控制系统。为了便于研究与说明，下面简要讨论以下几种控制方法。

1. 递阶控制

递阶控制是个整体，它把定性的用户指令变换为一个物理操作序列。系统的输出是通过一组施加于驱动器的具体指令来实现的。当系统由若干个可分的相互关联的子系统构成时，可将系统所有决策单元按照一定优先级和从属关系递阶排列，同一级各单元受到上一级的干预，同时又对下一级单元施加影响。若同一级各单元目标相互冲突，则由上一级单元进行协调。

这是一种多级多目标的结构，各单元在不同级间递阶排列，形成金字塔形结构。此类结构的优点是全局与局部控制性能都较高，灵活性与可靠性好，任何子过程的变化对决策的影响都是局部性的。缺点是系统设计比较复杂。

图 7-34 所示是分级递阶控制系统结构，其中，组织级代表控制系统的主导思想，并由人工智能起控制作用。协调级是上（组织）级和下（执行）级间的接口，承上启下，并由人工智能和运筹学共同作用。执行级是递阶控制的底层，要求具有较高的精度和较低的智能，它按控制论进行控制，对相关过程执行适当的控制作用。

递阶控制遵循提高精度而降低智能（IPDI）的原理。概率模型用于表示组织级推理、规划和决策的不确定性，指定协调级的任务以及执行级的控制作用。采用熵来度量智能机器执行各种指令的效果，并采用熵进行优化决策。分级递阶控制方法为使自主智能控制系统适应

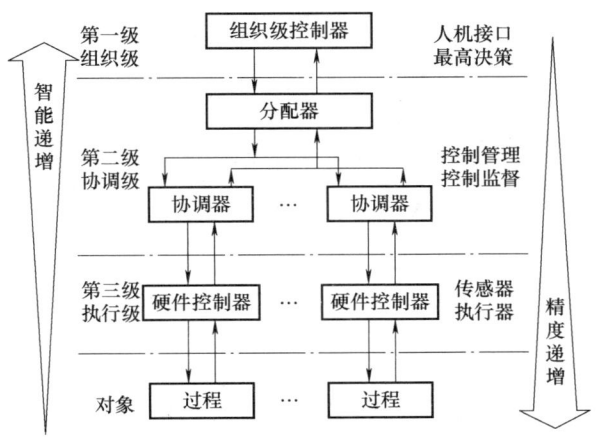

图 7-34 分级递阶控制系统结构示意图

现代工业、空间探索、核处理和医学等领域的需要，提供了一个有效途径。

2. 专家控制

专家控制是一个应用专家系统技术的控制，也是一个典型的和广泛应用的基于知识库的控制系统。几乎所有的专家控制系统（控制器）都包含知识库、推理机、控制规则集和控制算法等。

图 7-35 所示为专家控制系统的基本结构，其中，推理机用于记忆所采用的规则和控制策略，使整个系统协调地工作。推理机能够根据知识进行推理、搜索并导出结论。特征识别与信息处理单元的作用是实现对信息的提取与加工，为控制决策和学习适应提供依据。它主要包括抽取动态过程的特征信息，识别系统的特征状态，并对特征信息进行必要的加工等。

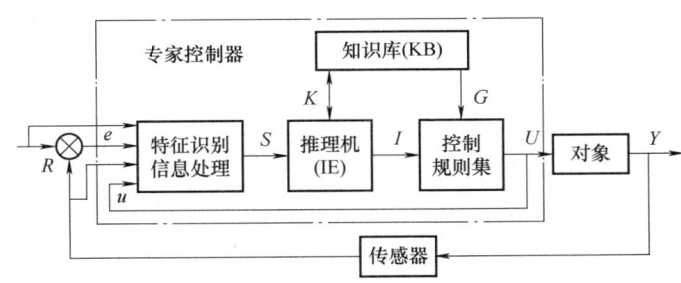

图 7-35 专家控制系统基本结构

3. 模糊控制

模糊控制的核心是模糊控制器，一个模糊控制系统性能的优劣，主要取决于模糊控制器的结构、所采用的隶属函数、模糊规则、推理方法以及解模糊算法等，也是模糊控制系统区别于其他自动控制系统的主要标志。模糊控制器一般通过计算机软件编程或模糊逻辑硬件电路加以实现，硬件可以是单片机、工业控制机等各种类型的微型计算机；程序设计语言则可以是汇编语言、C 语言或其他高级语言。

图 7-36 所示为模糊控制系统基本结构。其中，模糊控制器由模糊化接口、知识库、推理机和模糊判决接口 4 个基本单元组成。

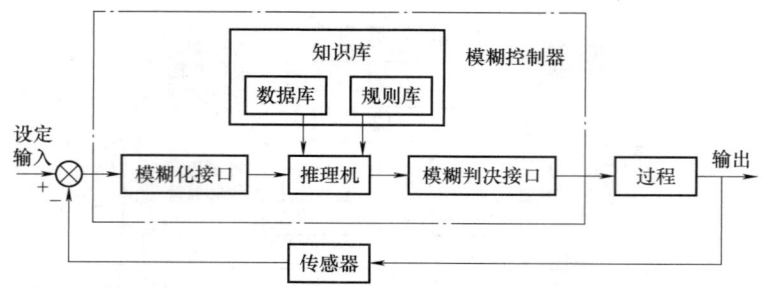

图 7-36 模糊控制系统基本结构

(1) 模糊化接口

模糊化接口测量输入变量(设定输入)和受控系统的输出变量,并把它们映射到一个合适的响应论域(研究对象构成的非空集合)的量,然后,精确的输入数据被变换为适当的语言值或模糊集合的标识符。模糊化接口可视为模糊集合的标记。

(2) 知识库

知识库涉及应用领域和控制目标的相关知识,它由数据库和语言(模糊)控制规则库组成,数据库为语言控制规则的论域离散化和隶属函数提供必要的定义,语言控制规则标记控制目标和领域专家的控制策略。

(3) 推理机

推理机是模糊控制器的核心,以模糊概念为基础,模糊控制信息可通过模糊蕴涵和模糊逻辑的推理规则来获取,并可实现拟人决策过程,根据模糊输入和模糊控制规则,模糊推理求解模糊关系方程,获得模糊输出。

(4) 模糊判决接口

模糊判决接口起到模糊控制的推断作用,并产生了一个精确的或非模糊的控制作用;此精确控制作用必须进行逆定标(输出定标),这一作用是在对受控过程进行控制之前通过量程变换来实现的。

4. 学习控制

学习控制是智能控制早期的研究领域之一。在过去 10 多年中,学习控制用于动态系统(如机器人操作控制和飞行器制导等)的研究,已经研究并提出许多学习控制方案和方法,并获得较好的控制效果。这些控制方案包括基于模式识别的学习控制、反复学习控制、重复学习控制、再励(强化)学习控制、基于规则的学习控制(包括模糊学习控制)、拟人自学习控制、状态学习控制等。

学习控制具有 4 个主要功能:搜索、识别、记忆和推理。在学习控制系统的研制初期,对搜索和识别的研究较多,而对记忆和推理的研究比较薄弱。

学习控制系统分为两类,即离线学习控制系统和在线学习控制系统,分别如图 7-37a、b 所示。离线学习控制系统应用比较广泛,而在线学习控制系统则主要用于比较复杂的随机环境。在线学习控制系统需要高速和大容量计算机,而且处理信号需要花费较长时间。在许多情况下,这两种方法互相结合,首先,无论什么时候只要可能,先验经验总是可以通过离线方法获取,然后再在运行中进行在线学习控制。

5. 神经网络控制

基于人工神经网络的控制(ANN-based control),简称神经网络控制或神经控制、NN 控

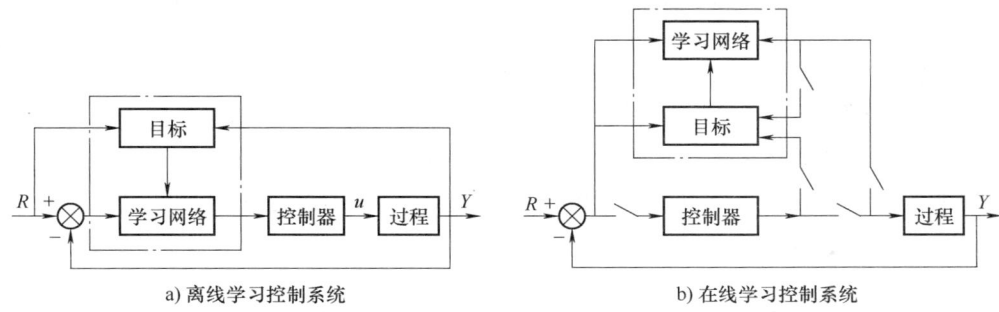

图 7-37 两种学习控制系统

制,是智能控制的一个新的研究方向,随着计算机运算能力的提升,神经网络控制已成为智能控制的重要研究方向。

神经网络控制的大发展,不仅是由于神经网络技术和计算机技术的发展为神经网络控制提供了技术基础,而且还由于神经网络具有一些适合于控制的特性和能力。这些特性和能力包括:

1) 采用并行分布信息处理方式,具有很强的容错性。神经网络具有高度的并行结构和并行实现能力,因而具有较快的总体处理能力和较好的容错能力,这特别适用于实时控制过程。

2) 神经网络的本质是非线性映射,它可以逼近任意非线性函数,这一特性给非线性控制问题带来了新的希望。

3) 通过对训练样本的学习,可以处理难以用模型或规则描述的过程和系统。由于神经网络是根据系统过去的历史数据进行训练的,一个经过适当训练的神经网络具有归纳全部数据的能力。

因此,神经网络能够解决那些用控制算法或控制规则难以处理的控制问题。

当然,神经控制的研究还有大量的有待解决的问题。神经网络自身存在的问题,也必然会影响到神经控制器的性能。

当受控系统的动力学特性是未知的或仅部分已知时,必须设法摸索系统的规律性,以便对系统进行有效的控制。基于规则的专家系统或模糊控制能够实现这种控制。监督(即有导师)学习神经网络控制(supervised neural control,SNC)为另一实现途径。图 7-38 表示监督式神经控制器的结构。图中,含有一个导师和一个可训练控制器。

由于分类方法的不同,神经控制器的结构很自然地有所不同。已经提出的神经控制的结构方案很多,包括 NN 学习控制、NN 直接逆控制、NN 自适应控制、NN 内模控制、NN 预测控制、NN 最优决策控制、NN 强化控制、CMAC 控制、分级 NN 控制和多层 NN 控制等。

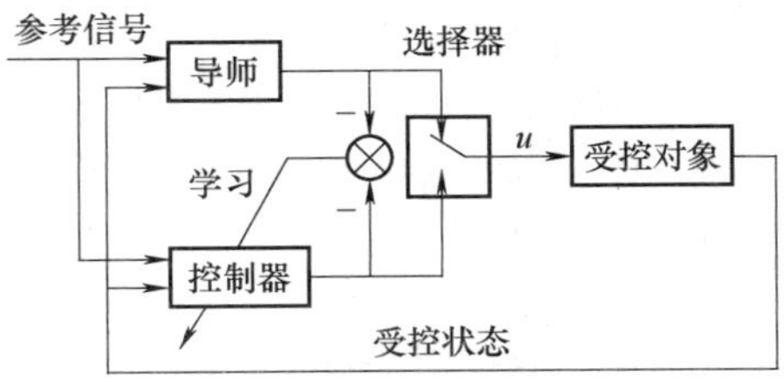

6. 进化控制

进化与反馈作为自然界存在的两种基本调节机制,具有明显的互补性。把进化思想与反馈控制理论相结合,产生了一种新的智能控制方法——进化控制。

图 7-38 监督式神经控制器的结构图

进化控制是综合考察了几种典型智能控制方法的思想起源、组成结构、实现方法和技术等之后提出来的，它模拟生物界演化的进化机制，将进化思想与反馈控制理论相结合，提高了系统在复杂环境下的自主性、创造性和学习能力。

将进化控制应用于复杂系统的控制器设计，可以很好地解决其学习与适应能力问题。进化机制提供了在复杂的环境中创造性地寻找具有竞争力的优化结构和控制策略的方法，使之根据环境的特点和自身的目标自主地产生各种行为能力，并调整它们之间的约束关系，从而展现适应复杂环境的自主性。

本 章 小 结

本章主要研究了机器人控制的各种问题。首先介绍了机器人控制的组成，机器人控制的目的，机器人控制的基本结构、具体的工作过程，机器人控制的集中控制、主从控制、分布控制等3种构架方式。

然后介绍了控制器类型与控制层级。简要介绍了智能机器人常用的控制器，以及工业机器人控制器的组成；介绍了机器人控制系统在逻辑上一般分为3个层级：人工智能级、控制模式级、伺服系统级。

详细介绍了伺服系统，包括伺服系统的分类、组成，伺服电动机的分类、工作原理，伺服驱动器的作用、工作原理和控制方式等。

紧接着介绍了机器人传感器，包括机器人传感器的特点及要求，基本概论、工作原理，详细介绍了机器人传感器的分类、优缺点等，介绍了机器人的感觉顺序与策略，对传感器的主要性能指标、特点和要求等也一一进行了介绍，还具体介绍了位移（位置）、速度和加速度以及应力传感器等各种内传感器，以及视觉、触觉、力觉、接近觉、超声波传感器等各种外传感器。

最后通过位置控制、力控制和智能控制3个实例，详细介绍了机器人控制的具体控制问题，控制系统的组成，详细介绍了各种控制策略、控制方式等。

通过本章的学习，希望读者能够掌握机器人控制系统的基本结构和组成，掌握机器人控制器的相关知识，了解其基本结构、工作原理以及控制器的分类；对伺服电动机与伺服驱动器有较全面的了解，加深对伺服系统的认识；对机器人各种传感器的要求及特点要比较熟悉，对机器人的位置控制、力控制和智能控制等要有系统的了解和掌握。

思考题与习题

7-1 简述机器人控制的目的。

7-2 简述机器人控制的基本结构、具体的工作过程。

7-3 机器人控制的3种构架方式具体指哪3种？

7-4 简述智能机器人常用的控制器及工业机器人控制器的组成。

7-5 机器人控制系统在逻辑上一般分为哪几个层级？

7-6 简述伺服驱动器的工作原理。

7-7 简述机器人传感器的选型要求。

7-8 常见的内传感器有哪些？外传感器有哪些？并各选一种传感器说出该传感器的特点。

7-9 在计算力矩控制方法中，分析时将系统看作连续的，实际控制时是离散的。因为计算机计算和采样数据需用时间。试说明在什么条件下，这种做法是可取的。

第 8 章

机器人编程语言与离线编程

导读

机器人编程语言是一种程序描述语言,它能十分简洁地描述工作环境和机器人的动作,能把复杂的操作内容通过尽可能简单的程序来实现。本章首先介绍了机器人语言的结构,分析机器人语言的编程要求,引出机器人编程语言的概念。然后介绍常用的机器人编程语言以及它们的特点和应用,介绍离线编程产生的时代背景,分析离线编程的发展与应用,具体介绍常用的机器人编程语言以及离线编程的特点、结构等。通过一些具体程序案例,帮助读者了解常用机器人编程语言的特点及要求。

本章知识点

- 机器人语言的结构及要求
- 机器人编程语言的类型
- 常用的机器人编程语言
- 机器人离线编程系统

8.1 机器人语言的结构及要求

伴随着机器人的发展,机器人语言也得到发展和完善。这里所涉及的机器人语言主要指人与机器人之间的一种记录信息或交换信息的程序语言,即为实现机器人按人的设想进行工作的编程语言,而不是一般意义上两台机器人之间"说话"的语言。

机器人的主要特点之一是其通用性,机器人语言提供了一种通用的人与机器人之间的通信手段。它是一种专用语言,用符号描述机器人的运动,使机器人按照编程者的意图进行各种操作,与常用的计算机编程语言相似。

机器人语言已成为机器人技术的一个重要部分。机器人的功能除了依靠机器人硬件的支持外,相当一部分依赖机器人语言来完成。

8.1.1 机器人语言的结构

机器人语言实际上是一个编程语言系统,如图 8-1 所示,机器人语言系统既包括语言本身——给出作业指示和动作指示,同时还包含进行处理的操作系统——根据上述指示来控制机器人系统，这个系统能支持机器人编程、控制，以及与外围设备、传感器和机器人接口，还能支持和计算机系统的通信。

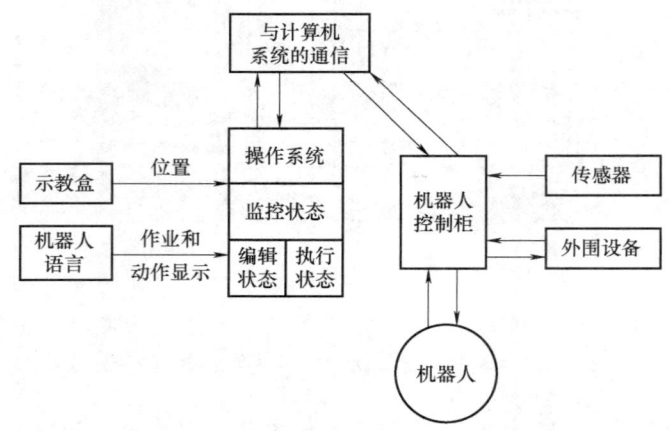

图 8-1　机器人语言系统

机器人语言操作系统包括 3 个基本的操作状态：监控状态、编辑状态、执行状态。

监控状态是用来进行整个系统的监督控制的。在监控状态，操作者可以用示教盒（运动控制系统移动显示终端）定义机器人在空间的位置，设置机器人的运动速度，存储和调出程序等。

编辑状态是供操作者编辑程序的。尽管不同语言的编辑操作不同，但一般均包括写入指令、修改和删去指令以及插入指令等。

执行状态是用来执行机器人程序的。在执行状态，机器人执行程序的每一条指令，操作者可通过调试程序来修改错误。例如，在程序执行过程中，某一位置关节角超过限制，因此机器人不能执行，在示教器屏幕上显示错误信息，并停止运行。操作者可返回到编辑状态修改程序。大多数机器人语言允许在程序执行过程中，直接返回到监控或编辑状态。

机器人编程语言是一种程序描述语言，它能十分简洁地描述工作环境和机器人的动作，能把复杂的操作内容通过尽可能简单的程序来实现。从实际应用的角度来看，很多情况下都是操作者实时地操纵机器人进行工作，编程系统的核心问题是操作运动控制问题。因此，机器人编程语言不仅应当简单易学，并且应该拥有良好的交互性。在工作进行过程中，目标物体和环境的几何模型是不断变化的，先进的工业机器人编程语言还能够构建这种几何模型，因此，工业机器人语言如果性能优越，可以极大地降低编程的困难。

8.1.2　机器人语言的编程要求

为了实现易学、易用，机器人编程语言也应当和一般的程序设计语言一样，具有结构简明、概念统一、容易扩展等特点。由于机器人的机构和运动均与一般机械不同，因此其程序设计也具有特色，这对机器人语言编程提出特别要求。

1. 要能够建立世界模型

机器人是在一定的空间中工作的，这就要求机器人语言应当具有对机器人世界（环境）的建模功能，存在具体的几何模型是机器人编程语言最普通的组成部分。在进行机器人编程时，需要一种描述物体在三维空间内运动的方法，在机器人运动分析中，物体的所有运动都以相对于基坐标系（位于基座上的坐标系）的机器人工具坐标来描述。

2. 要能够描述机器人的作业

现有的机器人语言编程时需要给出作业顺序，由语法和词法定义输入语言，并由它描述整个作业。而机器人作业的描述与其环境模型密切相关，那么，描述水平就决定了机器人编程语言的水平，其中以自然语言输入为最高水平。例如，装配作业可描述为世界模型的一系列状态，这些状态可用工作空间内所有物体的形态给定，这些形态可以利用物体间的空间关系来说明。

3. 要能够描述机器人的运动

描述机器人需要进行的运动是机器人编程语言的基本功能之一。用户可以运用语言中的运动语句，与路径规划器、发生器连接，能够允许用户规定路径上的点及目标点，可以决定是否采用点插补运动或笛卡儿直线运动，用户还可以控制运动速度或运动持续的时间。

4. 要能够允许用户规定执行流程

因为机器人执行的工作一般都是一系列动作，通过一个过程才能完成，所以机器人编程语言系统要能够允许用户规定执行流程，包括转移、循环、调用子程序以及中断等，这其实同一般的计算机编程语言是一样的。

5. 要能够有良好的编程环境

一个好的机器人语言编程环境有助于提高编程人员的工作效率。机器人的程序编制是困难的，其编程趋向于试探对话式。如果用户忙于应付连续重复的编译语言的编辑—编译—执行循环，那么其工作效率必然是低的。因此，现在大多数机器人编程语言含有中断功能，以便能够在程序开发和调试过程中每次只执行一条或几条单独语句。一个好的机器人语言编程环境，典型的编程支撑（如文本编辑调试程序）和文件系统也是需要的。

6. 要能够提供人机接口和综合传感信号

为了方便在机器人运动出现故障时能及时处理，确保安全，需要在编程和作业过程中，能够方便人与机器人之间进行信息交换。而且，随着作业环境和作业内容复杂程度的增加，还需要提供功能强大的人机接口。此外，机器人语言的一个极其重要的部分是与传感器的相互作用。语言系统应能提供一般的决策结构，以便根据传感器的信息来控制程序的流程。

8.2 机器人编程语言的类型

各种机器人编程语言具有不同的设计特点，它们是由许多因素决定的，这些因素包括语言模式、语言形式、几何学数据形式和控制结构等。

机器人编程语言是方法、算法和编程技巧的结合，语言的编程能力和编程方式有很大的关系，编程方式决定着机器人的适应性和作业能力。如果按照编程功能，可将之分为4种主要类型，从低级到高级分别包括面向点位控制的编程语言、面向运动的编程语言、面向对象的结构化编程语言、面向任务的编程语言。每个机器人的语言大都可以归于下述类别中。

8.2.1 面向点位控制的编程语言

这种语言要求用户采用示教盒上的操作按钮或移动示教操作杆引导机器人做一系列的运动，然后将这些运动转变成机器人的控制指令。这类语言是一种较为初级的编程语言，主要用于直角坐标型机器人和圆柱坐标型机器人编程，较为简便，如 T3、FUNKY 语言等。

目前，大多数工业机器人都具有采用示教方式来编程的功能。示教方式编程一般可分为手把手示教编程和示教盒示教编程两种方式。

1) 手把手示教编程：主要用于喷漆、弧焊等要求实现连续轨迹控制的工业机器人示教编程中。具体的方法是利用示教手柄引导末端执行器经过所要求的位置，同时由传感器检测出工业机器人关节处的坐标值，并由控制系统记录、存储下这些数据信息。实际工作中，工业机器人的控制系统会重复再现示教过的轨迹和操作技能。手把手示教编程也能实现点位控制，它只记录各轨迹程序移动的两端点位置，轨迹的运动速度则按各轨迹程序段对应的功能数据输入。

2) 示教盒示教编程方式：主要是人工利用示教盒上所具有的各种功能的按钮来驱动工业机器人的各关节轴，按作业所需要的顺序单轴运动或多关节协调运动，完成位置和功能的示教编程。示教盒示教一般用于大型机器人或危险条件作业下的机器人示教。

8.2.2　面向运动的编程语言

面向运动的编程语言又叫动作级机器人编程语言，它是以机器人的运动作为描述中心，通常由指挥末端执行器从一个位置到另一个位置的一系列命令组成，是最低一级的机器人语言。这种语言以描述机器人执行机构的动作为中心。编程人员使用编程语言来描述机器人所要完成的各种动作序列，数据是末端执行器在基座坐标系（或绝对坐标系）中位置和姿态的坐标序列。语言的核心部分是描述手部的各种运动语句，语言的指令由系统软件解释执行，如 VAL、EMUY、RCL 语言等。动作级语言的每一个命令（指令）对应于一个动作。如可以定义机器人的运动序列（MOVE），基本语句形式为

MOVE TO(destination)

含义为机器人从当前位姿运动到目的位姿。

动作级语言的代表是 VAL 语言，它的语句比较简单，易于编程。动作级语言的缺点是不能进行复杂的数学运算，不能接受复杂的传感器信息，仅能接受传感器的开关信号，并且与其他计算机的通信能力很差。例如，VAL 语言不提供浮点数或字符串，而且子程序不能含自变量。

动作级编程又可分为关节级编程和终端执行器级编程两种。

1. 关节级编程

关节级编程是以机器人的关节为对象，程序给出机器人各关节位移的时间序列。这种程序可以用汇编语言、简单的编程指令实现，也可通过示教盒示教或键入示教实现。关节级编程是一种在关节坐标系中工作的初级编程方法，用于直角坐标型机器人和圆柱坐标型机器人编程尚较为简便。但用于具有回转关节的关节型机器人，这一方法并不适用，因为关节位置的时间序列表示比较困难，即使完成简单的作业，也需要先经过许多复杂的运算，然后进行运动综合才能编程实现，整个编程过程很不方便。

2. 终端执行器级编程

终端执行器级编程是一种在作业空间内直角坐标系里工作的编程方法。程序在此作业空间内直角坐标系中给出机器人终端执行器的位姿和辅助传感机能的时间序列，包括力觉、触觉、视觉等机能以及作业用量、作业工具的选定等，协调地进行机器人动作的控制。这种语言的指令由系统软件解释执行。可提供简单的条件分支，可应用子程序，并提供较强的感受处理功能和工具使用功能，这类语言有的还具有并行功能，数据实时处理能力强。

8.2.3　面向对象的结构化编程语言

结构化编程语言是在 PASCAL 语言基础上发展起来的，具有较好的模块化结构。它由编

译程序和运行时间系统组成。编译程序对原码进行扫描分析和校验，生成可执行的动作码，将动作码和有关控制数据送到运行时间系统进行轨迹插补及伺服控制，以实现对机器人的动作控制，如 AL、MCL、MAPL 语言等。

对象级编程语言是比动作级编程语言高一级的编程语言，所谓对象即作业及作业物体本身。这种语言就是描述操作物体间关系，使机器人动作，具有运动控制（与动作级语言类似的功能）、处理传感信息、通信和数字运算、良好的扩展性（用户可根据需要增加指令）等特点。这类语言典型的例子有 AML 及 AUTOPASS 等语言。

例如机器人手臂的操作，它不需要描述机器人手爪的运动，只要由编程人员用程序的形式给出作业本身顺序过程的描述和环境模型的描述，即描述作业对象和作业对象之间的关系。通过编译程序机器人即能知道如何动作。

对象级编程语言用接近自然语言的方法描述对象的变化，其特点为：

1）具有动作级编程语言的全部动作功能。

2）有较强的感知能力，能处理复杂的传感器信息，可以利用传感器信息来修改、更新环境的描述和模型，也可以利用传感器信息进行控制、测试和监督。

3）具有良好的开放性，语言系统提供了开发平台，用户可以根据需要增加指令，扩展语言功能。

4）数字计算和数据处理能力强，可以处理浮点数，能与计算机进行即时通信。

对象级编程语言的运算功能、作业对象的位姿时序、作业量、作业对象承受的力和力矩等都可以以表达式的形式出现。系统中，机器人的尺寸、作业对象及工具等参数一般以知识库和数据库的形式存在，系统编译程序时获取这些信息后对机器人动作过程进行仿真，再进行实现作业对象合适的位姿，获取传感器信息并处理，回避障碍以及与其他设备通信等工作。

8.2.4　面向任务的编程语言

面向任务的编程语言又叫任务级机器人编程语言，它是比较先进的机器人语言，也是最理想的机器人高级语言。这类语言允许使用者对工作任务所要求达到的目标直接下命令，不需要规定机器人所做的每一个动作的细节。只要按某种原则给出最初的环境模型和最终工作状态，机器人语言系统就可以利用已有的环境信息和知识库、数据库自动进行推理、计算，最后自动生成机器人详细的动作、顺序和数据。例如，一装配机器人欲完成某一螺钉的装配，螺钉的初始位置和装配后的目标位置已知，当发出抓取螺钉的命令时，语言系统从初始位置到目标位置之间寻找路径，在复杂的作业环境中找出一条不会与周围障碍物产生碰撞的合适路径，在初始位置处选择恰当的姿态抓取螺钉，沿此路径运动到目标位置。在此过程中，作业中间状态、作业方案的设计、工序的选择、动作的前后安排等一系列问题都由计算机自动完成。对于完成这样的任务，语言系统需要非常高的智能。

任务级语言是一种理想状态下的语言，类似于人工智能中程序自动生成的概念。语言的结构十分复杂，需要人工智能的理论基础和大型知识库、数据库的支持，才能够自动执行许多规划任务。任务级语言目前还不是十分完善，还没有真正的任务级机器人语言。但可以相信，随着人工智能技术及数据库技术的不断发展，任务级编程语言必将替代其他语言而成为机器人语言的主流，使得机器人的编程应用变得更为简单易行。

8.3 常用的机器人编程语言

由于机器人的类型、作业要求、控制装置、传感信息种类等多种多样，所以编程语言也是各种各样，功能、风格差别都很大。根据机器人不同的工作要求，需要不同的编程。各工业机器人公司的机器人编程语言都不相同，各家有各家自己的编程语言。但总体看，不论变化多大，其关键特性都很相似。

目前，各种机器人语言纷繁复杂，机器人语言标准化的要求日益迫切，机器人语言一方面向完善的方向发展，另一方面则可能向标准化的方向发展。

机器人的开发语言一般有 Python、C、C++、Java、C#、.NET、MATLAB、VB、VC 等语言，主要取决于执行机构(伺服系统)的开发语言。

机器人编程分为示教、动作级机器人编程语言，对象级编程语言，任务级编程语言 3 个级别。机器人编程语言分为专用操作语言(如 VAL 语言、AL 语言、SLIM 语言等)、应用已有计算机语言的机器人程序库(如 C 语言、Pascal 语言、JARS 语言、AR-BASIC 语言等)、应用新型通用语言的机器人程序库(如 RAPID 语言、AML 语言、KAREL 语言等)。

8.3.1 机器人编程语言的发展

早期的机器人由于功能单一，动作简单，可采用固定程序或示教方式来控制机器人的运动。随着机器人作业动作的多样化和作业环境的复杂化，依靠固定的程序或示教方式已满足不了要求，必须依靠能适应作业和环境随时变化的机器人语言编程来完成机器人的工作。自机器人出现以来，美国、日本等机器人研发国也同时开始进行了机器人语言的研究。

机器人编程语言最早是在 20 世纪 70 年代初期出现的，随着首台机器人的出现，对机器人语言的研究也开始了。到目前为止，已经有多种机器人语言问世，其中有的是研究实验室里的实验语言，有的是工业化产品应用的机器人语言。

1973 年，美国斯坦福(Stanford)大学人工智能实验室研究和开发了世界上第一种机器人语言——WAVE 语言。WAVE 语言是一种机器人动作描述语言，即语言功能以描述机器人的动作为主，兼有力和接触的控制，还具有配合视觉传感器进行机器人的手、眼协调控制等功能。

1974 年，在 WAVE 语言的基础上，该实验室又研究开发出一种新的语言，称为 AL 语言。这种语言与高级计算机语言 ALGOL 结构相似，是一种编译形式的语言，带有一个指令编译器，能在实时机上控制，用户编写好的机器人语言源程序经编译器编译后对机器人进行任务分配和作业命令控制。AL 语言不仅能描述手爪的动作，而且可以记忆作业环境和该环境内物体和物体之间的相对位置，能实现多台机器人的协调控制。AL 语言对后来机器人语言的发展有很大的影响。

1975 年，IBM 公司研制了 ML 语言，主要用于机器人的装配作业。随后该公司又研制出另一种语言——AUTOPASS 语言，这是一种用于装配的更高级语言，它可以对几何模型类任务进行半自动编程。后来，IBM 公司又推出了 AML 语言，AML 语言已作为商品化产品用于 IBM 机器人的控制。

1979 年，美国 Unimation 公司开发了 VAL 语言，VAL 语言类似于 BASIC 语言，语句结构比较简单，易于编程。VAL 语言成功地用于 PUMA 和 UNIMATE 型机器人。1984 年，

Unimation公司又推出了在 VAL 基础上改进的机器人语言——VAL Ⅱ 语言。VAL Ⅱ 语言除了含有 VAL 语言的全部功能外，还增加了对传感器信息的读取，使得可以利用传感器信息进行运动控制。后来史陶比尔(STAUBLI)公司收购了 Unimation 公司后，又开发出了 VAL3 的机器人编程语言。

20 世纪 80 年代初，美国 Automatix 公司开发了 RAIL 语言，它具有与 PASCAL 语言相似的形式，该语言可以利用传感器的信息进行零件作业的检测。同时，麦道公司研制了 MCL 语言，这是一种在 APT 语言(数控自动编程语言)的基础上发展起来的机器人语言。MCL 语言特别适用于由数控机床、机器人等组成的柔性加工单元的编程。

此外还有麻省理工学院(MIT)的 LAMA 语言、ABB 公司的 RAPID 语言、库卡公司的 KRL 语言、安川电机的 Advise 语言、发那科公司的 Karel 语言等。

机器人语言品种繁多，而且新的语言层出不穷，这是因为机器人的功能不断拓展，需要新的语言来配合其工作。另一方面，机器人语言多是针对某种类型的具体机器人而开发的，所以机器人语言的通用性很差，几乎一种新的机器人问世，就有一种新的机器人语言与之配套。

近年来，像 ROS Industrial 这样的编程语言为编程人员提供了新的标准化选项。但是，如果作为机器人工程专业的专业技术人员，则更适合学习、使用制造商的语言。

8.3.2 机器人五大流行开发编程语言

世界上有超过 1500 种编程语言，每种编程语言的使用对机器人来说都有不同的优势，下面介绍目前机器人技术中比较常用的 5 类机器人开发编程语言，并对它们的优缺点进行分析。

1. Python 语言

Python 语言是一门跨平台、开源、免费的解释型高级动态编程语言。近年来，在机器人研究领域中占据了重要地位。Python 语言同时也支持伪编译将 Python 源程序转换为字节码来优化程序和提高运行速度。Python 语言支持命令式编程、函数式编程，面向对象程序设计，语法简洁清晰，并且拥有大量的几乎支持所有领域应用开发的成熟扩展库。Python 语言可以把多种不同语言编写的程序融合到一起实现无缝拼接，更好地发挥不同语言和工具的优势。

Python 语言由于简单易用，已成为机器人、人工智能领域中使用最广泛的编程语言之一，它可以无缝地与数据结构和其他常用的 AI 算法一起使用。Python 语言的重点是易用性，Python 语言不需要很多时间来做常规的事情，如定义和强制转换变量类型。Python 语言近年来尤其在机器人技术方面出现了巨大的复苏。其中一个原因可能是 Python 语言和 C++语言是机器人操作系统(ROS)中发现的两种主要的编程语言。其次，是因为 Python 语言节省了许多编程中常规的事情，这些事情在编程中花费大量的时间，例如定义和转换变量类型。

Python 语言既支持面向过程，也支持面向对象编程。在面向过程编程中，使用者可以复用代码，在面向对象编程中，可以使用基于数据和函数的对象。尽管面向对象的程序语言通常十分复杂，Python 语言却可以保持简洁易懂。由于 Python 程序代码简单，所以与其他程序语言相比，后期的程序维护更容易，更得心应手。从商业角度来看，Python 语言的使用，降低了成本，提高了效率。

Python 语言的优点：

(1) 更易入门

Python 程序简单易懂，初学者学习 Python 语言更易入门，且深入下去可编写非常复杂的程序，开发效率高，有非常强大的第三方库。

(2) 语言高级

当编程人员用 Python 语言编写程序的时候，无须考虑如何管理程序使用的内存一类的底层细节。

(3) 可移植性

Python 是一款开源语言，其已经被移植在许多平台上（经过改动使它能够工作在不同平台上）。如果编程人员在编程过程中注意不使用依赖于系统的特性，那么所有 Python 程序无须修改就几乎可以在市场上所有的系统平台上运行。

(4) 可扩展性

如果在编程过程中需要一段关键代码运行得更快或者希望某些算法不公开，还可以将这部分程序用 C 或 C++语言编写，然后在 Python 程序中使用它们。

Python 语言的缺点：

(1) 线程不能利用多 CPU

不能利用多 CPU 问题，是 Python 语言被人诟病最多的一个缺点。

(2) 运行速度慢

Python 语言的运行速度相比 C/C++语言确实慢很多，跟 Java 语言相比也要慢一些。

2. C/C++语言

几乎所有现代编程语言都脱胎于 C/C++语言，因此了解了 C/C++语言，就几乎了解了关于编程语言的一切，非常有利于快速掌握其他各类编程语言。C/C++语言的运用非常之多，被称为大多数程序员的第一个语言，它兼顾了高级语言的汇编语言的优点，相较于其他编程语言具有较大优势。计算机系统设计以及应用程序编写是 C/C++语言应用的两大领域。同时，C/C++语言的普适性较强，在许多计算机操作系统中都能够得到适用，且效率显著，一度是机器人技术的第一编程语言。

C++语言是 C 语言的继承，它既可以进行 C 语言的过程化程序设计，又可以进行以抽象数据类型为特点的基于对象的程序设计，还可以进行以继承、封装和多态为特点的面向对象的程序设计。C++语言擅长面向对象程序设计的同时，还可以进行基于过程的程序设计，因而 C++语言非常适应各种规模的问题。C++语言不仅拥有计算机高效运行的实用性特征，同时还致力于提高大规模程序的编程质量与程序设计语言的问题描述能力，非常适合机器人编程。

C++语言是世界上速度最快的面向对象编程语言，其在硬件层面上的交流能力使开发人员能够改进程序执行时间。C++语言对于时间很敏感，这对于 AI 项目是非常有用的，例如，搜索引擎可以广泛使用 C++语言。在 AI 项目中，C++语言可用于统计，如神经网络。另外，算法也可以在 C++语言被广泛地快速执行，游戏中的 AI 主要用 C++语言编码，以便有更快的执行和响应时间。

由于机器人非常依赖实时性能，C/C++语言是最接近机器人专家"标准语言"的编程语言。

C/C++语言的优点：

(1) 跨平台性好

C/C++语言可以嵌入任何现代处理器中，几乎所有的操作系统都支持，跨平台性非常好。

（2）运行效率高

C 语言体型小巧、简洁高效并且接近汇编语言，C++功能在 C 语言的基础上增加面向对象的特点，代码可读性好，运行效率高。

（3）语言简洁，编写风格自由

C/C++语言兼有高级语言与汇编语言的优点，语言简洁、紧凑，使用方便、灵活丰富的运算符和数据类型，能访问内存地址和位操作等硬件底层操作，生成的目标代码质量高。

C/C++语言的缺点：

（1）无垃圾回收机制

相对于 Java 语言来说，没有垃圾回收机制，容易引发内存泄漏。

（2）学习较困难

从应用的角度，C 语言比其他高级语言较难掌握。也就是说，对使用 C 语言的人，要求其对程序设计更熟练才行。

（3）数据安全性上有缺陷

C 语言的缺点主要表现在数据的封装性上，缺少数据封装，这一点使得 C 语言在数据的安全性上有很大缺陷，这也是 C 语言和 C++语言的一大区别。

3. Java 语言

Java 语言是一门面向对象编程语言，其在机器人研究中也非常流行。Java 语法规则和 C++类似，从某种意义上来说，Java 是由 C/C++语言转变而来的，不仅吸收了 C++语言的各种优点，还摒弃了 C++语言里难以理解的多继承、指针等概念，因此 Java 语言具有功能强大和简单易用两个特征。

像 C#和 MATLAB 一样，Java 还是一种解释性语言，这意味着它不会被合并到机器语言代码中。相反，Java 虚拟机在运行时解释指令。理论上来说，基于 Java 虚拟机，使用 Java 可以在不同机器上使用类似的代码。但实际上，这并不普遍使用，因为有时会导致代码运行缓慢。

Java 语言作为静态面向对象编程语言的代表，极好地实现了面向对象理论，允许编程人员以优雅的思维方式进行复杂的编程，一度成为世界上使用范围最广的语言。Java 语言具有简单性、面向对象、分布式、健壮性、安全性、平台独立与可移植性、多线程、动态性等特点。Java 语言可以编写桌面应用程序、Web 应用程序、分布式系统和嵌入式系统应用程序等。

Java 语言是 AI 项目的一个很好的选择。它是一种面向对象的编程语言，专注于提供 AI 项目上所需的所有高级功能，它是可移植的，并且提供了内置的垃圾回收。另外，Java 社区也是一个加分项，完善丰富的社区生态可以帮助开发人员随时随地查询和解决遇到的问题。

Java 语言的优点：

（1）更易学习

由于 Java 语言与 C 语言和 C++语言比较接近，使大多数编程人员学起来更简单。

（2）支持动态绑定

Java 语言全面支持动态绑定，而 C++语言只对虚函数使用动态绑定。

（3）支持 Internet 应用开发

Java 语言支持 Internet 应用的开发，在基本的 Java 应用编程接口中有一个网络应用编程接口（Java.net），它提供了用于网络应用编程的类库，包括 URL、URLConnection、Socket、ServerSocket 等。

(4) 更安全

Java 语言提供了一个安全机制以防止恶意代码的攻击，相对来说更安全。

(5) 具有可移植性

Java 语言是可移植的，这种可移植性来源于其体系结构中立性，另外，Java 语言还严格规定了各个基本数据类型的长度。

Java 语言的缺点：

(1) 运行需要安装 Java 虚拟机

Java 语言最大的缺点就是运行 Java 程序需要装 Java 虚拟机，这一点严重影响了 Java 应用程序的使用，导致基本看不到 Java 语言的应用程序。

(2) 运行成本较高

Java 程序的运行成本比较高，过去机器硬件配置不够高的时候，Java 程序运行显得很慢。现在随着 Java 语言本身的版本升级和机器硬件性能的提升，这已经基本不是问题了。

4. C#/.NET

C#/.NET 很大程度上是为微软机器人工程师提供的一种 Windows 平台上运行的限制性编程语言。微软机器人工程师将其作为基本语言，如果使用这个框架，就必须学习 C#。C# 是一种由 C/C++ 语言衍生出来的面向对象的编程语言。它在继承 C/C++ 语言强大功能的同时去掉了一些它们的复杂特性（例如没有宏以及不允许多重继承），同时 C# 还综合了 VB 简单的可视化操作和 C++ 语言的高运行效率，成为 .NET 开发的首选语言。

C#/.NET 的优点：

(1) 强大的 .NET Framework 托管代码集合类

这个集合类封装了大多数 Windows 上使用的技术组件类、文件系统、UI 界面、数据源访问、网络访问、COM 互操作（图形图像多媒体、WPF 图形系统），没有的可以通过 .NET 的平台调用 Win API 函数来得到。

(2) 较简单的语言特性

自动内存管理，单继承，支持事件、委托、属性、LINQ（语言集成查询）等一系列让业务开发更简单的功能。

(3) Web 应用程序开发速度快

Web 应用程序有 .NET 框架的支持，UI 控件可以拖拉，方便编辑、定位和添加事件，可直接访问 ADO.NET 数据源，支持 XML 网络类库操作和 Windows 服务，因此开发速度快。

(4) 和语言平台无关的编译机制及较快的运行速度

一般用 Xamarin 公司的 mono，或 Unity 等，编译成中间语言（inside layer，IL），公共语言运行库（CLR）托管代码，CLR 根据运行时程序需要将 IL 用即时编译（JIT）方式编译为内部机器代码，对编译好的机器代码缓存起来，提高了程序速度。

(5) 代码安全性

Window 是基于角色的安全机制，.NET 提供了基于代码的安全机制，由于中间语言提供了类型安全性，CLR 在运行前检查代码，确定是否有需要的安全权限，若 CLR 没有权限，则不能执行该代码。

C#/.NET 的缺点：

(1) 底层和高性能不合适

不适合作为时间性能很高（高速算法）或空间性能很灵活（内存立即释放）的程序，因为中间语言和编译过程比 C/C++语言会慢一些，内存自动回收难以立即释放不需要的内存。

（2）Windows 平台以外支持有限

作为微软公司的产品，其对 Windows 平台以外的其他操作系统支持有限，mono 不够成熟好用。

5. MATLAB

MATLAB 是 Matrix 和 Laboratory 两个词的组合，意为矩阵工厂（矩阵实验室），是由美国 Mathworks 公司发布的主要面对科学计算、可视化以及交互式程序设计的高科技计算环境，主要包括 MATLAB 和 Simulink 两大部分。

MATLAB 将数值分析、矩阵计算、科学数据可视化以及非线性动态系统的建模和仿真等诸多强大功能集成在一个易于使用的视窗环境中，为科学研究、工程设计以及必须进行有效数值计算的众多科学领域提供了一种全面的解决方案，并在很大程度上摆脱了传统非交互式程序设计语言（如 C、FORTRAN）的编辑模式，代表了国际科学计算软件的先进水平。

MATLAB 的基本数据单位是矩阵，它的指令表达式与数学、工程中常用的形式十分相似，故用 MATLAB 来解算问题要比用 C、FORTRAN 等语言完成相同的事情简捷得多，并且 MATLAB 也吸收了像 Maple 等软件的优点，使 MATLAB 成为一个强大的数学软件。后来，在新的 MATLAB 版本中也加入了对 Python、C、FORTRAN、C++、Java 等语言的支持。

MATLAB 的优点：

（1）编程效率高

MATLAB 为演算纸式科学算法语言，由于它编程简单，所以编程效率高，易学易懂。

（2）高效方便的矩阵和数组运算

MATLAB 语言像 BASIC、C 语言一样规定了矩阵的算术运算符、关系运算符、逻辑运算符、条件运算符及赋值运算符，而且这些运算符大部分可以毫无改变地照搬到数组的运算中。

MATLAB 的缺点：

（1）循环运算效率低

MATLAB 中所有的变量均为矢量形式，这样在对矢量进行整体的计算时，表现出其他语言难以表现出的高效率，但是对于矢量中的单个元素，或是将矢量作为单个的循环变量来处理时，其处理过程反而变得相当复杂。

（2）封装性不好

MATLAB 一方面将所有的变量均保存在公共工作区中，任何语句都可以调用。另一方面，MATLAB 作为一个完备的软件，而不是实现算法的程序，编程人员在使用 MATLAB 时，需要花相当多的时间考虑如何设计用户界面。

8.3.3　VAL 语言

VAL 语言是美国 Unimation 公司于 1979 年推出的一种机器人编程语言，主要配置在 PUMA 和 UNIMATE 等型号机器人上，是一种专用的动作类描述语言。1984 年，Unimation 公司又推出了在 VAL 基础上改进的机器人语言——VAL Ⅱ语言。VAL Ⅱ语言除了含有 VAL 语言的全部功能外，还增加了对传感器信息的读取，使得可以利用传感器信息进行运动控制。由于 VAL Ⅱ应用较广泛，本节后续内容以 VAL Ⅱ展开对 VAL 语言的介绍。

VAL 语言是在 BASIC 语言的基础上扩展的机器人语言，它具有 BASIC 式的结构，在此基础上添加了一批机器人编程指令和 VAL 监控操作系统。此操作系统包括用户交联、编辑和磁盘管理等部分。VAL 语言可连续实时运算,迅速实现复杂的运动控制。

VAL Ⅱ语言可应用于上下两级计算机控制的机器人系统。上位机为 LSI-11/23,编程在上位机中进行,上位机进行系统的管理,下位机为 6503 微处理器,主要控制各关节的实时运动。可以使用 VAL 语言和 6503 汇编语言混合编程。上位机还可以与用户终端、示教盒、I/O 模块和机器视觉模块等交联。调试过程中,VAL 语言可以与 BASIC 语言及 6503 汇编语言联合使用。VAL Ⅱ语言主要用在各种类型的 PUMA 机器人以及 UNIMATE 2000 和 UNIMATE 4000 系列机器人上。

VAL Ⅱ语言系统包括文本编辑、系统命令和编程语言 3 个部分。在文本编辑状态下,可以通过键盘输入文本程序,也可通过示教盒在示教方式下输入程序。在输入过程中,可修改、编辑、生成程序,最后保存到存储器中。在此状态下也可以调用已存在的程序。系统命令包括位置定义、程序和数据列表、程序和数据存储、系统状态设置和控制、系统开关控制、系统诊断和修改。编程语言把一条条程序语句转换执行。

VAL Ⅱ语言的主要特点如下:

1)编程方法和全部指令可用于多种计算机控制的机器人。
2)指令简明,指令语句由指令字及数据组成,实时及离线编程均可应用。
3)指令及功能均可扩展,可用于装配线及制造过程控制。
4)可调用子程序组成复杂操作控制。
5)可连续实时计算,迅速实现复杂运动控制;能连续产生机器人控制指令,同时实现人机交互。

在 VAL Ⅱ语言中,机器人终端位置和姿势用齐次变换表征。当精度要求较高时,可用精确点位的数据来表征终端位置和姿势。

VAL Ⅱ语言一般包括监控指令和程序指令两部分。

1. 监控指令

工业机器人 VAL Ⅱ语言的监控指令共有 6 类,分别为位置及姿态定义指令、程序编辑指令、列表指令、存储指令、控制程序执行指令和系统状态控制指令。各类指令的具体形式及功能如下:

(1)位置及姿态定义指令

POINT 指令:执行终端位置、姿态的齐次变换或以关节位置表示的精确点位赋值。

其格式有两种:

```
        POINT <变量>[ =<变量 2>…<变量 n>]
或      POINT <精确点>[ =<精确点 2>]
```

例如:

```
        POINT PICK1 = PICK2
```

指令的功能是置变量 PICK1 的值等于 PICK2 的值。

又如:

```
        POINT #PARK
```

指令的功能是准备定义或修改精确点 PARK。

DPOINT 指令:删除包括精确点或变量在内的任意数量的位置变量。

HERE 指令：使变量或精确点的值等于当前机器人的位置。

例如：

```
HERE PLACK
```

指令的功能是定义变量 PLACK 等于当前机器人的位置。

WHERE 指令：用来显示机器人在直角坐标空间中的当前位置和关节变量值。

BASE 指令：用来设置参考坐标系，系统规定参考系原点在关节 1 和 2 轴线的交点处，方向沿固定轴的方向。

格式：

```
BASE [<dx>],[<dy>],[<dz>],[<z 向旋转方向>]
```

TOOL 指令：对工具终端相对工具支承面的位置和姿态赋值。

（2）程序编辑指令

EDIT 指令：允许用户建立或修改一个指定名字的程序，可以指定被编辑程序的起始行号。

格式：

```
EDIT [<程序名>],[<行号>]
```

如果没有指定行号，则从程序的第一行开始编辑；如果没有指定程序名，则上次最后编辑的程序被响应。

用 EDIT 指令进入编辑状态后，可以用 C、D、E、I、P、T 等命令来进一步编辑。如：

C 命令：改变编辑的程序，用一个新的程序代替。

D 命令：删除从当前行算起的 n 行程序，n 缺省时为删除当前行。

E 命令：退出编辑返回监控模式。

I 命令：将当前指令下移一行，以便插入一条指令。

P 命令：显示从当前行往下 n 行的程序文本内容。

T 命令：初始化关节插值程序示教模式，在该模式下，按一次示教盒上的"RECODE"按钮就将 MOVE 指令插到程序中。

（3）列表指令

DIRECTORY 指令：显示存储器中的全部用户程序名。

LISTP 指令：显示任意个用户的全部程序。

LISTL 指令：显示任意个位置变量值。

（4）存储指令

FORMAT 指令：执行磁盘格式化。

STOREP 指令：在指定的磁盘文件内存储指定的程序。

STOREL 指令：存储用户程序中注明的全部位置变量名和变量值。

LISTF 指令：显示软盘中当前输入的文件目录。

LOADP 指令：将文件中的程序送入内存。

LOADL 指令：将文件中指定的位置变量送入系统内存。

DELETE 指令：撤销磁盘中指定的文件。

COMPRESS 指令：只用来压缩磁盘空间。

ERASE 指令：擦除磁内容并初始化。

(5) 控制程序执行指令

ABORT 指令：执行此指令后紧急停止（紧停）。

DO 指令：执行单步指令。

EXECUTE 指令：执行用户指定的程序 n 次，n 可以为 -32768~32767，当 n 被省略时，程序执行一次。

NEXT 指令：控制程序在单步方式下执行。

PROCEED 指令：实现在某一步暂停、急停或运行错误后，自下一步起继续执行程序。

RETRY 指令：在某一步出现运行错误后，仍自那一步重新运行程序。

SPEED 指令：指定程序控制下机器人的运动速度，其值为 0.01~327.67，一般正常速度为 100。

(6) 系统状态控制指令

CALIB 指令：校准关节位置传感器。

STATUS 指令：显示用户程序的状态。

FREE 指令：显示当前未使用的存储容量。

ENABL 指令：用于开、关系统硬件。

ZERO 指令：清除全部用户程序和定义的位置，重新初始化。

DONE：停止监控程序，进入硬件调试状态。

2. 程序指令

(1) 描述基本运动的运动指令

描述基本运动的运动指令有 GO、MOVE、MOVET、MOVES、MOVEST、DRAW、APPRO、APPROS、DEPART、DRIVE 等。这些指令大部分具有使机器人按照特定的方式从一个位姿运动到另一个位姿的功能。

格式：

```
MOVE <位置> {!}         关节插补运动
MOVES <位置> {!}        笛卡儿直线运动
MOVET <位置>,<手开度>
```

功能是生成关节插值运动使机器人到达位置变量所给定的位姿，运动中若手为伺服控制，则手由闭合改变到手开度变量给定的值。

例如：

```
MOVE #PICK!
```

指令的功能是表示机器人由关节插值运动到精确 PICK 所定义的位置。"!"表示位置变量已有自己的值。

可以在运动过程中进行手爪的控制，如：

```
MOVET PI, 75
```

该指令产生从目前位置到 PT 点的关节插补运动，并在运动过程中，手爪打开 75mm，即运动控制和手爪控制可在一条指令中。相应的笛卡儿直线插补运动为

```
MOVEST PI, 75
```

DRIVE 是进行单独轴的运动控制(指令框图见图 8-2),如:

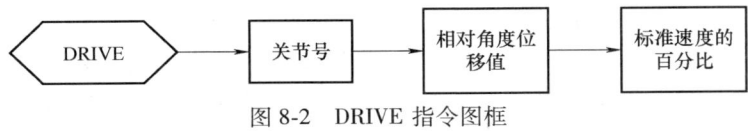

图 8-2 DRIVE 指令图框

```
DRIVE 4,-62.5,75
```

表示第 4 个关节以标准速度的 75%、朝负方向转动 62.5°。
类似地,可控制笛卡儿空间内的相对运动,其形式为

```
DRAW <dx>,<dy>,<dz>
```

如 DRAW 20,10 表示相对于目前位置朝 x 方向运动 20mm,朝 y 方向运动 10mm。
VAL Ⅱ 语言具有接近点和退避点的自动生成功能。如:

```
APPRO <位置><dist>
```

表示终端从当前位置以关节插补方式移动到与目标点在方向上相隔一定距离<dist>。

```
APPROS <位置><dist>
```

含义同 APPRO 指令,但终端移动方式为直线运动。

```
DEPART <dist>
```

表示终端从当前位置以关节插补形式在 z 方向移动一段距离<dist>。

```
DEPARTS <dist>
```

含义同 DEPART,但移动方式为直线运动。
WEAVE 指令可使机器人产生如图 8-3 所示的锯齿形运动,如:

```
WEAVE 25,5,2
MOVES <位置>
```

即产生如图 8-3 所示的锯齿形运动,其中,距离值为 25mm,循环周期为 5s,在停止点(锯齿的尖部)停留时间为 2s。WEAVE 指令使用时,要配合 MOVE 或者 MOVES 指令一起执行。

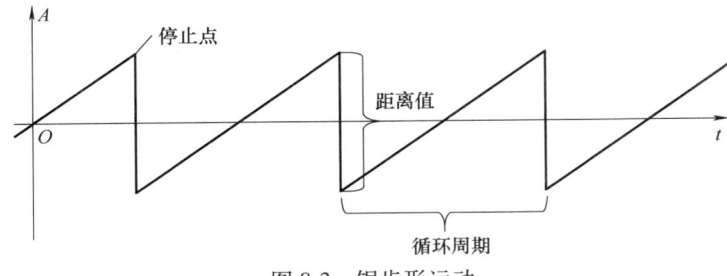

图 8-3 锯齿形运动

(2) 手爪控制基本指令

手爪控制基本指令有 READY、OPEN、OPENI、CLOSE、CLOSEI、RELAX、GRASP 及 DELAY 等。

基本指令是 OPEN 和 CLOSE，分别使手爪全部张开和全部闭合，并且在机器人下个运动过程中执行。

OPENI 和 CLOSEI 指令：表示立即执行，执行完后，再转下一个指令。

GRASP 指令：使手爪立即闭合，并检查最后的开启量是否满足给定的要求。

例如：

GRASP 12.7，120

该指令的功能是使手爪立即闭合，并检查最后的开启量是否小于 12.7mm，如果满足该条件，则程序转到标号为 120 的语句执行，可以看出，GRASP 语句提供了检查是否抓住物体和确保最后的开启量的一个有效的方法。

(3) 程序控制指令

程序控制指令有 GOTO、GOSUB、RETURN、IF、IFSIG、REACT、REACTI、IGNORE、SIGNAL、WAIT、PAUSE 及 STOP。

GOTO、GOSUB 指令实现程序的无条件转移。

GOTO(label)：无条件转移。

GOSUB<programe>：调子程序。

IF 指令执行有条件转移。

格式：

IF <整型变量1><关系式><整型变量2><关系式> THEN <标识符>

该指令比较两个整型变量的值，如果关系状态为真，程序转到标识符指定的行去执行，否则接着下一行执行。关系表达式有 EQ(等于)、NE(不等于)、LT(小于)、GT(大于)、LE(小于或等于)及 GE(大于或等于)。

(4) 位姿控制指令

位姿控制指令有 RIGHTY、LEFTY、ABOVE、BELOW、FLIP 及 NOFLIP 等。

对于 PUMA 系列的机器人，对应于某一笛卡儿空间的方位，关节坐标空间有 8 组可行解，即机器人运动时，可以由右手或左手操作，并且有上肘、下肘、上腕和下腕之分。一般假定，机器人在整个程序执行过程中、保持同一种形态。在 VAL 语言，有专门的指令用以控制机器人的位态，如：

RIGHTY　右手　　　LEFTY　左手
ABOVE　　上肘　　　BELOW　下肘
FLIP　　　上腕　　　NOFLIP　下腕

(5) 赋值指令

赋值指令有 SETI、TYPEI、HERE、SET、SHIFT、TOOL、INVERSE 及 FRAME。

HERE <位置> 把当前的位置赋给定位变量。

SET <trans 1>=<trans 2>把变量 2 的值赋给变量 1。

INVERSE <trans 1>=<trans 2> 变量 2 为变量 1 的逆。

FRAME <trans 1>=<trans 2><trans 3><trans 4>变量 1 为变量 2、变量 3、变量 4 相乘得到的坐标系。

(6) 控制方式指令

控制方式指令有 SPEED、COARSE、FINE、NONULL、NULL、INTON 及 INTOFF。

COARSE［ALWAYS］ 在伺服控制中允许较大的误差。
FINE［ALWAYS］ 在伺服控制中允许比较小的误差。
NONULL［ALWAYS］ 运动结束时，没有各个轴的到达位置。
NULL［ALWAYS］ 运动结束时，有各个轴的到达位置。
INTON［ALWAYS］ 在轨迹控中有误差积累。
INTOFF［ALWAYS］ 在轨迹控制中没有误差积累。

（7）其他指令

包括 REMARK 及 TYPE。

3. VAL Ⅱ语言的程序实例

实例一

将物体从一个位置 PICK 搬运至另一个位置 PLACE，如图 8-4 所示。程序代码如下：

```
EDIT   EXAMT                    /* 启动编辑状态,文件名为:EXAMT */
PROGRAM  EXAMT
1   SET PICK=TRANS(-400,400,250,-90,90,0)
                                /* 点的位置 */
2   SET PLACE=TRANS(-50,600,250,-90,90,0)
                                /* 点的位置 */
3   OPEN                        /* 下一步手张开 */
4   APPRO  PICK,50              /* 运动至距 PICK 位置 50mm 处 */
5   SPEED  30                   /* 下一步将至 30% 满速 */
6   MOVE   PICK                 /* 运动至 PICK 位置 */
7   CLOSEI                      /* 闭合手 */
8   DEPAT 70                    /* 沿矢量方向后退 70cm */
9   APPROS  PLACE,75            /* 沿直线运动至 PLACE 位置 75mm 处 */
10  SPEED  20                   /* 下一步降至 20% 满速 */
11  MOVES   PLACE               /* 沿直线运动至 PLACE 位置上 */
12  OPENI                       /* 在下一步之前手张开 */
13  DEPART 50                   /* 自 PLACE 位置后退 50cm */
14  E                           /* 退出编辑状态,返回监控状态 */
```

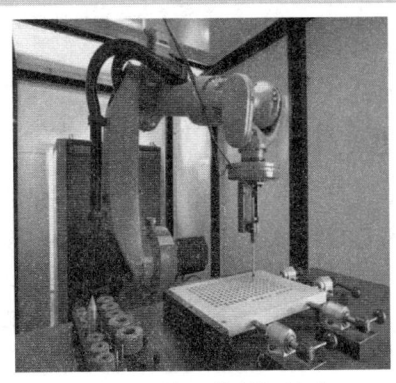

图 8-4　编程控制机械手

实例二

使用 MOVET 命令，本例中可利用命令 XSTEP 单步执行程序，来观察机器人的运动序列。程序代码如下：

```
PROGRAM   EXAMM
    1    SET PICK=TRANS(-400,400,250,-90,90,0)
    2    SET PLACE=TRANS(-50,600,250,-90,90,0)
    3    APPRO   PICK,75.00
    4    MOVET   PICK,25.4
    5    APPRO   PICK,75.00
    6    APPRO   PLACE,75.00
    7    MOVET   PLACE,0.00
    8    APPRO   PLACE,75.00
END
```

注：在程序执行前，可利用示教盒，在 JOINT 模式下定义两个坐标变量，PICK 和 PLACE。或者，也可以通过指令 SET 来设置这两个点的位置。

实例三

利用 HERE 命令定义位姿变量的值，利用命令 SET 和函数 SHIFT 定义两个变量的相对关系。程序代码如下：

```
PROGRAM   EXAMDS
    1    SPEED   25
    2    READY
    3    MOVE    TRANS(-100,600,-200,-90,90,0)
    4    BREAK
    5    HERE    R
    6    SET     A=SHIFT(R  BY 50,50,50)
    7    SET     B=SHIFT(R  BY 75,75,75)
    8    MOVE    A
    9    MOVE    B
END
```

8.3.4　AL 语言

AL 语言是由美国斯坦福大学人工智能实验室开发的，它基于 ALGOL 且可与 PASCAL 共用。AL 语言原设计用于有传感反馈的多个机器人并行或协同控制的编程。完整的 AL 系统构成应包括后台计算机、控制计算机和多台在线微型计算机。例如，以 PDP10 作为后台计算机，完成程序的编辑和装配，在控制计算机 PDP11 上运行程序，对机器人进行控制。

1. AL 语言的基本功能语句

1）标量（SCALAR）：这是 AL 语言的基本数据形式，可进行加、减、乘、除、指数 5 种运算，并进行三角函数及自然对数、指数的变换。AL 中的标量可为时间（TIME）、距离（DISTANCE）、角度（ANGLE）、力（FORCE）及其组合。

2）矢量（VECTOR）：用来描述位置，与数学中的矢量类似，可以由若干个量纲相同的标量来构造一个矢量，可进行加减、内积、外积及与标量相乘、相除等运算。

3）旋转（ROT）：用来描述一个轴的旋转或某物绕某个轴的旋转以表示姿态，其数据形式是矢量。用 ROT 变量表示旋转变量时带有两个参数，一个代表旋转轴的简单矢量，另一个表示旋转角度。

4）坐标系（FRAME）：用来建立坐标系，描述操作空间中物体的位置和姿势。变量的值表示物体固连坐标系与空间作业的参考坐标系之间的相对位置与姿态。

5）变换（TRANS）：用来进行坐标变换，包括矢量和旋转两个因素，执行时先旋转再平移。

6）块结构形式：用 BEGIN 和 END 作为一串语句的首尾，组成程序块，描述作业情况。

7）运动语句（MOVE）：描述手的运动，如从一个位置移动到另一个位置。

8）手的开合运动（OPEN，CLOSE）。

9）两物体结合的操作（AFFIX，UNFIX）。

10）力觉的处理功能。

11）力的稳定性控制，主要用于装配作业中，如对销钉插入销孔这种典型操作应控制销钉与销孔的接触力。

12）同时控制多台机器人的运动语句 COBEGIN、COEND。此时，多台机器人同时执行上述语句所包括的程序。

13）可使用子程序及数组（PROCEDURE、ARRAY）。

14）可与 VAL 语言进行信息交流。

后来又推出了小型 AL 系统，它可以在 PDP11/45 小型计算机上运行。语句基本用 PASCAL 语言写成，可供工业应用。

2. AL 语言的编程格式

1）程序以 BEGIN 开始，由 END 结束。

2）语句与语句之间用分号隔开。

3）变量先定义说明其类型，后使用。变量名以英文字母开头，由字母、数字和下画线组成，字母大、小写不分。

4）程序的注释用大括号括起来。

5）变量赋值语句中如所赋的内容为表达式，则先计算表达式的值，再把该值赋给等式左边的变量。

3. AL 语言的语句介绍

（1）MOVE 语句

用来描述机器人手爪的运动，如手爪从一个位置运动到另一个位置。MOVE 语句的格式为

```
MOVE <HAND> TO <目的地>
```

（2）手爪控制语句

OPEN：手爪打开语句；CLOSE：手爪闭合语句。语句的格式为

```
OPEN <HAND> TO <SVAL>
CLOSE <HAND> TO <SVAL>
```

其中，SVAL 为开度距离值，在程序中已预先指定。

（3）控制语句

与 PASCAL 语言类似，控制语句有下面几种：

```
IF <条件> THEN <语句> ELSE <语句>
WHILE <条件> DO <语句>
CASE <语句>
DO <语句> UNTIL <条件>
FOR <语句> STEP <语句> UNTIL <条件>
```

（4）AFFIX 和 UNFIX 语句

在装配过程中经常出现将一个物体粘到另一个物体上或一个物体从另一个物体上分的操作。语句 AFFIX 为两物体结合的操作，语句 UNFIX 为两物体分离的操作。

例如：BORE 和 BEAM 分别为两个坐标系，执行语句：

```
AFFIX BORE TO BEAM
```

后两个坐标系就附着在一起了，即一个坐标系的运动也将引起另一个坐标系的同样运动。然后执行下面的语句：

```
UNFIX BORE FROM BEAM
```

两坐标系的附着关系被解除。

（5）力觉的处理

在 MOVE 语句中使用条件监控子语句可实现使用传感器信息来完成一定的动作。监控子语句格式：

```
ON <条件> DO <动作>
```

例如：MOVE BARM TO ⊕-0.1 * INCHES ON FORCE(Z)>10 * OUNCES DO STOP

表示在当前位置沿 Z 轴向下移动 0.1in(1in=25.4mm)，如果感觉 Z 轴方向的力超过 10 盎司，则立即命令机器人停止运动。

4. AL 语言的程序实例

要实现机器人 GARM 运动如下：①移动到指定位置 PACK1；②再延直线移动到位置 PACK2；③不停顿继续移动到位置 PACK3（要求经过 PLACE）。程序代码如下：

```
BEGIN
    MOVE GRAM TO PACK1;
    MOVE GRAM TO PACK2 LINEARLY;
    MOVE GRAM TO PACK3 VIA PLACE;
END
```

注：在程序执行前，可利用示教盒，在 JOINT 模式下定义 4 个坐标变量：PICK1、PICK2、PICK3 和 PLACE。或者，也可以通过指令 SET 来设置这 4 个点的位置。

8.3.5 RAPID 语言

各工业机器人公司的机器人编程语言都不相同，考虑到 ABB、安川电机、发那科、库卡四大公司为全球主要的工业机器人供应商，位列第一梯队，本节就以 RAPID 语言为例进行机器人语言的讲解。

RAPID 语言是 ABB、IWK 等国际一流工业机器人生产企业使用的机器人语言，它支持分层编程方案。在分层编程方案中，可为特定机器人系统安装新程序、数据对象和数据类型。该方案能对编程环境进行自定义（扩展编程环境的功能），并获得 RAPID 编程语言的充分支持。

1. 数据与数据类型

RAPID 语言中的数据构成类型。

（1）基本数据类型

这是 RAPID 语言中最根本的数据类型，无法分离与组合。实例如下：

```
Num:1,3.14159,431E2,-5E-1
String:"This is a long string"
Bool:TRUE FALSE
```

其他数据类型都是由 3 种基本数据类型组合或化名而成。

（2）组合数据类型

由多个基本数据类型组成的新数据类型，也可以由多个基本数据类型与多个组合数据类型组成。实例如下：

```
PERS tooldata grippe:=[TRUE,[[97.4,0,223.1],[[0.924,0,0.383,0]],
                     [5,[23,0,75],[1,0,0,0,0],0,0,0]];
grippe.robhold:=TRUE;
```

（3）化名数据类型

除了名称，这种数据类型与原数据类型相同，可以互相赋值。

```
VAR doinum high:=1;
VAR num level;
Level:=high
```

在机器人程序中，根据不同的情况，有 3 种数据性质可以选择：VAR、CONST、PERS。

2. RAPID 语言的程序框架

RAPID 语言有 3 种类型的例行程序（子程序）——进程、函数和中断程序。

1) 进程没有返回值，只用来构成指令内容。
2) 函数返回某一类型的数据值还可以用作指令参数。
3) 中断程序提供了一种中断的反应，它与某个具体的中断联系起来，一旦中断产生，它就会自动执行。

例行程序可以包含为以下几个部分：例行程序声明（包括参数）、数据、函数体、跳转标识（只限进程）和错误标识。其中程序声明部分要位于例行程序体之外。

例行程序的作用域有如下特点：

1）全局例行程序可以覆盖任何一个模块。
2）局部例行程序值覆盖它所在的模块。
3）在作用域内，局部例行程序隐藏具有同名的全局例行程序和数据；例行程序隐藏同名的指令和预先确定的例行程序。
4）在同一个模块内例行程序之间、例行程序与数据之间不能重名。
5）全局例行程序不能与模块以及其他模块中的全局例行程序或全局数据重名。

中断程序可以通过 CONNET 指令与某一个具体中断联系在一起，当这个中断产生时，控制权立即交给相应的中断程序。如果中断产生，但是没有与之相联系的中断程序，则认为发生了严重的错误，立即停止程序的执行。同一个中断程序之间可以对应多个中断源，中断处理完成后跳回中断发生处继续执行原程序。

3. RAPID 语言常用的指令

RAPID 总共有 276 条指令可以使用，在这里介绍一些常用的指令。

（1）信号输入输出指令

DI：机器人的数字输入信号。

DO：机器人的数字输出信号。

（2）运动指令

机器人有 4 种最基本的运动：圆周运动、直线运动、绝对运动和关节运动。

MoveC p1，p2，v500，z30，tool2；tool2 的 TCP（法兰盘中心）以速度 v500、区域 z30 为参数做圆周运动到 p2 点，圆周的半径由起始运动点、p1 点和 p2 点共同确定。

MoveL p1，v1000，z30，tool1；tool1 的 TCP 以速度 v1000、区域 z30 为参数做直线运动到 p1 点。

MoveAbsj p1，v500，z30，tool2；工具 tool2 的 TCP 经非线性路径运动到指定点 p1。该指令能使轴转动到绝对位置，并且是同时到达。由于这条指令是直接给各根转轴下达命令，因此可以到达其他运动方式不能到达的指定点处。

MoveJ p1，vmax，z30，tool2；tool2 的 TCP 以最高速度、区域 z30 为参数经曲线路径快速运动到 p1 点。使用该指令时，所有轴同时到达目标位置。

（3）读写指令

Open 指令：打开用于读写的文件或串行通道。

Write 指令：用于写入到基于字符的文件或串行通道。

WriteAnyBin 指令：用于将任意类型的数据写入到二进制串行通道或文件中。

WriteBin 指令：用于将一定字节的数据写入到二进制串行通道中。

WriteStrBin 指令：用于将字符串写入到二进制串行通道或二进制文件中。

ReadAnyBin 指令：用于从二进制串行通道或文件中读取任何类型的数据。

TPReadNum：用于读取示教器按下的一个数字。

TPWrite：用于向示教器输出文字或是某种类型数据的值。

4. RAPID 语言的程序实例

要实现机器人走出图中的轨迹，如图 8-5 所示。

程序代码如下：

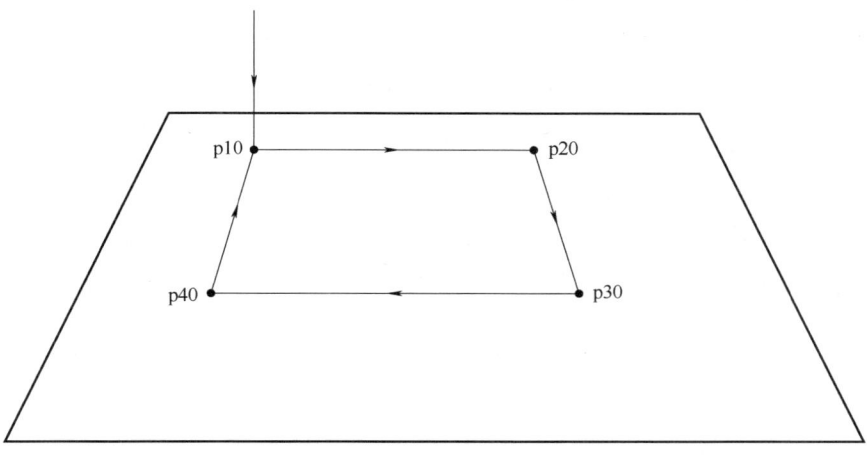

图 8-5 机器人轨迹图

```
MODULE TEST
    PERS tooldata tPen:=[TRUE,[[200,0,30],[1,0,0,0]],[0.8,[62,0,
17],[1,0,0,0],0,0,0]];
    CONST robtarget p10:=[[600,-100,800],[0.707170,0,0.707170,0],
[0,0,0,0],[9E9,9E9,9E9,9E9,9E9,9E9]];
    CONST robtarget p20:=[[600,100,800],[0.707170,0,0.707170,0],
[0,0,0,0],[9E9,9E9,9E9,9E9,9E9,9E9]];
    CONST robtarget p30:=[[800,100,800],[0.707170,0,0.707170,0],
[0,0,0,0],[9E9,9E9,9E9,9E9,9E9,9E9]];
    CONST robtarget p40:=[[800,-100,800],[0.707170,0,0.707170,0],
[0,0,0,0],[9E9,9E9,9E9,9E9,9E9,9E9]];
    PROC main()
        MoveL p10,v200,fine,tPen;
        MoveL p20,v200,fine,tPen;
        MoveL p30,v200,fine,tPen;
        MoveL p40,v200,fine,tPen;
        MoveL p10,v200,fine,tPen;
    ENDPROC
ENDMODULE
```

8.4 机器人离线编程系统

通常来讲，机器人编程可分为示教在线编程和离线编程两类。

示教在线编程在实际应用中主要存在编程过程烦琐、效率低的问题，同时示教在线编程的精度完全是靠示教者的目测决定，并且对于复杂的路径示教在线编程很难取得令人满意的效果。在早期，机器人主要应用于大批量生产，如自动线上的点焊、喷涂等，工作相对简单,所以编程所花费的时间相对比较少,示教编程可以满足这些工作的需要。但随着机器人应用范围的扩大和所完成任务复杂程度的提高,即使在中小批量生产中,用示教方式编程也很难满足要求了,于是机器人离线编程应运而生,并越来越普及。

8.4.1 机器人离线编程系统的特点及要求

机器人离线编程是指操作者在编程软件里构建整个机器人工作应用场景的三维虚拟环境,然后对机器人所要完成的任务进行离线规划和编程,并对编程结果进行动态图形仿真,最后生成机器人执行程序传输给机器人。机器人离线编程语言界面如图8-6所示。

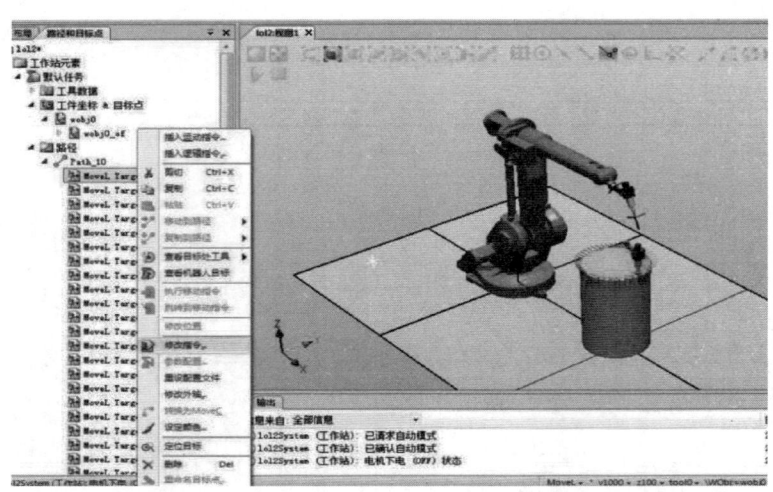

图8-6 机器人离线编程语言界面

1. 机器人离线编程的优缺点

机器人离线编程系统是机器人编程语言的拓展,它利用计算机图形学的成果进行编程。与其他编程方法相比,机器人离线编程具有下列优点:

1)减少机器人的停机时间。当机器人在生产线或柔性系统中进行正常工作时,编程人员可对下一个任务进行离线编程仿真,这样编程不占用生产时间,提高了机器人的利用率,进而提高整个生产系统的工作效率。

2)使编程人员远离危险的作业环境。由于机器人是一个高速的自动执行机,而且作业现场环境复杂,如果采用示教编程方法,编程人员必须在作业现场靠近机器人末端执行器才能很好地观察机器人位姿,这样机器人的运动可能会给操作人员带来危险,而离线编程不必在作业现场进行,所以提高了安全性。

3)适用范围广。同一个离线编程系统可以适应各种机器人的编程,并能方便地实现优化编程。像Robotmaster、HiperMOS、PQArt这样的离线编程软件都可以进行一键优化轨迹。

4)便于构建柔性制造系统(flexible manufacturing system,FMS)和内容管理系统(content management system,CMS)。FMS和CMS中有许多搬运、装配等工作需要由预先进行离线编程的机器人来完成,机器人与计算机辅助设计与制造(CAD/CAM)系统结合,做到机器人及CAD/CAM的一体化。

5)可使用高级机器人语言对复杂系统及任务进行编程。Robotmaster、HiperMOS能够基于CAD模型(Stp/Igs等格式)中的几何特征(关键点、轮廓线、平面、曲面等)自动生成轨迹。

6）便于修改程序。编程过程中，即可直观地观察机器人工作过程，判断包括超程、碰撞、奇异点、超工作空间等错误，Robotmaster、HiperMOS 等软件还提供自动优化上述错误的功能。

机器人离线编程的缺点是：

1）部分软件还不支持多台机器人同时模拟仿真，只能对单个工作站进行离线编程。

2）基于 MasterCAM 做的二次开发，价格都比较昂贵，企业版基本在 20 万人民币左右，有的软件按节点数报价，价格昂贵。

3）在计算机上模拟仿真编程，精度得不到保证。

2. 机器人离线编程的要求

离线编程系统不仅是当前机器人实际应用的一个必要手段，也是开发和研究任务级规划的有力工具。通过离线编程可建立起机器人与 CAD/CAM 之间的联系。设计离线编程系统应考虑以下几方面：

1）机器人的工作过程的知识。

2）机器人和工作环境三维实体模型。

3）机器人几何学、运动学和动力学知识。

4）基于以上 3 种方面的软件系统，该系统是基于图形显示的，可进行机器人运动的图形仿真。

5）轨迹规划和检查算法，如检查机器人关节角超限，检测碰撞，规划机器人在工作空间的运动轨迹等。

6）传感器的接口和仿真，以利用传感器的信息进行决策和规划。

7）通信功能，进行离线编程系统所生成的运动代码到各种机器人控制柜的通信。

8）用户接口，提供友好的人机界面，便于人工干预和进行系统的操作。

另外，由于离线编程系统是基于机器人系统的图形模型来模拟机器人在实际环境中的工作进行编程的，因此为了使编程结果能很好地符合于实际情况，系统应能够计算仿真模型和实际模型间的误差，并尽量减少两者间的误差。

8.4.2 机器人离线编程系统的构成

机器人离线编程系统主要由用户接口、机器人系统的三维几何构型、运动学计算、轨迹规划、动力学仿真、传感器仿真、并行操作、通信接口和误差校正等 9 部分组成。系统结构框图如图 8-7 所示。

1. 用户接口

用户接口即人机界面，是计算机和操作人员之间信息交互的唯一途径，用户接口使用方便与否直接决定了离线编程系统的优劣。设计离线编程系统方案时，就应该考虑建立一个方便实用、界面直观的用户接口，通过它产生机器人系统编程的环境并快捷地进行人机交互。作为机器人语言的发展，离线编程系统把机器人语言作为用户接口的一部分，用机器人语言对机器人运动程序进行修改和编辑。用户接口的语言部分具有机器人语言类似的功能。

离线编程的用户接口一般要求具有图形仿真界面和文本编辑界面。文本编辑方式下的界面用于对机器人程序的编辑、编译等，而图形界面用于对机器人及环境的图形仿真和编辑。用户可以通过操作鼠标或光标等交互工具改变屏幕上机器人及环境几何模型的位置和形态。

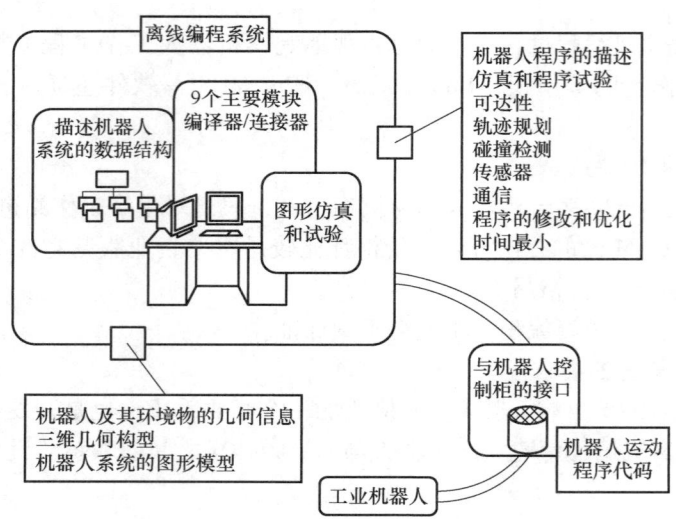

图 8-7　机器人离线编程系统机构框图

通过通信接口联机至用户接口可以实现对实际机器人的控制，使之与屏幕中机器人的位姿一致。一个好的用户接口，可帮助用户方便地进行整个系统的构型和编程操作。

2. 机器人系统的三维几何构型

三维几何构型是离线编程的特色之一，正是有了三维几何构型，才能进行图形及环境的仿真。三维几何构型的方法有边界表示、扫描变换表示及结构立体几何表示 3 种。其中，边界表示最便于形体的数字表示、运算、修改和显示，扫描变换表示便于生成轴对称图形，而结构立体几何表示所覆盖的形体较多。机器人的三维几何构型一般采用这 3 种方法的综合。

三维几何构型时，最好将机器人系统进行适当简化，仅保留其外部特征和构件间的相互关系，忽略构件的内部细节。这是因为三维构造的目的不是研究其内部结构，而是用图形方式模拟机器人的运动过程，检验运动轨迹的正确性和合理性。

三维几何构型的核心是机器人及其环境的图形构造。作为整个生产线或生产系统的一部分，构造的机器人、夹具、零件和工具的三维几何模型最好用现成的 CAD 模型从 CAD 系统获得，这样可实现 CAD 数据共享，即离线编程系统作为 CAD 系统的一部分。如果离线编程系统独立于 CAD 系统，则必须有适当的接口实现与 CAD 系统的连接。三维几何构型时要考虑用户使用的方便性，构造后要能够自动生成机器人系统的图形信息和拓扑信息，便于修改，并保证构型的通用性。

3. 运动学计算

机器人的运动学计算分为运动学正解和运动学逆解两个方面。机器人的正、逆解是一个复杂的数学运算过程，尤其是逆解需要解高阶矩阵方程，求解过程非常繁复，而且每一种机器人正、逆解的推导过程又不同。所以在机器人的运动学求解中，人们一直致力于寻求一种正、逆解的通用求解方法，希望这种方法能适用于大多数机器人的运动学计算求解。这一目标如果能在机器人离线编程系统中加以解决，即在该系统中能自动生成运动学方程并求解，则系统的适应性就更强，更容易推广。

4. 轨迹规划

离线编程系统中的轨迹规划是指在机器人虚拟工作环境中生成虚拟机器人的运动轨迹。

机器人的运动轨迹有两种：一种是点到点的自由运动轨迹，这种运动形态只要求起始点和终止点的位姿、速度和加速度，对中间过程机器人运动参数没有任何要求，离线编程系统可以自动选择各关节状态最佳的一条路径来实现这种运动形态；另一种是对路径形态有要求的连续路径控制，当离线编程系统实现这种轨迹时，轨迹规划器接受预定路径和速度、加速度要求，如路径为直线、圆弧等形态时，除了保证路径起始点和终止点的位移、速度、加速度以外，还必须按照路径形态和误差的要求用插补的方法求出一系列路径中间点的位姿、速度、加速度。在连续路径控制中，离线编程系统还必须进行障碍物的防碰撞检测。

轨迹规划器接受路径设定和约束条件的输入，输出起始点和终止点之间按时间排列的中间形态(位置、姿态、速度、加速度)序列，它们可以通过关节坐标或笛卡儿坐标来表示。轨迹规划器主要是采用轨迹规划算法，如关节空间的插补、笛卡儿空间的插补计算等。同时，为了发挥离线编程系统的优点，轨迹规划器一般还具备可达空间的计算、碰撞的检测等功能。

5. 动力学仿真

当机器人的负载较轻或空载时，确实不会因机器人动力学特性的变化而引起太大误差，用离线编程系统根据运动轨迹要求求出的机器人运动轨迹，理论上能满足路径的轨迹规划要求。但当机器人处于高速或重载的情况下时，机器人的机构或关节可能产生变形而引起轨迹位置和姿态的较大误差。这时就需要对轨迹规划进行机器人动力学仿真，对过大的轨迹误差进行修正。动力学仿真是离线编程系统实时仿真的重要功能之一，因为只有模拟机器人实际的工作环境(包括负载情况)，仿真的结果才能应用于实际生产。

6. 传感器仿真

随着传感技术的发展以及机器人应用领域的拓展，传感器在机器人作业中的作用越来越重要。传感器技术的应用使机器人系统的智能性大幅提高，机器人作业任务已离不开传感器的引导。利用传感器的信息能够减少仿真模型与实际模型之间的误差，增加系统操作和程序的可靠性，提高编程效率。

传感器信号的仿真及误差校正已成为离线编程系统的重要内容之一。仿真的方法也是通过几何图形仿真。例如，对于触觉信息的获取，可以将触觉阵列的几何模型分解成一些小的几何块阵列，然后通过对每一个几何块和物体间干涉的检查，并将所有和物体发生干涉的几何块用颜色进行编码，这样就可以通过图形显示来获得接触信息。

7. 并行操作

有些应用工业机器人的场合需用两台或两台以上的机器人，还可能有其他与机器人有同步要求的装置，如输送带、变位机、视觉系统等，这些设备必须在同一作业环境中协调工作，这时不仅需要对单个机器人或单个同步装置进行仿真，还需要同一时刻对多台机器人和多个装置进行仿真，即所谓的并行操作。所以离线编程系统必须提供对不同机器人和装置工作过程进行仿真的环境。在执行过程中，首先对每一装置分配并联和串联存储器，如果可以分配几个不同处理器共用一个并联存储器，则可使用并行处理，否则应该在各存储器中交换执行情况，并控制各机器人和工作装置的运动程序的执行时间。

8. 通信接口

一台工业机器人一般提供两个通信接口：一个是示教接口，用于示教编程器(示教盒)与机器人控制柜的连接，通过该接口把示教编程器的程序信息输出；另一个是程序接口，该接口与具有机器人语言环境的计算机相连，离线编程系统也通过该接口输出信息给控制器。

通信接口是离线编程系统和机器人控制器之间信息传递的桥梁，利用通信接口可以把离线编程系统仿真生成的机器人运动程序转换成机器人控制柜能接收的信息。接口的标准化是通信接口的发展方向。标准化的通信接口能将机器人仿真程序转化为各种机器人控制柜均能接收的数据格式。

9. 误差校正

由于误差产生的原因有很多，致使离线编程系统中的机器人仿真模型与实际的机器人模型之间存在误差，所以离线编程系统中误差校正的环节是必不可少的。主要有以下几方面：

（1）TCP 测量误差

消除办法：将在真实机器人工作站中标定得到的 TCP 位姿信息填写入离线编程中，Robotmaster、HiperMOS 等软件具备根据用户填写的 TCP 值修改虚拟工具位置的能力，并且可以更新机器人轨迹。

（2）零件几何与定位误差

一方面是模型的误差，离线编程系统中的机器人模型是用数字表示的理想模型，同一型号机器人的模型数字是相同的，而实际环境中所使用的机器人由于制造精度误差其尺寸会有一定的出入。另一方面是零件定位误差。

消除办法：对于实际零件和三维模型差异过大的情况，有两种思路：一种思路是通过在线动态补偿的手段实现机器人在工作中根据零件的变形情况不断调整实际轨迹的方案，例如，焊接中的焊缝跟随，激光切割中的浮动跟随等；另一种思路是获取真实的三维模型，比如通过三维扫描仪、三维视觉等对零件做扫描重建，再利用重建模型在离线编程软件中计算轨迹。

对于工件几何定位误差，则需要通过先进的零件标定手段，获取零件相对于机器人基坐标系的真实位姿。将该信息输入机器人控制器即可，无需离线编程软件适配。零件标定手段有多种，传统的方案是利用机器人控制器中的用户坐标标定功能，因需要客户准确地采集到坐标系 O 点和 x/y 轴上的点，故在很多没有基准尖角/棱边的场合难以使用。有一部分工程师借鉴数控机床标定的思路，通过在机器人末端挂载百分表，调平零件基准面的方式来标定，精度可以达到较高水平，但这对操作水平和理论水平要求高。

（3）机器人装配误差（D-H 参数与设计不符）引起的绝对空间位姿误差

消除办法：需要对机器人本体做标定，测量出机器人本体的真实尺寸，更新机器人各关节 O 点或 D-H 参数。常见的方案有：使用激光跟踪仪对机器人本体做标定，这个方法的仪器比较贵；利用某些品牌机器人控制器中的 20 点标定法，标定局部空间位姿精度，这种方法花费比较少，但精度提升有限。

（4）动力学变形误差

机器人在重载的情况下因弹性变形产生机器人连杆的弯曲，从而导致机器人的位置和姿态误差。

（5）控制机及离线编程系统的字长误差

控制机和离线编程系统的字长决定了运算数据的位数，字长大则精度高。

（6）控制法不同引起的误差

不同的控制算法其运算结果具有不同的精度。

（7）工作环境导致的误差

在工作空间内，有时环境与理想状态相比变化较大使机器人位姿产生误差，如温度受化产生的机器人变形。

消除办法：除了上述提到的误差校正方法，还可以利用传感器（力觉或视觉等）形成反馈，在离线编程系统所提供机器人位置的基础上，通过传感器来完成局部精确定位。

8.4.3 机器人离线编程系统的发展

20世纪80年代，机器人应用的早期，与数控机床和CAM软件的发展规律类似，开始出现离线编程软件的概念。

近年来，伴随工业机器人的大规模应用，各家工业机器人企业（如ABB、发那科、安川电机、库卡等）均开发了适用于自家品牌的机器人离线编程软件，这些软件可以与各自公司的产品设备直连，能够做到准确的节拍仿真。但这些软件对于轨迹的计算大多数以离线示教为主，而根据三维模型计算轨迹的能力则稍显不足。

数控加工领域中应用成熟的各大CAM软件厂商（如NX/UG、达索、Delcam、MasterCAM等），利用自身在CAM功能上的多年积累，通过收购等方式，也提供了通用机器人CAM离线编程软件。例如MasterCAM下发展出的Robotmaster，又如西门子公司收购ROBCAD后，在自身产品生命周期管理（PLM）体系中提供了机器人离线编程功能。

而国内的科研团队及公司也推出了国产的离线编程软件：在教育市场中推出的RobotArt，现在已更名为PQArt，这是一款由北京华航唯实机器人科技有限公司开发的机器人离线编程软件。此外，还有由苏州瀚华智造智能技术有限公司开发的、在切割、抛光等实际工业应用场景中快速发展的HiperMOS软件，由华中数控旗下佛山机器人研究院推出的InteRobot等。

无论是国外还是国内机器人离线编程软件，除了在计算轨迹和仿真方面越来越完善外，具体到工业生产中，也在针对各种工艺应用逐步完善相应的工艺包，只有这样才能真正满足大多数情况下的实际生产。有些特殊的工艺还需要软件进行定制开发，在这方面，国内机器人离线编程软件在现场优势、技术沟通、性价比等方面占据了相当的优势。

未来发展中，由于对机器人智能化的要求越来越高，所以离线编程也正向着智能化和易用化的方向发展。离线和在线的界限越来越模糊，人工智能、云计算以及各种智能传感器，将和离线编程与机器人控制器等共同融合入车间级的智能处理系统中。

在上述离线编程系统的基础上，还可进一步集成某些更加先进的功能，如机器人布局、自动规划、自动调度和作业仿真等。

1. 机器人作业总体布局

离线编程系统的基本任务之一是确定作业单元的总体布局，机器必须到达全部工作点，其中包含选用适当的机器人，布置工件和夹具，这一工作在仿真环境下反复试验完成，比在真实环境下更加有效和省力，并且节约资源。离线编程系统能够预先自动搜索机器人和工件位姿的可行解，从而减少用户的工作量，减少因反复布置产生的费用。

自动布局可采用直接搜索或启发式搜索技术，因为大部分机器人都安装在地面或车间顶面，并且第一个关节是绕垂直轴回转的，因而机器人基座的三维布局一般可简化为平面问题。这一类搜索可按某种准则进行优化，或者找到机器人和工件的第一个可行位姿布局即可，所谓可行，主要是指机器人能够无碰撞地到达所有工作点，也可以进行更加严格的定义。比较合理的准则可以采用可操作性、各向同性布置、平行布置等性能指标，这样自动布局所得到的结果使机器人不仅可以到达所有工作点，而且具有良好形位。

2. 避免碰撞和路径优化

无碰撞路径规划和时间最优路径规划是离线编程最为重要的部分，与之相关的问题有：利用6个自由度的机器人进行仅有5个自由度几何规定弧焊作业，冗余度机器人进行避免碰撞和回避奇异性的自动规划等。

3. 协调运动的自动规划

在实际工作中，比如在许多弧焊作业中要求工件与重力矢量在焊接过程中要保持一定的关系，因而需要把工件安装在2个或3个自由度的定向系统上，并与机器人同时协调运动。这种作业系统可能具有9个或更多的自由度协调动作，当前大多采用示教盒编程。对于这种作业的协调运动进行自动综合的规划系统将具有重要的实际意义。

4. 力控制系统的仿真

建立对各种机器人力控制策略进行仿真的仿真环境。这个问题的难点在于，某些表面性质的建模，以及各种接触情况所引起的约束状态的动态仿真。在局部约束环境下，需要用离线编程系统评估各种力控制装配操作的可行性。

5. 自动调度

机器人编程中存在许多几何问题，同时还经常碰到更为复杂的调度和通信问题，特别是将单作业单元扩展到多作业单元进行仿真时更是如此。规划相互作用过程的调度问题是十分困难的，目前也是重要的研究领域，离线编程将成为这一领域研究的理想检验手段。

6. 误差和公差的自动评估

离线编程系统可对定位误差源进行建模，可对带缺陷传感器的数据影响进行建模。因而使得环境模型包含各种误差界限和公差信息，用该系统可以评估不同的定位和装配任务成功的概率。同时可以提示采用何种传感器如何布置有关传感器，以纠正可能出现的各种问题。

8.4.4 几款主流的机器人离线编程软件

常用离线编程软件可按不同标准分类，例如，可以按国内软件与国外软件分类，也可以按通用离线编程软件与厂家专用离线编程软件进行分类。

1）按国内与国外分：

国内有 PQArt（原 RobotArt）、HiperMOS 等。

国外有 Robotmaster、Robotworks、Robomove、RobotCAD、DELMIA、RobotStudio、RoboGuide 等。

2）按通用离线编程与厂家专用离线编程，又可分为：

通用有 PQArt、Robotmaster、Robomove、RobotCAD、DELMIA 等。

专用有 RobotStudio、RoboGuide、KUKASim 等。

国外软件中，Robotmaster 相对来说最强，基于 MasterCAM 平台，生成数控加工轨迹是优势，Robotworks、Robomove 次之，但都比较贵，每套动辄几十万元人民币。RobotCAD、DELMIA 侧重仿真，价格比前者更贵。

机器人厂家专用的离线编程软件，ABB 公司的 RobotStudio 被认为是工业机器人厂商中做得最好的一款离线编程软件。

下面详细介绍一下几款主流的机器人离线编程软件。

1. Robotmaster

Robotmaster 来自加拿大，是目前全球离线编程软件中的顶尖软件，几乎支持市场上绝大多数工业机器人品牌(库卡、ABB、发那科、安川电机、史陶比尔、珂玛、三菱电机、电装(DENSO)、松下等)，Robotmaster 在 MasterCAM 中无缝集成了工业机器人编程、仿真和代码生成功能，提高了工业机器人编程速度。

优点：

1）支持绝大多数工业机器人品牌。
2）可以按照产品数学模型生成程序，适用于切割、铣削、焊接、喷涂等。
3）优化功能强，运动学规划和碰撞检测非常精确。
4）支持外部轴(直线导轨系统、旋转系统)，并支持复合外部轴组合系统。

缺点：

1）暂时不支持多台工业机器人同时模拟仿真，只能支持单个工作站。
2）基于 MasterCAM 做的二次开发，价格昂贵，企业版价格在 20 万人民币左右。

2. PQArt

PQArt 是目前国内品牌离线编程软件中最顶尖的软件。作为工业机器人离线编程软件，功能一点不输给国外软件。软件根据几何数学模型的拓扑信息生成工业机器人运动轨迹，之后轨迹仿真、路径优化、后置代码一气呵成，同时集碰撞检测、场景渲染、动画输出于一体，可快速生成效果逼真的模拟动画，广泛应用于打磨、去毛刺、焊接、激光切割、数控加工等领域。

PQArt 教育版针对教学实际情况，增加了模拟示教器、自由装配等功能，帮助初学者在虚拟环境中快速认识工业机器人，快速学会工业机器人示教器的基本操作，大大缩短学习周期，降低学习成本。

优点：

1）支持多种格式的三维 CAD 模型，可导入扩展名为 step、igs、stl、x_t、prt(UG)、prt(ProE)、CATPart、sldpart 等格式。
2）支持多种品牌工业机器人离线编程操作，如 ABB、库卡、发那科、安川电机、史陶比尔、KEBA 系列、新时达、广数等。
3）拥有大量航空航天高端应用经验。
4）自动识别与搜索 CAD 模型的点、线、面信息生成轨迹，轨迹与 CAD 模型特征关联，模型移动或变形，轨迹自动变化，一键优化轨迹与几何级别的碰撞检测。
5）支持多种工艺包，如切割、焊接、喷涂、去毛刺、数控加工。
6）支持将整个工作站仿真动画发布到网页、手机端。

缺点：

1）软件不支持整条生产线仿真。
2）对国外小品牌工业机器人不支持。

3. Robotworks

Robotworks 是来自以色列的工业机器人离线编程仿真软件，与 Robotmaster 类似，是基于 Solidworks 做的二次开发。使用前，需要先购买 Solidworks。

优点：

1）全面的数据接口：Robotworks 基于 Solidworks 平台开发，可以通过 IGES、DXF、DWG、PrarSolid、Step、VDA、SAT 等标准接口进行数据转换。
2）强大的编程能力：从输入 CAD 数据到输出工业机器人加工代码只需 4 步。

第 1 步：从 Solidworks 直接创建或直接导入其他三维 CAD 数据，选取定义好的工业机器人工具与要加工的工件组合成装配体。所有装配夹具和工具客户均可以用 Solidworks 自行创建调用。

第 2 步：Robotworks 选取工具，然后直接选取曲面的边缘或者样条曲线进行加工产生数据点。

第 3 步：调用所需的工业机器人数据库，开始做碰撞检查和仿真，在每个数据点均可以自动修正，包含工具角度控制、引线设置、增加或减少加工点、调整切割次序、在每个点增加工艺参数。

第 4 步：Robotworks 自动产生各种工业机器人代码，包含笛卡儿坐标数据、关节坐标数据、工具与坐标系数据、加工工艺等，按照工艺要求保存不同的代码。

3）强大的工业机器人数据库：系统支持市场上主流的大多数的工业机器人，提供各大工业机器人各个型号的三维数学模型。

4）完美的仿真模拟：独特的工业机器人加工仿真系统可对工业机器人手臂、工具与工件之间的运动进行自动碰撞检查、轴超限检查，自动删除不合格路径并调整，还可以自动优化路径，减少空跑时间。

5）开放的工艺库定义：系统提供了完全开放的加工工艺指令文件库，用户可以按照自己的实际需求自行定义添加设置自己独特工艺，添加的任何指令都能输出到工业机器人加工数据里面。

6）生成轨迹方式多样，支持多种工业机器人、支持外部轴。

缺点：

1）Robotworks 基于 Solidworks，Solidworks 本身不带 CAM 功能，编程烦琐，工业机器人运动学规划策略智能化程度低。

2）如果没学过 Solidworks，那么使用该软件会比较困难。

4. ROBCAD

ROBCAD 是西门子旗下的软件，软件较庞大，重点在生产线仿真，价格也是同软件中最贵的。软件支持离线点焊，支持多台工业机器人仿真，支持非工业机器人运动机构仿真、精确的节拍仿真，ROBCAD 主要应用于产品生命周期中的概念设计和结构设计两个前期阶段。

部分模块功能如下：

Workcell and Modeling：对白车身生产线进行设计、管理和信息控制。

Spotand OLP：完成点焊工艺设计和离线编程。

Human：实现人机工程分析。

Application 中的 Paint、Arc、Laser 等模块：实现生产制造中喷涂、弧焊、激光加工等工艺的仿真验证及离线程序输出。其中，Paint 模块可实现喷漆路线的自动生成、多种颜色喷漆厚度的仿真、喷漆过程的优化等。

优点：

1）与主流的 CAD 软件（如 NX、CATIA、IDEAS）无缝集成。

2）实现工具工装、工业机器人和操作人员的三维可视化。

3）制造单元、测试以及编程的仿真。

缺点：

1）价格昂贵，离线功能较弱。
2）从 UNIX 移植过来的界面，人机界面不友好。

5. DELMIA

DELMIA 是达索旗下的 CAM 软件，有 6 大模块，其中，Robotics 解决方案涵盖汽车领域的发动机、总装和白车身，航空领域的机身装配、维修维护，以及一般制造业的制造工艺。这是在汽车行业用得较多的一款软件。

DELMIA 的工业机器人模块 Robotics 是一个可伸缩的解决方案，利用强大的产品生产过程数据库(PPR)集成中枢快速进行工业机器人工作单元建立、仿真与验证，是一个完整的、可伸缩的、柔性的解决方案。

优点：

1）可以从含有超过 400 种以上的工业机器人的资源目录中，下载工业机器人和其他工具资源。

2）可以利用工厂布置规划工程师所完成的工作。

3）可以加入工作单元中工艺所需的资源进一步细化布局。

缺点：

DELMIA 属于专家型软件，操作难度较高。

6. RobotStudio

RobotStudio 是瑞士 ABB 公司配套的软件，支持工业机器人的整个生命周期，使用图形化编程、编辑和调试工业机器人系统来创建工业机器人的运行，并模拟优化现有的工业机器人程序。

优点：

1）CAD 导入方便。可方便地导入各种主流 CAD 格式的数据，包括 IGES、STEP、VRML、VDAFS、ACIS 及 CATIA 等。

2）AutoPath 功能。该功能通过使用待加工零件的 CAD 模型，仅在数分钟之内便可自动生成跟踪加工曲线所需要的工业机器人位置（路径），而这项任务以往通常需要数小时甚至数天。

3）程序编辑器。可生成工业机器人程序，使用户能够在 Windows 环境中离线开发或维护工业机器人程序，可显著缩短编程时间、改进程序结构。

4）路径优化。如果程序包含接近奇异点的工业机器人动作，RobotStudio 可自动检测出来并发出报警，从而防止工业机器人在实际运行中发生这种现象。仿真监视器是一种用于工业机器人运动优化的可视工具，红色线条显示可改进之处，以使工业机器人按照最有效方式运行。可以对 TCP 速度、加速度、奇异点或轴线等进行优化，缩短周期时间。

5）可达性分析。通过 Autoreach 可自动进行可到达性分析，使用十分方便，用户可通过该功能任意移动工业机器人或工件，直到所有位置均可到达，在数分钟之内便可完成工作单元平面布置验证和优化。

6）虚拟示教台。虚拟示教台是实际示教台的图形显示，其核心技术是 VirtualRobot。从本质上讲，所有可以在实际示教台上进行的工作都可以在虚拟示教台(QuickTeach)上完成，因而是一种非常出色的教学和培训工具。

7）事件表。事件表是一种用于验证程序的结构与逻辑的理想工具。程序执行期间，可通过该工具直接观察工作单元的 I/O 状态。可将 I/O 连接到仿真事件，实现工位内工业机器人及所有设备的仿真。该功能是一种十分理想的调试工具。

8）碰撞检测。碰撞检测功能可避免设备碰撞造成的严重损失。选定检测对象后，RobotStudio 可自动监测，并显示程序执行时这些对象是否会发生碰撞。

9）VBA 功能。可采用 VBA 改进和扩充 RobotStudio 功能，根据用户具体需要开发功能强大的外接插件、宏，或定制用户界面。

10）直接上传和下载。整个工业机器人程序无需任何转换便可直接下载到实际工业机器人系统，该功能得益于 ABB 独有的 VirtualRobot 技术。

缺点：

只支持 ABB 品牌工业机器人，工业机器人间的兼容性很差。

7. Robomove

Robomove 来自意大利，同样支持市面上大多数品牌的工业机器人，工业机器人加工轨迹由外部 CAM 导入。

优点：

1）与其他软件不同的是，Robomove 走的是私人定制路线，可根据实际项目进行定制。

2）软件操作自由，功能完善，支持多台工业机器人仿真。

缺点：

1）需要操作者对工业机器人有较为深入的理解。

2）策略智能化程度与 Robotmaster 有较大差距。

8. 其他工业机器人离线编程软件

其他还有如安川电机的 Motosim、库卡的 Simpro、发那科的 RoboGuide，国产工业机器人编程软件也在陆续开发中，这里就不一一介绍了。

以上对几款主流的离线编程软件进行了简要介绍，主要对软件的功能和优缺点进行了分析，为后续学习工业机器人编程做好知识准备。

本 章 小 结

机器人编程问题是机器人运动和控制的结合点，也是机器人系统的灵魂。本章首先介绍了对机器人编程的要求。这些要求包括能够建立世界模型、能够描述机器人的作业和运动、允许用户规定执行流程、要有良好的编程环境以及需要功能强大的人机接口，并能综合传感信号等。

接下来对机器人语言系统的结构和基本功能做了介绍。一个机器人语言系统应包括机器人语言本身、操作系统和处理系统等，它能够支持机器人编程、控制、各种接口以及与计算机系统通信。机器人编程语言应该具有运算、决策、通信、描述机器人运动、描述工具指令和处理传感数据等功能。

讨论了机器人编程语言的分类问题。按照机器人作业水平的高低，把机器人编程语言分为三级。这些层级的编程语言各有特点，并适于不同的应用。除了本章讨论的以机器人作业水平分类外，还有把机器人编程分为通用计算机语言编程和专用机器人语言编程两类。

简要介绍了 5 种最常用的机器人开发语言，并具体介绍了专用机器人编程语言的 VAL、AL、RAPID 语言。在介绍这些语言时，讨论了它们的特点、功能、指令或语句以及适应性等。

最后讨论了机器人的离线编程，包括机器人离线编程系统的特点和要求及机器人离线编程系统的结构等内容。机器人离线编程比传统的示教编程具有一系列优点。离线编程系统不仅是机器人实际应用的必要手段,也是开发任务规划的有力工具,并可以建立 CAD/CAM 与机器人间的联系。介绍了几款主流离线编程软件,主要对软件的功能和优缺点进行了分析,为学生后续学习做好铺垫。

至此,本书全部知识点都已讲解完毕,希望您在回望整个学习过程时,能有所收获和感悟,也希望这个学习过程对您后续专业知识的学习有所帮助。

思考题与习题

8-1 一般来说,机器人系统有哪些程序功能?

8-2 使用任一机器人语言编写一个机器人程序,把一块积木从 A 处拾起放到 B 处。

8-3 用任何机器人语言编写一个用于卸下小车上任意尺寸零件的通用程序。此程序应当跟踪小车的位置,而且当小车上没有零件时,应向操作人员发出信号。假设小车上零件被卸至某条传送带上。

8-4 编写一个使用两台机器人的 AL 程序。一台机器人叫作 GARM,具有专用的末端执行器,用于拿住酒瓶。另一台机器人叫作 BARM,用于持住酒杯,并装有力感手腕,以便当酒杯将要装满酒时向 GARM 发出停止倒酒的信号。

8-5 用任一种机器人语言编写一个用于从任意尺寸的源集装箱上卸下负载,并把它们装上任意尺寸的目标集装箱上的程序。此程序应当跟踪集装箱的位置,而且当源集装箱空时或目标集装箱装满时,应向操作人员发出信号。

8-6 用 RAPID 语言编写一个程序,实现机器人走出如图 8-8 所示的轨迹。

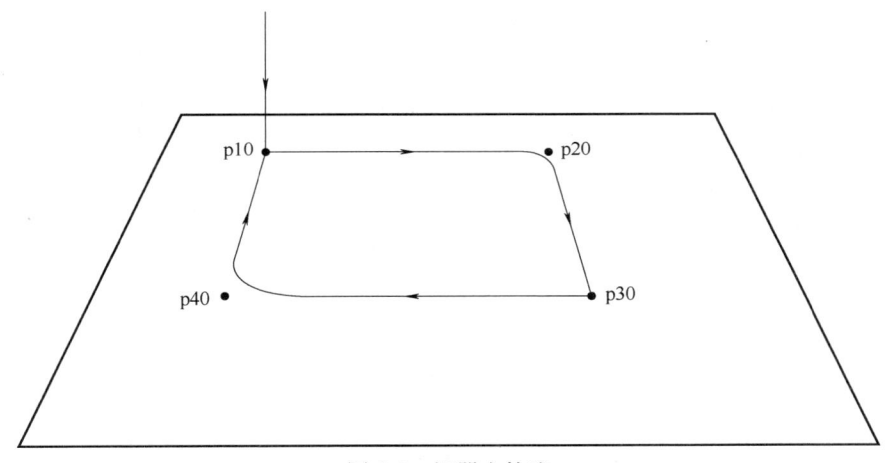

图 8-8 机器人轨迹

参 考 文 献

［1］ MURPHY R R. Introduction to AI Robotics［M］. 2nd ed. Cambridge：The MIT Press，2019.

［2］ IFR. World Robotics 2019［R］. Frankfurt：The International Federation of Robotics（IFR），2019.

［3］ 中国机器人产业联盟. 2019 中国工业机器人产业市场报告［R］. 北京：中国机器人产业联盟，2019.

［4］ CRAIG J J. 机器人学导论：原书第 4 版［M］. 负超，王伟，译. 北京：机械工业出版社，2018.

［5］ MASON M T. 机器人操作中的力学原理［M］. 贾振中，万伟伟，译. 北京：机械工业出版社，2018.

［6］ 哈工大机器人集团. 2018 年中国机器人产业分析报告［R］. 北京：中智科技评价研究中心，2018.

［7］ LYNCHK M，PARKF C. Modern Robotics：Mechanics，Planning，and Control［M］. New York：Cambridge University Press，2017.

［8］ SICILIANO B，KHATIB O. Springer Handbook of Robotics［M］. 2nd ed. Berlin，Heidelberg：Springer-Verlag，2016.

［9］ 张玫，邱钊鹏，诸刚. 机器人技术［M］. 2 版. 北京：机械工业出版社，2016.

［10］ NURAHMI L，SCHADLBAUER J，CARO S，et al. Kinematic Analysis of the 3-RPS Cube Parallel Manipulator［J］. Journal of Mechanisms and Robotics，2015，7（1）：011008.

［11］ 蔡自兴，等. 机器人学基础［M］. 2 版. 北京：机械工业出版社，2015.

［12］ 蔡自兴，谢斌. 机器人学［M］. 3 版. 北京：清华大学出版社，2015.

［13］ 中国电子学会. 机器人简史［M］. 北京：电子工业出版社，2015.

［14］ KELLY A. Mobile Robotics：Mathematics，Models，and Methods［M］. New York：Cambridge University Press，2013.

［15］ NOURBAKHSH I R. Robot Futures［M］. Cambridge：The MIT Press，2013.

［16］ NIKU S B. 机器人学导论：分析、控制及应用［M］. 孙富春、朱纪洪、刘国栋，译. 北京：电子工业出版社，2013.

［17］ 刘极峰，丁继斌. 机器人技术基础［M］. 2 版. 北京：高等教育出版社，2012.

［18］ SIEGWART R，NOURBAKHSH I R，SCARAMUZZA D. Introduction to Autonomous Mobile Robots［M］. 2nd ed. Cambridge：The MIT Press，2011.

［19］ KRICHMAR J L，WAGATSUMA H. Neuromorphic and Brain-Based Robots［M］. New York：Cambridge University Press，2011.

［20］ LIN P，ABNEY K，BEKEY G A. Robot Ethics：The Ethical and Social Implications of Robotics［M］. Cambridge：The MIT Press，2011.

［21］ MATHIA K. Robotics for Electronics Manufacturing：Principles and Applications in Cleanroom Automation［M］. New York：Cambridge University Press，2010.

［22］ SAHA S K. 机器人导论：英文版［M］. 北京：机械工业出版社，2010.

［23］ SICILIANO B，KHATIB O. Springer Handbook of Robotics［M］. Berlin，Heidelberg：Springer-

Verlag, 2007.

[24] CRAIG J J. 机器人学导论：原书第 3 版[M]. 负超, 等译. 北京：机械工业出版社, 2006.
[25] 郭洪红. 工业机器人技术[M]. 西安：西安电子科技大学出版社, 2006.
[26] 孟庆鑫, 王晓东. 机器人技术基础[M]. 哈尔滨：哈尔滨工业大学出版社, 2006.
[27] CHOSET H, LYNCH K M, HUTCHINSON S, et al. Principles of Robot Motion Theory, Algorithms, and Implementations[M]. Cambridge：The MIT Press, 2005.
[28] 金琼. 过约束机构与欠秩并联机器人机构研究[D]. 南京：东南大学, 2001.
[29] KORTENKAMP D, BONASSO R P, MURPHY R R. Artificial Intelligence and Mobile Robots[M]. Cambridge：The MIT Press, 1998.
[30] CRANE C D, DUFFY J. Kinematic Analysis of Robot Manipulators[M]. New York：Cambridge University Press, 1998.
[31] 摩雷, 李泽湘, 萨思特里. 机器人操作的数学导论[M]. 徐卫良, 钱瑞明, 译. 北京：机械工业出版社, 1998.
[32] 黄真, 孔令富, 方跃法. 并联机器人机构学理论及控制[M]. 北京：机械工业出版社, 1997.
[33] 熊有伦. 机器人技术基础[M]. 武汉：华中科技大学出版社, 1996.
[34] 日本机器人学会. 机器人技术手册[M]. 宗光华, 程君实, 译. 北京：科学出版社, 1996.
[35] 科依费特, 奇罗兹. 机器人技术导论[M]. 匡兴华, 陈元兴, 译. 长沙：国防科技大学出版社, 1991.
[36] 王庭树. 机器人运动学及动力学[M]. 西安：西安电子科技大学出版社, 1991.
[37] 周远清, 张再兴. 智能机器人系统[M]. 北京：清华大学出版社, 1989.
[38] PAUL R P. 机器人操作手：数学、编程与控制[M]. 郑时雄, 谢存禧, 译. 北京：机械工业出版社, 1986.
[39] 尤列维奇 Е И. 机器人和机械手控制系统[M]. 刘兴良, 满淑芬, 译. 北京：新时代出版社, 1985.
[40] HUNT K H. Structural Kinematics of In-Parallel-Actuated Robot-Arms[J]. Journal of Mechanisms, Transmissions, and Automation in Design, 1983, 105(4)：705-712.
[41] PAUL R P, SHIMANO B, MAYER G E. Kinematic Control Equations for Simple Manipulators[J]. IEEE Transactions on Systems, Man, and Cybernetics, 1981, 11(6)：449-455.
[42] KLUMPP A R. Singularity-Free Extraction of a Quaternion from a Direction Cosine Matrix[J]. Journal of Spacecraft and Rockets, 1976, 13(2)：754-755.
[43] DUDA R O, HART P E. Pattern Classification and Scene Analysis[M]. Hoboken：John Wiley & Sons, 1973.
[44] PAUL R P. Modeling, Trajectory Calculation and Servoing of a Computer Controlled Arm[M]. Palo Alto：Stanford University Press, 1972.
[45] WHITNEY D E. The Mathematics of Coordinated Control of Prosthetic Arms and Manipulators[J]. Journal of Dynamic Systems Measurement and Control, 1972, 94(4)：303-309.
[46] HAMILTON W R. Elements of Quaternions[M]. New York：Chelsea Publishing Co, 1969.
[47] SCHEINMAN V D. Design of a Computer Controlled Manipulator[M]. Palo Alto：Stanford University Press, 1969.
[48] PIEPER D L. The Kinematics of Manipulators Under Computer Control[M]. Palo Alto：Stanford

University Press, 1968.
[49] ROBERTS L G. Homogeneous Matrix Representation and Manipulation of N-Dimendional Constructs[M]. Cambridge: The MIT Press, 1965.
[50] DENAVIT J, HARTENBERG R S. A Kinematic Notation for Lower-Pair Mechanisms Based on Matrices[J]. Journal of Applied Mechanics, 1955(22): 215-221.